21世纪经济学研究生规划教材

Modern Western Population Economics

现代西方人口经济学教程

北京大学出版社
PEKING UNIVERSITY PRESS

图书在版编目(CIP)数据

现代西方人口经济学教程/彭松建编著. —北京：北京大学出版社，2014.3
（21世纪经济学研究生规划教材）
ISBN 978-7-301-23889-9

Ⅰ.①现… Ⅱ.①彭… Ⅲ.①人口经济学－西方国家－研究生－教材 Ⅳ.①C92-05

中国版本图书馆 CIP 数据核字(2014)第 020508 号

书　　　名：现代西方人口经济学教程
著作责任者：彭松建　编著
策划编辑：李　娟
责任编辑：兰　慧
标准书号：ISBN 978-7-301-23889-9/F · 3858
出版发行：北京大学出版社
地　　址：北京市海淀区成府路 205 号　100871
网　　址：http://www.pup.cn
新浪微博：@北京大学出版社　@北京大学出版社经管图书
电子信箱：em@pup.cn　QQ：552063295
电　　话：邮购部 62752015　发行部 62750672　编辑部 62752926　出版部 62754962
印刷者：北京鑫海金澳胶印有限公司
经销者：新华书店
　　　　787 毫米×1092 毫米　16 开本　16.5 印张　387 千字
　　　　2014 年 3 月第 1 版　2014 年 3 月第 1 次印刷
定　　价：38.00 元

未经许可，不得以任何方式复制或抄袭本书之部分或全部内容。
版权所有，侵权必究
举报电话：010-62752024　电子信箱：fd@pup.pku.edu.cn

序

人们常有一个印象——马寅初的《新人口论》开创了我国现代学术界研究人口问题的先河，因此认为一开始就是从经济学角度对人口问题进行了科学的分析。

的确，在20世纪50年代中后期，时任北京大学校长的马寅初，以全国人大代表、著名经济学家的身份，高度关注他那个时代的人口经济问题。他亲自深入农村工厂，对人口问题进行实地调查研究，发现人口与土地、人口与粮食之间存在较为紧张的关系。在农村，特别是马寅初调查的浙江省农村地区，劳动力人口众多，适合于耕种的土地却十分有限。

在20世纪50年代，我国农村一对夫妇生育4个至5个孩子的现象相当普遍，甚至有8个至9个孩子的也不少见。人口众多且增长很快，粮食供应十分有限，人口与粮食关系相当紧张。马寅初观察到我国人口增长过快已引起了不少人口经济问题，针对这些问题，马寅初著书立说，奔走呼号，呼吁节制生育、控制人口增长。

20世纪80年代，北京大学成立了人口研究所，组织师生学习和研究人口经济学的相关问题。时任北京大学经济系主任的著名经济学家陈岱孙曾经谈到：到了现代，也就是从第二次世界大战以来，虽然人口问题仍然涉及多种学科，"但由于人口数量、结构与一个国家的经济增长和人民福利的关系更为突出：人口问题中有关经济的各方面，逐渐占了人口问题研究中最主要的部分。而人口经济学被认为是经济学的一个分支部门或一个分支学科"（彭松建，1987）。

自20世纪80年代以来，我一直主持北京大学人口研究所的工作。我秉承马寅初老校长开创的人口经济学研究的传统，组织全所科研力量和兄弟院校人口研究专家合作，全面开展人口经济关系的研究。由我主编的《人口经济学》一书是全国最早出版的研究人口经济关系的著作。这一著作按照马克思主义的两种生产理论，分析人口生产和物质生产之间的关系，探讨人口生产和再生产同各类经济资源之间的关系、人口再生产对经济发展和经济增长的影响等各类课题。

彭松建同志在从事编辑工作的同时，积极参加了我所的相关研究工作。他的兴趣更多地涉及西方人口经济学的相关问题。他查阅了大量现代文献，梳理相关学者论文和著作中有关人口经济学的内容，旁征博引，穷源溯流。他于20世纪80年代出版了《西方人口经济学概论》一书。这次他的《现代西方人口经济学教程》一书，按照教科书的体例，从微观和宏观的视角讲解人口经济学的理论及方法。据我的了解，西方学术界同人明确以微观人口经济学和宏观人口经济学冠其名的论文或著作并不多见。彭松建依据西方学者大量学术文献从微观或宏观的视角分析人口经济问题的事实，开创性地从微观分析到宏观分析来设计该书的体例，这不能不说是他在学术上的一个创新。

《现代西方人口经济学教程》的一个突出特点是：作者不是就理论阐述理论，而是分析某一流派理论产生的人口经济条件、历史背景以及历史渊源，从而提示读者全面了解和把握各个学术流派的学术思想。

这里要特别指出，本书作者把近年来东西方学术界高度关注的人口转变和人口红利理论纳入教科书中，让人耳目一新。

作者对西方人口经济学各个学术流派的理论没有作简单的肯定或否定，而是进行实事求是的较为客观的评价和科学分析。作者说明了各相关学术流派理论的科学成分和在人口经济学思想史上的地位，也指出了相关理论的非科学成分和历史局限性。

人口经济关系的演变是一个历史的长过程，人口增长（正增长或负增长）具有惯性作用。人口与经济的关系不是固定不变的，而是处在不断变化的发展过程中。一定时期一个人口经济问题获得解决，又会出现新的人口经济问题。所以观察和解决人口经济问题应具有长远的战略眼光，深入思考，科学探讨，切莫简单化、短期化和急功近利。

张纯元

2013年8月26日

前　言

本书是根据高等学校经济类院系本科或研究生课程的教学需要而编写的教材。本着教学的实际要求，本书力求阐述本学科的基本概念、基本理论和基本方法，着重介绍某一理论产生的时代背景、社会经济和人口变化条件。本书力求在学术上视角新颖，在阐述各种学说渊源时，突出新发展和新突破，赋予其鲜明的时代气息。

本书编写的内容是对我 30 年前出版过的《西方人口经济学概论》进行必要的修正、补充和删节，力求使之适合当下教学之需要。根据本学科近年的新发展，我借鉴和参考了诸多学者发表的学术著作和论文，吸收学界同人的研究成果，增补了"人口红利学说"一章，以求全书更为完整。当然，三十多年来，西方人口经济学在保持原有基本理论框架的情况下，又有新发展。我力求追上时代前进的步伐，但也难免挂一漏万，敬请各位学界同人多多赐教。

本书的结构安排，除第一章介绍西方人口经济学的学科演进外，其余内容则安置在微观和宏观两个大的框架下，以便于教学安排。实际使用本书时，教师可根据课时和学生的知识结构进行适当的调整，或增或减，只要有利于学生学习即可。

学习和了解现代西方人口经济学对于观察和分析我国当代人口经济关系及其变化是十分有益的。从 1978 年我国实行改革开放以来的三十多年时间里，我国人口经济关系已经发生了巨大的变化。经济现代化，就业条件和就业环境的变化以及现代化的社会生活方式已经推动和将继续推进人们生育意愿的改变和人们生育行为的转变。人口总和生育率降低到了更替水平之下。在计划经济时期，较为落后的经济状态和传统的社会生活方式导致人口过快增长。人口基数大和人口过快增长不利于经济发展。改革开放以来，在经济高速增长的过程中，有效实行计划政策，人口增长放缓，又有利于经济发展。当出现人口总和生育率低于更替水平、人口增长率过低时，不利于经济进一步发展。调整计划生育政策，促使人口增长恢复到更替水平就成为必要的选择。凡此种种都说明我国人口经济关系出现了新变化和新情况，有待学术界同人去调查和深入探讨。

　　本书的编写是近年完成的。在编写过程的前前后后,我得到了许多学界前辈的鼓励、支持和指教。特别是已故恩师陈岱孙、胡代光、张培刚等著名经济学家、教授曾数次面授知识于我,厉以宁、谭崇台、张纯元、傅骊元、刘方棫、李竞能、田雪源、曾毅等多位教授更是细心指教于我。在此,我对各位师长的指教表示衷心的感谢和致以崇高的敬意。对于学界诸多同人的帮助和支持,我在此表示诚挚的感谢。

　　在此我还要感激夫人黄玉芝教授几十年陪伴身旁,代劳家务,教育儿孙,让我有更多的时间和精力专注于学术,她还时不时地鼓励我不停地探求新知,获取新知。

　　在编写本书的过程中,得到北京大学出版社领导和编辑们的支持及帮助,在此向他们表示深深的谢意。

彭松建
2013 年 10 月 20 日于海淀五路居 16 号院

目 录

第一章 西方人口经济学的渊源及其发展 ⋯⋯ 1
  第一节 西方人口经济学的来源 ⋯⋯ 1
  第二节 现代西方人口经济学的形成 ⋯⋯ 10
  思考习题 ⋯⋯ 14

第一篇 微观人口经济学

第二章 家庭规模的一般经济理论 ⋯⋯ 17
  第一节 家庭、家庭内劳动分工和家庭收入 ⋯⋯ 17
  第二节 分析家庭规模的一般经济概念 ⋯⋯ 22
  思考习题 ⋯⋯ 27

第三章 家庭规模的成本-效用分析 ⋯⋯ 28
  第一节 孩子的成本与效用 ⋯⋯ 28
  第二节 家庭收入变动对孩子的成本和效用的影响 ⋯⋯ 32
  第三节 生育的经济决策 ⋯⋯ 35
  思考习题 ⋯⋯ 40

第四章 家庭劳动-闲暇选择理论 ⋯⋯ 41
  第一节 家庭劳动力市场行为 ⋯⋯ 41
  第二节 消费者需求理论 ⋯⋯ 45
  第三节 家庭成年成员的劳动-闲暇选择 ⋯⋯ 51
  第四节 机会成本和时间的影子价格 ⋯⋯ 55
  思考习题 ⋯⋯ 59

第五章 对孩子的需求 ⋯⋯ 60
  第一节 有关孩子需求的一般概念 ⋯⋯ 60
  第二节 对孩子数量的需求 ⋯⋯ 63
  第三节 对孩子质量的需求 ⋯⋯ 68
  第四节 家庭对孩子数量和质量的选择 ⋯⋯ 74
  思考习题 ⋯⋯ 79

第二篇 现代宏观人口经济学

第六章 凯恩斯学派的人口经济学说 ⋯⋯ 83
  第一节 凯恩斯的过剩人口理论 ⋯⋯ 83
  第二节 《通论》中的人口经济理论 ⋯⋯ 86
  第三节 人口减少的经济后果 ⋯⋯ 93
  第四节 汉森的人口经济理论 ⋯⋯ 98
  思考习题 ⋯⋯ 102

第七章 人口经济增长长波理论 ⋯⋯ 103
  第一节 人口经济增长长波理论概述 ⋯⋯ 103
  第二节 人口和劳动力增长长波 ⋯⋯ 106
  第三节 人口增长波动和经济增长波动之间的关系 ⋯⋯ 110
  第四节 收入水平对生育率的影响 ⋯⋯ 115
  思考习题 ⋯⋯ 121

第八章 人口投资学说 ⋯⋯ 122
  第一节 人口投资概述 ⋯⋯ 122
  第二节 人口投资的转化 ⋯⋯ 126
  第三节 人口投资对经济增长的作用 ⋯⋯ 129
  思考习题 ⋯⋯ 137

第九章 人口红利学说 ⋯⋯ 138
  第一节 人口转变与人口红利 ⋯⋯ 138
  第二节 获取人口红利的环境和条件 ⋯⋯ 140
  第三节 中国的人口红利问题 ⋯⋯ 142
  思考习题 ⋯⋯ 145

第十章 现代经济适度人口学说 …… 146

第一节 现代适度人口概念 …… 146
第二节 静态经济适度人口 …… 149
第三节 动态经济适度人口 …… 153
第四节 适度人口增长率 …… 157
第五节 现代经济适度人口理论的演变 …… 163
思考习题 …… 165

第十一章 悲观主义人口经济理论 …… 166

第一节 现代悲观主义人口经济理论形成的社会经济条件 …… 166
第二节 "人口压力"论 …… 170
第三节 "资源耗竭"论 …… 174
第四节 "人口爆炸"论 …… 177
第五节 "增长极限"论 …… 181
第六节 现代悲观主义人口经济理论的价值 …… 191
思考习题 …… 193
第十一章附录Ⅰ 马尔萨斯的人口经济学说 …… 194
第十一章附录Ⅱ 新马尔萨斯主义者的人口经济学说 …… 205

第十二章 现代乐观主义人口经济理论 …… 219

第一节 乐观主义人口经济理论概述 …… 219
第二节 乐观学派关于经济增长的基本理论 …… 221
第三节 发达国家人口增长对经济增长的影响 …… 229
第四节 发展中国家人口增长对经济发展的影响 …… 235
思考习题 …… 242

第十三章 人口老龄化经济理论 …… 243

第一节 人口老龄化 …… 243
第二节 人口老龄化对社会生产活动的不利影响 …… 245
第三节 人口老龄化对国民收入分配的影响 …… 248
第四节 老龄人口的经济状况 …… 251
思考习题 …… 255

参考文献 …… 256

后记 …… 257

第一章 西方人口经济学的渊源及其发展

◀ 学习目标 ▶

1. 了解西方人口经济学的渊源。
2. 了解和把握西方人口经济学是一门新型的交叉学科。
3. 了解和理解现代西方人口经济学思潮。

◀ 学习重点 ▶

人口经济关系、人口经济问题

人口经济学是一门新兴的边缘学科。它是以人口学和经济学为基础,由这两门学科相互交叉渗透而形成的交叉学科。但是,它又不同于人口学和经济学,而是一门独立的分支学科。作为一门独立的分支学科,它还很年轻,其形成只有近百年的时间。然而,对于人口经济问题的分析探讨古已有之,可以追溯久远,人口经济思想源远流长。

本书阐述的作为一门独立学科的西方人口经济学,是第二次世界大战以后形成和发展起来的,是伴随着西方的人口学和经济学的发展而逐渐展开的。它着重分析经济条件的变化对人口变动的影响,同时也分析人口变动对经济增长和经济发展的影响。这就是说,人口经济学要分析人口与经济、人口生产与物质资料生产之间相互制约、相互渗透、相互影响的关系,以便阐明人口变量群与经济变量群的多元的相互关系,即人口经济关系。本章着重介绍西方人口经济学形成的理论基础和基本概念,为人们了解西方人口经济学提供一些线索。

与物质生产不同,人的生命周期长,人口生产和人口再生产对经济的影响有短期的,更有长期的。人口再生产的惯性可延续几代人,对经济的某些影响也是长期的。所以,人们观察研究人口经济问题、制定人口对策都应有长期展望和考虑。

第一节 西方人口经济学的来源

西方人口经济学的产生和形成绝非偶然,而是第二次世界大战前后人口经济关系在人们头脑中的某种(或某些)反映,是西方人口学和经济学在回答世界上存在的各种人口经济问题时相互渗透、相互交叉的产物。

一、寻求新的人口经济理论

18世纪末和19世纪上半期,在西方人口经济理论中,马尔萨斯的人口经济理论堪称主流。马尔萨斯认为,人口在无妨碍的条件下按几何级数增长,生活资料按算术级数增长,人口有一种超越为它准备的生活资料而不断增长的永恒的趋势。① 这样,马尔萨斯把资本主义社会存在的大量失业人口看成是由自然原因造成的,与资本主义制度无关。然而,马尔萨斯人口经济理论受到马克思、恩格斯的彻底批判,他们揭示了资本主义社会存在的过剩人口是由于资本有机构成的提高,在总资本的增加中,可变资本增长的比例低于不变资本增加的比例,因而造成了相对过剩人口。所以,资本主义社会存在的相对过剩人口不在于人口的自然增殖,特别不在于工人人口的自然增殖,而在于资本主义私有制度,即根源于资本主义的剥削制度,从而宣告了马尔萨斯人口经济理论的破产。

从19世纪中后期开始,西欧的人口增长率开始下降,工农生产却较快地增长,工农生产增长率大大快于人口增长率。这个历史事实也证明马尔萨斯"两种级数增长"的理论是错误的。

继马尔萨斯人口经济理论破产以后,19世纪末和20世纪初期,西方学术界又提出了经济适度人口理论。该理论认为,假定其他条件均不变时,达到全部产业最大收益时点的人口为适度人口。然而,由于该理论提出者英国经济学家 E. 坎南和瑞典经济学家 J. G. K. 威克塞尔受其时代的局限,又由于当时统计学发展水平较低,加上该理论的依据不足等弱点,该理论到了20世纪30年代进入了死胡同。

然而,20世纪30年代,西方资本主义世界爆发了空前未有的大危机。在大危机中,一方面是大批商品积压,大批工厂、商店倒闭,资本家为了维持商品的垄断价格,将粮食烧毁,将奶牛杀掉,将牛奶倒入海洋;另一方面是大批工人被从工厂赶出来,陷入贫困,当时西方许多城市的街头挤满了失业群众。这样大量的过剩人口是由人口自然增长太快造成的吗?显然不是,因为从19世纪中后期以来,西欧的人口出生率不断下降,人口增长明显减缓,当时 E. 坎南认为西欧的人口有停止增长的趋势。因此,就产生了这样的问题:为什么在人口增长出现下降趋势的条件下,还会有大量失业人口存在,还会出现过剩人口?这是当时西方学术界所面对的"新问题"。对于这样的问题,马尔萨斯的人口经济理论和 E. 坎南等人的经济适度人口理论都无法解释,言不成理。于是,西方经济学和人口学界寻求新的理论来解释这种现象。

第二次世界大战以后,虽然西方发达国家经历了一个短暂的生育高峰,但自20世纪60年代以来,人口出生率明显下降,自然增长率在6‰上下波动,逐渐趋向零增长,甚至有国家出现了人口负增长,第二次世界大战以后相继独立的发展中国家其死亡率不断下降,出生率上升或维持原有的高水平,人口迅速增长。由于人口经济关系出现了许多新的特点,这就要求西方学术界从理论上作出解释。正是在上述种种条件下,人口经济学作为一门独立的分支学科应运而生。

然而,人口经济学不是无源之水、无本之木,它是以西方人口学和经济学作为基础而逐渐形成和发展起来的。

西方人口学:人口学是在人口统计实践的基础上,对人口现象进行分析而逐渐形成和发展起来的。17世纪英国古典政治经济学家威廉·配第(William Petty)就在《赋税论》《政

---

① 马尔萨斯:《人口原理》,商务印书馆,1959年版,第5页。

治算术》等著作中对人口的各种因素之间的关系进行过分析和说明,但并未提出"人口统计学"或"人口学"这样的学科名称。与威廉·配第同时代的英国牧师 J. 格朗特(J. Graunt)写过《关于死亡表的自然的和政治的观察》一书,是第一个对人口现象进行分析并力求找出人口规律的人,也是死亡表的创始人。然而,他还没有创立独立的人口科学。

从威廉·配第之后,资产阶级古典经济学家在撰写政治经济学著作时都要论及人口问题,从他们各自的经济理论出发来讨论人口与经济的关系,把人口作为引起经济变化的一个内在因素加以分析。古典经济学家对人口问题的分析,在一定意义上可以称为经济学中的人口论或古典人口经济学。

1798 年,马尔萨斯以"论人口原理和它对于社会将来的影响,附关于戈德温、康多塞及其他作家的思考的评论"为题,集中讨论人口与生活资料之间的关系。他把以前一些资产阶级学者有关人口与生活资料之间的关系的论述加以提炼,赋予理论分析,形成人口经济理论。所以,可以说他是早期人口经济学的典型代表。

19 世纪中叶,"人口学"或"人口统计学"的概念术语已见诸于学术著作,如瑞士的 C. 贝尔诺利(C. Bernouli)于 1841 年出版了《人口统计学全书》,比利时统计学家 A. 吉亚尔(A. Guillard)于 1855 年出版了《人的统计纲要和人口报导》一书。正是 A. 吉亚尔在 1855 年首先提出了相当于英语中的"demography"的人口学或人口统计学一词,即法语中的"demographio"一词。尽管他们对人口学的阐述还很不成熟,但是,已经初步开始把人口学作为一门独立学科来加以探讨。到 20 世纪初期,人口学(demography)一词已在英国以及西欧大陆各国开始使用,到 20 世纪中期,该词已广泛运用于国际社会。这就说明,国际上已普遍开展了对人口学的研究与探讨。人口学又可分为狭义人口学和广义人口学。

狭义人口学。狭义人口学又可称为纯粹人口学或规范人口学。西方学者把狭义人口学看成是对人口现象、数据进行统计和记述的科学,即对人口的各种因素及其相互关系的数量方面进行统计和记述。狭义人口学对人口的出生人数、出生率、死亡人数、死亡率,对人口的性别、年龄及其构成等自然变动的情况加以统计和记述。这就是说,狭义人口学只研究人口的自然变动,以及人口自身生产和再生产的特点及规律。用西方人口学家的话来说,人口学是研究各种人口自身变量及其相互关系的科学。美国学者 A. H. 霍利(A. H. Hawley)指出:

> 由对人口作量的研究而得名的人口学,必然地,对于人口群体的各种事实作为宛如成为一个被封锁了的宇宙而进行研究的。换句话说,人口学与其说是一门说明性学科,倒不如说它是一门记述性学科。人口学能告诉人们关于人口的规模是怎样增长的,不能告诉人们为什么是那样增长的。在回答需要人口数据以外的东西的各种问题时,在人口学结构范围之内是解决不了的。[①]

美国人口学家 J. 威尔金森(J. Wilkinson)指出,规范人口学或纯粹人口学是对人类群体进行数量研究以及分析由出生、死亡、迁移所带来的人口变动。他说:"收集有关人口出生、死亡、婚姻、迁移等方面的资料,并对这些资料作统计分析,就构成了规

---

① A. H. Hawley, *Human Ecology, A Theory of Community Structure* (Ronald Press Co., 1950), p. 78.

范人口学或纯粹人口学的核心活动。"①

广义人口学。广义人口学不只是单纯地对人口数量方面进行统计和记述，还要考察人口质量方面；不只是纯粹考察人口的数量和质量，还要考察与人口有关的社会、经济、政治、文化教育、生物学、生态学、地理学等方面。这就是说，广义人口学不仅分析研究人口的自然变动，还要分析人口的机械变动和人口的社会变动。美国学者 P. M. 豪泽（P. M. Hauser）和 O. D. 邓肯（O. D. Duncan）在 1959 年主编的《人口研究》中指出：

> 人口分析限于对人口的变异、变动构成因素的研究。人口研究则不仅是人口变动，而且还涉及人口变动与社会的、经济的、政治的、生物的、生态学的、地理的以及其他各种变数相关的关系。人口研究至少和"人口趋势的决定原因和后果"（此语系联合国 1953 年编辑出版的一本书的书名）所涉及的范围同样广泛。由此说来，人口学在狭义上可看作人口分析的同义语，在广义上也可以说成包括人口分析和人口研究两个方面。②

威尔金森指出，近年来人口学领域已经扩大，形成了多学科综合一体的人口科学。他说：

> 当考察人口变动的生物学的、社会的、经济的、法律的和历史的决定因素时，当要揭示和预测人口过程同社会关系、自然资源之间的相互影响时，通常把这个学科定名为"人口研究"。因而，具有多学科特点和一些专门领域的人口研究就被冠以"经济人口学"或"历史人口学"这类名称。③

威尔金森指出，狭义人口学和广义人口学之间虽然没有严格区分，但两者还是形成了鲜明的对照，前者主要是收集和分析人口自然变动的资料，后者却包括从有关领域的著作中获得材料进行研究的一个较广的结构。如利用诸如经济学、历史学、社会学、心理学、法学或生物学这些邻近学科的理论、方法对人口资料加以阐述和分析，从而为预测未来趋势提供一个基础，他说：

> 人口研究的课题和方法是如此丰富多样，以至于事实上可以把该学科看做用一种核心技术方法把一系列分支学科组成松散的综合体。这些分支学科包括经济人口学、历史人口学、数学人口学。论述人口理论和人口政策的著作有时也作为分支学科加以区分，而遗传学和流行病学则置于与人口研究紧密相连的学科之外。④

豪泽、邓肯等人已经把广义人口学的内容说得较为清楚，那就是广义人口学以狭义人口学涉及的内容为核心，围绕这个核心进一步加以展开，不但分析人口变动，还要探究人口变动的趋势、引起人口变动的各种因素及其可能产生的后果，这必然要涉足其他领域，要借助于其他社会科学和自然科学。正因为人口现象是一种社会现象，它与社会中其他领域的许多现象相互渗透、相互交叉，从而使人口学与其他学科相互渗透、相互

---

① J. A. Ross, *International Encyclopedia of Population* (The Free Press, 1982), p. 147.
② P. M. Hauser & O. D. Duncan, eds., *The Study of Population, An Inventory and Appraisal* (University of Chicago Press, 1959).
③ J. A. Ross, *International Encyclopedia of Population* (The Free Press, 1982), p. 147.
④ Roland Pressat, *The Dictionary of Demography* (Basil Blackwell Ltd., 1985), p. 55.

交叉，产生一系列的边缘学科，如人口经济学、人口社会学、人口生态学、人口心理学、人口地理学、民族人口学等。这说明广义人口学从横向方面发展又可形成一系列的边缘学科。

广义人口学从纵向方面发展，也可以形成人口学体系。所谓人口学体系，就是人口学和其分支学科的总和，所以又可称为综合人口学。人口学体系以狭义人口学为核心，从人口学理论基础逐渐展开，形成人口学系列分支，如静态人口学、动态人口学、人口预测学、结构人口学、比较人口学以及地区人口学等若干分支。这些分支学科组成人口学体系。西方也有人认为，把这些分支学科与边缘学科都囊括在一起，构成人口学体系。如法国人口学家阿尔弗雷德·索维（Alfred Sauvy）出版的《人口通论》，也可以说是包括若干人口分支学科和边缘学科的人口学体系，当然它并没有也无必要囊括一切分支学科和边缘学科。

西方经济学：在西方，最早使用"政治经济学"这个名称的是重商主义者。法国重商主义者蒙克莱田（Montchretien）在1615年出版了《献给皇帝和皇太后的政治经济学》一书，使用了"政治经济学"（Economic Polltique）这一新名称。1767年，英国的重商主义者J. 斯图亚特（J. Steuart）出版了《政治经济学原理研究：论自由国家中对内政策的科学》，这是英文版本中首次使用"政治经济学"（Political Economy）名称。政治经济学成为一门独立科学开始于英国古典政治经济家威廉·配第的《政治算术》。马克思曾经指出，威廉·配第的《政治算术》是"政治经济学作为一门独立科学分离出来的最初形式"[①]。当然，自威廉·配第以来，西方政治经济学已经有了很多变化与发展。

西方经济学的研究对象。西方经济学家认为，经济学研究客观存在的资源的稀缺性与由此引起的选择的必要性，研究用有限的物品与资源去满足人类的不同欲望时所必须作出的选择。这里有关西方经济学或西方人口经济学常常使用的几个概念，即稀缺性（scarcity）、选择（choice）、欲望（wants）或想望（desire）等是必须弄清楚的。在西方经济学家看来，满足人类的欲望的物品可以分为自由取用物品（free goods）与经济物品或经济货物（economic goods）。他们认为，自由取用物品是无限的，而经济物品则是有限的，在人类的日常生活中占有很重要的地位。然而，西方经济学家认为人类的欲望是无限的。相对于人类的无限欲望，经济物品、用于生产这些经济物品的资源总是有限的、稀缺的，或者说经济物品或资源具有稀缺性。他们所讲的稀缺性，不是从绝对意义上来说，而是从相对意义上来说的，即相对于人类的无穷欲望来说，经济物品或资源又总是缺乏的。所谓选择，就是指在利用现存资源，为了满足人类欲望去生产经济物品时必须有所选择。人类的欲望可分为轻重缓急各种层次，同样的经济物品和资源也有各种不同的用途，这样，就产生了用有限的或稀缺的物品或资源去满足人类不同层次的欲望时就有必要作出选择的问题。美国经济学家P. A. 萨缪尔森在谈到西方经济学研究对象时指出："经济学研究人们如何进行抉择，以便使用稀缺的或有限的生产性资源（土地、劳动、资本品如机器、技术知识）来生产各种商品（小麦、牛肉、外衣、游艇、音乐会、道路、轰炸机），并把它们分配给不同的社会成员以供消费。"[②]

经济学的定义。西方经济学家正是从上述研究对象出发来给经济学下定义。由于西

[①]《马克思恩格斯全集》，第23卷，人民出版社，1980年版，第98页。
[②] 萨缪尔森：《经济学》（上册），商务印书馆，1983年版，第4页。

方经济学家研究的侧重点或出发点不同，或因他们所属的学派不同，他们给经济学下的定义又各有差别。英国经济学家 L. 罗宾斯给经济学下的定义是："经济学是一门科学，它研究把人类行为作为目的与可以有其他用途的稀缺资源之间的关系。"[①]L. 罗宾斯的这个定义较为简洁，说明了西方经济学要阐明稀缺性和选择的问题。这个定义在西方流传较广。

P. A. 萨缪尔森认为，经济学和我们每一个人都有着极其密切的关系，所以，他寻求一个西方经济学者都能同意的定义。他指出，当代西方经济学家们同意一个类似下述的定义：

> 经济学研究人和社会如何作出最终抉择，在使用或不使用货币的情况下，使用可以有其他用途的稀缺的生产性资源来在现在或将来生产各种商品，并把商品分配给社会的各个成员或集团以供消费之用。它分析改善资源配置形式所需的代价和可能得到的利益。[②]

这个定义强调了稀缺性、选择或资源配置的问题。有的定义则强调欲望，认为经济学是社会为了寻求满足人们欲望和需求的社会科学。如美国经济学家 A. 里斯（A. Ries）在为《国际社会科学百科全书》撰写的"经济学"条目中下的定义是：

> 按照广泛接受的定义，经济学是研究稀缺资源在无限而又有竞争性的用途中间配置的问题。它是一门研究人与社会寻求满足他们的物质需求与欲望的方法的社会科学，这是因为他们所支配的东西不允许他们去满足一切愿望。[③]

由此可见，在西方经济学家看来，西方经济学就是研究人们的欲望和由欲望驱使所产生的行为，研究用有限的或稀缺的资源去生产经济物品以便满足人们的欲望；用稀缺的资源生产经济物品，就必须研究选择，研究资源配置、经济物品的成本与效用；研究人们之间用货币或不用货币进行的交换及其有关的活动，研究人们如何组织生产和消费，研究人们的消费需求，如何谋生和如何过得快乐，等等。总之，要研究各种经济变量的变动和各种经济变量之间的各种关系。以上这些，就是西方经济学家所指的经济学的任务。

二、西方人口经济学的定义

人口经济学作为一个科学命题提出来的时间并不很长。1939 年英国经济学家 W. B. 雷德韦（W. B. Reddway）以"一种缩减人口的经济学"为书名出版了人口经济学著作，首先提出了人口经济学这个命题。[④]雷德韦对人口增长率下降有比较深刻的分析，特别深入研究了人口增长减缓的经济效果。他曾经指出，随着人口增长率的下降，经济效益

[①] L. Robbins, *An Essay on the Nature and Significance of Economic Science* (Macmillan, 1946), p. 16.

[②] 萨缪尔森：《经济学》（上册），商务印书馆，1983 年版，第 5 页。

[③] A. Ries, "Economics", *International Encyclopedia of the Social Sciences* (Macmillan & The Free Press, 1968). IV, p. 472.

[④] W. B. 雷德韦曾任英国剑桥大学实用经济学系的系主任，他进一步发展和修正了瑞典经济学家威克塞尔的人口经济理论。他的主要人口经济学著作是 *The Economics of a Declining Population* (Allen Unwin, 1939).

应是正增长。到了 1951 年，他在为张伯伦百科全书撰写的"人口经济学"（Population, Econlomics of）这一词条中给人口经济学下的定义是：

> 这个课题必须从下边两个不同方面去进行考察，而这两个方面常常被混淆。第一，在某一时点上，一个大的人口群体或一个小的人口群体的经济效应；第二，在一定时期内，一个正在增长的人口群体或一个日渐减少的人口群体的作用。对于上述两种情况，人们应当从单独一个国家的角度考察其人口的作用，并且根据各个国家的环境，其作用是大不相同的，同样，可以把世界作为一个整体来考察人口的作用。对于第一种情况，人们也需要区分"大"的和"小"的两个词的不同含义。除非考察的标准是给定的，否则上述两个词是难以理解的。这样人们可以看到，与其他国家相比较，比利时的人口相当少，但与其面积相比却是相当多。①

雷德韦的这段话可以看作西方学者最早就人口经济学的要义所作的说明。这就是说，人口经济学要从宏观方面考察人口对经济的作用，即考察人口经济效应，不但如此，还要分别考察正在增长的人口对经济的影响和日渐减少的人口对经济的影响。雷德韦在当时条件下提出这些主张，应该说颇有独到之处。

美国人口经济学教授 J. L. 西蒙（J. L. Simon）则认为人口经济学是一门经济学科，他在谈到这个问题时说：

> 作为一门科学，人口学是一门地地道道的经济学科。……人口研究中最重要的现象是人口规模变化。而人口规模变化之所以重要，主要是因为它影响可供人们利用的资源。某一人口群体（及其后代）的食物、工业产品、空间及其他资源是富裕，还是贫乏，主要取决于人口规模。②

西蒙教授在这里讨论的"人口学"，实质上是指人口经济学，他把人口经济学定义为经济学科，该学科要分析人口规模与经济之间的关系，他把这种关系具体化为人口与农业、工业、资源、空间等的关系。他所撰写的《人口增长经济学》一书，就人口与经济之间的关系广泛展开论述。

日本人口经济学家大渊宽给人口经济学下的定义是：人口经济学是研究"人口变量群和经济变量群的多元的相互依存关系的体系"③。当然，人口变量群和经济变量群内部又存在着相互依存的关系。如果将人口自变量作为第一变量，将因变量作为第二变量，那么，从自变量到因变量之间的关系就构成了人口学研究的对象。大渊宽认为，经济学也要研究经济自变量与因变量之间的相互关系，也可以找到从自变量到因变量之间的一种相互关系。而人口经济学正是横跨在人口学和经济学之间，研究人口变量群与经济变量群的一种学科体系。如果用图式来说明，则构成人口经济学同人口学、经济学的关系图。

从图 1-1 可以看出，人口经济学研究的范围相当广泛，在"媒介变量"的两侧均为

---

① W. B. Reddway, "Population, Economics of", *Chamber's Encyclopaedia*. XI. 1951, p. 90.
② J. L. 西蒙：《人口增长经济学》，北京大学出版社，1983 年版中译本，第 13 页。
③ 大渊宽：《经济人口学》，东京大学出版社，1973 年日文版，第 125 页。

人口经济学涉及的范围，基本内容是研究人口变动对经济的影响，这种影响可称为人口效应；也要研究人口变动本身的经济决定因素，或者说经济变量对人口的影响，这种影响可称为经济效应。人口变动对经济的影响或经济变量对人口的影响，有一些是直接的，有一些则是间接的，通过"媒介变量"，即中介环节起作用。这里所讲的媒介变量就是指社会的、政治的、心理的、技术的和文化教育的因素，这些因素在人口与经济的相互作用、相互渗透、相互制约中起某种中介的作用。人口经济学在分析人口经济关系时，不能忽视这些中介因素的作用，也应给予必要的探讨。当然，作为一种学科体系，西方学者对人口经济学研究的对象、涉及的范围和因素仍在探讨之中，说法不一。不过，大多数学者认为，人口经济学是研究人口与经济相互关系的科学，对此是没有多少疑义的。

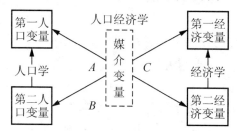

图 1-1　人口经济学与人口学、经济学之间的关联图

注：A、B 表示人口效应，C 表示经济效应。

三、人口经济学研究对象的特点

人口经济学的研究对象是人口经济关系，即研究人口变量群与经济变量群相互依存的关系。那么，对于人口经济关系的特点的分析与了解，有助于我们进一步深入研究人口经济学。

人口变量群与经济变量群之间的相互依存关系具有相对独立性。在人口经济过程中，人口变量、经济变量都是客观存在的。这两者之间相互依存的关系也是客观存在的，人口离不开经济，经济离不开人口。一方面，如果没有人类的经济活动，没有物质资料的生产，也就没有西方学者所说的自然资源以及用资源生产的经济物品；这些经济物品不经过交换、分配、消费，也就没有人类社会，因而人口也就失去了生存的物质基础和依托。另一方面，如果没有一定数量的最低限度的人口的存在，也就没有社会经济活动，没有社会的物质资料的生产，没有人去利用资源生产经济物品。因此，一定数量的人口是社会经济过程的存在和发展的前提。在一定意义上可以说，人类社会的存在和发展，就是人口与经济、人口变量与经济变量之间相互依存、相互制约、相互影响的关系的演变过程，是人口经济过程的不断演变与发展。

然而，人口经济关系不但是客观存在的，而且也是相对独立的。所谓"相对独立"，就是说人口经济关系不同于纯粹的人口关系，也不同于纯粹的经济关系。从图 1-1 中我们可以看出，纯粹的人口关系和经济关系这两者都不能包括人口经济关系。所以，人口变量与经济变量之间的关系是一个独特的领域，有其相对的独立运动过程，有其矛盾的特殊性。正因为人口经济关系是个相对独立的领域，有矛盾的特殊性，因而构成了人口经济学的研究对象和研究领域。

人口关系，从图1-1可以了解到是指各种人口因素之间的数量关系、因果关系或相关关系，这种关系也是相对独立的，也有其矛盾的特殊性，因而构成了人口学研究的对象和独特的研究领域。众所周知，经济关系是全部社会关系的基础。[①]各种经济变量之间的相互关系也是一种多层次的相互依存、相互影响、相互制约的关系，这种关系也是独立的，也有其矛盾的特殊性，因而构成了经济学研究的对象和研究领域。人口经济关系与人口关系、经济关系既有联系又有所不同，人口变量群与经济变量群之间的关系是相对独立的一种关系，对这种相对独立关系的研究，就形成了人口经济学。

人口变量群与经济变量群之间的相互依存关系具有交叉性和不可分割性。从以上的分析中又可看出，在实际生活中，人口变量群或经济变量群又不是只有人口因素或只有经济因素，相反，人口变量中有经济因素，经济变量中也有人口因素。所以，人口与经济这两者是你中有我，我中有你，相互交叉的。人因从事劳动、制造工具而脱离动物界。正是在生产劳动过程中，从事经济活动过程中，人类才不断进步。人口是经济活动的主体，相对于人口来说，经济是客体，人口与经济的关系，是主体与客体的对立统一关系，是相互依存、不可分割的。

人口变量群与经济变量群之间的相互依存关系具有相对长期性。人口经济关系的运动变化是一个渐进的过程，往往需要较长时间，特别是当某种人口变量群与经济变量群的相互依存关系一旦形成并产生了后果时，要改变这种关系及后果，则需要相当长的时间。经济变量的变化，有时比较快，例如某种经济物品产量的增加或减少可能在较短的时间里表现出来。相对于经济变量的这个特点，人口经济关系的变化却是较为缓慢的、长期的。例如，某国今年出生人数增加较多，但对当年的就业人数并没有多大影响，过了十七八年，要求就业的人数才会有较大增长。如果人们没有注意到这一点，没有足够的生产资料吸收众多的劳动力人口，就可能造成劳动力人口就业难的问题。如果某国在某一年份形成了人均国民收入300美元，如果该国想要将人均国民收入提高到1 000美元或更高一些，绝非一时一日之功，而是要经过相当长时间，可能十年、二十年，甚至更长一段时间的努力才能见效。这就是说，人口变量与经济变量之间相互依存关系要发生较大的变化，要出现一种新的关系，绝非短时间就能见效。

只有了解人口经济关系所具有的相对长期性，对于一个国家制定人口政策和经济政策，引导人口经济关系的变化才会有预见性，才会看到某一项政策可能带来的长期后果。因为人口经济关系及其后果一旦形成，就不是在短期内能马上调整过来的，而是要经过较长时间的逐步调整才能见效。

人口变量群与经济变量群之间的相互依存关系具有广泛性。人口变量群与经济变量群相互交叉、相互渗透，涉及社会经济生活的面相当广泛。前边提到的媒介变量所包括的因素很多，涉及面相当广泛，而人口和经济关系同这些媒介变量都或多或少有关联。

---

① 在马克思列宁主义看来，经济关系就是社会的生产关系，生产关系构成了经济科学研究的对象和研究领域。

这就要求人口经济学在研究这些问题时，在分析人口经济关系时，一定要注意到这种关系的广泛性，尽可能全面一些，切不可只强调这一方面，而忽略了另一方面，而要注意兼顾各个方面。

人口变量群与经济变量群之间的相互依存关系具有适应性。人口变量与经济变量相协调、相一致，这就说明人口与经济之间有适应的问题。没有一定数量的人口，就不会有社会经济活动。反过来，人口又不能脱离经济发展的水平。从社会总体来说，劳动力人口的数量、质量要与生产资料的数量、质量，或者要与经济资源的数量、质量保持一定的比例关系，两者应当是相互适应的。总人口数量要与消费资料的数量、质量保持一定比例关系，两者应当是相互适应的。这些只是从总体上来说的，其实各种人口变量都有一个与经济变量相适应的问题，都有一个两者保持一致性的问题。在这两者之间，主要是人口变量要适应经济变量，受经济变量的制约，经济变量是起主导作用或决定性作用的。反过来，经济变量也有与人口变量相适应的问题。

第二节　现代西方人口经济学的形成

早期西方人口经济学发展到20世纪20年代，以经济适度人口学说和人口适度密度论而告终结。从30年代开始，以凯恩斯学派的人口经济理论为开端，形成了现代西方人口经济学。与以前的西方人口经济学相比，现代西方人口经济学所涉及的领域、研究的深度和对人口经济关系的理论阐述都有了很大进展，具有自身的特点。

一、20世纪30年代凯恩斯及其学派的人口经济学说

如果说马尔萨斯的人口经济学说主要是对人口与经济之间的关系的长期趋势进行考察，主要讨论经济对人口增长的制约作用的话，那么，在20世纪30年代产生的凯恩斯学派的人口经济学说，则以有效需求不足理论为基础，从短期去分析人口增长率对经济发展所产生的作用。凯恩斯以1936年出版的《就业、利息和货币通论》为开端，讨论人口增长对提高资本边际效率、促进自发投资的作用。到了1937年，他发表的《人口缩减的若干经济后果》一文，则进一步把人口增长率视为对资本需求或有效需求增长率起决定作用。起初，凯恩斯只是进行短期的静态分析。后来，凯恩斯的后继者们则把他的这种理论长期化、动态化，讨论人口增长率的变化对经济增长率所产生的影响。与30年代以前的西方人口经济学相比，西方人口经济学又向前推进了一步。不过，凯恩斯学派阐述的是宏观人口经济学理论。

西方有些学者认为，从18世纪后期至19世纪30年代，英国古典经济学派探讨人口经济关系，把人口作为一个自变量，纳入经济学体系，后来，英国经济学界对人口经济问题的探讨日渐减少，甚至把人口因素排除在经济学体系之外。但是，20世纪30年代凯恩斯及其学派又把人口增长率作为一种自变量，纳入经济学体系，探讨人口增长率对经济增长率的作用，形成了凯恩斯学派的人口经济学说。西方学者把这种现象看作对

人口因素进行经济学分析的失而复得，用 H. 莱宾斯坦（H. Leeibenstein）的话来说，就是人口因素"从后门回到经济学中来"①。莱宾斯坦这里所讲的人口因素又回到经济学体系中来，是因为在 20 世纪 30 年代凯恩斯学派中间，人口增长顶多只是一个与有效需求的决定有关的自变量，尚未成为整个经济学体系中一般就业理论的一个不可缺少的组成部分。凯恩斯学派主要重视人口增长率下降对经济发展的不利影响，尚未注意经济对人口的作用，因而，凯恩斯及其学派的人口经济学说仍是不完的。这就为以后的人口经济学研究者留下了需要进一步探讨的课题。

二、20 世纪 60 年代初的宏观人口经济学和微观人口经济学

早在 30 年代末，英国经济学家 W. B. 雷德韦②就正式提出了人口经济学的命题。如他在 1939 年曾出版《人口缩减经济学》一书，后又为 1951 年出版的《张伯伦百科全书》撰写了"人口经济学"词条。1944 年美国人口经济学家 J. J. 斯彭格勒（J. J. Spengler）在美国《南部经济学》杂志第 14 期发表了《人口增长经济学概论》一文，也正式使用"人口经济学"这个学科命题。从此往后，西方学术界在研究人口与经济之间关系的论文和著作中也都逐渐使用这一学科命题。从 20 世纪 40 年代到 50 年代中后期，西方大多数研究人口经济问题的学者都是从宏观角度去考察人口经济关系，可以称为宏观人口经济学（Macro-Economics of Population）或宏观经济人口论（Macro-Economic-Demographic Theories）。

所谓宏观人口经济学，就是以一个国家或一个地区乃至世界作为一个整体的人口群体与其相应范围内的经济变量之间的关系作为考察对象，研究人口经济关系的总量及其变化。这种宏观人口经济学分析，可称为总量分析或整体分析。

到 20 世纪 50 年代后期和 60 年代初，西方对人口经济学的研究不仅从宏观方面进行探讨，而且从微观方面有所突破，提出了分析人口经济关系的微观人口经济学模式，逐渐形成了微观人口经济学（Micro-Economics of Population）或微观经济人口论（Micro-Economic-Demographic Theories）。

所谓微观人口经济学，就是以单个人口活动单位或单个经济活动单位的人口与经济之间的关系作为考察对象，以家庭或居民户为单位，研究单个家庭或居民户的人口经济关系的形成及其变化，即研究家庭或居民户的人口经济效应。西方学者认为，微观人口经济学又可称为家庭经济学，他们指出，微观人口经济学是研究个人行为或作为消费者的个人行为的理论。微观人口经济学的突出代表是美国哈佛大学教授 H. 莱宾斯坦和美国芝加哥大学教授 G. S. 贝克尔（G. S. Becker）等。H. 莱宾斯坦 1954 年出版的《经济-人口发展理论》一书和 1957 年出版的《经济落后与经济发展》一书，首先提出了微观人口经济学分析，考察家庭生育经济决策问题。西方学术界认为 H. 莱宾斯坦是第一个考察家庭人口-经济结构的学者。

G. S. 贝克尔教授于 1958 年应邀参加美国国家经济研究所的工作，他专门对发达国

---

① H. Leeibenstein, *Economic Backwardness and Economic Growth* (Wiley, 1957), p. 147.
② W. B. 雷德韦曾任英国剑桥大学实用经济学系主任多年，并以对凯恩斯的《就业、利息和货币通论》作过评论而著称。

家的人口与经济之间的关系进行深入研究。他吸收了 H. 莱宾斯坦有关微观人口经济学的成果,撰写了《生育率的经济分析》[①]一文,刊载于 1960 年出版的《发达国家的人口和经济的变化》一书。在该文中,他运用西方有关消费者行为理论来分析家庭的生育决策,把孩子看作耐用消费品,区分了孩子的数量与质量,从而研究家庭收入和父母行为对生育子女数目的影响,试图阐述家庭规模与收入之间的负相关关系。

西奥多·舒尔茨编辑和撰写了《家庭经济学》(1973) 一书。在该书中,舒尔茨和其他经济学家运用人力资本和时间配置的概念对家庭的生育行为进行广泛研究。这些研究提出了家庭生产函数和把家庭作为一个重要的决策实体单位,说明这个决策实体单位为了实现当前消费和孩子投资之间的均衡,在进行家庭生产时要配置其稀缺资源。他们认为,对于一个家庭来说,父母的时间是主要的稀缺资源,妇女时间的经济价值是影响生育率的一个重要因素,因此,在进行生育率经济学分析时,要考察家庭时间的经济价值、孩子的价值、孩子的数量和质量以及人口均衡等问题。

对家庭人口数量即家庭规模进行经济分析,探讨家庭规模决策中经济因素的作用,并提出微观人口经济分析的模式,这些在人口经济思想史上是前所未有的,因此,可以看作西方人口经济学发展史上的一个突破。此后,微观人口经济学的分析又有所进展。

三、20 世纪 60 年代及之后的人口经济学思潮

20 世纪 60 年代初期以来,美国人口经济学家 R. A. 伊斯特林 (R. A. Easterlin) 依据库兹涅茨的经济增长长波理论来研究美国的人口经济增长长波。伊斯特林从宏观人口经济学角度去考察影响生育率变动的经济因素,分析人口增长、劳动力增长长波和经济增长长波之间的关系。

伊斯特林研究了长波现象,写了《经济-人口相互作用和经济增长的长波》(1966)、《人口增长在发展中国家经济发展中的作用》(1967)、《人口、劳动力和经济增长长波》(1968) 等论文和著作。在分析人口增长长波和经济增长长波时,他集中研究了非农业人口变动同住宅建筑业总值、国民生产总值等的变动之间的关系。同时,他还剖析了家庭收入对生育率的影响,从家庭的相对收入地位方面去考察两代人之间生育率差别的原因,然后推论出生育率长期波动的原因。他是从宏观方面去分析人口总量和经济总量变动的长期趋势,寻找人口长期波动的经济根源。

第二次世界大战之后,发展中国家人口增长迅速,致使整个世界的人口增长率较高,形成了人口增长高峰。面对这种世界人口增长高涨的情况,西方有的学者称之为人口爆炸。例如,P. R. 埃利希 (P. R. Ehrlich) 于 1968 年写了《人口爆炸》一书,第二年,他又发表了《世界人口:失去了成功的希望吗?》和《生态灾难》等文章;1970 年, G. 泰勒 (G. Taylor) 写了《世界末日》一书。他们都认为,人口与经济关系急剧恶化,世界已经不能养活猛增的人口,地球已经人满为患,"世界行将人口爆炸,人类灾难就要来临",人口危机将导致世界末日的到来,如此等等。他们面对世界各种人口经济问题,

---

[①] G. S. Becker, *A Economic Analysis of Fertility, Demographic and Economic Change in Developed Counttries* (Princeton University Press, 1960).

束手无策，悲天悯人，把世界的前景描写成一片黑暗。

在这股悲观主义思潮中，尤以罗马俱乐部委托 D. 梅多斯（D. Meadows）等人撰写的《增长的极限》一书最为突出。梅多斯等人运用计算机技术，计算世界人口增长对经济所造成的压力，认为人口增长给世界经济的发展带来前所未有的困境，如不采取措施，防止增长极限的到来，则世界末日就会加快降临人间。对于他们这种耸人听闻的人口经济理论说教，西方有的学者把他们称为"带计算机的马尔萨斯主义"[①]。

与20世纪70年代初期的梅多斯等人在人口经济学研究领域中散布的悲观主义思潮相反，到70年代后期和80年代初，J. L. 西蒙等人在宏观人口经济学领域持乐观主义思想，如 J. L. 西蒙1977年出版的《人口增长经济学》和1981年出版的《最终的资源》以及由他主编的《人口经济学研究》年刊等书刊集中反映了宏观人口经济学研究的乐观主义思潮。

西蒙等人认为，人口增长的影响总是积极的和有利的，尤其人口经济关系的长期发展趋势更是如此。他们对罗马俱乐部有关增长极限的悲观主义观点持否定的态度，认为梅多斯等在《增长的极限》一书中提出的零增长模式是现代计算机化的马尔萨斯主义模式。他们认为，人口增长与技术进步、生产率提高、资本形成等是正相关关系。他提出"人口推力"理论去说明人口增长是有利的，他认为人口适度增长，是推动经济增长和经济发展的力量。他们驳斥了人口增长导致资源短缺的观点，认为人口增长，主要是人们知识存量的增加，足以克服可能出现的资源短缺。如果真有资源短缺的危险，可通过自由市场价格机制的调节和技术进步加以解决。如果出现短缺资源需求的增加，会推动人们去主动创造和发现新的资源或替代资源。不过，所有这一切论断都是建立在长期趋势分析的基础上的。他们假设的人口经济关系变化的时间间隔长达120—180年，认为在这样长的时期内，人口与经济之间可能协调发展。

当然，在短期内，他也认为人口过快增长对经济发展有负面作用，可能不利于经济增长和人均收入水平的提高。但这不是他探讨的重点，因而没有受到应有的重视。

对西蒙等人的乐观主义人口经济学，西方学术界也给予了许多批评，认为"尽管他热情地阐述了他的论点，但是，他的许多结论都是建立在绝对的断言和对长期历史趋势的折中主义解释或幼稚的推理的基础之上的"[②]。

除了悲观和乐观的人口经济思潮之外，经济适度人口理论一直为西方当代一些人口学家和经济学家所重视。现代西方学者对这个问题的研究的特点是从一般分析经济适度人口的规模到进而分析适度人口增长率，寻求人口增长率与经济增长率之间相互适应的适度比例。他们在作这种探讨时又是从静态分析逐渐走向了动态分析，并且结合讨论控制人口政策的实施，等等。

在探讨经济适度人口学说时，从20世纪50年代至80年代初，西方学者提出了静态适度人口概念和动态适度人口概念；讨论了从静态适度人口经济学向动态适度人口经

---

① J. L. 西蒙：《人口增长经济学》，北京大学出版社，1984年版，第580—581页。
② 约翰·福布斯：《西方最近对人口经济学的研究》，载英国《苏格兰政治经济学》杂志，1983年2月号，第31—36页。

济学的过渡问题；在探讨人口增长率同经济增长率之间的关系时，先是着重分析人口增长率与物质资本积累率之间的相互影响，进而又分析人口增长同人力资本、技术进步之间的关系。

在研究经济适度人口问题上，值得一提的是法国人口学家阿尔弗雷德·索维及其后继者帕特里克·纪尧姆（Patrick Guillaume）、经济学教授戈拉恩·俄林。他们都是从宏观方面对经济适度人口做动态考察，提出了各自的见解和主张。

思考习题

1. 西方人口经济学的研究对象是什么？
2. 现代西方主要的人口经济学思潮有哪几种类型？
3. 现代西方人口经济学的参考价值是什么？

第一篇　微观人口经济学

从 20 世纪 50 年代中后期开始，西方人口经济学家分别从宏观与微观两个方面考察人口与经济之间的关系。本篇集中阐述西方微观人口经济学。微观人口经济学探讨的是家庭规模的经济决策。西方人口经济学家运用经济学的理论和方法分析家庭规模与家庭收入、抚养子女的成本与效用、孩子数量与质量等变量之间的关系。

第二章 家庭规模的一般经济理论

▶ 学习目标 ◀

1. 了解家庭和居民户的定义以及它们的区别。
2. 了解和把握孩子的价值、成本和效用。

▶ 学习重点 ◀

孩子的价值、孩子的成本与效用

西方微观人口经济学以家庭作为研究对象。本章阐述西方人口经济学关于家庭和居民户、家庭内的劳动分工和家庭收入等方面的一般理论。

第一节 家庭、家庭内劳动分工和家庭收入

一、家庭和居民户

（一）家庭

西方人口经济学所讲的家庭（family）是指以血缘、婚姻或收养关系为纽带，居住在一起的人组成的人口再生产和经济活动的单位。这种单位内的所有人都被视为一个家庭的成员。家庭又是一种统计概念和单位，可用来计算一个国家或地区的家庭数目。

家庭又可分为单个人家庭、核心家庭和联合家庭等几种类型。

单个人家庭是指只由一个单身男人或一个单身女人构成的家庭。美国人口经济学家 G. S. 贝克尔认为，自 20 世纪 70 年代以来，西方社会中的单个人家庭的数量有所增加，美国尤为突出。

核心家庭，又称为简单家庭，即指由一对夫妇和未婚子女组成的家庭。核心家庭又可分为完全核心家庭与不完全核心家庭。由一对夫妇双方和未婚子女组成的家庭为完全核心家庭。只由男性家长和未婚子女或者只由女性家长和未婚子女组成的家庭为不完全核心家庭。从 20 世纪 50 年代以来，西方国家，尤其是美国，这种不完全核心家庭有增加的趋势。例如，美国以女性家长和未婚子女组成的不完全核心家庭在家庭总数中占的比重上升，从 1950 年的 15% 上升到 1975 年的 24%。[①] 这是由美国社会人们的伦理观念、分居率和离婚率比较高造成的。

联合家庭是指由两对或两对以上已婚夫妇组成的家庭。这种类型的家庭人数较多，

[①] G. S. Becker, *A Treatise on the Family* (Harvard University Press, 1981), p. 1.

家庭规模较大，常常有老少三代甚至四代在一起居住和生活，并进行相关的经济活动。所以，联合家庭又常常被称为大家庭。

第二次世界大战结束以后，随着西方各国经济的发展，家庭小型化的趋势一直在增强。联合家庭日渐减少。过去祖孙几代同堂，兄弟姐妹各自结婚后仍和父母住在一起并保持亲密交往，家庭成员关系密切。但这一切都一去不复返了。越来越多的家庭构成单纯化，只限于父母与未婚子女两代人。这样家庭规模逐渐缩小，例如，美国摩门教徒的平均家庭规模从1860年的5.54人缩小到1970年的3.70人，进入21世纪以来又有进一步缩小的趋势。

随着家庭规模的缩小，家庭的数目却逐步增加，图2-1说明美国家庭数目的变化状况。美国的家庭数目从1960年的5 057.5万个增加到1970年的5 120万个。贝克尔认为，家庭数目增加是人口经济关系变化的结果。他指出，美国越来越多的经济部门为妇女提供了就业机会，妇女劳动力的经济活动参加率上升，从而提高了妇女经济自立能力，加上美国离婚率迅速上升，导致不完全核心家庭数量的增加。

同时，西方社会，尤其是美国社会的演变，婚姻、家庭关系也在起变化，父母与子女之间的关系随之松弛，这些也对家庭规模的变化不无影响。在家庭关系变化中，家庭经济关系，如家庭收入的来源和收入的增加，对家庭人口再生产都产生了决定性影响。

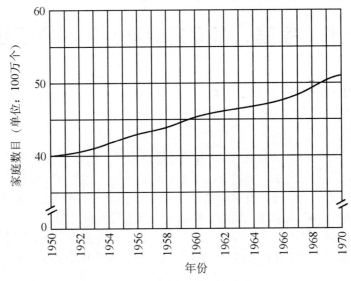

图2-1　美国家庭数目的变化

资料来源：*The McGraw-Hill Dictionary of Modern Economics* (McGraw-Hill, 1973), p. 172。

西方微观人口经济学分析的"家庭"是指"平均家庭"，即从家庭收入来说，既不是最富有的家庭，也不是最贫穷的家庭，而是中等家庭。如美国H. 莱宾斯坦教授认为，他们所讲的家庭排除了"贫""富"两个极端，是中产阶级家庭，或称为中等家庭或"平均家庭"[①]。

西方微观人口经济学又被称为新家庭经济学。其所以称为新家庭经济学，是因为把

---

① H. Leeibenstein, *Population Growth and Economic Development in the Third World* (University of Chicago Press, 1973), p. 507.

家庭看成决策单位，如同厂商一样，要配置稀缺资源，即将消费品、家庭生产品和时间加以配置，以求效用的最大化。对于一个家庭（或一对已婚夫妇）一个基本的限制是夫妇双方用于消费和生产活动的时间。

（二）居民户

居民户（household）是指人们生活在其间的居住单位。在居住单位生活的人可能是单身一人，也可能是生活在一起的不同家庭的人，这些人不一定是以血缘、婚姻或收养关系居住在一起的。但是，作为一个居民户则是由上述那些人组成的能作出统一的消费决策的经济单位。居民户提供生产要素，获得收入，目的是达到最大的满足程度——效用最大化。同时，居民户又是衡量一个国家已有人居住的住房单位数量的一个统计概念。对于确定耐用消费品的需求来说，居民户资料和特点有重要作用。

据美国人口普查局提供的资料，美国居民户的数量自20世纪50年代以来不断增多，1947年至1951年，居民户的数量每年大约增加140万个，1952年至1967年之间平均每年约增加90万个。到1970年美国有居民户6 330万个，平均每个居民户为3.4人。居民户数比家庭数几乎多1 210万个。进入21世纪之后，居民户的数量还在增加。1947年至1952年居民户数增加是因为第二次世界大战结束以后，大批军人复员退伍后结婚组成家庭，这样家庭组成率上升，居民户数目也随之上升。详见图2-2。1952年之后，上述影响家庭组成的因素逐渐减弱，加上20世纪50年代出生的人口尚未达到独立门户组成家庭的年龄，所以，20世纪50年代中期至60年代中后期，美国家庭或居民户的数目增加不快。到了20世纪70年代初期及其以后，战后出生的人口逐步进入独立门户或结婚年龄，结婚人数随之有所增加，更为突出的是居民户增加较多，比家庭数目的增加还要快。

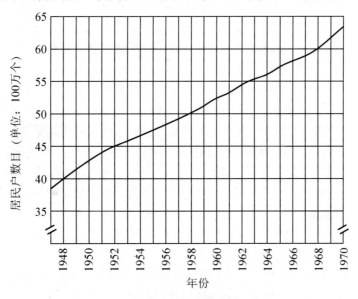

图 2-2 美国居民户数的变化

资料来源：*The McGraw-Hill Dictionary of Modern Economics* (McGraw-Hill. 1973), p. 305。

二、家庭内成年男女的劳动分工

（一）传统分工

西方人口经济学家认为，在传统社会里或前工业化社会里，一个家庭内的已婚男性和女性之间最普遍的分工是：妇女把大部分时间用来养育子女和从事其他家务活动；而男性多从事狩猎、耕种、服兵役和其他"市场"活动。造成家庭成员之间这种劳动分工的原因主要在于男女生理上的差别，也是男女身上的人力资本投资和劳动经验的差别所致。家庭内的这种劳动分工造成女性对男性的依赖和男性的大男子主义。

（二）现代家庭内的劳动分工

男女在家庭里的劳动分工具有男女之间的生理差别特点，是存在于一切人类社会的。然而，贝克尔教授认为，在现代发达西方社会，家庭里已婚夫妇的时间是一种有多种用途的稀缺资源。因此，家庭里夫妇的劳动分工又在一定程度上取决于在这种稀缺资源上的投资。一般来说，男性多在从事市场活动的人力资本上投资，女性多在从事家庭活动（养育子女和家务）的人力资本上投资。尽管一个家庭中已婚男女在人力资本上作同样数量上的投资，但是，妇女一小时家庭活动的时间或市场活动时间并不能完全代替男性一小时市场活动的时间，这是由男女生理上的差别造成的。的确，在家庭活动方面，女性比男性具有较为有利的条件，反之亦然，所以，在一个完全核心家庭里，已婚女性把时间主要分配于家庭活动方面，而已婚男性把时间主要分配于市场活动方面。

在现代发达国家，已婚女性相对减少她们在家庭活动方面的时间，逐渐增加在市场活动方面的时间；同时，已婚男性日益把较多时间花在家庭活动方面，相对减少在市场活动方面的时间。贝克尔教授分析出现这种现象的原因时指出，在家庭抚养、培训、教育子女和其他家务方面，夫妇的时间是互补的。因而把家庭生育和抚育子女称为孩子生产，把家庭的消费活动和家务活动也看成一种家庭生产活动，如同厂商生产其商品的生产活动。在家庭生产孩子这种商品和某些其他商品是需要男女两性共同进行的，已婚男性投入的时间和已婚女性投入的时间是一种互补关系，男女各自投入时间是为了共同满足一种欲望。当已婚女性本身的人力资本投资增加时，她们的市场工资率对其家庭边际产品的比率上升，也就是女性时间的价格上升，因而从事家庭生产活动的时间相对减少，女性对市场活动的时间需求也随之增加。

但对男性工人来说，他们向市场供给劳动，是为了从市场获得闲暇时间。当男性工人需求的商品是闲暇时间时，如果他们劳动的小时工资率上升，则意味着他们每天工作几个小时就可获得较多工资，从而获得较多的闲暇时间，所以，他们会相对减少对市场劳动时间的需求，从而增加对闲暇时间的需求。

正由于已婚夫妇在家庭生产上的时间是互补的，因而一个完全的核心家庭的效率要比只有男女各一方的不完全的核心家庭的效率高得多。

然而从整体来说，发达国家已婚男性的人力资本主要用于市场活动，已婚女性的人力资本较多用于家庭活动，而男性的人力资本存量一般多于女性，因而已婚男性的市场工资率大大超过已婚女性的市场工资率。表 2-1 的数据可以计算出，美国已婚男性的工资收入比已婚女性的工资收入高 60%。

表 2-1 按性别和婚姻状况来区分的美国男女的市场劳动小时数、周数和工资收入

1970 年平均每小时的工资	男性	女性
单身（从未结婚）	3.53 美元	3.07 美元
已婚（现为夫妇）	4.79 美元	2.98 美元
1977 年 a 每周平均工作的小时数		
单身（从未结婚）	35.6 小时	32.5 小时
已婚（现为夫妇）	43.5 小时	34.2 小时
1977 年 b 一年平均工作周数		
单身（从未结婚）	27.2 周	24.2 周
已婚（现为夫妇）	41.0 周	22.5 周

注：a. 仅指非农业劳动人口。
　　b. 包括劳动力以外的人口。
资料来源：G. S. Becker, *A Treatise on the Family* (Harvard University Press, 1981), p. 25。

从表 2-1 可以看出，美国单身男性比单身女性每周从事市场劳动的时间多 3.1 小时。然而，由于他们没有结婚，还必须用一定时间（即使较少）从事家庭劳动，所以，他们从事市场劳动的时间和工资收入都比已婚男性要少得多。单身女性比已婚女性从事市场劳动的时间和工资收入都要稍多一些，一方面说明女性都要花费一定的时间从事家庭劳动，另一方面又说明，已婚女性在家庭劳动时间上可能要比单身女性稍多一些。这从一个侧面反映了当今美国家庭的劳动分工。

贝克尔教授认为，对于女性劳动力人口的时间还要作具体分析。尽管女性人口终生的平均时间价值并不低于男性人口的时间价值，但女性劳动力人口在市场劳动的时间价值却低于男性，这是因为当女性处于劳动力年龄时正值育龄之年，要忙于生育和抚育子女。女性人口往往在婚前或生育子女之后进入劳动力市场，这两段时间的价值往往没有男性劳动力人口那么高。但女性在生育和抚育子女那段时间，从事家庭生产的时间价值要高于男性；如果这段时间不从事生育，而是投入市场劳动去挣工资，那么，这段时间的市场工资率较高，即它的价值较大。

三、家庭收入

现代西方微观人口经济学把家庭收入作为家庭人口经济行为的一种内生变量进行分析。家庭收入包括劳动收入和非劳动收入。

（一）劳动收入

劳动收入（labour income）是指劳动者把劳动投入市场所获得的货币收入，即货币工资或薪金。西方人口经济学家认为，劳动者按照一定的价格出售自己的劳动。这里所指的一定的价格就是工资率，也称为劳动的价格。一般是以小时、劳动日计算工资率，

也有以劳动月或劳动年计算工资率的。在西方，工资是大部分家庭收入的主要来源。然而，工资的多少则取决于劳动边际生产力。这就是说，雇主雇用的最后那个劳动者所增加的产量等于付给该劳动者的工资。由于竞争的存在，在熟练程度、积极性和任何其他方面完全相同的同一工种的劳动者，他们每小时的工资率应该完全相等，没有一个雇主会给某一劳动者支付多于与之完全相同的劳动者的工资，劳动者们在从事同等工作时也不可能得到较高的报酬。

（二）非劳动收入

非劳动收入（non-labour income）是指发生在劳动市场之外的收入。这种收入有两方面的来源：一是来自投资的收入，例如，利润、租金或利息、红利、股息等是来自投资的收入；二是来自转移支付的收入，例如，福利费、抚恤金、养老金、失业补贴、社会保险金以及其他各种形式的津贴都可作为转移性收入。西方人口经济学又把这些非劳动收入称为非赚得收入（non-earned income），即这些收入不取决于劳动者在市场上现时劳动投入的多少。非劳动收入也不取决于劳动者现时的就业，所以又称为非就业收入（non-employment income）。西方学者在分析家庭收入对人口经济行为的影响时把这两种收入（劳动收入和非劳动收入）都考虑在内。他们认为不仅家庭全部收入影响家庭人口再生产行为，劳动收入、非劳动收入也都分别产生不同的影响。

第二节　分析家庭规模的一般经济概念

西方人口经济学家把家庭作为人口再生产和经济活动的基本单位，或者作为人口经济活动的细胞。他们运用西方经济学的理论和概念来分析人口经济活动的细胞。他们认为男女青年从相恋到结婚组成家庭，然后到生育子女这一系列的活动是人口经济活动。在这一系列的人口经济活动中，从其对家庭规模的想望出发，构成了人口经济行为的决策过程。

一、想望

想望（desire）是指人们求得满足的愿望。西方人口经济学家认为，当人们组成家庭时也就产生了对其家庭规模的想望，即从生儿育女中求得满足，有获得效用的欲望。他们所称的"想望"，正如同西方经济学家所称的"欲望"一样，是指一种心理活动，一种心理目标。如果夫妇婚后有了孩子，那么，做父母的则会从孩子身上得到心理的满足和获得效用。正是由从孩子身上求得心理满足和获得效用的想望出发，人们才会对家庭规模作出决策，主要是经济决策。西方微观人口经济学就是从分析这种想望入手，分析家庭的意愿生育率和家庭规模的经济决策。

西方人口经济学家认为分析意愿生育率和家庭规模的经济决策是合理的。H. 莱宾斯坦说："抽样调查的结果确定无疑地表明，意愿生育率在很大程度上可以说明实际生育率。对许多样本的分析表明，如果同时考察实际孩子数量少于或多于理想孩子数量，那么，人们会发现，实际生育率与意愿生育率的误差不超过 10%。所以，我们提出的有关生育决策的理论看起来是有价值的。"①他认为，正是从这一点出发，提出了预期家庭规模的经济决策理论。所以，本书所介绍的西方有关家庭规模及其经济决策指的是预期家庭规模及其经济决策。

分析家庭规模的经济决策，主要是分析父母作出家庭规模决策的经济动机。西方人口经济学家认为，父母有关家庭规模决策的动机分为经济动机和非经济动机，然而，经济动机是基本的。所以，微观人口经济学一般不深入地研究那些属于生物学上的或社会学上的动机，但又不可忽视这些动机。②

西方人口经济学家认为，在西方的社会经济条件下，大多数已婚妇女的怀孕具有很高的随机性，因而对于第一胎生育，如果难以从经济上获得效用的动机去分析的话，那么，对于第二胎及其以后的生育往往是要经过盘算和经济决策的，即考虑从新增孩子身上是否获得效用或效用大小的问题。他们把这种新增孩子称为边际孩子。H. 莱宾斯坦指出：父母"对于边际孩子的出生，常常会产生一种或多或少基于盘算的'试图停止'的决定。当然也不必认为对所有最后一个孩子的出生都会有这种决策过程。只要有相当数量的家庭存在这种过程，就可以粗略地计算效用，以便确定随着经济发展过程中经济变量的变化而引起的家庭规模的变化。从根本上说，我们探讨的不是指父母决定生育孩子的数量，就是指父母防止孩子出生的数量"③。

西方人口经济学把家庭改善经济条件与生育决策联系起来。父母为提高其家庭的社会经济地位，在社会阶梯上能上升到较高阶层，就必须考虑其家庭规模的大小。家庭规模过大，生育子女数量过多，都不利于家庭经济条件的改善。在竞争社会里，各个家庭为了提高自身的社会经济地位，改善生活条件，有必要作出有关生育的经济决策。要作出这样的经济决策，首先要评估孩子的价值，其次要分析生育和抚养孩子的成本及效用。

二、孩子的价值

（一）孩子的价值

西方人口经济学认为，父母生育、抚养、教育孩子是因为孩子具有社会的、经济的和心理的价值。孩子的价值是指孩子在经济上的贡献和对社会和家庭所起的作用。人们对孩子价值的评估形成了有关孩子的价值观念。由于人们所处的社会层次、受教育的程度、居住的区域以及文化传统观念等方面的差异，因而也具有不同的孩子价值观念。同时，随着社会经济和科学文化的发展，人们的孩子价值观念也在变化，例如，工业社会中的孩子价值观念就不同于农业社会中的孩子价值观念。在同一个社会里，人们所追求的未来的目标和个人抱负的不同，对于孩子价值的看法也是有差异的，也会形成不同的孩子价值观念。由上可见，人们对孩子价值的估价，除孩子客观上具有经济的、社会的和心理的价值外，还受人们价值观念的影响。

---

① H. Leeibenstein, *Population Growth and Economic Development in the Third World* (University of Chicago Press, 1973), p. 484.
② Ibid., pp. 484—485.
③ Ibid., p. 485.

在人口转变的过程中，孩子的价值也在起变化。从农业社会的人口出生率高、死亡率高、自然增长率低到工业社会和后工业社会的人口出生率低、死亡率低和自然增长率低，是一个人口转变的过程。在农业社会，因为以手工劳动为基础，劳动力是主要生产力，对于一个家庭来说，劳动力多则可能创造更多的财富。所以，作为准劳动力的孩子具有较高的经济价值。在父母有关孩子的价值观念中，孩子的经济价值占有较大比重。因为父母注重孩子的经济价值，所以，他们倾向于多生育，特别是希望多生育儿子。

随着工业化和人口城市化，人们开始注重追求个人未来的目标和实现个人抱负，以满足个人高层次的欲望，如个人自我实现的欲望；同时，工业社会的社会福利事业逐渐发展和完善，如退休金制度和养老金制度的建立和完善。退休金和养老金成了传统习俗上由子女赡养老年父母的替代品。因而，对于父母来说，孩子的经济价值下降，父母对子女的依赖减少，这样，在父母有关孩子的价值观念中，孩子的经济价值占的比重较小。此外，工业社会的城市生活，孩子的抚养费用上升和机会成本较大。两相比较，父母倾向于少生育，对于孩子性别的偏好逐渐趋于平衡。

对于孩子的价值，西方人口经济学又区分为积极价值（正价值）和消极价值（负价值）。

（二）孩子的积极价值

孩子的积极价值主要体现以下这些方面：(1)感情效益。孩子给予父母幸福、温暖、友谊、娱乐等精神上或心理上的满足。尤其在父母疲劳之后，和子女一起消遣、交流感情，能避免无聊和孤独感。(2)经济贡献。孩子在工商企业中或在农业企业里做工，为家庭挣钱；在家里干家务劳动或照料年幼的弟弟妹妹等为家庭作出贡献；在父母年老时，为他们提供生活保障。(3)孩子能使父母自我充实和发展。养育孩子的经历会使父母更加成熟和富有责任感，激励他们对未来目标和个人抱负的执着追求，自我完善，感到别人需要自己以及自己对别人是有益处的。(4)孩子同化效应。父母从观察孩子的成长和发展中获得乐趣，产生对孩子才干的自豪感，发现孩子身上有自己的影子。(5)家庭的内聚力和连续性。孩子是联系丈夫和妻子之间的纽带，生育子女和抚养子女能加强家庭成员的内聚倾向，使婚姻完善和生活完美；生育子女使子孙得以繁衍、家族得以延续。

（三）孩子的消极价值

孩子对父母、对家庭来说，除具有积极价值以外，也有消极价值。孩子的消极价值，或者生育和抚养孩子所花费的成本主要表现在以下几方面：(1)情感成本。抚养孩子，父母关心孩子的道德行为和管教孩子，用纪律约束孩子，为孩子的身体健康状况而感到焦虑以及因孩子造成的房间内布置的杂乱无章、家庭生活的嘈杂等，父母都要付出心理上的和情感上的代价，作出牺牲，这些就构成情感成本费用。(2)经济成本。抚养孩子所花费的各种费用，包括用于孩子的种种教育费用和医疗费用，这些就构成了抚养孩子的经济成本费用。(3)机会成本和受到种种限制。因生育和抚养孩子，父母在社会生活再创造和旅游方面受到各种限制，缺乏机动性和自由，不能过宁静的生活，职业的可变性受到限制而造成的损失。(4)父母体力方面的损失。因抚养孩子和照料孩子增加家务劳动量和减少睡眠时间，以及综合性疲劳都会使父母体力支出增加，从而造成损失。(5)夫妻感情上的损失。

因抚养和照料孩子会减少与配偶在一起生活的时间，减少夫妇共同参加社交活动的时间，在管教孩子上意见不一致发生争吵，夫妻感情方面的损失等，这些构成了家庭成本费用。

上述有关孩子价值的分析是从父母心理出发或欲望出发，作出种种假定，分析孩子价值的变量之间的联系，特别是把人们有关孩子的价值观念的演变与生育率的变化结合起来分析，寻找两者之间的联系。

随着一个国家经济发展水平的升高和社会福利制度的完善，孩子的经济价值下降，其人口则从高生育率向中等生育率，最后向低生育率转变，同时也伴随着婴儿死亡率的下降。与此同时，孩子的心理价值上升，父母趋向于在每个孩子身上投入更多的精神资本，给予孩子特别照料，父母与子女之间感情纽带增强。正因为如此，父母追求的不是从孩子身上获得经济效用，而是心理上的满足。

不同国家和地区，不同的社会阶层对于孩子价值的看法是不一致的；在同一个国家和地区，因所处的历史时代不同，对孩子价值的看法也不完全相同；在同一个国家和地区，即便处于同一时期，由于人们受教育程度的不同，对孩子价值的看法也是有差异的。总之，人们的孩子价值观念是有差异的，同时也是随着社会、经济、文化等因素的变化而变化的。

三、成本和效用

西方人口经济学家认为，人们对子女的抚养和教育费用主要是由家庭负担的，人口再生产的费用是家庭支付的。家庭花费在抚养和教育子女身上的资金及时间就是孩子的成本。对于父母来说，抚养和教育子女的成本具有负效用，称为孩子成本的负效用。

既然父母在子女的抚养和教育方面花费了资金、精力和时间，那么，父母应从这种花费中获得效用和收益，求得满足。简单地说，父母从孩子身上获得的满足和收益，就是孩子的效用。

"效用"本来是西方经济学上的概念，是指消费者从消费某种商品或劳务中所获得的满足，并且这种满足是人的主观感觉。H. 莱宾斯坦等把"效用"引入人口经济学，分析孩子给父母带来的满足程度。如同个人在消费商品或劳务中获得满足一样，父母也从孩子身上获得了满足。效用是商品或劳务满足人们需要的能力，它表示的是商品或劳务同一个人的愉快或痛苦之间的关系。某种商品或劳务具有效用是指一个人在消费或预期消费该商品或劳务的时间内感到愉快或防止痛苦。孩子也可以给父母带来愉快或防止痛苦，这就是孩子具有的效用。商品或劳务是否具有效用以及效用的大小都依赖于消费者的主观感受如何而定，因而，效用有很强的主观性，并没有严格的客观标准。

四、边际效用和边际孩子的效用

（一）边际效用

边际效用（marginal utility）是指购买者从多购买一单位的商品或劳务中所得到的追加满足。西方人口经济学认为，由于人们的欲望强度与享受程度是递减的，所以，随着购买者所购买商品或劳务的增加，该商品或劳务的边际效用却一直在减少，这就是边际效用递减的概念。这就是说，消费者购买某种商品或劳务越多，他们所得到的追加满足越少,并且会越来越少。这种商品或劳务的边际效用随所消费数量增加而递减,是存在于一切商品的普遍现象,同样也适用于作为耐用消费品的孩子。因此,可用边际效用递减理论来解释家庭生育行为。

西方人口经济学认为,孩子给父母带来的效用也是随着孩子数量的增加而变化的。正如从吃第一块或第二块牛排消费者可以获得较大满足或效用一样,父母从第一个或第二个孩子可能获得较大满足或效用,第三个孩子的效用小于头两个孩子,甚至可能带来痛苦,第四个、第五个孩子的效用随着孩子数量的增加而递减。这就是孩子的边际效用递减。

(二)边际孩子的效用

边际孩子(marginal child)是指父母所生育的孩子中最后的那一个。边际胎次(marginal birth)是指已婚妇女所怀孕胎次中最后那一次怀孕。西方人口经济学所讲的边际胎次或边际孩子,都具有生育增量的含义,所以,又可称为新增胎次或新增孩子。人口经济学家运用边际分析方法探讨边际孩子的效用时,常常是指新增孩子的效用。也有的人口经济学家称之为孩子的边际效用,其实质都是指新增加一个孩子给父母带来的效用。

H. 莱宾斯坦指出,西方人口经济学并不要求对已婚妇女每一胎次都进行经济决策分析,而只是对边际胎次或边际孩子的效用进行分析。这是因为假定父母并不对第一胎生育或第二胎生育带来的效用满足进行估价,而只是对第一、第二胎以后的生育进行估价。他说:"我们并不假定父母对每一胎生育都进行这种理智的估价,而只是假定对于边际胎次生育或接近边际生育的孩子进行这种估价。因此,对于最终达到四个孩子的家庭规模来说,父母对于第一胎或第二胎生育带来的满足是否达到一定高度并不加以认真考虑。只是对第三胎、第四胎才可能进行理智的估价。"[①]正是基于这个原因,西方微观人口经济学才对边际孩子或边际胎次生育的效用进行分析。

一个有几个孩子的家庭里,每个孩子给父母带来的效用不是相等的,而是随着胎次增高,每新增胎次生育的孩子的效用是下降的,这就是边际孩子或边际胎次生育效用递减。例如对一个有四个孩子的家庭来说,假设以第一个孩子或第一胎次生育的效用为标准,那么,第二个孩子的效用小于第一个孩子的效用,第三个孩子的效用小于第二个孩子的效用,第四个孩子的效用小于第三个孩子的效用。H. 莱宾斯坦指出:"我们还要特别假定每个家庭的边际孩子的效用比前一个孩子的效用要降低。我们所讲的这个效用函数包含的是序数效用而不是基数效用。"[②]

所谓序数效用,是指按照先后次序排列来估价商品效用。西方经济学认为,效用是个人偏好、嗜好,是一种心理活动,所以不能计算这种心理活动,只好依据偏好或满足的顺序来排列第一、第二、第三、第四……西方人口经济学家认为,父母在具体分析孩子给他们带来的效用时,是按照孩子出生的先后顺序排列来估价孩子的效用的。正因为

---

① H. Leeibenstein, *Population Growth and Economic Developmewt in the Third World* (University of Chicago Press, 1973), p. 487.

② Ibid.

如此，父母对孩子的偏好大小也是按照孩子出生的顺序来排列的。父母对第一个孩子的偏好大于对第二个孩子的偏好，对第二个孩子的偏好又大于对第三个孩子的偏好，如此类推。但是，不能计算和估价第一个孩子的效用是第二个孩子效用的若干倍；反过来说，不能估价和计算第三个孩子的效用是第二个孩子效用的几分之一。所以，H. 莱宾斯坦认为，微观人口经济学讨论的是序数效用，即按照孩子出生的顺序来估价孩子效用的大小。

所谓基数效用，是指用效用单位来表示效用，效用单位是人们用来衡量效用大小的单位或衡量效用多少的单位。例如，一斤猪肉对某个人的效用是 2 个单位，而一件上衣对他的效用则是 12 个单位。这就是说，不同物品或同一物品对某个人的效用多少可用效用单位（1，2，3，4，…，n）来计量。H. 莱宾斯坦认为，孩子给父母带来的效用不能用效用单位来计量，只能按照孩子出生的顺序来估价。

思考习题

1. 分析孩子的积极价值和消极价值。
2. 如何看待抚养孩子的成本和孩子的效用？

第三章 家庭规模的成本-效用分析

◀ 学习目标 ▶

1. 了解和把握家庭收入的变化对孩子成本和效用的影响。
2. 了解和理解家庭的生育经济决策。
3. 理解和把握经济社会因素对生育率变化的影响。

◀ 学习重点 ▶

家庭的生育经济决策、经济社会的发展对生育率的作用

西方微观人口经济学在讨论家庭规模的经济决策时,分析人们选择家庭规模的动机或生育动机。当然,人们的生育动机是多方面的,但是,人口经济学集中研究的是生育的经济动机。西方人口经济学关于生育动机的模型有两种:一种是孩子效用最大化模型,另一种是讨论边际孩子的效用的边际合理模型。本章阐述的是后一种,即运用边际分析方法,对家庭规模进行分析,主要是对抚养孩子的成本与效用作分析。

第一节 孩子的成本与效用

在西方,运用经济理论和概念分析家庭抚养孩子的成本和效用,最早是由美国哈佛大学经济学教授 H. 莱宾斯坦提出的。他首先提出了有关生育决策的边际合理模型。

一、莱宾斯坦的生平和主要著作

H. 莱宾斯坦教授(1922—1944),出生于美国。早年在美国西北大学攻读经济学,1946 年在该校获得文学硕士学位。1946 年至 1947 年任伊利诺伊州理工学院经济学讲师。后到普林斯顿大学攻读博士学位,师从美国著名人口学家诺特斯坦教授,1951 年获得普林斯顿大学博士学位。1951 年至 1968 年在加州大学伯克利分校任教,从 1960 年开始任该校经济学教授。1968 年受聘任哈佛大学安德鲁经济学以及人口学研究客座教授和工商管理教授。

H. 莱宾斯坦教授对经济学进行了广泛的研究和探讨,他的主要研究领域是发展经济学和微观经济学。他在研究发展中国家的经济发展时,把人口作为影响经济发展的一个内在因素加以探讨。在他的发展经济学中,人口已经成为一个内生变量与各种经济变量发生关系。在人口经济学的探讨中,他的贡献在于首先提出了家庭规模的成本-效用

分析，建立了生育的微观经济模型，为西方人口经济学的研究开辟了一条途径。此后，西方学术界对微观人口经济学进行了广泛的探讨和研究。

H. 莱宾斯坦教授的著述颇多，论述人口经济关系的主要著作有《经济-人口发展理论》（*A Theory of Economic-Demagraphic Development*，1954）、《经济落后与经济发展》（*Economic Backwardness and Economic Growth: Studies of the Theory of Economic Development*，1957）、《第三世界的人口增长和经济发展》（*Population Growth and Economic Development in the Third World*，1973）、《超经济人：微观经济学的新基础》（*Beyond Economic Man: A New Foundation for Microeconomics*，1980）。同时，H. 莱宾斯坦教授还写了许多论述人口经济关系特别是分析生育率变动的论文，反复阐明他的微观人口经济学观点，并且评论当代西方其他学者提出的人口经济学论点。

二、孩子的成本

孩子的成本，一般来说，是指从怀孕起到抚养一个孩子生活自立为止的各种抚养费用、教育费用、医疗费用和其他支出，以及父母为抚养孩子所损失的时间。父母抚养和教育孩子的成本可以分为两个部分：直接成本和间接成本。

（一）直接成本

抚养和教育一个孩子的直接成本包括按照社会正常标准，一个新生孩子的衣、食、住、行的费用，孩子受教育的费用，医疗费用和各种文化娱乐活动的费用。此外，按照各个国家的社会风俗习惯，直接成本还包括由父母正式支付或补贴给子女的婚姻支出（嫁妆、聘金、婚礼等的支出）。

（二）间接成本

间接成本是指因抚养和教育一个新增孩子，父母损失受教育和带来收入的机会，所以又称为机会成本。这里首先包括母亲妊娠期间、哺育期间所损失的工资收入，母亲因照料孩子失去的受教育的机会和工作机会，失去工作就是失去了赚取收入的机会，再就是父母失去了部分稀缺资源——时间；其次是在怀孕和哺育期间，父母的流动性减少而损失的收入；再次是由于照料和抚养一个新增孩子，父母以及其他家庭成员消费水平下降以及时间的损失，等等。时间对于成年的父母具有格外重要的价值，所以，间接成本在表现形式上主要为时间的损失。西方微观人口经济学又把父母抚养和教育孩子所丧失的时间，称为时间成本。这种时间成本大体上可以分为三类：（1）损失直接从事生产劳动或工作的时间。（2）并没有包括在直接成本和间接成本之中的其他时间的损失，如闲暇时间的损失。（3）与某些消费形式相联系的由于时间损失而不能进行这些消费所作出的牺牲。这些消费形式并不是简单地同收入损失相联系。

无论是直接成本还是间接成本，在西方微观人口经济学家看来，都是父母所作出的牺牲，或者是一种损失。这种牺牲或损失又被看做负效用（disutility）。负效用是指某种商品或劳务所具有的引起人们不舒适或痛苦的能力。孩子对父母来说的负效用，是指抚养孩子所花费货币成本（包括直接支付的和时间损失折算的货币）给父母带来的不愉快或痛苦的感受。所以，父母关心的是直接或间接花费在孩子身上的货币成本的效用价值。这种效用价值，又可称为效用成本。当货币成本的数量不变时，货币成本的效用价值是可以上升或下降的。如果假定新增孩子的货币成本数量不变，只是效用价值上升，则父母作出的牺牲增加。父母作出的牺牲增加，则孩子的负效用增大。孩子的负效用因国度不同而差别甚大。即使在同一个国家内，因所处时代不同或父母所处社会阶层不同，孩子的负效用也是千差万变的。但是，孩子的负效用会随孩子货币成本效用价值的变动而变化。图 3-1 说明了随孩子数量的增加，货币成本效用价值的变化，也就是负效用或父母所作出的牺牲的变化。

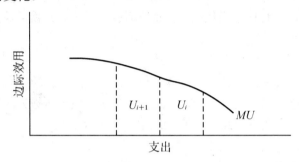

图 3-1　随新增孩子成本支出增加而边际效用递减

注：U_i＝用以前的消费来计量第 i 个孩子的效用损失（牺牲）。
　　U_{i+1}＝按上述同理，第 $i+1$ 个孩子的效用损失（牺牲）。

图 3-1 中，MU 表示随着支出的增加，收入的边际效用递减，这就是说，所花费（支出）的收入越多，消费者在这项花费中得到的边际效用就越小。同样的道理，若用第 1 个孩子（最低胎次）替代最低效用的消费支出，那么，其结果便是较高胎次的孩子替代较高效用的消费支出。所以，在较高胎次孩子身上花费同样数量的支出时，按从前消费计量的效用损失会增大。图 3-1 中 U_i 表示按照从前的消费来计量，第 i 个孩子给父母带来的效用损失，即父母所做的牺牲；按照同样的道理，第 $i+1$ 个孩子给父母带来的效用损失要大，即父母所做的牺牲增大。这就意味着在第 $i+1$ 个孩子身上花的每一美元的效用价值增大。

三、孩子的效用

西方微观人口经济学认为，父母抚养和教育孩子花费了成本，那就要从孩子身上获得效用和收益。孩子的效用大体上分为下列几种：

（一）消费效用

消费效用是指把孩子看做"消费品"，孩子作为父母快乐的源泉所具有的效用。父母抚养和教育孩子，必然会从孩子那里获得快乐等感情上满足的效用。

（二）劳动-经济效用

劳动-经济效用是指把孩子当做准劳动力或劳动力给家庭带来经济收益。H. 莱宾斯坦指出，在第三世界国家，孩子较早地加入劳动力行列，在家庭农场或为别人做工，从而为家庭增加收入，父母获得劳动-经济效用。

（三）保险效用

保险效用是指发展中国家的社会保险事业落后，因而父母把自身年老的生活保障寄托于子女，尤其儿子更是父母晚年经济生活的主要保障。因此，抚养和教育子女对于父母具有保险效用，或者说，孩子作为父母未来的潜在保险效用。

H. 莱宾斯坦在 1957 年出版的《经济落后与经济增长》一书中提出了孩子具有上述三种效用，并且认为这是孩子具有的基本效用。到了 20 世纪 70 年代，他进一步研究的结果，认为上述三种效用还不足以说明孩子的效用，于是他又补充了三种效用，作了进一步说明。

（四）经济风险效用

经济风险效用是指孩子具有承担家庭经济成败风险的效用。这一效用是从劳动-经济效用中分离出来的。一个孩子对某一家庭经济福利的预期贡献越大，说明该孩子承担家庭经济风险的能力越大。这就是，把来自未自立孩子的预期收入看作对承担家庭经济不确定性的风险的报酬，因而具有经济风险效用。

（五）长期维持家庭地位的效用

这个效用是把子女看做对某一家庭的社会经济地位的维持起重要作用的因素，例如，按照某一社会的风俗习惯，承担某些社会义务和执行宗教礼仪是家庭地位的体现，所以，子女主要是儿子具有长期维持其家庭地位的效用。还有把继承父母的遗产也看做未来家庭地位的体现，因而养育孩子继承父母遗产，也看作孩子具有长期维持家庭地位的效用。

（六）对扩展型家庭作贡献的效用

这种效用是指把孩子看做对家庭扩大和发展作出贡献的重要因素，因而孩子具有扩展家庭的效用。H. 莱宾斯坦指出："大多数发展中国家都存在一种对扩展型家庭的强烈的责任感。这种责任在一定程度上是由一些大家庭中的核心夫妇来履行的，这些核心夫妇有足够多的孩子为大家提供收入、安全保障以及家庭的显赫威望。"[①]因而，把生儿育女看作使家庭繁荣昌盛的必由之路，其理由是孩子对家庭扩展具有效用。

---

① H. Leeibenstein, *Population Growth and Economic Development in the Third World* (University of Chicago Press, 1973), p. 489.

第二节　家庭收入变动对孩子的成本和效用的影响

由 H. 莱宾斯坦所创立的上述有关孩子成本和效用的微观人口经济学还要分析家庭收入变动对孩子成本和效用所产生的影响，其中主要讨论发展中国家经济发展过程中形成的各种影响。为了分析这个问题，就要确定衡量家庭收入变动的指标和说明引起家庭收入变动的原因。

一、人口经济结构的变化

西方微观人口经济学认为，发展中国家在经济发展过程中，人口经济结构要逐渐发生变化，这种变化是引起家庭收入变动的原因。这类国家在经济发展过程中，人口经济结构有些什么变化呢？H. 莱宾斯坦认为，人口经济结构的变化主要表现在以下几个方面：

（一）非农业部门经济得到了发展

发展中国家经济发展的一个表现就是非农业部门的经济不断得到发展，而传统的农业经济虽然也有所发展，但发展速度低于非农业经济的发展速度。H. 莱宾斯坦所讲的非农业经济的发展，包括采矿业、石油开采业、制造工业、轻纺工业、旅游服务业、交通运输业等行业的经济发展较快。这样，一些发展中国家的国民经济结构要发生变化，从单纯的传统农业结构向工业、农业、轻工业、服务业等多部门的经济结构过渡。

（二）劳动力逐渐从农业部门向非农业经济部门转移

随着社会经济结构的变化，劳动力人口的行业、职业构成也在起变化。由于农业劳动生产率的初步提高和农村人口的自然增长，一部分劳动力人口逐渐从传统的农业部门分离出来，向采掘工业、制造工业、服务业等非农业部门转移。这样，非农业经济的劳动力人口增加较快。随着劳动力人口的这种转移，出现了发展中国家劳动力人口向城市转移，从而加速了人口城市化的进程。因而，人口的城乡结构起了变化，在总人口中，城市人口比重在提高，农村人口比重相对下降。这种人口城市化过程还有进一步发展的趋势。

（三）非农业劳动力人口的专业化程度逐渐提高

H. 莱宾斯坦认为，随着劳动力人口向非农业经济部门的转移，非农业劳动力人口持续变化的一个特征就是对劳动力的专业要求在逐渐提高。这是非农业经济各部门的经济活动按专门化分工的结果，比如从事采掘工业的工人必须具备起码的采掘知识和接受起码的专门训练，从事制造业、交通运输业、服务业的工人也都要有一定的专业知识和接受初步的专门训练。这些训练提高了非农业劳动力人口的专业化程度。

(四)教育的作用、教育与经济之间的联系增强

正是由于劳动力人口的转移，非农业劳动力人口专业化程度提高，教育与经济之间的联系加强，教育对提高劳动力人口的质量和推动经济发展的作用增强。经济发展对较高质量劳动力的需求的压力，在一定程度上推进了发展中国家教育事业的发展。教育事业的发展，使人口的文化构成发生变化，文盲率有所下降，人们的文化水平和受教育程度比以前有了提高。

(五)经济发展和上述社会经济结构的变化有助于家庭收入的提高

一般来说，上述经济发展和社会经济结构的变化有助于家庭收入的上升，特别有助于城市家庭收入的上升。当然，发展中国家的社会经济的阶级差别还是巨大的。这一点也为 H. 莱宾斯坦所承认，他曾指出："作为上述变化的后果，越过某一初始点后的经济发展便会产生许多明确区分的社会经济阶级。"[①]然而，他假定，发展中国家经济发展会带来家庭收入的增加，并以此作为他分析的基本出发点。

(六)以人均收入作为衡量经济发展的指标

H. 莱宾斯坦认为，目前条件下，把人均收入当做衡量经济发展的指标似乎是自然的。当然，人均收入这个指标在反映经济发展水平时有一定的局限性。然而，在论述孩子的成本和效用的问题时，他认为，从微观来说，反映家庭收入变动的指标也用人均收入这个指标。所以，H. 莱宾斯坦分析收入同孩子成本和效用之间的种种关系，用的是人均收入这个指标。

二、孩子的成本和效用同人均收入变动之间的关系

(一)孩子的成本与人均收入的关系

图 3-2[②]的纵轴 OY 表示给定胎次（孩子）的效用和成本，横轴 OX 表示人均收入。孩子的成本同人均收入之间的关系是：无论直接成本还是间接成本都随着人均收入的增加而上升。这就是说，随着家庭收入的增加，父母花费在抚养和教育孩子上的费用增多，比如孩子会吃得好些，穿得好些，住的房子也会好些，这样直接成本必然增加。随着家庭收入的增多，父母参加生产性经济活动的机会可能增多，花费在消费活动上的时间价值也会增高，这说明父母的时间价值增大。尽管父母，主要是母亲，照料孩子所损失的时间单位还和以前

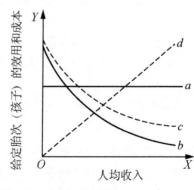

图 3-2 孩子的成本同人均收入的关系

---

① H. Leeibenstein, *Population Growth and Economic Development in the Third World* (University of Chicago Press, 1973), p. 491.

② 此图参照 H. Leeibenstein, *Economic Backwardness and Economic Growth* (Wiley, 1957), p. 162。

一样多，但由于每单位时间的价值上升了，所以，孩子的机会成本仍然会上升，即孩子的间接成本也随着收入的增加而增大。

（二）孩子的效用与人均收入的关系

上文谈到孩子有六个方面的效用，其中最基本的是三种效用，即消费效用、劳动-经济效用和保险效用，因此，这里着重讨论这三种效用同收入之间的关系。图 3-2 中，曲线（a）表示消费效用，曲线（b）和（c）分别代表劳动-经济效用和保险效用。从图 3-2 可以看出，消费效用同人均收入的变化之间的关系似乎难以确定。这就是说，孩子作为消费品给父母带来的效用即给父母的满足，对收入变动的反应非常迟钝。特别对第一胎和第二胎来说，家庭收入提高了或是降低了，判断父母从孩子身上取得愉快的满足究竟是大些还是小些似乎是困难的，或者获得这种满足没有多少差别。不过有必要说明的是，如果家庭收入水平提高到享受较多奢侈品的程度，其结果可能出现较高胎次的孩子同享受较多奢侈品之间产生矛盾，这时也会出现较高胎次孩子的消费效用随着家庭收入的增高而递减的现象。所以，一般来说，当家庭人均收入水平较低时，可假定收入变动而消费效用则不会发生大的变动。

从图 3-2 可以看出，孩子的劳动-经济效用同家庭人均收入之间的关系是，这种效用随着人均收入的增加而递减。这就是说，随着人均收入水平的提高，孩子作为家庭中的劳动力或作为家庭收入来源的需要会越来越少。由于有较高的收入，家庭在孩子质量提高方面下工夫，让孩子去接受更多的正规教育和业余训练，利用更多的时间去发展和提高自身，而不是过早地成为劳动力，为家庭创收。由此可见，收入越提高，从未来孩子身上获得的劳动-经济效用就会越小。

至于谈到孩子作为父母年老保险源泉的效用，H. 莱宾斯坦认为，这种效用也是随着家庭收入的增加而递减。这是由于收入提高，父母有可能将一部分收入储蓄起来或作为经济投资去获取利润，以便给他们的晚年保险打下基础。如果在父母为自己晚年经济生活保障的能力提高的同时，社会的保险制度也能建立起来，发挥较好的作用，那么，孩子给父母带来的保险效用则会相对削弱，并呈现一种递减的趋势，所以，曲线（c）呈向右下方倾斜的方向变化。

孩子的其他效用，如经济风险效用和作为对扩展型家庭作贡献的效用，同收入提高、人均收入增加的关系与劳动-经济效用、保险效用一样，呈现出递减的趋势。其理由在于，孩子对家庭的经济贡献随着收入的增加变得越来越不重要，因而对承担家庭经济风险的效用下降了，对扩展型家庭的贡献也削弱了。如果把孩子的六种效用综合起来分析，总的来说，新增孩子的效用是随着家庭收入的提高而下降的，即边际孩子的效用是递减的。H. 莱宾斯坦说："随着死亡率的下降，家庭的最终社会经济地位不再依靠高胎次的孩子，孩子的边际效用随着人均收入的提高而递减。"[①]

---

① H. Leeibenstein, *Population Growth and Economic Development in the Third World* (University of Chicago Press, 1973), p. 492.

第三节 生育的经济决策

H. 莱宾斯坦曾经谈到对生育进行成本-效用分析（孩子的成本与效用分析）的目的是解释在人均收入持续增长过程中出生率下降的问题。他说，他提出这种理论是假定每个家庭将从第 n 个孩子带来的效用和负效用达到均衡时来决定家庭中第 n 个孩子是否可生。这就是说，某一个家庭为什么只要 2 个孩子而不要 3 个孩子，或只要 3 个孩子而不要 4 个孩子，其关键取决于边际孩子的效用与负效用达到均衡，从而作出要 n 个孩子的决策，因此，只需要对边际孩子作出合理的经济决策就足够了。

一、维持家庭地位与生育率的关系

在现代社会，绝大多数家庭在竞争之中力求维持其社会经济地位。这种社会经济地位是与家庭的收入紧密联系的，如果家庭收入多，则可维持较高的社会经济地位，反之亦然。不管其家庭地位高低，都必须花一定的费用来维持家庭地位，这种费用必须从家庭收入中支出。这样，在家庭收入一定时，就会发生用于抚养孩子的费用同维持家庭地位的费用之间的矛盾。

首先，西方人口经济学家如 H. 莱宾斯坦，把一个家庭的费用支出分为三种类型：(1) 用于购买维持家庭社会经济地位商品的支出。所谓维持家庭社会经济地位的商品主要是指高档的耐用消费品和礼品，如电视机、电冰箱、汽车、电话、住宅以及室内豪华装饰、各种高级礼品等，简称地位商品。(2) 用于抚养孩子的支出。(3) 用于家庭日常生活商品的支出。对于上述三类商品支出分别用 S—商品、C—商品、O—商品来表示。他们认为，在抚养孩子身上的支出相当于地位商品上的支出，而地位商品支出，对于一个家庭来说是一种地位目标支出，详见表 3-1。

表 3-1 商品支出与孩子数目的关系

孩子数目	商品支出		
	S	C	O
2	30	30	40
3	30	45	25
4	30	60	10
5	10	75	15

其次，这三种商品支出在家庭收入一定情况下是此消彼长、相互制约的。现在假设某一个家庭每周收入 100 美元，两个孩子的支出和地位商品的支出各为 30 美元，日常生活商品上的支出为 40 美元。我们可以观察到随着家庭孩子人数的增加，其他两种商品支出的变化。孩子的人数增加到 4 时，在孩子身上的支出增加到 60 美元，日常生活商品上的支出下降到 10 美元。如果再增加 1 个孩子，则地位商品上的支出下降到 10 美

元。对于现代社会来说，这两种情况都是难以成立的，因为即使假定除开地位商品不说，日常生活商品上的支出下降到10美元或15美元，该家庭似乎连日常生活也难以维持。分析的结果表明，这类家庭对生育孩子数量决策上似乎最好是一两个，超过这个数目，则要么是降低现有生活水平，因用于日常生活商品支出减少，要么是难以维持家庭地位，因维持地位商品的支出减少。

最后，家庭收入的提高将影响生育决策。因为假定抚养孩子的支出相当于地位商品的支出，所以，家庭收入增加，用于上述三项支出的数量必定会相应增加。同时，用于地位商品的支出上升，意味着地位成本增高。地位成本增高，也意味着孩子的效用成本上升。在孩子效用成本上升的情况下，新增孩子造成的损失也大，即父母丧失的效用也越多。所以，H. 莱宾斯坦指出，这里的"关键之点是维持地位对于孩子的效用成本有重大影响。地位成本越高，丧失的效用越大，因而抚养边际孩子造成的损失也越大"。[①]所以，对于那些地位较高的家庭来说，随着孩子数量的增加，父母所损失的效用也依比例地增大，即父母作出的牺牲增大。由此，H. 莱宾斯坦得出结论，随着家庭收入增加，家庭地位上升，为了避免或减少损失，这类家庭倾向于少要孩子，从而导致生育率下降。

二、生育的经济决策分析

从上一节的分析中，我们可以看到，随着经济发展，家庭人均收入上升，孩子的效用成本也随之增加，相反，孩子的边际效用或边际孩子的效用都随之下降。父母对一个边际孩子出生的决策如下：

（一）当孩子的效用成本不变时，随着人均收入的增长，家庭想要孩子的数量减少

图 3-3、3-4、3-5 中，横坐标 OY 表示以人均收入代表家庭社会经济地位，沿 OY 表示随着人均收入水平的上升，家庭经济地位随之上升，Y_3、Y_4、Y_5 分别表示不同的人均收入水平，纵轴 OU 或 OC 表示孩子的效用或孩子的效用成本。C_3、C_4、C_5 分别表示第 3 个、第 4 个、第 5 个孩子的效用成本曲线；U_3、U_4、U_5 分别表示第 3 个、第 4 个、第 5 个孩子的效用曲线。

图 3-3 中，假定第 3 个、第 4 个、第 5 个孩子的效用成本大体上相同，C_3、C_4、C_5 大体上在同一条曲线上，不随着人均收入的变动而变化。当人均收入大于或等于 Y_3 时，第 5 个孩子的效用曲线同该孩子的效用成本曲线相交于 E_5，这说明，这时家庭想要 5 个或少于 5 个孩子。其他两种情况也是如此。当人均收入大于或等于 Y_4 时，家庭想要 4 个或少于 4 个孩子。当人均收入大于或等于 Y_5 时，家庭想要 3 个或少于 3 个孩子。这就说明，当孩子的效用成本不变时，随着人均收入的上升，家庭想要孩子的数量在减少。

---

① H. Leeibenstein, *Population Growth and Economic Development in the Third World* (University of Chicago Press, 1973), p. 494.

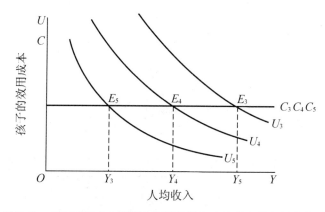

图 3-3　成本不变时，想要孩子的数量与人均收入呈负相关关系

（二）当孩子的效用成本随着人均收入的提高而增加时，家庭想要孩子的数量减少

图 3-4 中，孩子们的效用成本曲线 C_3、C_4、C_5 随着人均收入水平的提高向右上方升起，即孩子的效用成本增大。当人均收入水平较低，如大于或等于 Y_3 时，家庭想要 5 个或少于 5 个孩子。当人均收入处于中等水平，即大于或等于 Y_4 时，家庭想要 4 个或少于 4 个孩子。当人均收入较高，即大于或等于 Y_5 时，家庭想要 3 个或少于 3 个孩子。这同样说明，孩子的效用成本增大，家庭想要孩子的数量随人均收入水平的上升而递减。

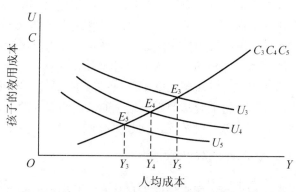

图 3-4　成本增加时，想要孩子的数量随着人均收入的提高而减少

（三）当孩子的效用成本随着人均收入的提高而减少时，家庭想要孩子的数量减少

图 3-5 中，第 3 个、第 4 个、第 5 个孩子的效用成本曲线 C_3、C_4、C_5 向右下方倾斜，即随着人均收入的增加，孩子的效用成本下降。这里的关键之点在于效用成本曲线的下降速度必须小于效用函数的下降速度。换言之，负效用曲线从下方与效用曲线相交。在这样的条件下，当人均收入处于较低水平，即大于或等于 Y_3 时，家庭想要 5 个或少于 5 个孩子。当人均收入为 Y_4 时，则家庭想要 4 个孩子。当人均收入为 Y_5 时，则家庭想要 3 个孩子。与上述情况相同，随着家庭收入的上升，家庭想要孩子的数量会减少。

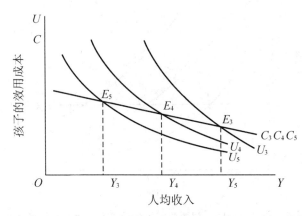

图 3-5 成本下降时，想要孩子的数量随着人均收入的提高而减少

以上三个图及其解释说明的是发展中国家经济发展过程中，那种由较低的经济地位向较高的经济地位上升的家庭想望孩子人数同人均收入之间的关系，即随着社会经济的发展，家庭人均收入的提高，想望孩子人数会依比例地（或逐渐地）减少。对于那些极富的家庭来说，维持地位目标的支出同他们的收入相比所占比重极小，因而维持地位成本以及与之相当的抚养孩子成本，对于他们来说不是什么重要的限制，因此，他们比中等阶层会有较多的孩子。但极富阶层只占总人口中极小的比重，分析时可以略去不计。

然而，对发展中国家的贫困阶层来说，H. 莱宾斯坦认为，低收入是一种限制，但并不是对维持地位商品的限制，因为贫困阶层因收入低下还谈不上购买维持地位商品。他们的低收入是对基本生活必需品，如食物、衣服、住房等维持生存的温饱商品的限制。在经济发展的初期，如果贫困阶层的温饱问题得到解决，人均收入的提高则会削弱对维持温饱商品的限制，因而家庭想望的孩子人数可能增加，其结果是生育率上升。但是，当经济进一步发展，当人均收入提高到家庭不再只是追求维持生存的温饱商品，而是追求维持地位商品，即对各种耐用消费品的需求增加时，人均收入的上升与家庭想望孩子的人数之间可望出现上述分析的三种情况，即起到抑制生育率上升的作用。

三、与生育率变动有关的社会经济因素

西方微观人口学在考察发展中国家经济发展、家庭人均收入的变动同生育率之间的关系时，不仅运用经济分析模型去说明随着经济的发展，家庭人均收入上升，家庭想望孩子的人数下降，而且对影响生育率下降的因素作宏观的经验主义的分析。这就是说，从宏观方面去观察直接或间接影响生育率下降的各种社会经济因素。H. 莱宾斯坦列举了下面 10 种因素与生育率下降有关联。他认为，对这 10 种因素，不但要看到每个因素的作用，还要把这些因素看作一个互相作用、互相补充的因素综合体，从而看到这个因素综合体对生育率变动的影响。下面分别列举这 10 种因素：

（一）宗教和传统观念的削弱

在发展中国家，由于社会和经济发展产生了巨大影响，因此，宗教和传统观念的影响普遍有所削弱，特别是那种鼓励生育的宗教和传统观念开始削弱。这种影响的削弱在

上流社会和中产阶级中间尤为突出，其主要表现就是父母的孩子价值观起了变化，孩子对家庭的重要性有所降低。不过，H. 莱宾斯坦认为，这种变化在发展中国家的下层群众中尚不普遍和显著，只是出现了宗教和传统观念影响削弱的倾向。

（二）家庭纽带开始放松，扩展型的联合家庭体系开始瓦解

在发展中国家，存在两种家庭形成体系：一种是核心家庭形成体系，即只有一对已婚夫妇或有一两个未婚子女组成的核心家庭，一旦子女进入婚龄，又组成新的核心家庭；另一种是扩展型的联合家庭形成体系，即一个家庭由两对或两对以上已婚夫妇以及未婚子女组成，家庭成员之间由有血缘关系、相互之间的责任感等带强烈感情的纽带联结起来。在这种家庭形成体系之中，新增孩子的成本不仅由亲生父母负担，而且由该家庭的其他成年成员负担，从而较为容易形成高生育率。

但是，随着社会经济的发展，劳动力的流动性增大，联合家庭的成员外出就业（包括进入城市就业），使其居住地与原有家庭分开；同时，随着经济的发展，家庭人均收入提高，孩子的效用下降，新增孩子对家庭扩展的贡献减少；经济发展还带来了生活方式和消费方式的变化，这些因素都促使联合家庭形成纽带放松，扩展型的联合家庭形成体系开始瓦解。联合家庭分裂为许多核心家庭。核心家庭的孩子成本全部由父母负担，加上孩子效用下降，从而有促使生育率下降的作用。

（三）人口城市化

发展中国家经济的发展，使农村小农经济破产，城市工业、服务业、交通运输业等行业得到了一定发展，从而使劳动力从农村向城市转移，人口城市化过程加快。一般来说，城市人口因其生活费用较高、孩子成本较大、避孕知识及其药具传播较为广泛以及城市生活方式和消费方式等因素，生育率低于农村。所以，人口城市化有利于生育率下降。

（四）妇女受教育状况及其社会经济地位的改善

随着社会经济的发展，妇女就业人数，特别是妇女在非农业部门的就业人数正在逐渐增加。与过去相比，妇女受教育水平在提高。这样，妇女在经济上逐渐走向自立或半自立，从而有促使生育率下降的作用。

（五）抚养子女成本的提高

上面已经分析过，随着经济的发展，家庭人均收入提高，抚养孩子的直接成本和间接成本都在上升。抚养孩子的成本上升，也是促使生育率下降的一个因素。

除了上边提到的 5 个因素之外，H. 莱宾斯坦认为下面的 5 个因素也有利于生育率的下降。这些因素是：（六）随着社会经济的发展，父母年老对子女的经济依赖性减弱，特别是城市就业人口逐渐从养儿防老向以储蓄防老过渡。（七）父母对男孩的偏好减弱。这主要是出于经济上对子女主要是儿子的依赖性下降之后，对男孩的偏好就相对弱些。（八）死亡率的降低，尤其是婴儿死亡率的降低，也有利于生育率下降，因为父母看到

子女的成活率上升之后，就有可能减少想要孩子的人数。（九）父母的社会和经济流动性增强。在经济发展过程中，在一个国家内部各地的经济发展机会和就业机会也是不平衡的，因而劳动力人口为竞争较好的就业机会和经济发展机会加速流动。为了适应劳动力人口流动性，父母必然要减少想要孩子的人数。（十）各种避孕知识和药具的引进及传播。在发展中国家，多数国家为了发展经济，都或多或少地采取了控制人口的政策，大力传播各种避孕知识，引进和推销避孕药具，奖励子女少的父母。即使没有明确推行控制人口政策的国家，也存在多种避孕形式，并且现代避孕药具作为商品也会或多或少地输入。尤其是这些国家中的上阶层和知识界，采用现代避孕药具的人数在逐渐增多。这些都有利于减少出生人数，降低生育率。

四、关于生育率经济决策分析的结论

以上阐述的西方微观人口经济学是由 H. 莱宾斯坦教授阐明的家庭规模经济决策的理论。他对孩子的成本-效用分析是假定发展中国家的人口分为不同等级的社会经济地位集团。每一个地位等级又由每户的平均收入代表。经济发展造成了劳动力在地区分布和职业分布上的变动，总的说来，家庭逐渐地离开农业，转移到非农业的较高社会经济地位集团。因此，他分析得出的结论是：

第一，社会经济地位越高，一个给定胎次孩子的非消费效用越低。

第二，社会经济地位越高，花费在地位商品（其中包括作为地位支出的养育孩子的成本）上的费用占平均收入的比例越大。

第三，社会经济地位越高，与其相应的孩子的间接成本越大，按照母亲损失的收入和时间来估算的间接成本更是越大。

把第二项和第三项综合起来考察，说明社会经济地位越高，边际孩子的效用成本越大。这就意味着，对非极端贫困或富裕的社会经济集团来说，其社会经济地位越高，该集团内平均每户想望孩子的人数越少。这就说明，随着社会经济的发展，对于中间等级的家庭来说，每户人均收入提高，家庭想望的孩子人数减少，因而，经济发展会导致较低的意愿生育率，即预期生育率较低。

思考习题

1. 为什么西方社会里中产阶层家庭生育和抚养的孩子较少？
2. 经济社会现代化为何会有助于生育率的下降？

第四章　家庭劳动-闲暇选择理论

◀学习目标▶

1. 了解和把握市场经济对家庭劳动供给决策的影响。
2. 了解和把握家庭成员的劳动-闲暇选择。
3. 了解和理解机会成本和时间价值对家庭生育决策的作用。

◀学习重点▶

贝克尔对家庭生育决策理论的贡献、闲暇的价值、劳动供给曲线向后弯曲、机会成本、时间价值

第三章主要介绍了西方微观人口经济学中有关家庭规模经济决策的一种理论。这种理论是运用边际分析方法，讨论在其他条件均相同的情况下，随着家庭收入的上升，边际孩子的效用递减，从而作出有关家庭规模的决策。本章则主要介绍西方人口经济学家运用消费者需求理论，分析家庭成年成员对劳动与闲暇时间所作出的选择。这就是说要分析家庭成年成员时间的价值、时间的配置以及这种配置对家庭人口再生产行为的影响。

第一节　家庭劳动力市场行为

西方人口经济学中，首先运用西方经济学有关消费者需求理论分析家庭的人口生育行为的是 G. S. 贝克尔。后来，其他人沿袭贝克尔的分析方法，进一步进行了研究，其中 T. 保罗·舒尔茨（T. Paul Schultz）分析家庭中父母时间的价值、时间的配置及夫妇对于劳动与闲暇所作选择对生育行为的影响。

一、贝克尔的生平及其主要著作

贝克尔 1930 年出生于美国宾夕法尼亚州的波兹维尔。他早年就读于美国普林斯顿大学，后到芝加哥大学攻读经济学研究生课程，并获得博士学位。除在哥伦比亚大学从事过短期工作和在美国全国经济研究局做研究工作之外，贝克尔主要任教于芝加哥大学，任该校经济学教授，曾任该校经济系主任。诺贝尔经济学奖获得者。作为芝加哥学派的重要一员，其学术思想与该学派的 M. 弗里德曼、H. G. 刘易斯、T. W. 舒尔茨和 G. J. 斯蒂格勒一脉相承，奉行新自由主义经济理论。贝克尔主张以微观经济理论为基础来建立经济科学体系，反对把微观经济学同宏观经济学对立起来、截然分开。贝克尔把他的理论

分析建立在市场均衡理论和自由放任主义的基础上，从而反对国家干预主义的经济理论和经济政策。

贝克尔运用经济理论涉足社会学、人口学、犯罪学和生物学等领域，并把数学方法广泛运用于经济学以及他所涉及的领域。他认为，经济理论提供了一种应用于研究一切人类行为的结构——应用于各种决策类型和一切人类行为的结构。不仅如此，他经过研究之后说："我得出的结论是经济研究方法同样可以运用于生物界。……把对人类的研究方法运用到生物界，并不假设人类行为是有意识地由生物学上的考虑所决定的——仅仅考察在各种各样竞争的条件下，非人类同人类一样分配稀缺资源。"[①]正因为如此，对于贝克尔如此广泛地把经济理论运用于其他领域，西方学术界称他为"新领域的开辟者"、"探索者"。尽管他的这种探索受到某些非难，但西方学术界仍然认为他的贡献甚大，贝克尔的微观人口经济理论及其研究方法对西方学者在这个领域的研究的进一步展开产生了巨大的影响。

正由于贝克尔教授涉及领域广泛，所以著述甚多，其中代表性论著是 1960 年发表的《生育率的经济分析》一文（载《发达国家的人口和经济变化》，普林斯顿大学出版社，1960）、《人力资本》（1964）、《差别待遇经济学》（1971）、《对人类行为的经济探讨》（1976）、《家庭论》（1981）等。贝克尔对西方人口经济学的贡献主要体现在他写的《生育率的经济分析》一文。该文是在 20 世纪 50 年代末和 60 年代初，贝克尔与美国全国经济研究局（所）的专家合作撰写《发达国家的人口和经济变化》一书时写成的。该文沿袭 H. 莱宾斯坦提出的抚养孩子的成本-效用分析的研究路线，运用效用最大化理论，探讨家庭对孩子的需求问题。1981 年，他出版的《家庭论》则进一步展开了家庭对孩子需求的理论。

T. 保罗·舒尔茨是美国明尼苏达大学经济学教授。近几年来，他沿着贝克尔教授微观人口经济学中需求理论研究方向，进一步探讨家庭的经济-人口行为和需求模型，分析家庭时间配置和劳动力参加率对生育率的影响。

二、市场经济对家庭劳动力供给决策的影响

（一）市场经济打破了家庭自给自足的自然经济关系

在前工业化社会，正如整个社会是自给自足的自然经济占支配地位一样，在家庭内一般也是一种男耕女织的自然经济关系，即丈夫在田地里从事生产劳动，耕种土地，妻子在家里纺纱织布，照料孩子，操持家务。然而，市场经济的发展，即现代经济关系的发展，逐渐打破了家庭自给自足的自然经济关系。保罗·舒尔茨认为市场经济渗透到家庭内部，使家庭衍化，起初，家庭内丈夫向劳动市场供给劳动力，挣取工资养家糊口，后来妻子也进入劳动市场挣工资。这样，家庭劳动力供给发生了根本性变化，由自然经济条件下的自我就业、自我经营转移到市场经济条件下向劳动市场供给劳动力。在保罗·舒尔茨看来，在市场经济条件下，为市场提供劳动力的家庭就有一个劳动供给决策

---

① G. S. Becker, *A Treatise on the Family* (Harvard University Press, 1981), p. 10.

的问题,特别是已婚女性劳动力的劳动供给决策问题。随着市场经济的发展,妇女参加社会生产劳动机会增加和在生产中起的作用扩大。同时,妻子对家庭所作贡献中来自市场劳动收入部分所占比例增大。相反,妻子从事家庭生产的时间减少,特别是所生育子女的数量明显减少,因而家庭规模缩小。家庭类型也从联合大家庭向简单家庭或核心家庭过渡。

(二) 劳动力参加率

西方人口经济学所讲的劳动力参加率(labour force partleipation rate),是指某一年龄、性别的一个人将要成为劳动力的可能性。广义的劳动力参加率,是指经济活动人口(就业的或失业的)占总人口的比率。狭义的劳动力参加率,是指从事市场劳动的劳动力人数在全部劳动力年龄人口中所占比重。同时,可按年龄、性别或民族等组别分别计算劳动力参加率。西方人口经济学有关计算劳动力参加率的公式为:

$$LF/(LF+NLF) = (U+E)/(U+E+NLF)$$

公式中 LF 表示劳动力人数,NLF 表示非劳动力人数,U 表示失业人数,E 表示就业人数。[①]劳动力参加率常常被用来估计劳动力资源状况和了解劳动力年龄人口的就业、失业情况。

妇女劳动力参加率对了解家庭人口经济行为具有重要意义。严格来说,妇女劳动力参加率是指妇女在户外参加市场劳动人数与妇女劳动力总人数之间的比率,这是狭义的妇女劳动力参加率的定义;广义而言,是指妇女劳动力人数与妇女总人口之比率。

具体来说,在发展中国家的经济发展初期,农村中妇女常常是无支付的家庭劳动者,并且自我就业的农民在整个劳动力中占很大比重,因此,计算劳动力参加率有一定困难。即使在非农业部门,妇女也常常是无支付的家庭劳动者。保罗·舒尔茨认为,只有当妇女劳动力进入现代工商企业中就业,劳动者成为工资劳动者或薪金雇员,这样才为讨论劳动力参加率和对各个国家劳动力参加率进行比较提供了可能性。所以,严格说来,妇女劳动力参加率反映了妇女劳动者走出家庭在市场上参加生产劳动的程度,是反映妇女参加市场劳动程度的指数。

20 世纪 70 年代,发达国家妇女劳动力占总劳动力的 1/4 到 1/5,妇女劳动力的 70% 是领工资或薪金的劳动者。在发展中国家,拉丁美洲妇女劳动力在总劳动力中约占 1/5,妇女劳动者的 60% 至 70% 是领工资或薪金的雇佣劳动者;亚洲各国的情况很不相同,如泰国农村中 3/4 的妇女劳动者是无支付的家庭劳动者,伊朗的妇女劳动力仅占总劳动力的 13%;北非各国家妇女劳动力仅占总劳动力的 10% 左右。从各国妇女劳动力参加率的变化与人均收入的变化之间的关系来看,随着人均收入水平的上升,妇女劳动力中自我就业和无支付的家庭劳动者在总劳动力人数中占的比重下降,而领取工资和薪金的雇佣劳动者所占比重上升。

---

① David W. Pearce, *The Macmillan Dictionary of Modern Economics* (Macmillan, 1981), p. 239.

表 4-1 是美国男女劳动力参加率的长期变动趋势。我们可以看出，在 1890 年以前，美国大多数妇女劳动者由于主要从事农业劳动、自我就业或是无支付的家庭劳动者，妇女劳动力参加率仅为 18.2%。到 20 世纪中期，美国妇女劳动力参加率上升至 29%，到 70 年代上升至 39.9%。

表 4-1 美国按婚姻状况分类的男女劳动力参加率变动趋势（1890—1975）

(%)

时间	全部男性劳动力	全部女性劳动力			
（每 10 年普查） （14 岁及 14 岁以上者）		总数	单身	已婚有丈夫者	寡妇、离婚等
1890	84.3	18.2	36.9	4.5	28.6
1900	85.7	20.0	—	—	—
1920	84.6	22.7	—	—	—
1930	2.1	23.6	—	—	—
1940	79.1	25.8	45.5	13.8	33.7
1950	79.0	29.0	46.3	21.6	35.5
1960	77.4	34.5	42.9	30.6	38.7
1970	73.4	39.9	41.0	39.5	39.5
（当年人口调查） （16 岁及 16 岁以上者）					
1950	86.4	33.9	50.5	23.8	37.8
1955	85.3	35.7	46.4	27.7	39.6
1960	83.3	37.7	44.1	30.5	40.0
1965	80.7	39.3	40.5	34.7	38.9
1970	79.7	43.3	53.0	40.8	39.1
1975	77.9	46.3	56.8	44.4	40.7

注：1967 年以前的当年人口调查资料婚姻状况的劳动力参加率包括十四五岁的劳动力。
资料来源：T. P. Schultz, *Economics of Population* (Addison-Wesley, 1981), p. 200。

从 20 世纪 40 年代开始，美国妇女劳动力参加率上升大多与当时有丈夫的已婚妇女的劳动力参加率上升有着密切联系。从 1890—1970 年，当时有丈夫的已婚妇女的劳动力参加率从 4.5% 上升到 39.5%，80 年间增长了将近 8 倍。然而，同期内，单身妇女、寡妇、离婚者等的劳动力参加率仅增长了约 3 倍。第二次世界大战以后到 20 世纪 70 年代，当时有丈夫的已婚妇女劳动力参加率增长了 1 倍。而其他婚姻状况的妇女的劳动力参加率仅上升了 10%。

妇女劳动力参加率的上升，如果用家庭时间配置和市场商品的概念来分析，说明：

第一，妇女在家庭从事家庭生产，如烧饭菜、缝制衣服和收集燃料比在市场上购买这些商品更加昂贵，因而不经济，所以，妇女宁愿把时间投入劳动市场换回货币，用货币购买上述商品。

第二，妇女在家庭生育和照料孩子的时间机会成本增加，抚养孩子更加昂贵，从而限制了妇女用于生育的时间，增加了她们投入市场的劳动时间，因为市场上的就业机会对妇女有更大吸引力。

第三，正因为妇女成为市场劳动力，这样对于某一妇女个人来说，她的时间可分为市场活动时间和非市场活动时间。对于由一对夫妇组成的核心家庭来说，也可把家庭时间分为市场活动时间和非市场活动时间。

三、家庭需求

西方人口经济学认为，家庭需求比消费者对市场商品和服务的需求更为广泛。家庭成员除了消费市场商品和服务之外，还需要闲暇时间，需要结婚组成家庭和生育子女等。所以，把家庭作为一个决策单位，有必要把消费者需求理论加以扩大。正如研究消费者如何把收入分配于购买各种市场商品和服务，以便获得最大效用一样，对于一个家庭来说，也可以研究其收入如何配置，如何把一部分收入用来购买市场商品和服务，一部分收入用来"购买"孩子以及健康、闲暇等；同样，还可用时间概念来研究家庭人口行为、一个家庭对市场活动时间和非市场活动时间的需求，这样，有必要在劳动与闲暇之间作出选择。

作为决策单位的家庭是要将消费和家庭生产活动中分配给人们的时间的效用增加到最大程度。对于家庭（或已婚夫妇）来说，他们需求的基本约束力或限制因素就是夫妇双方可用于消费和生产活动的时间。怀孕和哺乳孩子需要大量的时间，生育和哺乳会限制母亲加入劳动力市场。夫妇双方都希望能够到收入潜力较高的地方或岗位去工作。受教育较多的妇女属于潜在的收入较高的阶层，她们拥有较大的收入潜力，因而照料孩子所花费的时间成本较大，机会成本也较大。

父母在作决策时会考虑生育孩子的过程，即在作出家庭需求决策的过程中，他们要慎重考虑生育和抚育孩子的成本（直接成本和间接成本），同时要考虑从孩子身上获得的精神满足和各种效用。所以，家庭需求决策和消费者的需求决策相类似，因而西方人口经济学家运用需求理论来说明家庭需求。这种用需求理论阐明家庭需求行为或家庭人口行为的学说，被称为"新家庭经济学"。

第二节 消费者需求理论

西方微观人口经济学把标准的消费者需求理论运用的范围加以扩大，把它引入分析家庭的人口经济行为中，主要用来分析家庭的劳动-闲暇决策。本节着重介绍消费者需求理论及其对家庭人口经济行为的初步分析。

为了说明在西方市场经济条件下消费者对商品需求的选择过程，有必要介绍一些基本理论概念。

一、家庭预算限制线

预算限制线（budget constraint line），又称为消费可能线（consumption-possibility line），是西方经济学家用来分析消费均衡或个人最佳购买行为的一种分析工具。假定家庭或个人的收入一定和商品价格不变的条件下，消费者在一定时期内，可能购买一组商品数量组合。

假设有 X、Y 两种商品，X 商品的市场价格为每单位 10 美元，Y 商品的市场价格为每单位 20 美元，某消费者或家庭纳税后的收入为 100 美元。如果消费者把这 100 美元收入全部购买 X 商品，则可购买 10 个单位；全部购买 Y 商品，则可购买 5 个单位。如果用图 4-1 来表示，其中纵轴 OY 表示可能购买 Y 商品的数量，横轴 OX 表示可能购买 X 商品的数量。A_0B_0 表示预算限制线。这就是说，在 A_0B_0 线上，消费者可以选择 X 和 Y 两种商品的任何一组组合，他可能得到的满足是最佳的，即他获得的效用可能最大。

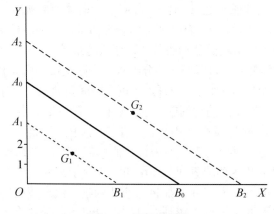

图 4-1　预算限制线

所谓"预算限制"是指某消费者或家庭在一定时期的收入数量是一定的，这个一定收入量限制了消费者在 A_0B_0 线上选择购买 X、Y 两种商品的任何一种组合，可能达到消费满足最佳状态。如果在 A_0B_0 线内任意一点，如图 4-1 的 G_1，说明消费者没有把其收入的全部用来购买 X 商品或 Y 商品，他仍有购买潜力，可以用其收入购买更多商品。如果在 A_0B_0 以外任意一点，如图 4-1 的 G_2，说明消费者在现有收入水平和价格条件下不能达到那样的消费水平。如果假设价格水平不变，消费者在一定时期（如一个星期）的收入减少一半，即 50 美元，刚好形成一条通过 G_1 点的新预算限制线 A_1B_1，即预算限制线从 A_0B_0 向内推移到 A_1B_1；如果消费者在一定时期的收入增加 50%，即 150 美元，则预算限制线向外推移到 A_2B_2。

二、无差异曲线

无差异曲线（indifference curve）是现代西方微观经济学进行经济分析时常用的一种分析工具，同时又是进行序数效用分析的基础。

无差异曲线说明在消费者的嗜好、技术条件和资源条件为一定的情况下，消费者对不同商品组合所作选择时获得的效用，即得到的满足是无差别的。假设有两种商品的各种不同组合，这些组合使得消费者得到的满足在总的水平上是无差异的。

如果图 4-2 来表示消费者或一个家庭对 X 商品和 Y 商品的各种不同组合将得到同样的满足，那么，就可获得一条无差异曲线。假设 X 商品和 Y 商品有 a、b、c、d、e 共 5 种不同的组合，这 5 种组合给消费者带来的满足程度是同样的。这样可以作表如下（见表 4-2）：

表 4-2 X 商品和 Y 商品的不同组合方式

组合方式	X 商品	Y 商品
a	4	16
b	8	7
c	12	5
d	18	3
e	24	2

按照表 4-2 可作一个平面坐标图（图 4-2），纵轴 OY 表示 Y 商品的数量，横轴 OX 表示 X 商品的数量，u 则是无差异曲线。无差异曲线 u 上的任意一点表示 X 和 Y 商品的任何一种组合给消费者带来的效用是相同的。

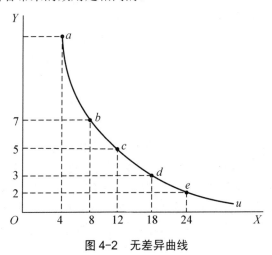

图 4-2 无差异曲线

无差异曲线的基本特征是：

（1）无差异曲线是一种向右倾斜的曲线，并且逐渐趋向偏平，其斜率是负值。在收入和价格一定的条件下，消费者为了获得同样的满足程度，当 X 商品的购买量增加时，则减少 Y 商品的数量。两种商品不能同时增加或减少。

（2）在同一平面图上可以有反映两种商品给消费者带来不同满足程度的不同的无差异曲线。一般来说，离原点越近的无差异曲线反映的满足程度越低。这就是说，从原点（O 点）起，无差异曲线向右侧上方移动，表示消费者得到的满足程度或效用水平的提高。

（3）无差异曲线向原点凸出，并且任意两条无差异曲线不会相交。如果两条无差异曲线相交，则两者的交点表示相同的满足程度，其实则是一条无差异曲线。

三、商品之间的互补和替代关系

西方经济学在分析商品使用价值时，把商品之间的关系分为替代（substitution）和互补（complement）两种关系，又称为商品的替代性和互补性。

商品的互补关系是指两种商品在共同满足一种欲望或一种需要时，两者互相补充，这两种商品为互补品。作为互补关系的商品，一单位 X 商品一定要有一定单位的 Y 商品作为补充，才能满足人们的需要。例如，手表与表带、眼镜架和眼镜片等都是互补商品。

互补商品之间价格变动对需求量的影响是，当一种商品的价格上升时，对另一种商品的需求量会相应减少；相反，当一种商品的价格下降时，对另一种商品的需求量会相应增加。因此，互补商品之间的价格与需求量呈相反方向变动。

另外，在商品之间有完全互补关系的条件下，无差异曲线则是一条以直角弯曲的线。

商品的替代关系是指两种商品可以相互代替来满足同样一种欲望或同样一种需求，则称这两种商品为替代品。例如，苹果和柑橘、牛肉和羊肉、已婚女性生育子女时间和她的市场劳动时间等都是替代商品。对于具有替代性的两种商品之间的价格对需求的影响是：当一种商品的价格上升时，对另一种商品的需求量也会相应地增加；反过来，当一种商品的价格下降时，对另一种商品的需求量也会相应地减少。因此，两种替代的商品的价格与需求量呈相同方向变动。

在使某消费者得到的满足或获得的效用不变的条件下，两种替代商品之间的需求量的变动是：当一种商品的数量增加时，需要牺牲另一种商品的数量，即对另一种商品的需求量会减小。

四、边际替代率

所谓边际替代率（marginal rate of substitution）是假定消费者满足程度不变的条件下，为了增加一单位的 X 商品的需求而必须减少 Y 商品的数量的比率。现代西方微观经济学认为，人们为了获得某一种商品（如 X 商品）的效用而愿意放弃或牺牲另一种商品，如 Y 商品，并且，随着所需求的 X 商品数量的增加，愿意放弃或牺牲 Y 商品的数量是递减的。现代西方微观经济学把这种现象称为边际替代率递减律（law of diminishing marginal rate of substitution）。

如果用 ΔX 表示 X 商品需求的增加量，用 ΔY 表示 Y 商品需求的减少量，边际替代率的公式则为：

$$MRS_{XY}= \Delta Y/ \Delta X \tag{4-1}$$

如果用 MU_X 表示 X 商品的边际效用，用 MU_Y 表示 Y 商品的边际效用，则边际替代率的公式为：

$$MRS_{XY}= = \Delta Y/ \Delta X=MU_X/MU_Y \tag{4-2}$$

五、消费者均衡

现代西方微观经济学把无差异曲线和预算限制线（或消费可能线）相切点称为消费者均衡点。如果把图 4-1 和图 4-2 结合起来，则可绘制出消费者均衡图，如图 4-3。图 4-3 中无差异曲线 U_0 和预算限制线 AB 相切于 E 点，E 点为消费者均衡点。这说明，在 E 点上，消费者根据自己的收入水平和商品的价格水平，可以获得最大的满足，从而实现了消费者均衡。所以，所谓消费者均衡是指在收入一定和价格水平不变的条件下，购买某些商品一定数量的消费者可以获得的最大满足的状态。

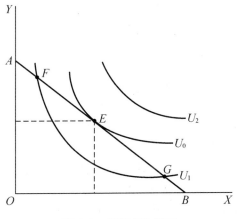

图 4-3　消费者均衡图

图 4-3 中只有无差异曲线 U_0 与预算限制线 AB 相切于 E 点，因为只有在无差异曲线 U_0 上，消费者才能达到最大满足。无差异曲线 U_1 离原点较近，消费者所获得的效用没有达到最大化，虽然它与预算限制线 AB 相交于 F 点和 G 点，但在这两点上，消费者获得的满足都要小于 U_0 与 AB 相切的 E 点所得到的满足。无差异曲线 U_2 虽然离原点较远，但与预算限制线不相切，即在消费者既有的收入条件下，不可能获得无差异曲线 U_2 所表示的满足程度。

在图 4-3 中，无差异曲线 U_0 和预算限制线 AB 相切之点 E 点是消费者均衡点，那么，消费者实现均衡的条件如下：如果消费者面临着 X、Y 两种商品可供选择，P_X、P_Y 分别表示 X、Y 的价格，MU_X、MU_Y 分别表示消费者购买 X、Y 时得到的边际效用，L 表示货币收入的边际效用，那么，消费者购买 X、Y 中的任何一种商品时的均衡条件是：

$$MU_X = P_X \cdot L \quad 或 \quad MU_X/P_X = L$$
$$MU_Y = P_Y \cdot L \quad 或 \quad MU_Y/P_Y = L$$

在 X、Y 可供选择时，消费者均衡条件为：

$$MU_X/P_X = MU_Y/P_Y = L \tag{4-3}$$

公式（4-3）说明，在消费者的收入一定和价格水平不变的条件下，消费者从购买的商品上所得到的边际效用等于货币收入的边际效用。正是在这种均衡条件下，消费者的消费行为就是最佳消费行为或适度消费行为。

六、价格效应

所谓价格效应（price effect）是指假设收入一定的条件下，价格水平变动对消费者需求的影响。苏联经济学家和经济计量学家 E. 斯勒茨基[①]（E. Slutsky）首先分析消费的

---

① E. 斯勒茨基是苏联经济学家和经济计量学家，1918—1926 年任基辅大学教授，1934—1948 年任苏联科学院数学研究所教授。斯勒茨基以其需求理论的著述而著称。他认为，需求理论能够建立在序数效用概念的基础上。后来，J. R. 希克斯进一步发展了 E. 斯勒茨基的需求理论。斯勒茨基对经济计量学的重要贡献是证明随机数列的移动平均数是循环波动的。这一性质对于经济周期的统计分析具有极其重要的意义。他的这一发现被称为斯勒茨基命题(Slutsky Proposition)。

需求受价格变动的影响。后人把他的这种研究称为斯勒茨基方程（Slutsky Equation），即价格效应＝收入效应＋替代效应。这就是说，把由于价格水平的变动所引起的需求量的变化分成两种情况。

（1）价格变动实际上对消费者收入的影响。虽然已经假定消费者的收入为一定，但由于某种商品的价格变动，比如说 X 商品价格下降 1/3，在消费者的偏好不变的条件下，等于消费者的某项收入增加 1/3。这就是说，消费者用原有收入，可多购买 X 商品若干单位，即收入的实际购买力上升了，从而获得较多的效用。西方微观经济学把这种价格变动所产生的效应，称为收入效应。

（2）在效用水平不变的情况下，价格变动所引起的需求量的变化。假若商品价格下降 1/3，商品更便宜了，在一般情况下，对大多数商品来说，可能引起需求量的增加。但是，对某些劣质商品来说，由于它们的价格下降，人们不购买劣质商品，而去购买同类商品中高质量货物或购买高质量的替代商品。斯勒茨基把这种现象称为由价格变动引起的替代效应。

现在用图 4-4 来说明消费者收入和商品价格变动对消费者需求量的影响。横轴 OX 表示每单位时间所需求的 X 商品的数量，简称为 X 商品的需求量；纵轴 OY 表示每单位时间所需求的 Y 商品的数量，简称为 Y 商品的需求量。每单位 X 商品的市场价格为 20 美元；每单位 Y 商品的市场价格为 10 美元。消费者一个星期可自由支配的收入为 100 美元。消费者可以在预算限制线 $A_1B_1C_1$ 上选择 X、Y 商品的任意一种组合。如果消费者可支配的收入减少一半（在一定时期），价格不变，则预算限制线向原点（O 点）移动到 $A_0B_0C_0$。如果消费者的收入增加 50%，则预算限制线向外（右上方）移动到 $A_2B_2C_2$。

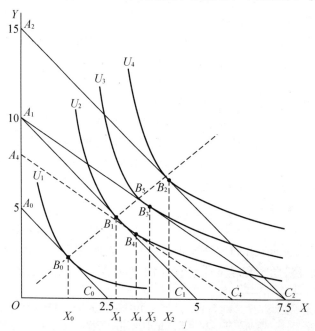

图 4-4　消费者收入和商品价格变动对消费者需求量的影响

无差异曲线概括了消费者对 X 和 Y 两种商品组合的偏好。如果描绘消费者得到同样

满足的 X 和 Y 两种商品各种不同的组合，则可得到三条无差异曲线，如图 4-4 中的 U_1、U_2、U_3。消费者的均衡点位于预算限制允许消费者达到其最高效用的无差异曲线，即无差异曲线与预算限制线相切之点，如图 4-4 中的 B_0、B_1、B_2。在图内的均衡点上，预算限制线和无差异曲线的斜率是相同的。换言之，X 对 Y 的边际替代率（无差异曲线的斜率）和 Y 对 X 的价格比率是相等的，这就是一种消费者均衡的条件，即花在 X 商品或 Y 商品上的一边际美元可能购买到的效用量是相等的。

假设消费者的收入量不变，商品价格变动会导致消费者支出类型的变化。对于一个星期收入 100 美元的消费者，如果图 4-4 中 X 商品的价格下降 1/3，即每单位 X 商品从 20 美元下降到 13.33 美元。由于 Y 商品的价格没有变动，原有固定的收入能够购买同样数量的 Y 商品 OA_1，这是在不购买 X 商品的条件下。在图 4-4 中，从纵轴由 A_1 向右上方移动预算限制线表示 X 商品的价格下降。如果消费者还用原有收入只购买 X 商品，则允许一定时期（一星期）购买 X 商品增加到 C_2，或者说从原来购买 5 个单位的 X 商品增加到 7.5 个单位，从而可得出新的预算限制线 $A_1B_3C_2$，消费者新的均衡点位于最高无差异曲线 U_3 和 $A_1B_3C_2$ 相切的点 B_3。

还用上述例子来说明在收入一定条件下，价格变动所产生的收入效应和替代效应。一个消费者的收入为 100 美元，X 商品的价格从 20 美元下降到 13.33 美元，对 X 商品的需求量从 X_1 增加到 X_3。从需求上的这种变化可以分解出净替代效应，即可构成一条预算限制线 $A_4B_4C_4$，该线与上面刚给出的预算限制线 $A_1B_3C_2$ 是平行的，并且与最初的无差异曲线 U_2 相切于 B_4。这种变化是沿着最初的无差异曲线 U_2 从 B_1 到 B_4，在这里并不包括消费者的实际收入的变动或效用的变动，只包括了相对价格本身的变动。消费者购买行为从 B_1 到 B_4 的调整，或者对 X 商品的需求从 X_1 到 X_4 的调整是由 X 商品价格的变动所产生的价格效应，或者是由 X 商品价格变动所产生的补偿性收入具有的替代效应。从图 4-4 可以看到，消费者愿意支付的收入量等于 Y 时间（它的价格）的 A_1-A_4 个单位，即等于 10 美元（A_1-A_4），以便确保 X 商品的价格下降和仍然维持在同一条无差异曲线 U_2 的效用。

与 X 商品价格变动相对应的消费者的剩余[①]使消费者的购买行为从 B_4 移到了 B_3。这种移动包括收入限制的加强，而相对价格（即预算-价格线的倾斜）不变。因此，X 商品需求量从 X_4 到 X_3 的差额可以解释为 X 商品价格给定所产生的收入效应。把收入效应（假定相对价格不变）和替代效应（假定收入或效用不变）两者加在一起可以说明消费者需求行为的变化，即消费者表现出适应相对价格上的一种无补偿性变动。

第三节 家庭成年成员的劳动-闲暇选择

一、闲暇的含义

所谓闲暇是指劳动者不从事生产劳动或服务而得到的空闲。闲暇可作广义和狭义的

[①] 消费者剩余是指消费者为商品或劳务实际所付出的价格同他愿意支付而得不到此物的价格之间的差额。也就是说，消费者愿意对某商品或劳务支付的价格与他实际付出的价格之间的差额。

解释。从广义来说，闲暇是作为一种剩余范畴，即指非市场活动时间；从狭义来说，闲暇是不生产任何价值的空闲。本节分析闲暇的价值是从广义出发的。

对于劳动者来说，非市场活动时间的用途非常广泛，能够用来生产作为家庭消费的产品和劳务，从而可以部分或全部代替市场购买。例如，利用非市场活动时间来生育和抚养孩子，从事家庭园艺，收集生火用的木材，制作或维修各种家具以及缝制、洗熨衣服，做饭等家庭生产性活动。家庭生产的产品称为家庭品。

非市场活动时间也用来消费从市场购买的商品和劳务，消费家庭生产品。消费活动在非市场活动时间中占有较大的比重。消费活动又可看作劳动力的恢复和再生产过程，因而也是一种人口经济活动。在消费活动中，人们补充了身体所需要的物质营养和精神营养，从而使体力和精力得到了恢复或增强，这本身就是劳动力的自身再生产。上述一系列家庭生产活动和消费活动都归入闲暇的范围。

因此，可以把单个劳动者或家庭劳动力成员的时间区分为市场活动时间和非市场活动时间。市场活动时间又称为市场劳动时间，是指劳动者把劳动投入市场生产活动，取得货币收入，所花费的时间。市场劳动时间用 H 表示。非市场活动时间可以看作劳动者从市场活动时间中挤出来的空闲时间，这种空闲时间就是闲暇。非市场活动时间用 L 表示。为了取得货币收入和闲暇，劳动者有必要在市场活动时间和非市场活动时间之间作出选择，这就是劳动-闲暇选择。西方人口经济学把货币收入看作取决于劳动-闲暇选择，依靠市场劳动投入得来的，因而是内生的；而把不依靠劳动-闲暇选择为条件的那部分收入，即非劳动收入看作外生的，或外生收入来源。现代社会劳动者的收入来源主要取决于投入市场的劳动量。因此，有必要分析劳动者的劳动-闲暇选择。

二、劳动供给曲线

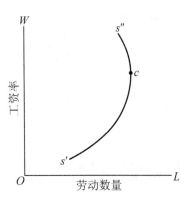

图 4-5　向后弯曲的供给曲线

为了说明劳动-闲暇选择，有必要先介绍一下劳动供给的特点。现代西方人口经济学认为，劳动供给在一定时期（初期）内会随着劳动价格，即工资率的上升而增加。当工资率上升到一定点之后，劳动供给会随着工资率的再上升而减少。图 4-5 的横轴 OL 表示劳动供给小时数，纵轴 OW 表示现行工资率，$s's''$ 表示劳动供给曲线。从图 4-5 可以看到，在不同工资率条件下，劳动供给量的变化，形成一条向后弯曲的曲线。最初，劳动供给曲线沿着工资率向右上方上升。然而，当劳动供给曲线达到 c 点之后，开始向左上方弯曲。由此可见，工资率的上升，既可能增加又可能减少劳动供给的小时数。

三、劳动-闲暇选择

对于工资率上升所产生的劳动供给小时数既可能增加又可能减少这种矛盾的现象，可用劳动者对劳动-闲暇所作的选择来解释。当市场上工资率上升，劳动者看到可以得到较高报酬时，就会增加在市场上劳动的时间，以便获得较高的报酬，即得到较多的货币收入。西方微观人口经济学认为，闲暇的价格是付给市场劳动的每小时工资率。随着市场工资率的上升，闲暇的价格也上涨了，即每小时的闲暇已经变得更加昂贵。所以，在最初阶段，劳动者想用增加劳动来替代闲暇，即用较多的劳动收入或较高的工资购买新的商品来替代闲暇，这就是替代效应。产生这种替代效应是为了获得每小时较高的工资，所以牺牲每小时闲暇的需求。这样，在最初阶段，劳动者在劳动-闲暇之间所作的选择是提供较多的市场劳动时间。

然而，随着工资率的进一步上升，情况就随之变化。当工资率较高时，劳动者投入市场的劳动时间较多，获得的货币收入较多，从而能够购买较多的衣服、较好的食品、较为高级的耐用消费品和较大数额的保险金。随着工资率的进一步上升，劳动收入即货币收入进一步增加，劳动者感到最需要的已不是衣服、食品、耐用消费品，而是闲暇。由于消费者（即劳动者）这时最需要的商品是闲暇，即偏好或嗜好是闲暇，因此感到闲暇时间的价值大于劳动时间的价值，所以，劳动者（即消费者）就减少供给市场劳动的小时数，增加非市场活动的小时数，即增加闲暇的时间数量。之所以产生对较多闲暇时间的选择，是因为劳动者（即消费者）的收入较高时，他感到有能力享用更多的闲暇，愿意为了增加一小时的闲暇时间而牺牲较高的一小时工资率。这就是西方微观人口经济学所讲的收入效应，即工资率上升到一定高度之后，劳动者不再增加劳动供给反而减少劳动供给的小时数。

为了进一步说明对闲暇的需求，即对非市场活动时间的需求，我们用图4-6来做说明。图中的横轴 OT 表示全部时间（总时间）；纵轴 OD 表示对闲暇时间的需求。从 O 向右移动表示非市场活动（闲暇）时间的增加；从 T 向左移动表示从事市场活动（劳动）时间的增加。在最初阶段，OA 表示劳动者享有的非劳动收入。市场支付给劳动者每小时的工资率为 ABE。在线 BE（或以下），劳动者可以选择任何一组收入和闲暇的组合。当绘出第1条无差异曲线 U_1 时，该线（U_1）与 BE 线相切，这说明劳动者作选择时，他供给市场的劳动小时数为 TH_1，他所需要的闲暇时间为 $OT-TH_1$。这就是说，他用于市场劳动的小时数为 TH_1，用于非市场活动（闲暇）的时间为 $OT-TH_1$，即 H_1O。他用 H_1T 时间可以进行家庭生产性活动或消费活动。

当市场工资率上升到 ACE 时，劳动者看到提供更多的劳动时间可以增加收入，于是他增加市场劳动小时数的供给，在 CE 线（或以下）可以选择任意一组收入和闲暇的组合。如果绘出第2条无差异曲线 U_2，并且与 CE 线相切，那么，这时劳动者供给市场劳动小时数为 TH_2。在这个阶段，他获得的非市场活动（闲暇）时间为 OH_2，从 H_1 到 H_2 为他比最初阶段多供给市场劳动的小时数，也就是他减少的闲暇时间数量。这是由于劳动价格上升，即工资率上升产生的替代效应，因而劳动者用市场劳动时间替代了非市场活动（闲暇）时间。

但是，当劳动价格进一步上涨，市场工资率上升到 AD/AE 时，收入效应大于替代效应，劳动者对闲暇的需求数量增加，供给市场劳动时间相应地减少。如果绘出第3条无差异曲线 U_3，并与 ED 线相切，那么，这时劳动者供给市场劳动小时数为 TH_3。在这个阶段，他获得的非市场活动（闲暇）时间为 OH_3，从 H_2 到 H_3 是增加的闲暇时间，也就是劳动者减少供给市场的劳动小时数。这是由于收入效应越大，劳动者愿意给市场提供的劳动小时数越少，相反，对于闲暇的需求越大。

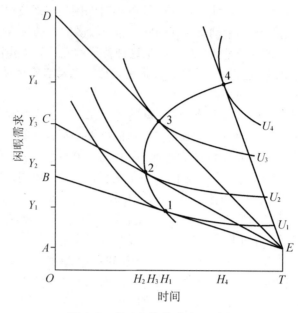

图 4-6　劳动者的劳动-闲暇选择

西方微观人口经济学家在分析家庭已婚男女两性成员的劳动-闲暇选择时，认为每个人的劳动时间和闲暇时间之和等于一个固定的总时间，一个家庭夫妇的时间也是一定的。对于男性已婚者来说，在市场工资率上升的情况下，劳动价格较高，收入效应较大，所以劳动时间将会减少，而闲暇时间增多。

对于已婚女性来说，由于家庭劳动分工的原因，一般说来，她们投入非市场活动的时间要多于已婚男性。从一个家庭来考察，妇女劳动价格上涨，即工资率上升时，会产生较大的替代效应，所以，已婚女性市场劳动供给小时数会增加，她们的非市场活动时间会减少。已婚女性非市场活动时间的减少，特别是正值生育年龄时出现非市场活动时间的减少，有利于降低生育率。

四、家庭劳动-闲暇选择的意义

西方微观人口经济学把一个家庭作为一个整体来考察，把夫妇两人的时间结合起来分析，认为随着劳动价格的上升，工资率的提高，常常会形成向后弯曲的劳动供给曲线。这种向后弯曲的劳动供给曲线说明，从整个家庭来说，最初阶段，当工资率上升时，已婚男女都会增加劳动供给，这时替代效应越大，家庭投入市场劳动时间增加，投入非市场活动时间减少。从年龄结构上来看，这时正值生育年龄。家庭非市场活动时间减少，包括用于生产家庭品（如孩子）的时间减少，从而导致生育率下降。

家庭非市场活动时间的减少和家庭市场活动时间的增加对市场商品的需求也会产生影响。由于夫妇把较多的时间提供给劳动市场，从而能获得较多的货币收入。货币收入的增加，家庭为满足需求的购买能力的提高，导致对市场商品，特别是消费商品需求量的增加。另外，由于夫妇非市场活动时间减少，用于家庭生产活动时间减少，可能导致家庭品不能满足家庭的需求，从而使夫妇到市场上购买较多的消费性商品来替代家庭品。这种情况大多存在于青年夫妇家庭或者出现于发展中国家发展的最初阶段。所以，发展中国家从一开始就注重发展消费品生产，把较多资金投入消费品生产，以便市场能够供给较多的消费品，货币收入较多的人能够购买更多的消费品，用这些购买来的消费品来代替必需的家庭品。此外，如果发展中国家不注重发展消费品的生产，而只是注重发展生产资料的生产，则可能出现消费品供不应求、消费者排长队购买消费品的现象。西方微观人口经济学家认为，处于这种状况的发展中国家，应注意鼓励居民储蓄，通过储蓄吸收居民手中的货币。不过，如果长期不注意发展消费品生产，则可能因家庭收入增加产生收入效应，使已婚夫妇减少市场劳动供给时间，增加非市场活动时间。人们市场劳动时间供给的减少可能不利于一个国家的经济发展，特别是对于某些发展中国家来说更是如此。

如果男女劳动者对这些补偿性工资效应和收入效应（即对他们劳动供给的影响）都有相同的参数，则劳动供给变动对工资率变动之比，即劳动供给的弹性是负值，并且男性劳动供给弹性的负值大于女性劳动供给弹性的负值。平均说来，这种收入效应更多的是男性挣得的市场收入多于女性的缘故。在最初阶段，当男女劳动者刚刚成为市场劳动力时，这种负收入效应是以零来加权，这就是说，从前没有挣得过市场收入或没有劳动的小时数，只有正值的补偿性互补效应，因而劳动供给曲线最初必定取正值斜率。

但是，有些发达国家，比如美国，作为市场劳动力的妇女人数正在增加，在劳动力总数中女性的比重正在上升，并且女性劳动力和男性劳动力供给市场的劳动时间一样多。正因为如此，女性劳动力得到的小时工资正在接近男性的小时工资，人们可预料到男女两性劳动力都将可能有一条向后弯曲的总劳动供给曲线。然而，到目前为止，西方人口经济学的经验研究表明，在一个家庭里，妻子的市场劳动供给和她们自身工资之间仍然是正相关，妻子对市场劳动供给的偏好是正值，而丈夫对市场劳动供给偏好出现负值，即他们的劳动供给和工资之间出现负相关关系。

第四节 机会成本和时间的影子价格

西方微观人口经济学在分析家庭人口经济行为时，除了讨论家庭的收入和家庭成员的劳动-闲暇选择之外，还要研究家庭人口活动的机会成本和时间的影子价格，从而进一步了解家庭人口经济决策的原因。

一、机会成本

机会成本（opportunity cost）是西方微观人口经济学中的一个基本概念。所谓机会成本是指人们采取一种行为或从事某一活动时所放弃的另外一种行为或活动所带来的收益。具体说来，某一行为或活动的机会成本是放弃另一行为或活动的价值。只是在满足人们欲望的资源是有限的,以至于所有的欲望不可能同时得到满足的条件下才会产生机会成本。如果资源不是稀缺的,没有任何一项行为或活动是以牺牲另一项行为或活动为代价,那么,任何单独一项行为或活动的机会成本都是零,因为另一个"最好的"选择的价值也是零。很明显,在获得任何一种实际的满足时,机会成本是正值。

严格说来,西方微观人口经济学中的成本总是指机会成本及其数量,并且西方经济学家、人口经济学家总是给机会成本下不同的定义。

经济学家认为机会成本是指把一定资源用于生产某一产品时所放弃的生产另一产品的产品价值,换句话说,机会成本是指利用一定的资源获取一定的收入时所放弃的另外的一定的收入。例如,一亩土地既可种植棉花又可种植大豆。但同一亩土地上不可能同时种植这两种作物,如果种棉花而放弃种大豆,那么,棉花的机会成本就是放弃的大豆产量的价值。反过来也是一样。

人口经济学家认为机会成本是指把一定资源(如时间)用于从事某一活动而放弃的另一活动所带来的收益。例如,学生上学就要放弃就业的机会,所以,学生上学的机会成本就是该学生放弃的就业机会所获得的收入。又如育龄妇女正值劳动力年龄,要养育孩子就得放弃投入市场劳动的时间,放弃就业的机会,因此,育龄妇女养育孩子的机会成本就是该女性放弃供给市场劳动时间所带来的货币收入。

西方人口经济学家认为,对于一个家庭来说,时间是父母的稀缺资源。父母把这种稀缺资源用于从事市场活动还是用于从事非市场活动,这需要进行决策,即进行时间配置决策。父母在作出时间配置决策时,首先要考虑时间的价值和价格。

二、时间的影子价格

(一) 影子价格

所谓影子价格(shadow price)是指对那些没有市场价格的商品和服务(劳务)的一种转移性估价或一种替身性估价。影子价格常常被用来表现生产或消费某一种商品的机会成本,而该商品一般是不在市场上进行交换的。例如,在市场经济条件下,诸如闲暇、健康、环境质量等即使没有市场价格,一般也有影子价格。反映这类商品之间的消费者边际替代率或生产者的边际转移率的影子价格是可以计算的,这种计算反映了生产的边际成本或作为投入因素使用的边际价值。在分析上述这些商品时,市场价格不可能直接反映机会成本,因此就代之以影子价格。影子价格常常用于成本-收益分析或用于计划经济的数学方案中。人口经济学家运用这一工具来分析家庭中父母的时间配置和研究养育孩子的成本-收益。

(二) 时间的影子价格

时间的影子价格(the shadow price of time)是指一个潜在的置身于劳动力市场的人将要获得的市场工资率。这就是说,一个正值劳动力年龄的人的时间影子价格就是他供给市场劳动时间将获得的工资率。

西方微观人口经济学家强调时间价值和时间配置的重要性,并且用时间配置来解释家庭的消费需求。他们认为，就一个家庭而言，在市场上购买的商品不总是效用的直接来源。市场购买是对一系列加工过程的投入，在产生效用的最终商品的生产中也需要家庭成员投入时间。这样，对每一种消费品可以用两种价格来衡量，一种是用市场货币单位来计量，另一种是用某一特殊个人的时间单位来度量。对于正置身于劳动力市场的人来说，他接受的市场工资率也是时间的影子价格。对于一个人或一个家庭来说，生产一种商品的市场投入量和时间投入量都能用共同的货币单位来表示。这些投入量的货币价格总量可以称为这种商品的影子价格。这就说明，消费者从事各项消费活动所需要的时间的影子价格和购买商品或劳务的市场价格一样重要。例如，一个家庭准备一顿正餐，需要许多时间去加工那些未经加工的食品原料，那些自然食品原料经过洗、切、烧、炒等加工过程才能最后成为正餐，最后加以消费。另外，这个家庭也可以进餐馆吃饭或购买现成的熟食来做正餐。那么，进餐馆或购买熟食比购买食品原料多花去的钱就是家庭加工制作正餐食品的时间的影子价格。所以说，生产一种商品（如正餐食品）的市场投入量和时间投入量都可以用货币单位来计量，用货币计量的时间投入量的价值就是时间的影子价格。

（三）非市场时间的影子价格

从前文的分析已经了解到一个家庭或一个人的时间配置有市场活动和非市场活动两个方面，因此可以分成市场劳动时间和非市场活动时间。现在用图 4-7 来说明非市场活动时间的影子价格。图 4-7 中总时间用 T 表示，市场劳动时间用 H 表示，非市场活动时间用 L 表示，市场工资率用 W 表示，非市场活动（供给）的影子价格用 S 表示。这里假定劳动者或家庭夫妇的市场工资率是固定的，即对市场劳动时间的需求是一定的，劳动者提供的劳动时间不受一个星期（或一个月、一年）劳动小时数多少的影响。

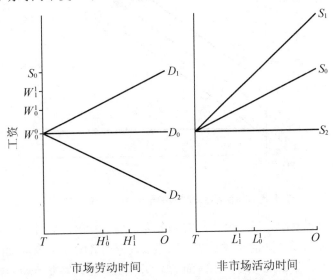

图 4-7 市场劳动时间的需求和非市场活动时间的影子价格

图 4-7 中的市场劳动时间的需求线 D_0 是一条水平线。雇主们通过确保一种全部时

间福利，把固定雇用的收益成本和边际收益成本缩小到最低限度，所以，市场需求曲线 D_1 向上方倾斜。当劳动者的劳动日益耗尽和每小时较低的劳动生产率超过一定点之后，市场需求曲线 D_2 则向下方倾斜。

图 4-7 中非市场活动时间（供给）的影子价格曲线 S_0 表示劳动者或家庭夫妇为了获得维持基本生理活动所必需的食品和休息时间而最初配置于非市场活动时间（供给）的影子价格，即最初少许几个小时的非市场活动时间的影子价格。如果一个劳动者所面临的市场工资率不是与市场劳动需求曲线 D_0 相对应的，即没有达到 D_0，那么，劳动者或家庭夫妇将会去完成非市场任务直到市场工资率达到 W_0^0，这就表示甚至还没有人进入劳动力市场，或者没有成为市场劳动力。如果非市场时间供给的影子价格曲线为 S_0，市场劳动时间需求为 D_1，被雇用劳动小时数为 H_0^1，这时非市场活动的小时数 L_0^1 可以看作耗尽了可用总时间 T，这时的时间影子价格是 W_0^1。还可能有更为陡峭的倾斜线，如非市场活动时间（供给）曲线 S_1，这将导致分配于非市场活动的时间增加，如图 4-7 中的 L_1^1，相应地减少市场劳动的时间，市场劳动时间减少到 H_1^1，那么，时间的影子价格为 W_1^1。

现在用图 4-8 进一步说明非市场活动时间的影子价格。劳动者或家庭夫妇于 S_0 线上完全在市场以外从事家庭生产活动，这就是说，个人花在非市场活动上最后一单位时间的影子价格要大于与市场劳动需求曲线 D_0 相对的工资率，即 $W_0 > D_0$，假设 D_0 表示工资率表。如果个人非市场活动时间（供给）的影子价格向上移动到 S_1，则非市场活动时间影子价格的边际增量从 W_0 增加到 W_1，但在时间的配置上没有发生变化。相反，如果非市场活动时间的影子价格向下方移动，移到 S_2，这时个人进入劳动力市场，成为市场劳动力，选择的市场劳动时间为 H_2，其市场工资率为 D_0。

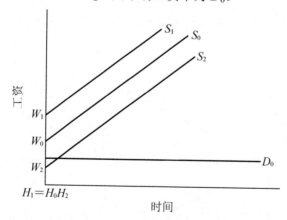

图 4-8　非市场活动时间影子价格对工资率的影响

从以上分析可以看出，当一个人的时间分为市场活动时间和非市场活动时间时，如果要能自由地调节市场劳动的小时数的话，那么，劳动者的非市场活动时间的影子价格等于其市场工资率，即如果市场劳动时间 $H > O$，则 $D = \dot{S}$。如果劳动者在市场上劳动的小时数 D 没有变化，则 S 随着 H 的增加而上升。以上这些分析是假定劳动者没有非劳动收入的条件下所作的时间配置。如果把非劳动收入加进来进行考察，则有一种提高非市场活动时间的影子价格的效应,并且,非劳动收入越多的家庭,他们的非市场活动时间影子价格越高。这是因为非劳动收入越多的家庭对非市场活动的偏好越大,对闲暇时间的需求越多,因而导致非市场活动时间的影子价格上涨。

有关非市场活动时间的影子价格的理论可以用于分析一个家庭的婚姻和生育行为(或再生产行为)。西方微观人口经济学家认为,时间是一个家庭中父母的稀缺资源,生育和抚养孩子需要市场商品和父母的时间,特别是母亲的非市场活动时间。市场不仅决定了市场商品的价格、市场劳动时间的价格,而且也决定了非市场活动时间的影子价格。西方微观人口经济学家认为,正是市场商品价格、市场劳动时间价格和非市场活动时间的影子价格是调节生育率的经济机制,即调节一个家庭生育和抚养孩子的数量及质量的经济机制。他们也认为,在西方发达国家和发展较快的发展中国家,随着经济的增长,家庭收入增加,减少了对孩子的需求,生育率呈现出一种下降的趋势。这就有必要进一步分析影响家庭对孩子需求的各种经济因素,从而了解影响生育率变动的经济因素。

思考习题

1. 贝克尔把消费者需求理论扩展到分析家庭生育决策的意义。
2. 如何评价机会成本和时间价值分析对家庭生育决策的作用?
3. 在什么条件下会出现劳动供给曲线向后弯曲的现象,你观察到这种现象了吗?

第五章　对孩子的需求

◀ 学习目标 ▶

1. 了解时间是家庭的稀缺资源的观点。
2. 了解和理解人力资本投资及其与孩子质量需求之间的关系。
3. 了解和理解在市场经济条件下家庭对孩子需求的选择。

◀ 学习重点 ▶

孩子的数量需求、孩子的质量需求、时间是家庭的稀缺资源、人力资本投资

第四章介绍了运用消费者需求理论分析家庭夫妇的劳动-闲暇选择、市场活动时间和非市场活动时间等问题。这一章进一步运用这种理论进行生育率的经济分析，探讨家庭对孩子的需求，分析孩子数量需求和孩子质量需求以及影响孩子需求的经济因素。

第一节　有关孩子需求的一般概念

在讨论家庭对孩子需求的理论时，首先要了解西方微观人口经济学关于孩子需求的一般概念和有关假定。

一、孩子是家庭生产的家庭品

西方微观人口经济学家认为，孩子不是也不可能是从商品市场购买来的市场品（market goods），而是只能从家庭里生产出来的家庭品（family goods）。对于大多数家庭来说，再也没有哪一种产品能像孩子这种产品那样是自给自足的。

同时，生产和抚养孩子是成年男女结婚和组成家庭的主要目的之一。因此，在结婚和组成家庭时就要对是否要生育孩子和生育孩子的数量等作出必要的决策，也就是要对家庭规模作出必要的决策。在这些决策中，经济决策是主要部分。所以，又把这种决策称为家庭生育-经济决策。然而，现代社会经济条件又为这种家庭生育-经济决策提供了方便。这主要是现代避孕知识和避孕药具的发展及传播，现代医药卫生科学技术的发展，为父母们决定在什么时候生育、生育孩子的数量以及生育间隔提供了可能性。当然，在现有知识条件下，父母尚不能准确地预测自己决策中（计划中）的孩子的性别、智力和身高以及身体素质等。但是，从一个人口群体的总量来考察，所生婴儿的性别分布大体上是相对稳定的；并且从现有青少年的身高，可以大体预测最近一个时期即将出生婴儿

的未来身高。

按照上一章有关家庭夫妇市场劳动时间和非市场活动时间的分析,西方人口经济学家认为孩子是父母在非市场活动时间里家庭生产的产品。对于生育和抚养孩子来说,家庭必须购买市场商品和花费父母的时间资源,特别是母亲的稀缺资源时间。这就是说,生育、抚养、教育孩子必须花费一定的物质资源和时间资源。花在孩子身上的这些资源就构成了孩子的成本。

二、孩子的净成本

孩子的成本是指父母生育、抚养和教育孩子从 0—18 岁所花费的现值加上父母投入时间的影子价格的现值。有关孩子成本的概念,G. S. 贝克尔教授基本上沿用了 H. 莱宾斯坦教授在 1957 年[①]所作的分析。但是,贝克尔进一步提出了孩子净成本的概念,即把父母投入的抚养、教育孩子的货币现值和时间影子价格现值之和,减去孩子为家庭提供的货币收入和服务的现值,称为孩子的净成本。

这种抚养、教育孩子的净成本有一定时间界限。贝克尔认为,一般说来,孩子 18 岁以后成为市场劳动力,并且可能要作出他们的市场劳动收入是自己保留还是把一部分收入交给父母的决定。这就是说,孩子 18 岁以后走向社会、经济独立之日,也就是父母停止为孩子提供抚养和教育费用及其服务之时。西方大多数研究孩子的成本与收益的学者认为,孩子的成本是指 0—18 岁孩子的成本。贝克尔指出,美国 19 世纪中叶黑奴材料说明,18 岁之前对男奴要作绝对净支付,即纯粹支出抚养费用。但是,一个高价的 18 岁男奴的价格足以抵消他 18 年中的成本还有若干剩余。由此他推论,美国多数白人家庭花在一个孩子身上第一个 18 年的成本,要大于一个 0—18 岁黑奴的净抚养支付。同时,在 19 世纪,白人孩子给其父母提供的货币收入数额可能要大于 18 岁之前支付的成本费用。

对于孩子成本的分析说明,如果孩子的净成本是正值,即父母投入的抚养费用大于孩子可能提供的收益,那么,孩子相当于耐用消费品,父母主要是从孩子身上取得心理收益或效用。如果孩子的净成本是负值,即父母投入的抚养费用小于孩子可能提供的收益,那么,可以把孩子看作耐用生产品,父母可以从孩子身上获得现金收入。

孩子的净成本与孩子的质量紧密相关。一般说来,孩子的净成本越大,质量可能越高。在讨论孩子成本变化中,孩子质量成本有着重要影响。这一点在下面讨论对孩子质量的需求时还要论及。

三、孩子的效用最大化

把孩子看作耐用消费品,父母如同从使用耐用消费品中获得满足,即获得效用一样,要从孩子身上获得满足,获得效用。尽管从耐用消费品中获得的效用和从孩子身上获得的效用是有差别的,但贝克尔认为要把这种差别抽象掉、从理论上考察时,这两种效用都是消费者心理上的满足,因而具有同一性。所以,在分析家庭对孩子需求时必须作这

[①] H. Leeibenstein, *Economic Backwardness and Economic Growth* (Wiley, 1957), pp. 161—162.

种抽象，才能运用消费者的需求理论来分析孩子的需求。

与 H. 莱宾斯坦运用边际分析法讨论边际孩子的效用有所不同，贝克尔主要讨论孩子效用最大化。在不考虑孩子质量的条件下，孩子效用最大化函数是：

$$U = u(x_1, \cdots, x_n) \tag{5-1}$$

公式中 U 代表效用，x_1 代表孩子，C 表示孩子最大数量，其限制条件（1）为：$\sum_{i=1}^{n} P_i x_i = Y$；限制条件（2）$x_1 \geqslant 0$ 或 $\leqslant C$，P_i 是第 i 个商品的价格，Y 是货币收入，x_n 指其他商品。如果第二个限制条件成立，则 $x_1 = c$。那么，消费者（父母）将获得最大化效用 $U = u(c, x_2, \cdots, x_n)$。其限制条件为：$\sum_{i=2}^{n} P_i x_i = Y' = Y - P_1 c$。$x_2, \cdots, x_n$ 是通常的边际条件。

这就是说，一个家庭的收入（指全部收入）是一定的，父母用这些收入来购买各种商品满足自己的欲望，同时又用这些收入来抚养孩子，也可以说是用来购买作为耐用消费品的孩子。父母如何把收入配置于购买各种商品和孩子才能获得最大程度的满足，即达到效用最大化，这也就是要研究孩子的效用最大化的问题。本章以下各节将具体地说明这个问题。

四、偏好

偏好（preference）是指人们对所需商品作选择时的一种心理倾向，即人们心理上感到从某一种商品可获得的满足大于另一种商品，也就是对某一种商品的偏好较大，而对另一种商品的偏好较小。与偏好相类似的是嗜好（taste），嗜好是指人们的一种爱好、情趣或兴趣。西方微观人口经济学运用偏好概念来说明父母对其生育孩子的数量和质量所作的选择，或者说明父母为了自身的福利，在要孩子和购买市场商品，特别是耐用消费品之间作出选择。父母之所以作出各种不同的选择，就是因为他们的偏好不同。

贝克尔指出，把孩子当做耐用消费品，因而孩子能提供效用。通过一个效用函数或者一组无差异曲线可以对得自孩子的效用和其他物品的效用进行比较。"无差异曲线的形状是由与孩子有关的偏好或嗜好决定的。这些嗜好也许又由家庭的宗教信仰、民族、年龄等决定。"[①]贝克尔认为，人们的行为不同是由于其偏好或嗜好不同的结果。尽管假定各个家庭的收入是相同的，但是，由父母的偏好或嗜好不同，他们对孩子数量和质量的需求也不同。

假定市场上有 A、B 两种商品可供选择，但父母选择 A 而不选择 B，为什么他们会有这样的选择呢？可能是由于 A 比 B 便宜。假若 A 并不比 B 便宜，那么，这必然是由于父母对 A 有较大的偏好或者特别的嗜好。父母在对市场商品和孩子之间的选择也是同样的道理。在家庭收入一定的条件下，父母作出生育的选择，除了生物学上的原因之外，可以说，父母对生育孩子有偏好或偏好较大。在家庭用于抚养孩子的费用一定的条件下，父母在孩子的数量和质量之间作出选择。在西方发达国家，相当多的家庭选择要孩子质

---

① G. S. Becker, *The Economic Approach to Human Behavior* (Harvard University Press, 1976), p. 173.

量,而不是要较多的孩子数量,这是因为父母对孩子质量的偏好大于对孩子数量的偏好。这样,偏好就成了西方人口经济学家分析孩子数量需求和质量需求的工具。

第二节 对孩子数量的需求

西方微观人口经济学认为,生育率的变化是随着父母对孩子需求的变化引起的。而父母对孩子需求的变动又受家庭的收入、父母的偏好、父母的就业状况、孩子的成本、效用等因素的影响。同时,西方微观人口经济学家认为人类早已控制其生育子女的数量,他们从假定完全没有控制生育措施的条件下育龄妇女生育子女的人数开始进行分析,然后进一步讨论对孩子数量的需求。

一、育龄妇女生育子女人数的调节

为了说明在完全没有控制生育措施的条件下,育龄妇女生育子女的人数,G. S. 贝克尔假设 n 表示平均存活的出生人数,E 表示一个育龄妇女具有生育能力的时间,C 表示平均怀孕的时间,S 表示一个活产婴儿出生之后和哺育时间的平均不育间隔时间,则可写出公式:

$$n = E/(C+S) \qquad (5-2)$$

公式中 $C+S$ 表示两个活产婴儿之间的平均间隔时间。贝克尔假设一个育龄妇女从 20 岁结婚到 45 岁为止共有 288 个月的生育时间,活产婴儿之间的平均间隔时间为 26 个月。这样,在完全不采用任何节育措施的条件下,平均一个育龄妇女大约可能生产 11 个活产婴儿。

然而,在现代社会经济条件下,这种育龄妇女多产的纪录只是在少数地方和个别社会出现。世界上绝大多数地区已经或多或少地采取了一些节育措施。因而,育龄妇女实际生育子女的人数已经远远低于上述数字。例如实行晚婚、延长哺育时间以及减少同房次数(性交次数)等方法,都有可能减少出生人数。

如果把结婚年龄推迟到 23 岁,则可使 E 从 288 个月减少到 252 个月;延长哺育时间 3 个月(包括使 S 延长 2 个月),这样($C+S$)由原来的 26 个月增加到 29 个月,所以,$n = 252 \div 29 \approx 8.7$。同时,在 19 世纪之前,西欧和北美各国,由于婴儿死亡率高,大约只有一半左右的活产婴儿可能活到 10 岁左右。这就是说,在婴儿死亡率较高的情况下,从晚婚、延长哺育时间和减少同房次数可以达到平均每个育龄妇女存活的婴儿仅有 3 个左右,有时候甚至更少些。所以,实际上大多数家庭已经控制了生育率,并且所生孩子数比其生育能力所允许的少得多。

然而,19 世纪下半叶和 20 世纪医疗卫生科学的发展,致使婴儿死亡率大大降低。那么,调节生育的手段主要靠节育技术的进步,即避孕药具的发展。这就是说,在仍然保持晚婚的习惯条件下,如果不减少同房的次数,只有采取措施减少育龄妇女怀孕的机会,以便达到减少出生人数的目的。这方面的措施就是避孕药具。然而,贝克尔认为,避孕技术的改进、避孕药具的推广和采用是响应家庭对孩子需求减少而出现的,所以,有必要研究家庭对孩子的需求,研究影响孩子需求的因素。

二、相对价格效应

上面已经谈到,孩子不是由家庭从市场上购买来的市场商品,而是由家庭自我生产的家庭品。然而,生产孩子要投入一定的资源。这些资源可分为两种:一种是物质资源,如孩子所需食品、衣服、住房、玩具以及其他用在孩子身上各种各样的有形物品;另一种是人力资源,主要是父母特别是母亲花费在孩子身上的时间和精力,以及教育孩子的人力资源(包括教师和父母的知识、智力等)。一般来说,物质资源是可以从市场上购买的,父母花在孩子身上的人力资源只能用时间计算,并且是父母非市场活动时间。所以,孩子的总成本就包括了购买抚养孩子的物质资源的市场价格,以及父母特别是母亲非市场活动时间的影子价格。为了方便说明,又把孩子的总成本作为孩子的价格。这里就是讨论孩子价格对孩子需求的影响。

贝克尔首先运用效用最大化原理分析家庭效用函数:

$$U=u(n, Q, Z_1, \cdots, Z_n) \tag{5-3}$$

公式中的 u 表示家庭的效用,n 表示家庭需要孩子的数量,Q 表示孩子的质量,Z 表示家庭从市场购买的其他各种商品。这就是家庭效用函数的最大值。同时也说明,家庭为了从孩子身上获得满足,夫妇能够抚养一定数量的孩子,并且能在每个孩子的教育、培训上投入足够的资金,从而使得孩子能够达到再生产年龄。如果父母适当减少所生育孩子的数量,说明少量的孩子仍然能够继承其家业,所以,尽管一个家庭的孩子人数减少,并不减少孩子在家庭继承上的代表性。

贝克尔认为,马尔萨斯的人口经济理论忽略了人口质量,假设出生孩子的人数具有高收入弹性,即对出生人数的需求高度反映了收入的变化。这就是说,马尔萨斯认为,家庭收入增加,会促使人们早婚早育,多生孩子,扩大家庭规模;如果家庭收入下降,则有抑制生育的作用,即人们推迟结婚,减少生育孩子的数量,缩小家庭规模。然而,马尔萨斯的这种出生孩子人数具有高收入弹性的理论已经不能解释一百多年来西欧、北美发达国家随着家庭收入增加,家庭规模缩小,每对夫妇生育孩子人数已经减少的现象。这就使孩子数量的收入弹性较小,家庭对孩子人数的需求减少。贝克尔认为他自己关于孩子需求的理论就是来解决这个问题的。

为了方便讨论,假定 Z 代表把从市场上购买的商品综合起来为一种总商品,又暂时抽象掉孩子质量、生育孩子的时间和间隔引起的生命周期的变化等因素,则可将公式(5-3)改写为:

$$U=u(n, Z) \tag{5-4}$$

作为家庭品的孩子是由各个不同的家庭利用非市场活动时间生产的,所以,各个家庭生产孩子的价格是不同的。然而,对于每一个家庭来说,孩子的价格又是一定的。这样,可以列出一个家庭的预算限制等式:

$$\pi_n n + \pi_z Z = Y \tag{5-5}$$

公式中 Y 代表家庭全部收入，π_n 代表孩子数量的价格，π_z 代表市场商品的价格。假定 Y、π_n、π_z 为给定值，则 n 和 Z 的适当数量由预算限制和常见的边际效用条件来决定：

$$\frac{\partial U}{\partial n} \Big/ \frac{\partial U}{\partial Z} = \frac{MU_n}{MU_z} = \frac{\pi_n}{\pi_z} \tag{5-6}$$

从公式（5-6）可以得出孩子数量的价格效应为：对孩子的需求将会取决于孩子数量的相对价格，这在家庭全部收入为给定值的条件下如此。如果孩子的相对价格上涨，即相对于 π_z，π_n 上升，则对孩子数量的需求减少，对其他市场商品的需求增加。若孩子数量的相对价格下降，则对孩子数量的需求上升，而对其他市场商品的需求会减少。这种孩子数量需求随其相对价格的变动，称为相对价格效应。

孩子数量的相对价格受许多因素的影响。现在考察对孩子数量的相对价格影响较大的几个因素。

第一，孩子为家庭提供收益越多，则抚养孩子的净成本越低，从而孩子数量的相对价格会降低，导致对孩子数量需求的增加。

孩子达到一定年龄，比如五六岁之后能为家庭干杂务，在农村，孩子能帮助父母干些轻微的农活；在城市，孩子当童工为家庭挣得少量收入。正如贝克尔所说："我认为，农业（农民）家庭要较多孩子，是因为与城市居民相比，农民更多地把孩子看成是相当大的生产力。例如，印度和巴西农村的孩子 5 岁或 6 岁就开始干农活，到了 12 岁就能对家里作出相当大的贡献。"[①]他还引述了亚当·斯密关于美洲殖民地孩子对家庭贡献的分析，在美洲劳动能得到如此好的报酬，以至于许多家庭的孩子不再是一种负担，而是父母财富和家庭繁荣兴旺的源泉。在孩子长大离开家庭之前，每个孩子平均的劳动所得大约相当于 100 英镑的优质谷物。[②]所以，贝克尔指出，孩子挣钱潜力的提高，意味着孩子相对价格降低，因而导致对孩子数量需求的增加。[③]

第二，抚养孩子的产品的价格低廉可降低孩子的成本，从而导致相对价格较低，增加对孩子的需求。

这里主要是指农村抚养孩子的食品、衣服、住房等的价格比城市要低廉。贝克尔举了 1800 年美国农村的人口再生产率要比城市人口再生产率高一倍或一倍半的例子，还有 1427 年意大利中部佛罗伦萨市的平均家庭规模要比其郊区的平均家庭规模小 20%。分析其原因是农村居民往往利用自己生产的粮食、住房，以及用自己种的棉花织成布做衣服来抚养孩子，其孩子的成本是低廉的。与城市孩子的价格相比，农村孩子数量的相对价格是低的，因而农村对孩子的需求较多。

然而，农村抚养孩子成本低廉不是固定不变的。随着农业的机械化和化学化，农业生产技术日渐进步，这促使农民增加在孩子身上的投资，特别是智力投资。加上一些国家实行强制性义务教育的法律，使农村上学的青少年人数增加。又由于农村文化教育落

[①] G. S. Becker, *A Treatise on the Family* (Harvard University Press, 1981), p. 97.
[②][③] Ibid.

后,农民为了培养孩子,必须把孩子送进城市里的学校念书。这样产生两种结果:一种是延长了农村孩子上学的年限,从而减少了孩子为家庭作贡献提供收入的时间;另一种是增加了抚养孩子的成本。这样相对地提高了孩子数量的价格。这就是近几十年来发达国家城乡生育率差距已经缩小的原因。正如贝克尔指出的:在经济发展的过程中,农业生产的复杂化和现代化,使得农村孩子的贡献作用大大缩小,而花在学校里的学习时间已经增加,致使农村失去了抚养孩子在成本上的优势。所以,毫不奇怪,20 世纪以来,发达国家城乡生育率的差距已经大大缩小,某些国家甚至出现了农村生育率低于城市生育率的现象。①

第三,给抚养孩子的母亲提供补贴降低了孩子成本,从而降低了孩子数量的相对价格,导致对孩子的需求增加。

在发达国家,特别是欧洲和北美的一些国家,为了提高人口增长率,抑制人口增长率下降的势头,防止人口减少,政府往往采取鼓励生育的政策,为抚养孩子的母亲提供优厚的补贴,特别是给那些没有正式办理结婚手续的母亲提供较多的补贴。贝克尔认为,一方面,这些补贴导致母亲的市场劳动参加率下降,从而降低了花在孩子身上的机会成本;另一方面,这些补贴使得非婚出生率对已婚出生率的比重明显上升,如美国加利福尼亚 1966 年和 1974 年 1 000 名未婚育龄妇女的非婚生育率,白种人达到 18%和 19%,黑人达到 69%和 66%。而已婚出生率则已经有了明显下降。

第四,母亲生育和抚养孩子的时间的机会成本增加,孩子数量的成本上升,从而导致孩子数量的相对价格上升。

西方发达国家中,孩子数量成本中母亲时间的机会成本占有很大的份额。处于育龄期的已婚女性的全部时间可以分为市场劳动时间和非市场活动时间。孩子是家庭利用非市场活动时间生产的家庭品。一百多年来,妇女的就业机会大大增加,已婚妇女的市场劳动力参加率明显上升,女性市场活动时间的价格,即女性市场活动(劳动)工资率上升。非市场活动时间的影子价格等于市场工资率。所以,母亲的非市场活动时间的影子价格上升,导致抚养孩子的机会成本上升。据贝克尔估计,美国孩子的成本中,母亲时间的机会成本占 2/3。母亲非市场活动时间的影子价格上升,对孩子数量的相对价格上升有重大影响。在家庭全部收入一定的条件下,由于孩子数量相对价格的上升,致使家庭对孩子的需求量减少。这就是近几十年来发达国家生育率下降的一个重要原因。正如贝克尔所说:"孩子的相对成本在很大程度上受已婚妇女时间价值变化的影响,因为母亲的时间成本是生产和抚养孩子全部成本的一个重要组成部分(在美国,这种成本构成孩子全部成本的 2/3)。的确,我认为,过去的一百多年时间里,发达国家妇女挣钱能力的上升是已婚妇女劳动力参加率有较大增加和生育率有较大下降的一个主要原因。"②

对发达国家的家计调查和经验分析表明,对孩子数量的需求与妻子的工资率或妻子非市场活动时间的影子价格之间有很强的负相关关系。这就是说,如果妇女的市场工资

---

① G. S. Becker, *A Treatise on the Family* (Harvard University Press, 1981), p. 97.
② Ibid., p. 98.

率提高,已婚女性非市场活动时间的影子价格上涨,则孩子全部成本中机会成本所占份额增大,因而对孩子数量的需求减少。

另外,对孩子的需求与丈夫工资率之间是一种正相关关系而不是负相关关系。这主要是因为丈夫花在孩子身上的时间相对少些,他们挣钱能力的提高对孩子成本的影响不十分明显。丈夫主要把时间投入市场活动(劳动),与其他市场商品相比,如果孩子较少占用父亲的时间,父亲挣钱能力的提高似乎还会相对地降低孩子的成本。

至于大多数家庭的父母都依赖自己的孩子,都是在家庭里自我生产自己的孩子,除了父母完全不育或部分不育之外,一般都不会从市场上"购买"孩子。这一方面是受各个社会或民族的文化传统的影响,另一方面是在孩子身上保存有父母较多的遗传信息,并且孩子能够减少父母的不确定性,因此,父母总是偏好自己生育孩子。所以,从这一点来说,对孩子的需求意味着,当孩子的生产或防止孩子的出生没有障碍时,父母总是想望得到一定数量的孩子,或者说,父母总是有一种得到自己孩子的愿望(或欲望)。而生育和抚养孩子就是为了满足这种愿望。

三、相对收入效应

对孩子的需求不仅受相对价格(孩子数量的价格与市场商品价格之比)的影响,还受家庭收入的影响。一般来说,家庭实际收入的增加会增加对不同商品的需求。当然,作为耐用消费品的孩子也不例外,家庭实际收入的提高会增加对孩子的需求。这种情况在前工业化社会更是如此,例如在一些一夫多妻制社会里,财富多的男人会娶几个妻子,因而有较多的孩子。就是在一夫一妻社会里,较富裕的男人也会有较多的孩子。可以说,这种财富与生育率之间的正相关关系从农业社会一直延续到19世纪上半叶。

贝克尔指出,19世纪后期西欧、北美发达国家的城市家庭中,收入与生育率之间却部分地出现了负相关关系。并且,他认为,在20世纪,发达国家的收入和生育率之间的负相关关系是一种指示器,即说明孩子的实际价格随着收入的上升,或者反映出有较高收入男性的妻子有从市场上挣得更大收入的潜力,或者反映出已婚女性的非市场活动时间的影子价格较高,如此等等。贝克尔认为他关于孩子的质量和数量之间相互影响的理论能够说明发达国家家庭收入与生育率之间的负相关关系(参见本章第3节)。

现在用图 5-1 来说明对孩子数量的需求。图中的横轴 OX 代表孩子的数量,纵轴 OY 代表花在与孩子无关的商品上的全部收入或潜在收入。如果花在非抚养孩子活动方面的全部收入构成最初的预算限制线 Y_0A_0,这时无差异曲线 U_0 与最初的预算限制线 Y_0A_0 相切于 P_0^1 点,即家庭需求均衡点。这时对孩子的需求量为 2 个。如果全部收入从 Y_0 增加到 Y_2,就会构成一条新的斜率与 Y_0A_0 相同的预算限制线 Y_2A_2,那么,一个家庭会把需求均衡点从 P_0^1 移到 P_2^1,即无差异曲线 U_2 与 Y_2A_2 相切于 P_2^1 点,这样父母对孩子的需求量从 2 个增加到 3 个,并且也把父母花在其他方面的支出从 OE_0 增加到 OE_2^1。这说明随着家庭收入的增加,对孩子的需求也增加,即收入效应。

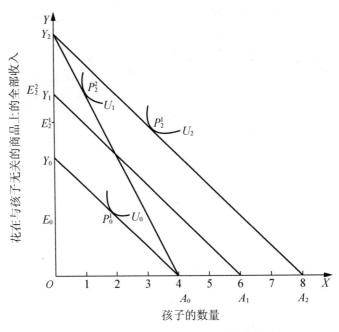

图 5-1 家庭收入与孩子数量之间的关系

如果家庭收入的上升是来自妻子市场工资率的提高，而不是来自丈夫的工资或其他物质财富的捐赠，意味着孩子的相对价格可能上涨，在一定的范围内，假定预算限制线为 Y_2A_0，这时无差异曲线 U_1 与 Y_2A_0 相切于 P_2^2 点，形成了家庭需求的均衡，即家庭对孩子的需求量会从最初的 2 个减少到 1 个，而用于其他方面的支出则会上升到 OE_2^2。这就是孩子的相对价格效应，即孩子相对价格的上升会导致家庭对孩子需求的减少。这就等于说，由于孩子相对价格的上升，父母用市场商品和服务来替代现在母亲的非市场活动时间。

第三节 对孩子质量的需求

西方微观人口经济学把孩子区分为数量和质量两个方面，然后分别讨论家庭对这两个方面的需求，分析引起需求量变化的原因。

一、孩子的质量

孩子的质量（quality of children）是指孩子的身体健康状况和智力水平。孩子的健康状况包括孩子的身高、体力和存活率等有关身体素质的内容。孩子的智力水平包括孩子的智商、知识、受教育程度等有关智力素质的内容。西方微观人口经济学家在分析孩子质量时，一般都把孩子的思想、道德素质排除在外。在他们看来，孩子质量的高低就是指孩子的身体素质和智力素质状况。如果孩子存活率高、身体素质好、智商高、受教育程度高，那就是孩子的质量高，反之亦然。所以，他们有关孩子质量的概念不包括思想、道德素质的内容。贝克尔就是持有这种观点的,他特别指出:"为了避免任何误解,让我赶紧补充一句,'较高质量'并不是意味着道德上较好。"①

不但如此,他们还认为孩子质量的高低,对孩子成年之后的劳动和收益有重大影响。在西方人口经济学家看来,一个高质量的孩子,成年之后可能获得较高的工资,可能在其专业、业务领域里取得较大的成绩,可能获得较高的社会经济地位,等等。总之,在激烈竞争的现代社会里,高质量的孩子可能击败竞争对手,成为竞争中的获胜者,甚至在青少年时期就能在学业或专业方面获得较大成就。正因为如此,高质量孩子的父母能从孩子身上获得较大的满足,获得较多效用和收益。

如何提高孩子的质量是西方微观人口经济学常常提到的问题。西方微观人口经济学家认为,在孩子出生之前,夫妇选择最佳生育时间和生育间隔,以便有助于提高孩子质量;对于刚出生的孩子采取高价保健医疗措施,提高婴儿存活率;然后给孩子提供分居卧室,送孩子去设备良好的幼儿园和私立学校,聘请家庭教师,给孩子上音乐课或舞蹈课以及送孩子去教育质量高的中学,等等。总之,在提高孩子的身体素质和智力素质这两个方面,投入大量的物质资源和人力资源。

所以,有些西方微观人口经济学家直接把在孩子身上花费多,看成孩子质量高,即把在孩子身上的费用支出多少和孩子质量的高低等同起来。正如贝克尔所说:"我把那些花费昂贵的孩子称为高质量的孩子。……如果在这个孩子身上比在另一个孩子身上自愿支出更多费用,这是因为父母可以从追加支付的费用中得到追加的效用,而我们称之为'较高质量'正是指这种追加的效用。"②也有的微观人口经济学家,如保罗·舒尔茨(Paul Schultz)又把孩子质量看成资源密集(resource intensity)的家庭品。这就是说,抚育和培养一个高质量的孩子,父母必须投入大量的物质资源和人力资源,特别是稀缺资源——时间的投入更是必不可少的,并且是大量的和密集的。

二、孩子的数量与质量之间的关系

西方微观人口经济学家运用消费者需求理论来分析家庭对孩子的需求时,把孩子的数量和孩子的质量看成两种商品,并认为这两者之间的关系是一种替代关系。这就是说,从满足父母的欲望,使父母获得效用这一角度来说,孩子的数量和孩子的质量是可以互相代替的。

西方微观人口经济学家从消费者偏好来分析,如果有两种商品供消费者选择,在消费者收入允许的范围内,其偏好总是促使他选择质量比较好的商品。例如消费者购买住宅,在其收入允许的范围内,他宁愿选择购买一幢质量较高的住宅,而不愿同时去购买两幢质量较低的住宅。看起来购买一幢高质量的住宅,花费的钱比较多,比如 40 万美元。但是如果与两幢低质量住宅(每幢 25 万美元)相比还是廉价的,因为 40 万美元小于 50 万美元。尽管从满足消费者同一欲望来说,两幢低质量的住宅和一幢质量高的住

---

① G. S. Becker, *The Economic Approach to Human Behavior* (Harvard University Press, 1976), p. 173.
② Ibid.

宅具有同样的效用，具有密切替代关系，但是，具有替代性质的两种商品之间的价格变动对需求量的影响是：当两幢低质量的住宅的价格高于一幢高质量的住宅的价格时，消费者不选择低质量的住宅，而是选择高质量的住宅。西方人口经济学家认为，孩子是如同住宅一样的耐用消费品，孩子的数量和孩子的质量是具有密切替代关系的，所以，随着家庭收入的提高，父母宁愿选择高质量的孩子，而不愿意选择数量较多的低质量的孩子。为什么不选择高质量的较多的孩子呢？西方人口经济学家认为，这是由家庭收入和父母的时间有限所制约的。因为他们在分析家庭对孩子的需求时，如同分析消费者对耐用消费品的需求一样，都以假设家庭收入一定和时间稀缺作为前提，即在这些前提下，如何实现效用最大化。

正因为在家庭对孩子需求方面，孩子的数量和质量之间具有替代性质，因此，孩子的数量和质量之间是一种负相关关系。在家庭收入一定的条件下，对孩子质量的需求增加，对于孩子数量的需求必定减少。同样，如果一个家庭的孩子人数多，分配在每一个孩子身上的医疗费用和教育费用较少，因而每个孩子的质量较低。西方人口经济学家常常以美国黑人为例来说明这个问题，由于一般黑人家庭孩子较多，又没有足够的资金来送孩子上学和就医，所以，黑人孩子的质量较低，从而说明孩子的数量和质量之间是一种负相关关系。

三、孩子质量的成本及其影子价格

（一）孩子的数量成本和质量成本

在本章第二节已经说明了孩子数量的成本和价格。所谓孩子数量的成本是指花在从母亲怀孕开始到孩子 18 岁这一段时间里与孩子质量"无关"的一切物质资源和人力资源。从西方微观人口经济学的观点来看，花在孩子身上与质量"无关"的一切费用，在一定社会经济发展水平下，是相对固定的，可称为"固定成本"。①这种"固定成本"大体包括怀孕起母亲时间的机会成本、怀孕和分娩所承担的风险、各项分娩费用、孩子衣食住的费用和政府的补贴以及避孕和人工流产的各项费用，等等。所有这些"固定成本"是指凡生育和抚养一个孩子必不可少的费用支出，西方微观人口经济学把这些费用归入孩子的数量成本，或者说，与孩子的数量关联的成本。

所谓孩子质量的成本是指花在孩子身上与其数量"无关"的一切物质资源和人力资源。与孩子数量"无关"的用于提高孩子质量的各项费用支出是相对可变的，称为"可变成本"。这种"可变成本"大体上主要包括从孩子接受教育、培训开始（包括幼儿教育）的一切教育、培训费用和全部医疗保健费用以及父母（主要是母亲）为提高孩子质量所损失时间的机会成本。医疗保健费用被视为提高孩子质量必不可少的支出。他们认为，用于提高孩子质量的这些费用支出具有较大的弹性，即伸缩性比较大，变动性比较大。孩子质量成本变动受家庭收入水平高低和父母偏好影响较大。一般说来，家庭收入水平较高，提高一个孩子质量所投入的费用较多。父母对高质量孩子的偏好较大，也会

---

① G. S. Becker, *A Treatise on the Family* (Harvard University Press, 1981), p. 107.

投入较多资金和时间来提高孩子质量。

以上分别介绍了孩子数量成本和孩子质量成本，就一个孩子而言，把这两种成本综合起来就构成了全部成本，即生育、抚养、培训一个孩子的全部货币支出和机会成本。对于一个孩子来说，他的数量成本和质量成本不是截然分开的，所谓"无关"只是相对而言，或者说为了分析方便，才作这种区分。实际上孩子数量成本和孩子质量成本是密切相连、相互交错的。

（二）孩子数量的影子价格和质量的影子价格

从西方经济学的观点来看，影子价格是指对没有市场价格的商品的一种转移估价或一种替身性估价。[①]在分析消费者消费边际替代率和生产者投入的边际转移率时，也有必要考虑影子价格。影子价格可以反映生产的边际成本。所谓边际成本是指生产者多生产一个单位产量所支付的追加成本。例如有一家厂商生产某种大型机床，日产两台的总成本为 13 000 美元，若产量提高，从每天两台上升到每天三台，而每天生产三台的总成本为 18 000 美元，则增加生产那一台的边际成本为 5 000 美元。然而另一厂商生产同样的机床，其产量没有增加，仍然是日产两台，则该厂商有 5 000 美元的影子价格的损失。

西方微观人口经济学在分析孩子数量和质量之间的相互关系时，运用影子价格这一工具说明这两者变动之间的关系。当然论及孩子质量的影子价格时必须提到孩子数量的影子价格。所谓孩子数量的影子价格（the shadow price of children with respect to their number）[②]是指假定孩子质量不变时，新增加一个孩子的成本。P_n 表示孩子数量的影子价格。孩子质量的影子价格是指假定孩子数量保持不变时，孩子质量增加一个单位的成本。如果假定孩子的数量价格（成本）为 π_n，孩子的质量价格（成本）为 π_q，那么，新增孩子数量的影子价格为 $P_n=n\pi_q$，新增孩子质量的影子价格为 $P_q=q\pi_n$。这就说明，孩子数量的影子价格越高，则孩子的质量越高；同样，孩子质量的影子价格越高，则孩子的人数越多。孩子数量的影子价格与其质量相关，而孩子质量的影子价格与其数量相关。西方微观人口经济学正是根据有关孩子质量的影子价格和孩子数量的影子价格分析家庭收入、孩子数量、孩子质量之间的关系。

四、家庭收入的变动对孩子质量需求的影响

贝克尔为了分析家庭收入与家庭对孩子质量和数量的需求之间的关系，用人口出生率的变动来代表家庭对孩子数量的需求，用受教育者人数的变动来代表家庭对孩子质量的需求。在具体分析中，他举了美国、日本两个国家以及其他地区的一些实例来说明（见表 5-1 至表 5-7）。

---

① 参见本书第四章第四节有关影子价格的阐述。
② 有关孩子数量的影子价格和孩子质量的影子价格，请参阅 G. S. Becker, *The Economic Approach to Human Behavior* (Harvard University Press, 1976), p. 195。

表 5-1　1947—1974 年美国按人种区分的中等家庭收入

年份	所有家庭收入（美元）	白种人收入（美元）	非白种人收入（美元）	非白种人占白种人收入的比率（/%）
1947	3 031	3 157	1 614	51
1950	3 319	3 445	1 869	54
1955	4 421	4 605	2 549	55
1960	5 620	5 635	3 233	55
1965	6 957	7 251	3 994	55
1969	9 433	9 794	6 191	63
1972	11 116	11 549	7 106	62
1974	12 836	13 356	8 265	62

资料来源：〔美〕H.N. 沙伊贝等著，彭松建等译，《近百年美国经济史》，中国社会科学出版社，1983 年版，第 578 页。

表 5-2　日本人口发展趋势（1947—1980 年）

年份	出生率（‰）	死亡率（‰）	总和生育率（‰）
1947	34.5	14.7	4.54
1950	28.3	11.0	3.65
1955	19.5	7.8	2.37
1960	17.3	7.6	2.00
1965	18.7	7.2	2.14
1970	18.8	6.9	2.13
1975	17.1	6.3	1.19
1980	13.6	6.2	1.74

资料来源：《现代日本经济事典》，中国社会科学出版社，1982 年版，第 33 页。

表 5-3　日本职工家庭收入变化（万日元）

年份	1965	1975	1981
收入	6.5	23.6	36.7

资料来源：根据《现代日本经济事典》，中国社会科学出版社，1982 年版，第 892 页资料编制。

表 5-4　日本家庭平均人口人数的变动

年份	1960	1965	1970	1975	1980
人口	4.54	4.05	3.69	3.45	3.33

资料来源：《现代日本经济事典》，中国社会科学出版社，1982 年版，第 38 页。

表 5-5　美国、日本以及有关地区某时期出生率变动

国家及有关地区，时期	出生率增减（%）
1．美国，1920—1930 年	-24
2．美国，1960—1972 年	-38
3．日本，1950—1960 年	-45
4．中国台湾地区，1960—1975 年	-51
5．英格兰和爱尔兰，1871—1901 年	-26

资料来源：G. S. Becker, *A Treatise on the Family* (Harvard University Press, 1981), p. 106。

表 5-6　美国、日本以及有关地区某时期受教育水平的变化

国家及有关地区，时期	受教育人数变化（增减%）
1．美国，1920—1930 年	+81
2．美国，1960—1972 年	+33
3．日本，1950—1960 年	+37
4．中国台湾地区，1960—1975 年	+100
5．英国，1871—1900 年	+21

注："受教育水平"是指学校正规教育。与表内对应的项目说明如下：1．中学入学的 14—17 岁的人数；2．完成高等教育的 25—34 岁的人数；3．完成现代高级中学教育的 25—34 岁的人数；4．完成高等教育的 25—34 岁的人数；5．有文化的男性人口。

资料来源：G. S. Becker, *A Treatise on the Family* (Harvard University Press, 1981), p. 109。

表 5-7　日本中等和高等学校的升学率

（%）

年份	高级中等教育升学率[①]			进入高等教育（大学）升学率[②]		
	总计	男	女	总计	男	女
1972 年	82.1	81.6	82.7	24.0	30.0	17.8
1975 年	91.9	91.0	93.0	38.4	44.1	32.4
1980 年	94.2	93.1	95.4	37.9	42.4	33.3

注：① 高级中等教育人数是指日本义务教育（小学、初中）结束后升入全日制高中和高级中专学校的学生人数的总和。

$$升学率 = \frac{义务教育结束升入全日制中等教育的学生数}{适龄人数}$$

② 进入高等教育机构第一学年学生人数是指升入普通大学（学部）、短期大学本科、国立养护教师养成所的学生人数和高级中专学校第四学年学生人数的总和。

$$升学率 = \frac{进入高等教育机构第一学年学生人数}{适龄人数}$$

资料来源：根据《现代日本经济事典》，中国社会科学出版社，1982 年版，第 883—884 页资料编制。

从以上各表提供的资料可以看到，从 1947—1974 年，美国一个中等家庭的年收入从 3 031 美元上升到 12 836 美元，即增加了 3.2 倍。几乎与此同时，美国的人口出生率从 1945 年的 19.5‰，特别是 1955 年的 24.7‰下降到 1975 年的 14.7‰，即分别下降了

32%和67%左右。然而,美国完成高等学校教育的25—34岁年龄组的人数却增加了33%,即从高等学校毕业的25—34岁年龄的人数增长了33%。这说明随着家庭收入的增加,对孩子人数的需求减少了,而对孩子质量的需求上升,即父母愿意在孩子的教育、培训上更多地投资,以提高孩子的质量。

二十多年来,日本也发生了类似的变化。日本职工家庭的年平均收入从1965年的6.5万日元提高到1980年的36.7万日元,即增加了4.6倍;日本各类农户年平均所得1980年比1965年增加了6.7倍。在15年的时间内,日本各类家庭的收入增长是比较快的。在家庭收入增长的同时,日本家庭规模却有所缩小,即平均每个家庭的人口数量有所减少,从1960年平均每个家庭有4.54人减少到1980年的3.33人。在20年的时间里,日本家庭平均人口数量减少了27%。家庭人口数量多少与人口出生率有一定关系,一般说来,人口出生率低,家庭人口数量也少;如果出生率上升,有可能导致家庭人口数量增加。日本平均每个家庭人口数量的减少,同人口出生率下降是紧密相连的。例如,日本出生率从1950年的28.3‰下降到1960年的17.3‰,后又进一步下降到1980年的13.6‰。从1950年到1980年的30年时间里下降了52%。与上述家庭收入上升资料相对应的1965年到1980年,日本人口出生率从18.7‰下降到13.6‰,即在15年的时间里下降了27%。在家庭收入增长较快的条件下,平均家庭人口数量减少,人口出生率下降,说明家庭对人口数量的需求明显减少。

然而,在家庭对人口数量的需求明显减少的同时,对人口质量的需求却明显增加。这从日本义务教育结束之后升入高级中等学校和大学的人数上升可以得到佐证。例如,日本完成高级中等学校教育的25—34岁年龄组的人数从1950年到1960年增加了37%;随后从1972年到1980年的高级中等学校的升学率从82.1%上升到94.2%,高等学校(大学)的升学率从24%上升到37.9%。这说明,到1980年,日本适龄人口中94.2%的人高中毕业,而适龄人口的37.9%获得了高等教育。从文化素质上来考察日本人口质量,其人口质量是比较高的。升学率上升,受教育人数增加,特别是受高中和大学教育人数的增加,说明了家庭对人口质量的需求的增加,这种增加是随着家庭收入的上升而产生的。

同样可以运用上述分析方法去考察英国、中国台湾地区以及其他地方家庭收入上升同人口数量和质量需求之间的关系。通过广泛考察,可能会得出结论:在经济发达和较发达的条件下,家庭人口数量增长同家庭收入会成负相关关系,而人口质量提高同家庭收入是正相关关系。

第四节 家庭对孩子数量和质量的选择

在分析了家庭对孩子的数量和质量需求之后,有必要进一步讨论家庭对孩子数量和质量所作的选择。当然,这种选择受父母的偏好的影响,然而更主要的是受家庭收入和孩子成本的影响,或者在家庭收入一定的条件下,受孩子数量的影子价格和孩子质量的影子价格的影响。

一、家庭对孩子需求均衡

在分析对孩子需求的家庭均衡时，又要回到家庭效用函数方程式（5-3），即 $U=u(n, q, z_1, \cdots, z_n)$。这里提出两个假设条件：

（1）每一个家庭全部用自己的非市场活动时间和购买来的市场商品来生产孩子的质量。用 q 表示每个孩子的质量，用 π 表示生产孩子的单位成本（或价格），则花在孩子身上的全部费用为 $nq\pi$。同时假定 π_z 表示其他市场商品市场的价格。

（2）同一个家庭生产的所有孩子都具有同样的质量，即把同一个家庭所生产的各个孩子在质量上的差别抽象掉。

因此可以得出一个简化了的预算限制：

$$nq\pi + z\pi_z = Y \tag{5-7}$$

公式中 Y 仍表示家庭全部收入。在这个预算限制中进入效用函数的商品不是线性的，但在乘法运算上取决于 n 和 q，数量与质量的互相影响是非线性的。

在预算限制约束下的效用函数最大值给出了家庭均衡条件：

$$\left. \begin{array}{l} \dfrac{\partial U}{\partial n} = MU_n = \lambda\pi q = \lambda P_n \\[4pt] \dfrac{\partial U}{\partial q} = MU_q = \lambda\pi n = \lambda P_q \\[4pt] \dfrac{\partial U}{\partial Z} = MU_z = \lambda P_z \end{array} \right\} \tag{5-8}$$

公式中的 MU 表示边际效用，P 表示边际成本或影子价格，λ 是货币收入的边际效用。当然，这里的每一个影子价格都取决于单位成本，然而数量的影子价格（P_n）取决于质量（q），而质量的影子价格取决于数量（n）。因为孩子质量上的提高，增加了在每个孩子身上支出的费用，即提高了孩子数量的影子价格。同样，孩子数量的增加，提高了花在每个孩子质量上的追加成本，因而提高了孩子质量的影子价格，对于孩子数量的选择将受到影响。

效用函数中的 n、q、z 的影子价格和收入（Y）的均衡值可以解方程式（5-7）和（5-8）：

$$\left. \begin{array}{l} n = d_n(P_n, P_q, P_z, R) \\ q = d_q(P_n, P_q, P_z, R) \\ Z = d_z(P_n, P_q, P_z, R) \end{array} \right\} \tag{5-9}$$

公式中 R 表示影子收入。影子收入（R）等于花在不同商品上收入的影子数量的和，即可将方程式（5-7）写成：

$$\pi q + \pi n + P_z Z = Y + \pi nq \equiv R \tag{5-10}$$

或为：

$$P_q q + P_n n + P_z Z = R$$

我们曾用图 5-1 说明家庭对孩子数量和其他与孩子无关的市场商品的需求均衡。现在用图 5-2 来说明家庭对孩子数量和质量的需求均衡。用横轴 OX 表示孩子的数量，用

纵轴 OY 表示每个孩子的质量。假定把家庭对其他市场商品的需求存而不论，U_0 和 U_1 表示孩子数量和质量不同组合的无差异曲线；用 AB 和 CD 表示家庭的预算限制线，并且这些预算限制线是凸向原点的一条曲线。又由于无差异曲线的曲率超过了预算限制曲线的曲率，所以，无差异曲线 U_0 和预算限制线 AB 相切于 e_0 点。e_0 点表示家庭对孩子数量和质量的需求均衡。随着孩子数量的影子价格的上升和家庭预算限制方程的变动，无差异曲线 U_1 与新的预算限制曲线 CD 相切于 e_1 点。e_1 点表示家庭对孩子质量和数量的新需求均衡。与 e_0 点均衡相比，这个新均衡说明家庭对孩子质量的需求上升，而对孩子数量的需求减少。这说明家庭更多地选择孩子的质量高，而不是数量多。

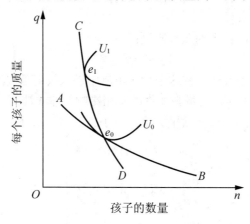

图 5-2　家庭对孩子数量和质量的需求关系

二、由收入效应产生的选择

假定孩子的数量（n）和孩子的质量（q）以及其他市场商品（Z）的需求影子收入弹性分别是 η_n、η_q 和 η_z。这是在假定 n、q 和 Z 的"价格" π 保持不变的条件下，由收入（Y）的变化引起对 n、q 和 Z 需求的变化。这就是在效用函数中有收入效应。

从西方经济学常识可知，影子收入弹性的平均值是 1，从而从方程式（5-10）可得出：

$$1=\frac{nP_n}{R}\eta_n+\frac{qP_q}{R}\eta_q+\frac{ZP_z}{R}\eta_z \tag{5-11}$$

如果假定价格（π）和其他市场商品（Z）数量不变，那么，从全部收入推导出"观察到的"平均收入弹性为 η_n、η_q 和 η_z。从预算限制（5-7）、（5-8）的影子价格的定义推导出的类似加权平均值为 $Y/R=Y/(Y+nq\pi)$，该加权平均值小于 1，即为：

$$1>\frac{Y}{R}=\frac{Y}{Y+nq\pi}=\frac{nP_n}{R}\eta_n+\frac{qP_q}{R}+\eta_q\frac{ZP_z}{R}\eta_z \tag{5-12}$$

从平均值来说，已观察到的平均收入弹性以 Y/R 之比小于影子收入弹性。从西方微观人口经济学来看，假定价格（π）保持不变，则全部收入（Y）的增加的直接效应总是增加 n、q 和 Z。然而，数量（n）和质量（q）的增加会引起影子价格（P_n）和（P_q）的上升。例如数量（n）的外生增加会提高质量的影子价格（P_q），因为 $P_q=n\pi_q$，从而会减少对质量（q）的需求选择。对质量（q）的需求选择减少又会降低数量的影子价格（P_n），因为 $P_n=q\pi_n$，从而会进一步刺激增加对数量的需求选择。这种情况是产生于发展中国家家庭收入刚刚开始上升的初期阶段，当父母偏好是孩子的数量而不是质量的时候，往往表现出生育率上升。

然而，西方微观人口经济学认为，当家庭收入增加到一定阶段时，父母对孩子质量的需求收入弹性（η_q）实际上大于数量的需求收入弹性（η_n）。所以，在上述假设条件下，收入（Y）增加的直接效应产生的选择必定增加对孩子质量和其他市场商品的需求，而对孩子数量的需求保持不变或减少。然而，数量的影子价格（P_n）$=q\pi_n$，由于质量需求增加，所以 P_n 会上升；而质量的影子价格（P_q）$=n\pi_q$ 和其他市场商品（Z）的影子价格 $P_z=\pi_z$ 会保持不变，因而孩子质量（q）和其他市场商品（Z）替代 n，所以，对孩子数量需求的选择将会减少，而对孩子质量的需求上升。

三、由价格效应产生的选择

在分析了由收入效应产生的选择之后，又来讨论价格效应，这主要是分析孩子的影子价格效应。为了讨论影子价格效应，假定收入不变，略把预算限制方程式扩展为：

$$1 = n\pi_n + nq\pi + q\pi_q + ZP \tag{5-13}$$

于是现在的影子价格为：

$$P_n = \pi_n + q\pi; \quad P_q = \pi_q + n\pi; \quad P_z = \pi_z \tag{5-14}$$

数量和质量的影子价格中每一个都包含有一种"固定的"成分：数量影子价格（P_n）中的价格（π_n），质量影子价格（P_q）中的价格（π_q）。孩子成本构成中的成分 $n\pi_n$ 取决于数量而不取决于质量的成本构成，例如避孕成本和产妇医疗照料费用则是数量成本中的例子。同样，孩子成本构成中的成分 $q\pi_q$ 只取决于质量而不取决于数量。并且假定数量成本中的固定成分比质量成本中的固定成分更大一些，即 $n\pi_n > q\pi_q$。

（一）由数量价格（π_n）上升净替代效应产生的选择

数量价格上升的净替代效应是由避孕技术的改进引出的效应。相对于质量影子价格（q）和其他商品（z）的影子价格来说，由于避孕技术的改进，购买避孕药具费用增加或者由于政府补贴孩子抚养费用减少等都会引起孩子数量影子价格的上升，由此产生对孩子数量需求选择的减少。

正是孩子数量需求的减少，使孩子质量的影子价格（P_q）下降，因为 $P_q = \pi_q + n\pi$，于是产生了有利于质量的替代。这样在选择上的结果是对孩子数量需求的减少，而对孩子质量的需求相对有较大增加。这就是说，孩子质量影子价格的下降导致了对孩子质量需求的增加。而对孩子质量需求的增加提高了孩子数量的影子价格，因为 $P_n = \pi_n + q\pi$。孩子数量影子价格的提高会进一步导致对孩子数量需求的相对大的减少。

贝克尔认为，上述分析说明了发达国家如美国、日本等，随着家庭收入上升到一定时期，父母的偏好在于孩子的质量，对孩子质量的需求增大，其原因是孩子质量的影子价格相对小一些，而孩子数量的影子价格相对大一些。他指出："母亲们教育的增加，对她们孩子的质量有一种很强的正效应，而对其孩子的数量有强的负效应；共同的信念是节育知识上的重大进步，不仅大大减少了出生孩子的人数，而且孩子的质量也会有明显的提高。"①这段包含两层意思,其一是母亲的质量对孩子的数量和质量的选择有重要影响,如果母亲的受教育水平较高,或母亲从事市场劳动获得较高的市场工资率,则对孩子的质量需求增大,对孩子的数量需求减少。西方微观人口经济学认为,母亲受教育水平较高,市场工资率高,意味着闲暇时间即非市场活动时间的影子价格高。非市场活动时间的影子价格高,必然导致非市场活动时间的产品——家庭品——孩子的影子价格高。孩子的影子价格高——主要是孩子数量的影子价格高——必然导致对孩子数量需求的减少。

其二是西方微观人口经济学认为节育成本是孩子数量成本构成的组成部分。节育知识的改进、节育技术和节育药品效率的提高为父母广泛采用避孕措施提供了良好的基础。父母采用避孕药具的增加,必然增加孩子数量的成本,从而提高了孩子数量的价格。在孩子数量价格提高的情况下,父母的选择是减少对孩子数量的需求,从而可以把减少数量需求节省下来的资金投资于提高孩子的质量。所以,节育知识的改进有助于减少出生人数和提高孩子的质量。

(二)由孩子数量价格、质量价格和其他市场商品价格以同一百分比上升的净替代效应产生的选择

首先,假定在收入一定的条件下,孩子数量价格、质量价格和其他市场商品价格(即π_n、π_q、π_z)以同样的百分比上升,则会导致父母只好选择减少对上述三者的需求。然而,正如上节所述,由于家庭对孩子需求存在质量需求收入弹性大于数量需求收入弹性,即$\eta_q > \eta_n$,所以,在这种条件下,父母所作出的选择是,虽然对孩子数量和质量需求都有所减少,但对孩子数量需求的减少要大于质量需求的减少。这说明在家庭收入没有增加的条件下,面对着孩子数量价格、孩子质量价格和其他市场商品价格上涨的情况,父母的选择只好是尽量少生孩子,减少孩子的数量,把资金集中用于已出生的或即将出生的一两个孩子身上。当然,由于其他市场商品价格上涨,父母会减少购买这些市场商品的数量,或者寻找更加廉价的劣质的替代商品。然而,对家庭生产的家庭品——孩子,则不可能随意寻找廉价低质的孩子,因为在一般情况下,一个家庭里不可能让某个孩子吃得更差,穿得更差,生病不予治疗,不予教育……而父母和其他家庭成员都生活得较好和受到良好的教育和医疗保健。

其次,如果在父母的市场工资率上升、家庭收入增加的条件下,孩子的数量价格、质量价格和其他市场商品价格以相同百分比上升的净替代效应,那么父母的选择如何?

第一,市场工资率上升可能使数量价格、质量价格和其他市场商品价格以相同百分比上升产生净替代效应。假定其他商品的价格π_z等于其影子价格,$\pi_z = P_z$;最初的质量价格$\pi_q = 0$,而数量价格$\pi_n > 0$,因此,可以把π_n和π_q的相同比率上升看作P_z的相对下降。如果孩子的数量和质量能够同样地替代Z,那么,其他商品的影子价格P_z的下降,最初导致对孩子的数量和质量需求以相同的比率减少。然而由于数量和质量以相同百分比减少会使质量的影子价格(P_q)比数量的影子价格(P_n)下降得更多,那么,对数量需求

---

① G. S. Becker, *The Economic Approach to Human Behavior* (Harvard University Press, 1976), p. 200.

的减少会超过对质量需求的减少。

第二，如果假定把家庭收入对其他商品的需求增加存而不论，讨论家庭收入上升与孩子的数量价格和质量价格以相同百分比上升之间的关系，即只讨论用于抚养孩子的那部分家庭收入增加所产生的孩子数量价格和质量价格变动的替代效应。这里首先要确定数量价格和质量价格之间的比率，用 γ_n 表示数量价格对质量价格之比，即 $\gamma_n = \pi_n/\pi_q$；反过来，用 γ_q 表示质量价格对数量价格之比，即 $\gamma_q = \pi_q/\pi_n$。又假定数量价格和质量价格中包括的可变成本为 π_c。于是在预算限制约束下 n 和 q 的均衡条件为：

$$MU_n = \lambda(\pi_n + \pi_{cq}) = \lambda \pi_{cq}(1+\gamma_n) = \lambda P_n$$

$$MU_q = \lambda(\pi_q + \pi_{cn} + \frac{\partial \pi_c}{\pi_q} nq)$$

$$= \lambda \pi_c n(1+\gamma_q+\varepsilon_{\pi q}) = \lambda P_q \tag{5-15}$$

这说明，数量和质量的影子价格之比率不仅取决于质量和数量的比率，而且取决于固定成本与可变成本的比率，还取决于质量的边际可变成本对平均可变成本的比率。因为公式中的 $1+\varepsilon_{\pi q}$ 就是表示质量的边际可变成本与平均可变成本的比率，因此可得：

$$\frac{MU_n}{MU_q} = \frac{P_n}{P_q} = \frac{q(1+\gamma_n)}{n(1+\gamma_q+\varepsilon_{\pi q})} \tag{5-16}$$

为了进一步说明价格上涨可产生的效应，贝克尔假定数量的成本（价格）是其影子价格的 25%，即 π_n 是 P_n 的 25%，假定质量的成本（价格）和边际成本为负值，即 π_q 和 $\varepsilon_{\pi q}$ 为负值，花在数量（n）上的费用等于影子收入（R）的 10/27，花在质量上的费用是影子收入的 8/27。如果数量（n）和质量（q）不相互影响，则数量价格补偿性上升 1%，将仅仅减少数量需求的 0.01（17/27）σ（此处 σ 是替代弹性），例如，如果 $\sigma=0.8$，则对数量的需求按照 0.5% 减少。不过，数量和质量的相互影响扩大了适应性，这是由于数量成本（价格）上升 4%，则使数量的影子价格有 1% 的补偿上升，这样将会以大约 1.1% 的比率减少对数量（n）的需求。如果替代弹性 $\sigma=1.0$，则会以大约 2.3% 的比率减少对数量的需求。

所以，孩子数量成本的一定增加，例如由于节育知识进步更多地采用避孕药具引起数量成本的增加，或者孩子质量的边际成本对平均成本的一定减少，假定相对质量而言，数量价格最初上升 10%—20%，这些变化都会导致父母选择减少对孩子数量的需求，而增加对孩子质量的需求。

思考习题

1. 如何看待在市场经济条件下家庭对孩子质量需求的选择？
2. 用时间是家庭稀缺资源的观点说明家庭对孩子需求的选择。

第二篇　现代宏观人口经济学

　　现代宏观人口经济学是指第一次世界大战之后,关于以一个国家或地区乃至整个世界为范围,阐述人口经济关系的理论。宏观人口经济学不但在研究的范围上有所扩大,而且在时间序列方面主要是进行长期分析。宏观人口经济学从静态分析出发,着重进行动态考察,探讨人口增长长波和经济增长长波之间的关系,研究人口增长率与经济增长率之间的关系,分析人口投资和物质资本(经济投资)投资之间的关系。现代宏观人口经济学很注意探讨人口变动与自然资源、国民生产总值和国民收入之间的关系。同时围绕这个课题形成了悲观主义学派和乐观主义学派。本篇对上述诸方面的内容都作了概括性介绍和必要评选,此外,最后还评介了人口红利学和西方老龄人口经济学说。这是随着西方发达国家人口转变趋势的增强,人口经济学家较从前更多地注意人口红利和老龄人口经济问题,试图从理论上分析这些问题。

第六章 凯恩斯学派的人口经济学说

▶ 学习目标 ◀

1. 了解凯恩斯人口经济理论形成的背景和条件。
2. 了解和把握有效需求不足和人口变动之间的关系。
3. 了解和理解人口增长减缓甚至人口减少的经济后果。
4. 了解和理解凯恩斯关于人口问题两个"魔鬼"的理论。

▶ 学习重点 ◀

人口减少的经济后果、有效需求不足、凯恩斯关于两个"魔鬼"的理论

正如现代西方经济学是以凯恩斯的经济理论为其开端一样，现代西方人口经济学也始于凯恩斯的人口经济学说。西欧、北美人口演变趋势对人口经济理论的发展的影响是十分明显和有趣的。当人口迅速增长对经济发展产生压力时，经济学家和人口学家为人口增长的后果忧虑，认为人口增长带来了贫困，摆脱贫困的出路在于减少人口。例如，18世纪末和19世纪初的马尔萨斯人口经济理论。在马尔萨斯看来，生活资料的增长赶不上人口增长，人口增长是妨碍经济发展的主要障碍，因此，他主张不惜采取一切手段控制人口增长。从19世纪中叶之后，西欧、北美的人口增长出现减缓趋势，到了20世纪30年代，人口减少或人口增长进入停滞状态，这个时期，经济学家和人口学家又担心人口资源不久会发生枯竭，强调适当的人口增长对经济发展是有利的。为了发展经济，他们认为，人口增长又有了必要，适当的人口增长和生活水平提高成为刺激资本有效需求的主要因素。这就是凯恩斯的人口经济学说的主要结论。与马尔萨斯的人口经济理论相比较，西方学者把凯恩斯及其学派的人口经济学说称为"新"人口经济学理论。

第一节 凯恩斯的过剩人口理论

一、凯恩斯的生平及其主要著作

约翰·梅纳德·凯恩斯（John Maynard Keynes）出生于英国剑桥。其父尼维尔·凯恩斯曾在英国剑桥大学任教，其母曾任剑桥市参议员和市长。凯恩斯本人于1902年考入剑桥大学攻读数学，后来他的兴趣转向政治领域，学业也转到攻读经济学，并深受阿尔弗雷德·马歇尔经济学的影响。1906年，他毕业于剑桥大学。毕业后，他曾在英国政府印度事务部任职。1908年回到剑桥大学讲授经济学原理、货币理论，并兼任剑桥大学皇

家学院研究员和皇家经济学会所办的《经济学》杂志的主编。以后他还担任若干经济行政职务，如1941年任英格兰银行总裁等。

凯恩斯一生著述甚多，其中论述人口问题的经济学论著主要是：1919年出版的《和平的经济后果》，该书分析了第一次世界大战后欧洲的经济状况和人口经济问题，指出了西欧、北美存在人口过剩危机；1922年在《曼彻斯特商业卫报》杂志上发表的《一个经济学家的人口观》；1930年发表的《人口与节育》《我们孙辈们的经济可能性》《货币论》等论文和著作；1933年发表的《罗伯特·马尔萨斯——剑桥第一个经济学家》；特别是1936年出版的《就业、利息和货币通论》一书和1937年发表的《人口减少的若干经济后果》的讲演更是凯恩斯人口经济理论的代表作。在以上这些著作和论文中，凯恩斯阐述了有关人口经济的思想。

二、凯恩斯前期的过剩人口理论

凯恩斯有关人口经济问题的理论以1930年为分界线，1930年以前，他主要沿袭马尔萨斯的过剩人口理论，认为人口增长阻碍了经济发展，人口是经济发展的主要障碍。比如，凯恩斯在1919年出版的《和平的经济后果》一书中分析了第一次世界大战之后欧洲、北美的经济与人口的关系，认为欧洲和北美的人口增长给这些地区未来经济的发展投下了阴影。他指出，马尔萨斯曾经说明过的"过剩人口的魔鬼"又重新出现在欧洲和北美人们的面前。例如德国，该国人口从1870年的4 000万增加到1892年的5 000万，到1914年又增加到6 800万。德国人口的大量增加是在该经济从自给自足的农业自然经济向近代工业经济过渡的过程中实现的。如此大量的人口也给德国经济的发展设置了障碍。

凯恩斯在谈到第一次世界大战之后要求战败国赔款的问题时也结合分析了人口经济问题。奥匈帝国追随德国参加第一次世界大战，战后战胜国除要求德国赔款外，也要求奥地利和匈牙利赔款。凯恩斯指出，1890年奥地利和匈牙利的人口共为4 000万，到了1913年达到5 000万。如此众多的人口密集在较为狭小的领土范围之内，如果要求它们过重地赔款，就等于夺去了该国人民的生活费用，这对维持欧洲社会秩序也将是危险的。所以，凯恩斯认为，战争之类的历史事件与人口是有关系的，他指出："历史上的大事件总是由于人口增长的接连不断的变化和其他根本性的经济上的原因。"[①]当然，凯恩斯是从传统过剩人口理论出发来分析这个问题的。

在分析英国的实际工资的变化时，凯恩斯认为在1900年以前英国工人的实际工资是逐步上升的。如果以1880年实际工资指数作为100，到1900年达到132，可是到1913年才达到133。战后仍然停留在1913年的水平，有时甚至低于战前的水平。凯恩斯认为从1900年以来，实际工资增加缓慢或者说几乎没有什么增加，应归因于人口增加过快或过多。正是由于人口增长过快，存在过剩人口，致使实际工资没有增加。凯恩斯认为过剩人口的魔鬼又威胁着欧洲。

凯恩斯认为，不仅欧洲存在过剩人口，北美也有过剩人口的危险。第一次世界大战之前，欧洲靠从北美进口粮食供养人口。但是，北美国家主要是美国人口增长较快，到

---

① J. M. Keynes, *The Economic Consequences of the Peace* (Harcourt Brace and Company, 1920), p. 12.

了 1914 年北美的小麦需求量增加到了与生产量齐平的水平。除了个别丰收年份，北美可供出口的剩余粮食越来越少。美国人口较快增长引起了农业报酬递减，向欧洲出口粮食更加困难。这说明北美也面临过剩人口魔鬼的威胁。

凯恩斯的这种过剩人口理论在 1922 年的《一个经济学家的人口观》一文中表现得更为突出。在该文中，他把人口拥挤状况和一个小海岛上的小鸟拥挤相提并论。他在发表该文时配了一幅有大量的海鸟栖满新西兰北部近海小岛的照片，并把该岛称为马尔萨斯岛（Malthus Island）。凯恩斯给该照片加的文字说明反映了他的过剩人口观点："沿海这些小岛上栖居的海鸟，怀着鸟卵，拥拥挤挤，把小岛覆盖得严严实实，如果再生出一个鸟蛋，另一个鸟蛋就会滚落到海里。然而，看上去觉得拥挤不堪，如果按照这样巧妙构造的社会习惯，是可以使人口维持稳定状态的。"[①]凯恩斯的这段话正是他宣扬马尔萨斯过剩人口理论的生动写照，反映了他所沿袭的正是马尔萨斯的过剩人口理论，即他认为，人口增长是经济发展最主要的障碍。

三、凯恩斯人口经济理论的转变

在 1930 年之前，凯恩斯似乎对自 19 世纪中叶以来西欧各国人口增长率逐渐下降，人口增长出现缩减的趋势没有察觉，或者视而不见，视而不论。他主要忧虑的还是人口增长过快给经济发展带来的威胁，把人口增长看成实际工资停滞、人们贫困的主要原因。但是，人口增长缩减的趋势终于对注意人口经济关系的经济学家凯恩斯有所影响。1930 年，凯恩斯出版了《货币论》一书，该书所阐明的人口经济观点表明，凯恩斯开始从担忧人口增长过快、人口过剩转向了忧虑人口增长缩减、人口不足，并认为人口增长缩减是引起投资不足，从而使经济停滞的主要原因。所以，可以把 1930 年《货币论》的出版看作凯恩斯人口经济理论的转变。

到了 1933 年，凯恩斯发表了《罗伯特·马尔萨斯——剑桥第一个经济学家》的讲演。他在讲演中指出，马尔萨斯一生主要关心两个问题：一是贫困问题，二是失业问题。年轻的马尔萨斯认为工人阶级的贫困无疑是当时人口增长急剧引起的。然而，拿破仑战争之后，经济上的主要问题从贫困转变为失业，失业不是由于生产力不足，而是有效需求不足造成的。这表明，凯恩斯正在走向用有效需求不足理论去说明 20 世纪 30 年代大经济危机中存在的过剩人口问题，即大批工人失业问题。

1936 年，《就业、利息和货币通论》（以下简称《通论》），1937 年 2 月 16 日凯恩斯应邀在优生学会发表了题目为"人口减少的若干经济后果"的讲演。在《通论》和这次讲演中，凯恩斯集中运用有效需求理论去说明人口经济问题。他认为，当时欧洲、北美存在大量过剩人口，即失业人口，主要是有效需求不足引起的。所谓有效需求不足，主要是指消费需求不足和投资需求不足。正是有效需求不足导致了大批工人失业，大量过剩人口挤满街头。进而凯恩斯又分析了资本需求依赖于总人口、生活水平和资本技术，并且认为引起资本需求增加的主要因素是人口增长和生活水平的提高。然而，当时英国出现了人口增长缩减的趋势，凯恩斯担心，由于人口增长趋于静态或减少，对资本的需

---

① 《曼彻斯特商业卫报》，1922 年 8 月，第 341 页。

求也会转而减少，从而对经济的发展产生不利影响。至此，可以说凯恩斯已经完成了人口经济理论的转变。

第二节 《通论》中的人口经济理论

一、《通论》的主要内容

凯恩斯写过许多论文和著作，其中最重要和影响最大的著作即为《通论》。《通论》一书的出版，标志着凯恩斯完成了从资产阶级传统经济学到他自己建立的"新经济学"体系的转变，也标志着现代经济学历史上的"凯恩斯革命"的实现。

在《通论》出版之前，传统的经济学认为资本主义经济借助于自由市场的调节，能够自动实现达到充分就业的均衡。但是，20世纪30年代大经济危机给予这种传统的经济理论以巨大冲击，并且西方学术界认为，这种传统的经济理论已经不能解释生产过剩的危机，又不能说明造成大规模失业、大量过剩人口存在的原因。因此，寻求"新"的经济理论来"医治"资本主义社会的生产过剩和人口过剩交织的危机，于是凯恩斯的以有效需求论为中心的经济理论应运而生。西方有些学者把《通论》看作"医治"危机、挽救垂死的资本主义制度的灵丹妙药。

《通论》的主要内容，简单地说，就是把资本主义社会的生产过剩说成由于有效需求不足引起的。为了清除危机，消除失业，挽救资本主义制度，只要增加有效需求就够了。为了增加有效需求，单靠自由市场的调节是不够的，还必须由政府来干预经济生活，由国家采取财政手段，来增加有效需求，吸引投资，从而使资本主义渐臻完善，成为尽善尽美的制度。

具体来说，《通论》包括就业理论、投资理论、危机理论和国家采取财政政策等手段来干预经济生活等一整套宏观经济理论。这一整套理论又用"有效需求不足"论加以贯穿，形成了凯恩斯主义经济理论体系。鉴于本书着重阐述人口经济理论，因而不可能全面介绍凯恩斯的整个经济理论体系，不过，他的人口经济理论是其中的一个组成部分。

二、传统经济学中的就业理论

传统经济学根据萨伊定律，即"供给能够创造其本身的需求"的定律，认为资本主义社会的总供给与总需求必定是相等的，因而不会出现生产过剩的危机，并且通过供求自动调节，使得充分就业成为一种长期倾向。这是因为总供给和总需求始终相等，不会产生生产过剩，也就是不会发生需求不足，产品的生产本身会造成需求，产品的销路不成问题。既然产品的销路不成问题，资本家就会扩大生产，增雇工人，工人也会得到就业机会。与此同时，传统经济学认为工资等于劳动边际生产力；工资的效用等于劳动的边际负效用（即劳动所带来的苦痛）。又由于工人劳动的边际生产力是递减的，这样随着工人就业人数的增加，工资下降而利润则递增。所以，只要工人要求的工资等于劳动的边际生产力，资本家就会增雇工人直到实现充分就业为止。另外，根据工资的效用等于劳动的边际负效用的原则，如果工资的效用大于劳动的边际负效用，那么，劳动的供给会增加，从而工资下降；如果工资的效用小于劳动的边际负效用，劳动的供给会减少，从而工资上升。所以，只有当工资的效用恰好等于劳动的边际负效用时，劳动的供求才达到均衡。因而工资的升降也会使劳动供求达到均衡，不会出现失业。

传统经济学的就业理论是以劳动力参加率的增减和人口自然增长率的增减成正比例关系为前提的，即劳动供给是充足的。同时，该就业理论并不否认失业的存在。这种传统的就业理论认为下列失业是与充分就业并行不悖的，即摩擦失业（frictional unemployment）与自愿失业（voluntary unemployment）。所谓摩擦失业是指在市场经济运行过程中，由于暂时的或局部的难以避免的摩擦所引起的失业，"例如，或由于估计错误，或由于需求之时断时续，以致各种专业化的资源之相对数量，暂时失调；或由于若干变化之未曾逆睹，以致产生时间间隔，或由于从一业改就他业，中间须隔若干时日，故在非静态的社会中，总有一部分资源，在改业过程中暂时无业；凡此种种都可引起失业"[①]。这种失业就是摩擦失业。

所谓自愿失业是指工人不愿意按现行工资或按略低于现行工资水平就业而引起的失业。正如凯恩斯所指出的，"所谓'自愿的'失业，乃因立法、社会习俗、集体议价、适应迟缓、冥顽固执等种种关系，工人拒绝或不能接受相当于其边际生产力的产物价值为其工资，以致产生失业"[②]。

凯恩斯在《通论》中指出，"工资等于劳力之边际产物"和"当就业不变时，工资之效用恰等于该就业量之边际负效用"是传统经济学派（经典经济学派——凯恩斯语）就业理论的两个前提。然而，这两个前提只适用于解释资本主义自由竞争基础上个别企业的情况，或者适应于解释资本主义社会的特殊情况。然而这两个前提却难以解释20世纪30年代大经济危机整个社会出现的大规模失业现象。整个30年代大经济危机时期，工人愿意按现行工资水平就业或按略低于现行工资水平进行就业，实际上大批工人仍然不能就业。大量机器设备闲置，仓库库存商品堆积如山。但大量失业工人不能与生产资料相结合。凯恩斯寻求解释失业存在的原因，试图从理论上去加以说明。

三、就业量决定于有效需求

凯恩斯认为，资本主义社会实现充分就业的均衡只是特殊情况，或者就单个企业而言。就整个国民经济的运行来看，经常的情况是小于充分就业的均衡。凯恩斯用有效需求（effective demand）不足来说明失业存在的原因。凯恩斯的就业理论就是小于充分就业的均衡理论。他在谈到就业量时指出，资本主义社会的就业量决定于有效需求。

凯恩斯认为，在资本主义社会，决定工人就业量的是有效需求。所谓有效需求是指社会上商品总供给价格和总需求价格达到均衡时的总需求。总供给价格是指所有资本家雇用一定数量工人生产产品，资本家期望得到这些产品的最低卖价。"在雇主心目中，

---

① 凯恩斯：《就业、利息和货币通论》，商务印书馆，1983年版，第9页。
② 同上书，第9—10页。

每一就业量有一最低预期收益,若低于此数,便不值得提供该就业量;此最低预期收益,可称为该就业量所产产物之总供给价格。"[①]总需求价格是全部雇主期望社会对产品愿意支付的总价格。当总需求价格大于总供给价格时,雇主认为有利可图,于是增购生产资料,增雇工人;反之,当总需求价格小于总供给价格时,雇主为了减少风险和损失,就缩小生产规模,解雇工人。所以,只有当总需求价格等于总供给价格时,雇主才保持生产规模不变,同时既不增雇工人也不解雇工人。这时的总需求就是有效需求,正是这种有效需求决定了工人的就业量。

还可从劳动的供给与劳动的需求之间的均衡来说明就业量的决定。从图 6-1 可以看到,S 代表劳动供给曲线,D 表示劳动需求曲线。

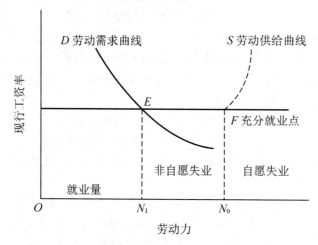

图 6-1 劳动的供给与需求决定就业量

当劳动需求曲线与劳动供给曲线相交于 E 点时,表明在现行工资率条件下的就业量为 ON_1。这个就业量是由对劳动的有效需求决定的。然而劳动供给曲线表明劳动供给弹性非常大,愿意接受现行工资水平,要求就业的工人人数为 ON_0,$ON_0 > ON_1$,这表明愿意接受现行工资水平工人的人数大于就业量,N_1N_0 就是愿意接受现行工资水平要求就业,但实际上没有就业的人数,即失业工人的人数。凯恩斯把这些失业工人称为非自愿失业者。他认为,就业量加上非自愿失业工人人数就是按照现行工资率实现充分就业的人数,即 ON_0 为充分就业的人数。如果劳动需求曲线在 F 点与劳动供给曲线相交,就达到了实现充分就业条件下的均衡。然而,在凯恩斯看来,在 F 点突现充分就业的均衡,对资本主义社会只是特殊情况。资本主义社会的经济情况是在 E 点按照劳动的有效需求达到小于充分就业的均衡。在 F 点实现充分就业时仍然有一部分工人不愿接受现行工资水平的自愿失业。传统经济学认为这种自愿失业与充分就业的均衡并行不悖。

从图 6-1 也可以看出,为了使非自愿失业者就业,就必须使劳动需求曲线从左向右移动,一直移到 F 点,以实现充分就业。然而现实情况是劳动需求曲线只在 E 点上与供给曲线相交,出现了小于充分就业的均衡。究其原因,凯恩斯认为这是有效需求

---

① 凯恩斯:《就业、利息和货币通论》,商务印书馆,1983 年版,第 24 页。

不足所致。

对于就业量的决定,还可从总需求函数与总供给函数相交之点的有效需求来说明。凯恩斯说:"令 Z 为雇用 N 人所产产品之总供给价格,Z 与 N 之关系,可写作 $Z=\Phi(N)$,称为总供给函数(Aggregate Supply Function)。同样,令 D 为雇主们预期由雇用 N 人所能获得之收益,D 与 N 之关系可写作 $D=f(N)$,称为总需求函数(Aggregate Demand Function)。"[①]在上述函数中,N 表示总就业量,Z 表示总供给价格,D 表示总需求价格。总供给函数表示总供给价格与总就业量之间的一种函数关系。总需求函数表示总需求价格与总就业量之间的一种函数关系。

然而,实际上并不是总就业量 N 取任何数值时总供给价格与总需求价格都相等,只有当 N 是某特殊数值时这两者才相等。因此,凯恩斯说:"今设当 N 取某特定值时,预期收益大于总供给价格,即 D 大于 Z,则雇主们见有利可图,必欲加雇人工;必要时不惜抬高价格,竞购生产要素;直至 N 之值,使 Z 与 D 相等而后止。故就业量决定于总需求函数与总供给函数相交之点,盖此点,雇主们之预期利润达到最大量。D 在总需求函数与总供给函数相交之点时之值,称为有效需求(effective demand)。"[②]这就是说,总需求函数与总供给函数相交的那一点的需求为有效需求,正是这个相交之点决定了就业量的多少,也就是有效需求决定了就业量。

四、有效需求不足是引起失业的原因

如上所述,凯恩斯承认资本主义社会只能实现小于充分就业的均衡,换言之,他承认资本主义社会存在失业。这种失业是由什么原因引起的呢?凯恩斯认为是由于有效需求不足所致,他认为有效需求由消费需求 C 和投资需求 I 所构成。所谓有效需求不足,也就是消费需求不足和投资需求不足。

关于消费需求不足的问题。凯恩斯认为消费需求受人们的收入和消费倾向的影响。消费倾向是指人们心理上的消费偏向,这是造成有效需求不足的三大基本心理因素之一。心理上的消费倾向是造成消费需求不足的原因。凯恩斯说:"消费倾向是一个比较稳定的函数,故一般而论,总消费量主要是决定于总所得量(二者皆以工资单位计算)。"[③]这种函数可以写为:$C_w=X(Y_w)$。C_w 表示消费量,Y_w 表示以工资单位计算的收入。所谓心理上的消费倾向是指随着收入的增加,消费也增加,但收入增量 ΔY_w 中用于消费增量 ΔC_w 的部分所占 ΔY_w 的比重越来越小,即 ΔC_w 与 ΔY_w 同时增加,ΔC_w 的增加速度小于 ΔY_w。换言之,$\dfrac{dC_w}{dY_w}$ 是正数,但小于 1。这就是所谓边际消费倾向递减规律。凯恩斯说:"无论从先验的人性看,或从经验中之具体事实看,有一个基本心理法则,我们可以确信不疑。一般而论,当所得增加时,人们将增加其消费,但消费之增加,不若其所得增加之

---

① 凯恩斯:《就业、利息和货币通论》,商务印书馆,1983 年版,第 25 页。
② 同上书,第 25—26 页。
③ 同上书,第 84 页。

甚。"①正由于人们收入增量中用于消费部分所占比重越来越小,对消费需求的增量也趋于缩小,从而导致消费需求不足。消费需求不足又会导致有效需求不足,因而产生失业。在《通论》中,凯恩斯是作短期分析,假设短期内人口无多大变动。所以他认为解决有效需求不足的问题主要是增加投资需求,但到了 1937 年发表《人口减少的若干经济后果》的讲演时,他从长期考察,因为增加人口能够增加消费需求,从而认为人口增加是增加资本有效需求的主要因素。相反,在《通论》中,凯恩斯已暗示了人口增长减缓是造成消费需求不足的原因,已经谈到了一个静止人口的消费需求的问题,当然,这一点他没有展开。最后,凯恩斯肯定了资本需求不能离开消费需求。他说:"资本不能离开消费而独立存在,反之,如果消费倾向一经减低,便成为永久习惯,则不仅消费需求将减少,资本需求亦将减少。"②资本需求的减少,无疑将会造成失业。

关于投资需求不足的问题。首先从充分就业的均衡进行分析,如果将国民收入分解为消费量 C 和储蓄量 S,则可写为:

$$Y=C+S \tag{6-1}$$

按传统经济理论,储蓄等于投资,即 $S=I$,可将公式(6-1)改写为:

$$Y=C+I \tag{6-2}$$

从传统经济学来说,只要储蓄 S 等于 I,此时则达到充分就业,如图 6-2 中 FM 即表示这种充分就业状态。

但是,凯恩斯认为,资本主义社会通常的情况是小于充分就业的均衡,其均衡点如图 6-2 的 E 点,即现实国民收入 $Y=C+I$。现实经济活动中的均衡点 E 与充分就业的均衡点 F 之间在投资上的差距为 I'。这就是说,储蓄 S 大于投资($S>I$),实际储蓄 S 等于投资 I 和投资不足 I' 之和,即

$$S=I+I' \tag{6-3}$$

公式(6-3)中的 I' 就是投资需求不足。正是这种投资需求不足导致产生大量失业人口。

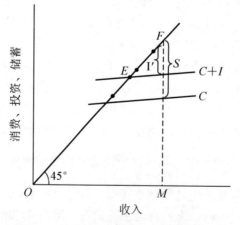

图 6-2 储蓄等于投资条件下的就业状态

---

① 凯恩斯:《就业、利息和货币通论》,商务印书馆,1983 年版,第 85 页。
② 同上书,第 92 页。

凯恩斯用心理上对资产未来收益的预期以及心理上的灵活偏好来解释投资需求不足的原因。"心理上对资产未来收益的预期"就是指资本边际效率（marginal efficiency of capital）递减规律。凯恩斯说："从一种资本资产之未来收益与其供给价格之关系，可得该类资本之边际效率。说得更精确些，我之所谓资本之边际效率，乃等于一贴现率，用此贴现率将该资本资产之未来收益折为现值，则该现值恰等于该资本资产之供给价格。用同样方法，可得各类资本资产之边际效率，其中最大者，可视为一般资本之边际效率。"① 简单地说，资本边际效率是指资本家增加一笔投资所预期的利润率。

在这里还有一个概念必须弄清，即资本资产的供给价格。凯恩斯指出："所谓供给价格，并不是实际在市场上购买该资产所付之市场价格，而是适足引诱厂家增产该资产一新单位所需之价格，故资本资产之供给价格，有时被称为该资产之重置成本。"②凯恩斯在分析资本边际效率与增加投资的关系时指出，随着资本投资的增加，资本边际效率递减。这是因为，该类资本供给增加时，其未来收益下降。之所以出现未来收益下降，是因为资本供给增加，导致产品增加，产品增加，每单位产品价格下跌，其收益增量必然下降。另外，资本资产未来预期收益与重置成本成反方向变化，资本供给越大，重置成本越多，则该资本资产的未来预期收益越小。重置成本增大和未来预期收益减少都使资本边际效率递减。当资本边际效率递减时，资本家对未来预期收益持悲观情绪，这样必然减少投资，缩小生产规模，从而导致投资需求不足。

此外，投资需求不足不只依赖于资本边际效率，还依赖于利息率。凯恩斯认为，对投资起决定作用的是资本边际效率与利息率这两者之间的关系，换言之，是利润率与利息率之间的差额。如果利润率大于利息率，资本家认为把资本投入生产活动能带来较高的预期收益，则将增加投资；如果利润率接近于利息率，或者利润率与利息率两者都在下降，前者比后者下降更多，资本家则不愿意投资。这样也可以造成投资需求不足。

凯恩斯用心理上的灵活偏好来解释利息率的变动。他说："所谓利息，乃是在一特定时期以内，放弃周转灵活性之报酬。盖利率只是一个比例，其分母为一特定量货币，其分子乃在一特定时期中，放弃对此货币之控制权，换取债票，能够得到的报酬。"③对于利息率又受哪些因素的影响，凯恩斯认为，利息率受消费倾向的影响，在其他条件不变时，消费支出与利息率成相反方向变动，即利息率上升，消费减少。他说："假设其他情况不变，则消费支出与利率变动之方向相反，换句话说，利率增加时，消费会显著减少。"④

凯恩斯认为利息率主要受灵活偏好的决定性影响。所谓灵活偏好又称流动偏好（liquidity preference），就是指"在各种不同环境下，有多少资源（用货币或工资单位计算），该人愿意用货币形式来保持"⑤。这就是说，人们心理上喜欢保存一定数量的现金以利于自己灵活周转；或者说人们有以货币形式（现金形式）保持一部分财产的欲望。凯恩斯认为，人们保存现金的动机又可分为交易动机、谨慎动机、投机动机三个动机，

---

① 凯恩斯：《就业、利息和货币通论》，商务印书馆，1983年版，第115页。
② 同上书，第82页。
③ 同上书，第142页。
④ 同上书，第82页。
⑤ 同上书，第142页。

其交易动机又可再分为所得动机和业务动机。他指出,所得动机是保持现金的理由之一,其目的是度过从所得的收入到支出这一段时间。业务动机是为了度过业务上从支出成本到收入售价这一段时间。谨慎动机是为了提防有不虞之支出,或有未能逆睹之有利进货时机。投机动机远比以上动机更为复杂,主要是为了抓住有利机会进行投机活动。人们要把现金贷给别人或储蓄起来,就是要放弃流动偏好,即灵活偏好。放弃流动偏好必须得到报酬,这种报酬就是利息。由于这种流动偏好的作用,利息率降低会有一个最低限度,低于这个最低限度,人们不愿意放弃灵活偏好,即不愿意把现金储蓄起来,而宁愿把现金保留在自己的手中。

然而,利息率不仅取决于这种流动偏好,而且取决于货币的供求。假设流动偏好代表货币的需求,货币数量表示货币的供给,那么,货币数量增加到一定程度可以降低利息率。资本家进行投资不只是看资本边际效率,更主要的是看资本边际效率扣除利息率之后的预期纯利润率。由于流动偏好的作用使利息率的下降受到了限制,因而也使预期利润率的提高受到限制,这种限制的作用和资本边际效率递减一样会使资本家的投资需求不足。

从以上分析可以看出,当有效需求分解为消费需求和投资需求之后,由于边际消费倾向递减使消费需求不足,资本边际效率递减和流动偏好对利息率降低的限制使投资需求不足。这样,消费需求不足和投资需求不足必然造成有效需求不足,因而资本主义社会产生失业就是必然的。凯恩斯更重视投资不足在造成失业方面的作用,并认为失业主要是由投资需求不足所引起的。因此,解决失业问题的出路在于投资,在于增加投资需求。凯恩斯认为增加投资需求的责任主要在于政府,在于政府干预经济,增加国家投资来解决失业问题。凯恩斯曾经指出,"希望国家多负起直接投资之责"[1],"国家必须用改组租税体系,限定利率,以及其他方法,指导消费倾向"[2]。这就说明,凯恩斯主张运用国家机器,依靠政府的财政政策来刺激消费和增加投资,以便提高有效需求。

凯恩斯在《通论》中假定劳动力数量和资本数量为一定的,即不变的基础上进行短期的比较静态的分析,对于人口这个动态因素并未充分展开分析。凯恩斯写《通论》的主要目的是说明实现小于充分就业下的均衡的条件,说明造成大规模失业现象的原因和对付失业的政策。当然,资本主义社会的失业人口就是相对过剩人口。从这个意义上来说,凯恩斯试图分析 20 世纪 30 年代大经济危机中出现大量相对过剩人口的原因以及消除相对过剩人口的办法。从西方人口经济学说演变的历史来看,凯恩斯从分析有效需求不足入手,分析了消费需求、投资需求同劳动力人口是否就业之间的关系,这是把人口因素又归入西方经济学的体系中去,把人口因素作为经济运行的内生变量来加以研究。这对于凯恩斯以后西方人口经济学的发展是颇有影响的。

当然,凯恩斯用有效需求不足去说明出现大量相对过剩人口,即出现大规模失业现象是错误的(这种错误在后面将进行分析)。凯恩斯本人在 1937 年,即《通论》出版的第二年,作了《人口减少的若干经济后果》的讲演。这篇讲演就是凯恩斯把《通论》未

---

[1] 凯恩斯:《就业、利息和货币通论》,商务印书馆,1983 年版,第 145 页。
[2] 同上书,第 147 页。

予充分考虑的人口因素加以补充，从短期比较静态分析向长期动态分析的一种过渡，从而进一步发展了《通论》中提出的人口经济理论。

第三节 人口减少的经济后果

J. R. 希克斯在 1936 年 6 月评论凯恩斯《通论》一书的文章中曾指出："我认为，人口问题是凯恩斯先生的王牌。"①他在 1937 年就人口问题作了分析，在《凯恩斯全集》第 14 卷收录《人口减少的若干经济后果》一文题头指出，该文是凯恩斯获得解释有关《通论》思想的又一次机会。这就是说，凯恩斯仍然是从有效需求理论出发，探讨人口与资本需求之间的关系，特别是分析人口减少对资本需求所产生的影响。

一、人口增长趋势的转变

凯恩斯首先指出，人口增长趋势已经发生了转变，即由过去人口急速增长转向人口增长趋于静止状态或人口缩减状态。他说："与我们已经知道的有关未来的其他社会的或经济的因素相比，我们对人口因素的了解确要多得多。代替过去几十年中我们曾经经历过的持久的而又确实是急剧的人口增长，不用很久，我们将面临着一个静态的或减少的人口。人口增长的下降速度尚不得而知，但是，与我们过去已经习惯的情况相比，人口增长趋势的转变确实是客观存在的。"②

接着他指出，正是由于人口增长从上升变为下降，作为这种变化的结果，可以预想到会产生若干重要的社会经济后果，其中经济后果尤为突出和最为引人注目。所以，凯恩斯劝导人们不能用传统经济学的观点来考察人口问题，应该注意人口增长缩减所产生的经济后果。这就是说，他认为已经不能按照马尔萨斯所说的人口增长妨碍经济发展的传统观念来考察人口减少的经济后果。他说："老马尔萨斯理论认为每个人有较多的资本资源（原来老作家论述的主要是土地）必定会对生活水平有巨大利益，并且认为，就人类的生活水平而言，人口增长是灾难性的。首先，我要同这种旧的理论进行论战；相反，我认为，一个正在减少的人口将使人类面临的困难比从前维持繁荣要多得无与伦比。"③这就是说，凯恩斯认为，人口增长从上升到下降或静止的转变将给经济发展带来非常不利的影响，带来灾难性的经济后果。

二、人口是影响资本需求增加的重要因素

与马尔萨斯关于人口增长给经济发展带来灾难性影响的观点相反，凯恩斯认为人口

---

① J. R. Hicks, "Mr.Keynes' Theory of Employment", *Economic Journal*. XLVI. No.182, June 1936, pp.252—253.

② J. M. Keynes, *Selected Works of John Maynard Keynes* (Harcourt and Company, 1973). XIV. p. 125.

③ Ibid., p. 131.

增长对经济发展产生有利的影响。凯恩斯指出:"一个正在增长的人口对资本需求有一种非常重要的影响。不仅资本需求——除了技术变化和生活水平提高之外——的增加或多或少地与人口成比例,而且工商业的预期更多地依据现在的需求而不是未来的需求。在一个人口正在增长的趋向乐观主义的时代,一般来说,资本需求总是趋于超过而不低于所希望的。"①

为了进一步考察人口趋势的转变所产生的经济后果,他提出了简单分析模式。资本需求受人口、生活水平和资本技术这三个因素的影响。他说:"资本需求取决于三个因素:人口、生活水平和资本技术(capital technique)。"②所谓资本技术,就相当于西方经济学中常常提到的资本系数(capital coefficient)。以 K_d 表示资本需求,P 表示人口,即全体消费者,$\frac{Y}{P}$ 表示生活水平(即人均收入),$\frac{K}{Y}$ 表示资本系数,所以资本需求由消费者(人口)、生活水平和资本系数所决定,其公式为:

$$K_d = P \cdot \frac{Y}{P} \cdot \frac{K}{Y} \tag{6-4}$$

从公式(6-4)可以看出,"人口增长依比例地增加资本需求,而且生活水平的提高也可能依靠发明的进步"③。这就是说,生活水平与资本技术或者说资本系数是有关系的。技术发明和改进有利于提高生活水平。人们生活水平的提高则会增加消费需求,从而增加对资本的有效需求。然而,凯恩斯认为,对于发明要作具体分析,要考察发明的类型和时代特征。19世纪上半期曾经是资本主义发展的黄金时代,那时在工业、交通、建筑、公用基础设施等部门的技术水平提高很快,因此资本系数维持在较高水平。这就是说,那时的发明主要集中在高度耐用的资本货物上,因而对资本的需求也就多。然而,凯恩斯认为现代发明多属于尽量少用资本的生产方法的发明,即资本节约型的发明。"许多现代发明集中于找出减少生产一定产品所必要的资本投资数量;并且,部分地是由于我们的经验导致了嗜好和技术变化迅速,我们的偏好决定性地集中于那些不太耐用的资本货物上。"④这就是说,在人们生活水平提高、达到一定程度富裕之后,其嗜好更倾向于资本节约型的消费货物方面,其中尤其是由他人提供的服务方面。社会的消费结构更加朝着降低资本系数的方向变化,因而对资本的需求也会随资本系数的下降而减少。

根据上述分析,凯恩斯认为,资本系数变化对资本需求的影响不太大,而人口增长(即消费人口的增加)和生活水平的提高是增加对资本需求的重要因素。他运用1860—1913年英国的资本增加同人口增长、生活水平提高以及资本系数变化之间关系的资料来佐证自己的结论。

---

① J. M. Keynes, *Selected Works of John Maynard Keynes* (Harcourt and Company, 1973). XIV. pp. 125—126.
② Ibid., p. 126.
③ Ibid.
④ Ibid., p. 127.

表 6-1 把英国 1860 年的资本、人口、生活水平和资本系数作为 100，到 1913 年，资本增加到 270，在 50 多年的时间里增长了 170%。然而，资本系数在同期只增长了 10%。这就说明，在此期间，生产周期的延长，资本技术发明对资本需求的增加没有起主要作用。相反，人口增长却十分明显，从 1860 年到 1913 年，人口增长了 50%；生活水平的提高更为突出，在同期内，增长了 60%。可见，人口增长和生活水平的提高有助于资本需求的增加。凯恩斯指出："资本需求的增加，主要应归因于人口增长和生活水平的提高，只在极少程度上归因于技术的变化，这种技术变化有助于每单位消费资本的增加。"[①]凯恩斯进一步说明，资本存量的增加也主要是由于人口增长和生活水平提高带来的，这种趋势在将来也恐怕如此。所以，如果人口增长缩减，则会减少对资本的需求，因而不利于资本主义经济的发展。

表 6-1 英国 1860—1913 年资本增长与人口等因素的关系

项目　　　　年份	1860	1913
实际资本	100	270
人口	100	150
生活水平	100	160
资本系数	100	110

资料来源：J. M. Keynes, *Selected Works of John Maynard Keynes* (Harcourt and Company, 1973). XIV. p. 128。

三、人口减少引起有效需求不足，导致长期停滞

从以上分析可以看出，资本需求，特别是有效需求，主要取决于人口增长和生活水平的提高。然而，凯恩斯认为人口增长已经从上升转变为下降。如果在生活水平没有足够提高的条件下，人口减少则会使资本需求减少，从而导致有效需求不足。《通论》中已经说明有效需求不足是导致大规模失业、造成大量相对过剩人口存在的原因。按照凯恩斯的看法，如果人口减少长期延续下去，由人口减少引起的有效需求不足也会长期存在下去，从而使经济出现长期停滞的局面。凯恩斯所忧虑的正是人口减少会导致资本主义经济出现长期停滞的局面。

现在将公式（6-4）中的生活水平以 Y 表示，资本系数以 V 表示，而且 V 是一定的，则可导出：

$$K_d = P \cdot Y \cdot V \tag{6-5}$$

取公式（6-5）的对数，则可得：

$$\log K_d = \log P + \log Y + \log V \tag{6-6}$$

又取 V 为一定，将公式（6-6）加时间 t 取微分值，则得：

$$\frac{dK_d}{dt} \Big/ K_d = \frac{dP}{dt} \Big/ P + \frac{dY}{dt} \Big/ Y$$

简化为：

---

① J. M. Keynes, *Selected Works of John Maynard Keynes* (Harcourt and Company, 1973). XIV. p. 128.

$$\frac{\Delta K_d}{K_d} = \frac{\Delta P}{P} + \frac{\Delta Y}{Y} \tag{6-7}$$

从公式（6-7）可以看出，资本需求的增长率是由人口增长率和生活水平增长率决定的。

又因为资本存量的增长率 $\frac{I}{K}$ 由投资率 $\frac{I}{Y}$ 和资本系数 $\frac{K}{Y}$ 的比来表示，则：

$$\frac{I}{K} \left(= \frac{\Delta K_d}{K_d} \right) = \frac{I}{Y} \bigg/ \frac{K}{Y} \tag{6-8}$$

凯恩斯估算出资本存量约等于国民收入的 4 倍。在充分就业条件下的储蓄率为 8%—15%，因 $S=I$，所以投资率也为 8%—15%。因此，

$$\frac{I}{K} = \frac{8}{100} \times \frac{1}{4} = \frac{2}{100} \text{ 或 } = \frac{15}{100} \times \frac{1}{4} = \frac{4}{100} \tag{6-9}$$

这就是说，维持充分就业的资本存量的增长率为 2%—4%。凯恩斯指出："在繁荣和充分就业条件下，我们将会看到，对资本存量的净增额的需求每年达到大约2%至4%。并且，这个比率将必须一年又一年地无限地延续下去。让我们以每年 2%这个较低的估计值来考察以后的问题。"[①]

由以上可见，假设储蓄率为 15%，那么，人口增长率和生活水平的增长率之和必须保持 4%。如果生活水平每年上升 2%，则要求人口增长率达到每年 2%才能维持资本需求，即有效需求增长率为 4%。如果人口增长率从 2%下降为 1%，则生活水平的增长率必须是 3%。然而，实际情况是英国过去一百多年来的经验表明，虽然曾经有过 10 年或 20 年生活水平的年上升率达到或超过 1%，但绝大多数年份没有达到过年增长率 1%。所以，上述有关生活水平年增长率达到 3%的设想是根本不可能实现的。这就意味着投资达不到充分就业条件下的储蓄水平，$I<S$，因而必然产生慢性失业，经济陷入长期停滞状态。

如果按照凯恩斯的要求，以较低的估计值来论述有关需求的增长的问题，那么，为了保持充分就业，假设储蓄率为 8%，这时资本存量的年增长率为 2%。如果人口增长率为 1%或者低于 1%，则要求生活水平每年的增长率达到 1%或稍高一些。然而这也是困难的。仍然可能出现 $I<S$，即投资达不到充分就业条件下的储蓄水平，还是要发生慢性失业，经济陷入长期停滞状态。

和《通论》一样，在《人口减少的若干经济后果》一文中，凯恩斯为挽救市场经济出谋划策，他认为，为了确保繁荣和充分就业的均衡，一要改革财富分配制度，使财富的分配均等化，使收入中的储蓄比例下降，用于消费的比重上升，从而刺激消费需求的增加；二要降低利息率，提高投资的净利润率，从而刺激资本需求，即促使投资需求上升。他认为这两项政策都可以达到刺激有效需求的增加，减少失业，使资本主义经济得以运行下去。

J. R. 希克斯对凯恩斯有关人口增减变化对经济的影响的论述作了通俗的解释，他说："我认为，人口问题是凯恩斯先生的王牌。人们是这样来考虑的，由于人口增加所带来的对市场持续扩大的希望，对维持企业家精神来说，实际上是有好处的。下述一点

[①] J. M. Keynes, *Selected Works of John Maynard Keynes* (Harcourt and Company, 1973). XIV. pp. 129—130.

是清楚的，即使发明有些跟不上，但伴随着人口增加的是投资的活跃。因此，对于雇主来说，人口增加实际上是件好事。不管怎样计算，人口增长比起人口缩减来，实际上要容易雇用一些。"

希克斯还谈到人口减少的影响，他说："请考虑当一个国家的人口在减少，而同时与该国有密切贸易关系的其他各国的人口处于静止或趋于减退时所产生的情况吧。这种倾向以及将来可能产生这种倾向的持续性。……基于这一情况，建设住宅、船舶、工厂以及其他所有种种基本设施的刺激将会由于预见各方面的收缩使资本减少和人口萎缩从而受到抑制。过去尽管看到人口减少这一事实，投资虽有很大困难，却仍在进行，但是就业降低了。……有关人口的这一论点，其本身对肯定凯恩斯先生的长期失业论的重要性是非常充分的。"①

四、关于两个"魔鬼"问题的分析

在《人口减少的经济后果》一文中，凯恩斯特别谈到他有关人口经济问题的观点是与马尔萨斯的观点不同的。这就是说，马尔萨斯认为人口增长对经济发展产生不利的影响，而凯恩斯却认为人口增长有利于经济发展，人口增长是刺激资本需求的重要因素。尽管如此，凯恩斯还是没能掩盖其人口经济理论渊源于马尔萨斯，这就引出了凯恩斯提出的有关马尔萨斯的两个"魔鬼"的问题。

所谓马尔萨斯的两个"魔鬼"，一个是指"过剩人口的魔鬼"（devil P of over-population），又称马尔萨斯人口魔鬼 P（Malthusian devil P）；另一个是指"已失业资源的魔鬼"（devil U of unemployed resources），又称马尔萨斯失业魔鬼 U（Malthusian devil U）。马尔萨斯人口魔鬼 P 是指马尔萨斯针对 18 世纪后期和 19 世纪初欧洲（主要是英国和法国）存在大量过剩人口的情况，认为其是由于人口本身的增长超过了生活资料的增长，人口增长对经济发展造成了巨大障碍，导致生活水平下降。所以凯恩斯认为，青年马尔萨斯为他身边的人口事实所困扰，试图用理论来说明人口问题，即人口过剩问题，这样他写了《人口原理》，告诉人们"过剩人口魔鬼"的威胁。②

所谓马尔萨斯失业魔鬼 U，首先要回顾马尔萨斯《经济学原理》有关失业问题的分析。马尔萨斯晚年曾经历了欧洲拿破仑战争之后的严重失业和萧条，他认为当时出现严重失业和萧条的原因是消费需求不足，特别是有效需求不足。J. R. 克莱因在谈到马尔萨斯有关失业问题的分析时指出："正如'凯恩斯革命'一样，马尔萨斯对失业问题的贡献是时代的产物。他经历过工业革命的繁荣发展时期和以后拿破仑战争的经济高涨时期。但在战争以后随之而来的是严重的失业和萧条时期，并且这种萧条未能迅速得到复苏。……普遍的失业是不必要发生的，所以失业的蔓延就更成了大问题。经济资源处于可利用状态，民众渴望着这些资源被充分利用而带来的成果。然而，马尔萨斯看到了那些满脑子'萨伊法则'的人所根本不能看到的东西；人们虽然有着消费的欲望，但这种

---

① J. R. Hicks, "Mr.Keynes' Theory of Employment", *Economic Journal*. XLVI. No. 182, June, 1936, pp. 252—253.

② J. M. Keynes, *Selected Works of John Maynard Keynes* (Harcourt and Company, 1973). XIV. p. 131—132.

欲望未能有效地成为消费需求。为了说明当时的萧条状态，必须要有一个有效需求理论。"[1]马尔萨斯在《经济学原理》中就是用有效需求理论来解释当时的失业现象的。所以，西方有的学者认为凯恩斯与马尔萨斯所碰到的失业现象有惊人的相似之处，并说："凯恩斯对这一历史性的相似无疑非常了解，并曾从细读早期文献（即马尔萨斯的《经济学原理》——引者）获得益处。"[2]所以，凯恩斯正是师承马尔萨斯，运用有效需求理论来解释20世纪30年代严重经济危机时期的失业问题。当然，与马尔萨斯相比，凯恩斯的有效需求理论更为"完备"。

凯恩斯在谈到人口减少与存在大量失业人口时提出了马尔萨斯失业魔鬼U。他说："毫无疑问，一种处于静态的人口容易提高生活水平，但是这一点要有一个条件，即由于人口静态所造成的有效需求的不足部分必须以资源的增加或消费的增加来弥补。所以，现在我们已经了解到，在我们身旁有另一个魔鬼，这个魔鬼至少也像马尔萨斯所说的恶魔一样可怕，也就是说，通过削弱有效需求（through the breakdown of effective demand），一个失业魔鬼跳了出来。这个恶魔也许可以称之为马尔萨斯魔鬼，因为最初告诉我们知道这个魔鬼的正是马尔萨斯本人。"[3]凯恩斯在这里把失业魔鬼称为马尔萨斯魔鬼，正如前边所述，是指他继承马尔萨斯《经济学原理》有关失业理论的传统。凯恩斯是马尔萨斯的忠实门徒。

凯恩斯针对当时人口增长缩减的趋势指出，出于人口增长趋于静态或减少，可以免除马尔萨斯的过剩人口魔鬼的威胁，或者说把马尔萨斯魔鬼P锁起来了。但是，人口增长缩减趋势却带来了有效需求不足，导致慢性失业和长期停滞，因而又遭受到马尔萨斯失业魔鬼的威胁，并且这种威胁有日渐严重之趋势。他说："当今马尔萨斯魔鬼P被锁起来了，马尔萨斯魔鬼U又破门而出。当人口魔鬼P被锁起来时，我们虽然一度解除了一种威胁，但是我们又遭受到另一个已失业资源魔鬼的威胁，并且与以前相比，这后一个威胁有增无减。"[4]最后，凯恩斯还告诫人们，这后一个魔鬼更为疯狂和更难以对付。因此，他呼吁采取措施防止人口减少，并且采取强有力的措施去减轻人口减少的威胁。

第四节　汉森的人口经济理论

《通论》中，凯恩斯把人口增长作为刺激资本边际效率、促进诱发性投资的因素来考察，后来他具体考察了人口增长缩减有带来经济长期停滞的危险。这种长期停滞论首先为A. H. 汉森（A. H. Hansen）所继承。汉森在1939年发表的《经济进步与人口减少》、1940年发表的《外延的扩张和人口增长》两篇文章和1941年出版的《财政政策和商业

---

[1] L. R. Klein, *The Keynesian Revolution* (Macmillan Company, 1947), pp.125—126.

[2] Ibid.

[3] J. M. Keynes, *Selected Works of John Maynard Keynes* (Harcourt and Company, 1973). XIV. p. 131.

[4] Ibid.

循环》以及 1947 年出版的《经济政策和充分就业》等著作中都阐述了人口经济理论，其中心论点仍然是探讨人口增长的缩减与经济停滞之间的关系。

一、影响经济发展的主要因素

汉森首先探讨西欧、北美 19 世纪经济繁荣的原因，分析影响经济发展的各种因素，他认为有三个因素对 19 世纪的经济繁荣起了主要作用。这三个因素是：（1）发明；（2）人口增长；（3）新领土和新资源的发现和开发。接着，他将 20 世纪 30 年代西欧、北美的经济演变状况同 19 世纪进行对比，他发现这三个因素都出现了不利于经济增长的迹象。首先，20 世纪 30 年代新领土的开发已经没有什么余地了，其次是人口缩减了。他认为，领土扩张的范围缩小和人口增长的减慢都是导致经济停滞的重要因素。他非常重视人口增长缩减对经济的不利影响，他说："在人口转向缩减趋势时期之前，我们已然处于人口增长率显著缩减之中，将来的问题另作别论，眼前现存事实已然迫使着我们去解决，我们经济学家必须充分认识我们经济生活中革命性变化的意义。"[①]汉森认为，从马尔萨斯人口理论来看，人口减少是件好事，然而，在 20 世纪 30 年代来说，这种人口减少会使经济出现无法防止和难以缓和的停滞。因为，人口从增长转变为停滞，给经济发展带来阻碍的后果。所以，他鼓吹人口增长应成为经济发展的原动力，竭力主张经济学家回到亚当·斯密有关人口增长对经济发展的积极作用的思想上来，指出，"关于现在人口增长率缩减引起的经济后果，如果我们确想获得一个清楚的认识，那就必须重新返回到亚当·斯密曾提醒的地方，将经济进步、资本形成和人口增长之间的因果关系作进一步的彻底探讨。"[②]至于发明这个因素，19 世纪的发明是资本使用型的，对资本的需求多；到了 20 世纪，发明转到了资本节约型的，对资本的需求相对下降。提高对资本的需求是经济发展的基本条件，但这个基本条件出现了减弱的趋势。

二、资本扩张和资本深化对人口变动的影响

如果说凯恩斯主要把人口看成消费人口，则人口增加意味着消费者人数增加，从而促使消费需求增加；人口减少，则会导致消费需求不足。汉森更多把人口看成是生产人口，探讨劳动力人口的增减对资本需求的影响。汉森在分析带来经济发展和增加就业人数时，认为应该分析资本形成。他把资本形成又分为资本扩张和资本深化。

所谓资本扩张（capital widening）是指在资本系数不变的情况下，由生产量或产出量的增加带来资本量的增加，而生产量的增加是以劳动力人口的增加和人均生产率的提高为前提的。所谓资本深化（capital deepening）是指资本量随着资本系数的增大而增加。一般来说，资本系数的分母是指产量，汉森把它改为雇用工人的数量。所以，他在谈到资本深化时用的资本系数是资本量与工人人数之比，即资本装备率。这样出现两种情况：（1）当工人人数不变时，资本系数提高，也就是资本装备率提高，这种提高会促使增加

[①] A. H. Hansen, *Fiscal Policy and the Business Cycle* (Oxford University Press, 1941).

[②] A. H. Hansen, *Economic Progress and Declining Population Growth* (Kessinger Publishing, 1939), p.258.

资本需求。这就是指在技术进步的条件下,由资本深化产生自发性投资的增加。(2)当资本装备率不变时,追加雇用工人,也会促使资本需求增加,这是由资本扩张产生的诱发性投资。

如果用 L 表示劳动力,用 O 表示产出量,用 $X=\dfrac{O}{L}$ 表示生产率,则可将资本需求公式写为:

$$K_d = \dfrac{K_d}{O} \cdot O \\ = \dfrac{K_d}{O} \cdot L \cdot \dfrac{O}{L}$$ (6-10)

由此可得:
$$K_d = VLX$$ (6-11)

公式(6-11)中可以看出,如果 V 不变,则对资本需求 K_d 的增加取决于劳动力(L)的增加和生产率(X)的提高,这就是资本扩张。这就是说,如果人口增加必然产生劳动力的增加,从而可以促使资本需求的增加,有利于经济的发展;相反,如果人口减少引起劳动力的减少,且若劳动生产率没有提高的话,则可能促使资本需求减少,从而不利于经济的发展。

在汉森看来,虽然人口增长通过资本扩张直接促使产量增加,从而增加资本积累,但这种积累依靠提高资本装备率间接地提供资本形成。在一个人口增长较快的社会,由于按人口平均要求配备大量的住房建筑,于是社会的消费结构变成了资本使用型的,资本系数就会上升,因而促使资本形成;相反,如果人口增长停滞下来,人口老龄化,从社会整体来看,消费结构变成了资本节约型的,资本系数就会下降,因为老龄人口要求的是其他人的劳务等资本节约型的消费品。所以,汉森认为,人口由急剧增长转向停滞或减少,会促使用资本节约型的生产方法去生产的货币比重提高,结果资本系数降低,资本积累会进一步受到阻碍。他看到了 19 世纪人口增长对资本形成的有利促进作用,他说:"可以说,19 世纪后半期,在资本形成的总量中,人口增长带来的部分,在西欧各国相当于 40%,在美国相当于 60%。如果说这个结论即使近似正确,那么,现在由于人口增长率急速下降,可想而知被封锁起来的投资出路是多么重要了。"[①]

三、人口增长率对经济发展的影响

为了进一步了解汉森有关人口增减对经济的影响的论点,下面进一步说明人口增长率变化在汉森长期停滞论中的意义。假设资本系数为一定,将资本需求 K_d、劳动力人口 L 和生产率 X 作为时间的函数,取这些变量的对数,则得出:

$$\log K_d = \log V + \log L + \log X$$ (6-12)

将公式(6-12)以时间 t 进行微分

$$\dfrac{dK_d}{dt}\Big/K_d = \dfrac{dL}{dt}\Big/L + \dfrac{dX}{dt}\Big/X \text{ 或}$$

---

① A. H. Hansen, *Economic Progress and Declining Population Growth* (Kessinger Publishing, 1939), p. 263.

$$\frac{\Delta K_d}{K_d}=\frac{\Delta L}{L}+\frac{\Delta X}{X} \qquad (6\text{-}13)$$

简化为:

$$GK_d=l+x \qquad (6\text{-}14)$$

公式（6-14）中 l 是劳动力人口的增长率 $\frac{\Delta L}{L}$，x 是生产率的提高率：$\frac{\Delta x}{x}$ 经济均衡的条件为：

$$l+x=\frac{s}{v} \qquad (6\text{-}15)$$

即劳动力人口的增长率 l 和生产率提高率 x 之和等于经济均衡条件下的储蓄率与资本系数之比。

为了达到充分就业状态下的经济均衡，储蓄率必须等于充分就业时的储蓄倾向 $\bar{s}$，于是可以得出：

$$l+x=\frac{\bar{s}}{v} \qquad (6\text{-}16)$$

即经济要维持充分就业和稳定发展，劳动力人口增长率与生产率提高率之和必须等于充分就业条件下储蓄倾向与资本系数之比。

设劳动力人口与总人口的比率为 A

$$L=AP,\ 0<A<1 \qquad (6\text{-}17)$$

取对数

$$\log L=\log A+\log P$$

将 L、A、P 作时间 t 的函数，用 t 微分，得到

$$\frac{dL}{dt}\Big/L=\frac{dA}{dt}\Big/A+\frac{dP}{dt}\Big/P \text{ 或得出}$$

$$\frac{\Delta L}{L}=\frac{\Delta A}{A}+\frac{\Delta P}{P} \qquad (6\text{-}18)$$

简化为：

$$l=a+p \qquad (6\text{-}19)$$

a 表示劳动力人口对总人口比率 A 的变化率 $\frac{\Delta A}{A}$。将公式（6-19）代入公式（6-15）、公式（6-16）中，分别改为：

$$a+p+x=\frac{s}{v} \qquad (6\text{-}20)$$

$$a+p+x=\frac{\bar{s}}{v} \qquad (6\text{-}21)$$

在总人口、劳动力人口的比例为一定的情况下，a 等于零，那么，公式（6-20）、公式（6-21）又可分别为：

$$p+x=\frac{s}{v} \qquad (6\text{-}22)$$

$$p+x=\frac{\overline{s}}{v} \qquad (6\text{-}23)$$

在汉森看来,由于人口增长率 p 下降,若生产率提高率不足以抵消其下降的影响,则 $p+x<\frac{s}{v}$,于是经济陷入长期停滞状态。显然,汉森认为,人口增长率下降对经济发展造成了不利的影响。汉森的这种人口经济理论正是他那个时代西欧、北美人口增长率下降对经济发展不利影响的一种反映。

思考习题

1. 市场经济条件下,经济条件变动如何导致人口减少?
2. 人口减少对经济发展有何利弊?
3. 凯恩斯关于两个"魔鬼"理论与马尔萨斯人口理论的关系。

第七章 人口经济增长长波理论

▮◀ 学习目标 ▶▮

1. 了解和把握人口和劳动力增长的长波理论。
2. 了解和理解长期内人口增长波动和经济增长波动之间的关系。

▮◀ 学习重点 ▶▮

经济周期、人口增长长波、经济增长长波、收入水平的变动对人口生育率的影响

现代市场经济发展和经济增长中存在波动、周期变化现象。这种波动、周期有长短之分。对于长期波动（又称长波），东西方学者进行了大量分析和研究，如苏联经济学家康德拉季耶夫发现现代市场经济运动存在着大体五六十年一次的长波，他于1919—1922年提出了长波假说。美国经济学家西蒙·库兹涅茨于1930年提出了大体以20年为周期的长波理论。20世纪30年代，美国人口经济学家理查德·伊斯特林根据库兹涅茨的长波理论，认为存在人口增长和劳动力增长长波，这个长波与经济长波是相应的，构成了人口经济变动长波。本章着重介绍库兹涅茨、伊斯特林的人口经济增长长波理论。

第一节 人口经济增长长波理论概述

一、人口经济增长长波理论的代表人物及其著作

（一）西蒙·库兹涅茨的生平及其主要著作

西蒙·库兹涅茨（Simon Kuznets）1901年4月30日出生于乌克兰哈尔科夫城一个皮毛商人的家庭里。1907年他的父亲移居美国。西蒙·库兹涅茨于1922年也随父移居美国，同年他进入哥伦比亚大学攻读经济学，于1923年获得该校文学学士学位，1924年获得硕士学位，1926年获得哲学博士学位。1927年进入全国经济研究局工作，开始从事经济周期的研究。1930—1954年库兹涅茨担任宾夕法尼亚大学经济学和统计学助理教授，1942—1944年担任哥伦比亚特区医华盛顿战时生产部计划统计局副局长，1946年担任中国国家资源委员会经济顾问，1950年担任印度国民收入委员会顾问，1954—1960年担任约翰·霍普金斯大学经济学教授，1960—1971年担任哈佛大学经济学教授。1971年，因在国民生产总值和经济增长的开创性研究方面的成就，他被授予诺贝尔经济学奖。

库兹涅茨是个多产的经济学家。他在几十年的学术生涯里出版了三十多部著作和论文集。涉及增长理论的主要著作有：《零售和批发贸易的周期波动》（1926年）、《生产和价格的长期运动》（1930年）、《工业和贸易的季节性波动》（1934年）、《商品流量和资本形成》（1938年）、《1869年以来的国民产值》（1946年）、《经济的变化》（1954年）、《关于经济增长的6篇演讲》（1959年）、《现代经济增长》（1966年）、《各国经济增长：总产量和生产结构》（1971年），等等。

（二）理查德·A. 伊斯特林的生平和著作

理查德·A. 伊斯特林（Richard A. Easterlin）是美国宾夕法尼亚大学的经济学教授。1949年伊斯特林获得宾夕法尼亚大学的文学硕士学位，1953年又获得该校哲学博士学位。他是美国人口学会理事会的倡导者之一。他长期在《美国经济评论》编辑委员会工作，现在是美国《经济史》杂志和《人口》杂志的编委。伊斯特林是美国国家经济研究局的早期研究员。

伊斯特林对美国的人口与经济之间的关系进行了较多的研究，其主要著作和论文有：《历史地观察美国的婴儿热》（1962年）、《人口、劳动力和经济增长长波》（1968年）、《生育率的经济学和社会学：一种综合》（1978年）。同时，他又是《美国的人口分布和经济增长（1870—1950年）》的作者之一，该书第1卷和第2卷分别于1957年和1960年出版。伊斯特林发表了许多有价值的论文，如《美国人口和经济增长的长波：论历史格局的一些发现》，载美国《人口学》杂志，1965年第Ⅱ卷，第490—507页。《经济-人口的相互作用和经济增长长波》，载《美国经济评论》，第56卷，1966年12月，第1063—1104页，等等。

二、库兹涅茨周期

《在生产和价格的长期运动》一书中，库兹涅茨首先提出了美国和西欧各国经济发展存在平均长度为20年的长期波动的观点，并把生产与价格的相互作用形成的经济长期波动称为长波。如果把经济长期波动看成一种周期的话，那么，这种周期比平常短期的和较频繁交替的"经济周期"要长得多。美国著名经济学家刘易斯把库兹涅茨所提出的经济增长长期波动称为"库兹涅茨周期"。

库兹涅茨把经济变动区分为"最初变动"和"第二次变动"。他把依据原始经济资料描述的短期变动称为最初变动，而把经济的长期的起伏波动称为第二次变动。库兹涅茨研究的是生产和价格、人口和经济的第二次变动。

库兹涅茨对19世纪中期到20世纪初期美国、英国、法国的小麦、谷物、煤、石油、生铁、钢、铜等几十种产品的统计资料进行了分析，特别研究了这些产品的生产和价格的第二次变动情况。他发现生产和价格的第二次变动在大多数情况下呈现出良好的相关关系。具体来说，在能够作比较的40个数列中，生产与价格的第二次变动相关良好的有15个数列，仅在前半期缺乏良好相关的有4个数列，15个数列相关尚好，不存在明确相关的有6个数列。他还发现，在大多数情况下，价格的变化在先，生产的变化在后，生产的变化有明显的后滞现象。如在 34 个有相关关系数列中，价格变化领先于生产变化的有 17 个数列，同时发生变化的有 3 个数列，无法确定谁先谁后的有 18 个数列，生产变化领先于价格变化的只有 6 个数列。库兹涅茨对上述情况进行深入研究得到的一个重要的发现是：价格波动存在大约长度为 23 年的一个周期，生产波动存在大约长度为 22 年的一个周期。从这里说明，现代市场经济的发展大约存在一种为期 20 年稍长一些的波动周期，这种周期又称为经济长波。

库兹涅茨只是在涉及生产和价格的第二次变动时，才从宏观总量方面把总产值、价格、劳动生产率和实际工资之间的相关联系加以考虑。他的研究表明，工业部门生产中从属性的扩张和收缩总是有规则地以价格的上涨和下跌为先导的。这就说明，价格运动是作为改变投资方向的一种机制而起作用的。库兹涅茨提出的问题是：在经过一个价格上升阶段之后，为什么会很快出现一个产量迅速扩大和对实际工资的紧控阶段呢?[①]他认为，由于价格上升，消费者（城市）收入向下相对变动。这种消费者收入向下相对变动由储蓄减少和为资本货物生产的就业所提供的机会增多来加以补偿，资本货物生产的资金筹措比较容易通过由工资向利润的收入分配变动来提供。他指出，迅速扩张部门劳动力的增加，导致劳动生产率下降和货币紧缩，从而引导生产扩张的结束，经济从高涨又趋向下降。库兹涅茨的分析指出，这种情形基本上是符合从 19 世纪 80 年代到第一次世界大战前的美国和其他工业发达国家出现的经济波动情况的。

后来，库兹涅茨从对生产与价格的波动的分析，转向了对国民收入、人口增长等长期波动的分析。他在 1946 年出版的《1869 年以来的国民产值》一书，特别是 1958 年发表的成名之作《人口增长和有关经济变量的长期波动》一文，把人口变动和经济增长的波动联系起来加以考察。在对美国经济增长波动和人口变动长期趋势的分析中，库兹涅茨断定，19 世纪 70 年代至 20 世纪 20 年代，美国经济增长波动的节律是由人口变动中的国外移民的迁入所引起的。

在库兹涅茨看来，在 20 世纪 20 年代之前，美国人口变动中最活跃的因素是移民。移民规模的波动在很大程度上决定着非农业居民建筑的波动，并且移民规模的波动大体上与铁路资本投资波动相一致。如果用重叠的 10 年平均数字资料来分析，则可以发现，1914 年之前，人口增长、非农业居民的住宅建筑和铁路资本投资的波动的波峰是在 1880—1890 年和 1900—1910 年；国民生产总值和按人口平均的国民生产总值的波峰是在 1875—1885 年和 1900—1910 年。而在 1890—1900 年国民生产总值及其人均国民生产总值则出现了明显的波谷。以上是库兹涅茨所分析的人口经济增长波动，或人口经济增长长波或周期。

依据库兹涅茨的分析，伊斯特林把人口经济长波的分析扩大到 1914 年之后，研究人口增长与经济增长之间的相关关系。在伊斯特林看来，如果在 20 世纪 20 年代之前，美国人口变动中最活跃的因素是移民迁入的话，那么，20 年代之后，由于美国对从国外迁入移民加强了限制，人口变动中的活跃因素是人口生育率。同时，引起人口生育率波

---

① S. S. Kuznets, *Secular Movements in Production and Prices* (Wiley, 1980), pp. 4—5.

动的主要因素是经济条件。伊斯特林认为，经济条件的变动引起了人口变动，人口增长长波、劳动力增长长波是和经济增长长波相联系的。他把自己对人口变动长波和经济增长长波的分析看作对库兹涅茨人口经济增长长波理论的继续和发展。

第二节 人口和劳动力增长长波

一、长波

西方人口经济学所讲的长波（long swing）是指"一种变量的增长率和增长水平具有比正常的商业（经济）周期的期间更长时间的波动。……为了有充分的机会来考察所有可能的相关证据，我们可以假定以5年为最短的期限，以30年为最大的期限"[①]。伊斯特林指出，他在研究人口和劳动力增长的波动时交替使用"长波"和"库兹涅茨周期"这两个概念，其目的是同尼·康德拉季耶夫长波相区别。尼·康德拉季耶夫认为在现代市场经济中存在平均长约50年的长期波动。伊斯特林所讲的长波比一般经济周期的长度要长，但比尼·康德拉季耶夫的"非常长的长波"又要短一些，期间长度大约为30年。

人口和经济增长的长期波动具有如下几个特点：

第一，实际上，长期波动属于一种复杂的运动过程。无论是以50年、30年，还是以20年为一波动周期，在人口变量和经济变量演变的过程中，都充满着各种变量之间相互影响和相互制约的复杂过程。

第二，长期波动是人口变量和经济变量演变的时间序列趋势。人口长波和经济增长长波本身表现为各自独立演变的时间序列趋势，因此，可以说，人口长波是自我形成的，经济增长长波也有本身形成的原因。在研究人口长波和经济增长长波演变趋势时，既要分析人口变量与经济变量相互影响的特点，又要分析它们各自演变趋势的特点。

第三，在伊斯特林看来，人口变量变动受经济条件的制约。他所讲的经济条件，是指收入和就业机会，也就是劳动市场条件，如劳动力参加率、工资率、劳动需求和劳动供给等。这些经济条件的变化引起了人口变量的变动，即对人口规模、劳动力规模起着制约作用。反过来，人口变量的变动引起经济变量的波动，它起着拉平的作用，即减缓经济变量波动的波峰。

第四，在人口因素和经济因素之间联系的中心点是劳动力。人口规模对劳动力规模的大小有直接的影响，人口数量多，则劳动力数量也就多，反之亦然。劳动力为经济发展提供了劳动。伊斯特林认为，美国经济的发展在某种意义上是建立在劳动供给的基础之上的。从前是移民的增加，提供了劳动的供给，从1940年以来，生育率是人口增长中最重要的因素，经济增长的高涨同人口激增几乎是同时发生的。基于上述考虑，他把总人口、劳动力人口和居民户作为"人口变量"来加以描述。经济变量则包括收入和就业机会。收入上升和就业机会增多可以看作对劳动需求的增加。人口变量与经济变量这

[①] R. A. Easterlin, *Population, Labour Force, and Long Swings in Economic Growth* (University of Chicago Press, 1968), p. 6.

两者的变动可以看作劳动供给与劳动需求的变化。又由于青年人的结婚、生育和迁移与人口规模的变化联系较为紧密，所以，伊斯特林在分析长波时，集中力量分析青年人口的劳动供给和劳动需求问题。

二、人口和劳动力变动长波

从19世纪初期以来，至少是自1870年起，到1960年，美国人口增长和劳动力增长的长波具有同步发生的特点。图7-1是有关美国人口、净迁入移民和建筑业总产值等增长长波示意图。

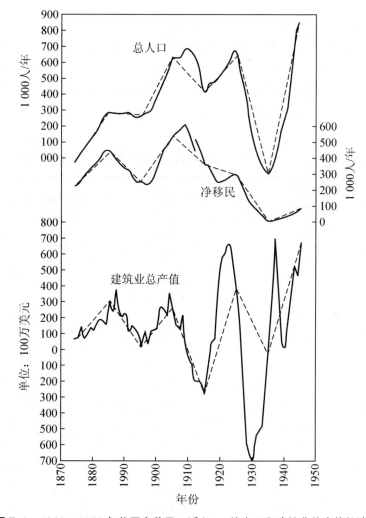

图7-1 1869—1950年美国净移民（迁入）、总人口和建筑业总产值的波动

注：图内虚线表示人口、移民、建筑业总产值三者波动时相关数值的波动期间。
建筑业总产值以1929年美元不变价格计算。

资料来源：R. A. Easterlin, *Population, Labour Force, and Long Swings in Economic Growth* (University of Chicago Press, 1968), p. 22。

在伊斯特林看来，到 20 世纪 20 年代，人口增长的波动和劳动力增长的波动是和移民的波动相一致的、平行的。到了 20 世纪 30 年代之后，人口增长和劳动力增长的波动，在很大程度上和生育率的变动相关。劳动力参加率变动对劳动力人口的波动起着重要的作用。

伊斯特林认为，在美国总人口和劳动力人口中，有色人种人口的波动受移民人口波动的影响更为明显，也就是说，在 20 世纪 20 年代之前，国外出生的移民人口波动引起了国内总人口发生波动。从 20 世纪 30 年代之后，美国本土出生人口的波动对总人口的变动有较大影响。

美国人口和劳动力增长长波具有以下几个特征：

第一，人口和劳动力增长长波在非农业居民中最为典型。全国总人口增长和劳动力增长的波动同非农业地区（包括城市和镇）、大都市地区（旧的和新的大都市）的人口和劳动力增长的波动具有一致性。全国总人口增长波动中的波峰、波谷同非农业地区、大都市地区的波峰、波谷具有很高的一致性。同样，劳动力增长的波动也有同样的情况，详见表 7-1。

表 7-1　美国有关年份净移民（迁入）、总人口和总建筑生产值变动情况（1869—1950 年）

年　份	净移民（1 000 人/年）		总人口（1 000 人/年）	建筑业总产值 100 万美元/年
	净迁入	净移居者		
1874	221.7	—	969.7	73.5
1879	339.9	—	1 114.5	146.9
1884	457.7	—	1 285.8	168.1
1889	345.5	—	1 276.6	209.1
1894	247.9	—	1 255.6	113.1
1899	284.8	—	1 324.4	132.5
1904	500.1	—	1 583.9	360.5
1909	619.6	—	1 699.9	7.6
1914	—	428.7	1 452.0	−217.1
1919	—	243.6	1 502.0	405.1
1924	—	301.2	1 681.1	489.3
1929	—	122.2	1 229.8	−653.8
1934	—	21.0	916.8	−251.0
1939	—	26.6	1 189.2	43.9
1944	—	70.7	1 814.6	459.2
1945	—	87.9	1 956.1	670.6

注：建筑业总产值按 1929 年美元不变价格计算。

资料来源：R. A. Easterlin, *Population, Labour Force, and Long Swings in Economic Growth* (University of Chicago Press, 1968), pp. 187—188.

第二，农业人口和劳动力增长的波动同全国总人口和劳动力增长的波动不一致，正好呈反向运动，即农业人口和劳动力增长的波峰正是全国总人口和劳动力增长的波谷，反之亦然。

第三，非农业人口和劳动力的波动在地理上是从中心城市逐步向外扩散的，这种现象在全国各个行政区域的中心城市几乎是同时发生的。如果有某地区的人口和劳动力增长的波动与全国的人口和劳动力长波不一致，则是该地区的农业居民和劳动力所占比重大、农业居民和劳动力的行为与全国不一致的缘故。

第四，非农业劳动力的主要产业和职业构成的资料说明了这些波动的经济特点。

图7-2说明有一些性质相似的产业，如建筑业、运输业、贸易业、金融保险业、专业性服务业、家庭服务业以及个人服务业等行业的劳动力增长波动具有很高的规则性。这些行业的劳动力增长的波动是和这些部门的总产值、工资率等波动大体相平行的。然而，制造业、伐木业和捕鱼业的劳动力增长则没有显现这种变动趋势。采掘业甚至出现相反的情况。

从1900年以来，有关职业构成的资料说明，白种人口组及其各个组成部分和手工艺、服务业工人出现了长波。各种职业人口长波运动是由产业性质决定的。

在20世纪20年代之前，人口长波中移民增长的波动是对美国劳动需求的一种反映。首先是产值增长的长波的转折点产生了移民迁移率的长波。在其他条件保持不变时，移民是随着国民生产总值（GNP）增长的运动而变动的。其次，小时工资率的上升和失业率的下降导致移民迁移率的上升；同样，移民迁移率的下降是伴随着小时工资率的下降和失业率的上升而来的。这就说明，人口长波和劳动力长波是同劳动市场条件和劳动需求相联系的。当劳动市场拉紧、劳动供不应求时，工资率上升，大批移民迁入，人口规模扩大的速度上升。当劳动市场宽松、劳动供过于求时，工资率下降，迁入移民减少，人口规模扩大的速度下降。

伊斯特林认为，与移民波动相联系的人口和劳动力增长的波动是经济增长率波动的结果而不是原因。然而，移民的波动，即人口和劳动力增长的波动也不是对经济增长率波动毫无作用。由于大批移民涌进，移民带来了房屋建筑业、市政建设业等产业的发展，这样引起了对木材加工业、石料、石灰、玻璃制品业、油漆业和印刷业的发展。这些产业是领先制造业部门。也就是说，移民规模扩大产生一系列的经济效应。资本品产业的高涨和与资本品有关联的产业的发展，在一定程度上取决于建筑业和城市住宅的需求，建筑业和城市住宅的需求又和移民波动相关联。

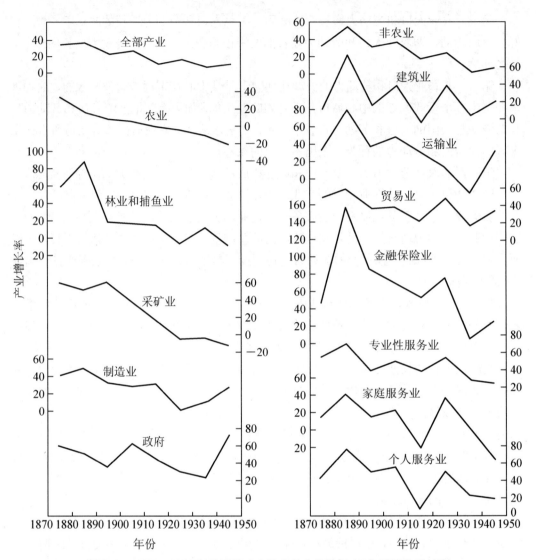

图 7-2　1870—1950 年美国劳动力按产业分类的每 10 年的平均增长率

资料来源：R. A. Easterlin, *Population, Labour Force, and Long Swings in Economic Growth* (University of Chicago Press, 1968), p. 29。

第三节　人口增长波动和经济增长波动之间的关系

一、人口变量和经济变量的波动

如果用国民生产总值或总产量、建筑业总产值的变动率以及劳动市场条件（包括工资率、每周工作时数、失业率）来代表经济变量，用居民户增长率（特别是非农业居民户）和迁移率来表示人口变量，那么，可用上述变量来分析人口变量的波动和经济变量的波动两者之间的关系。伊斯特林分析了 1830—1964 年非农业部门总产值、建筑业总产值和非农业居民户增长率以及劳动市场条件等变量之间的关系，他发现上述变量具有大体类似长期波动的可能性，并且这些变量波动的波峰、波谷在时间选择上具有大体同步的特点。详见图7-3。例如总产值的变动率、建筑业总产值的变动率、工资率的变动率、周工时变动率和非农业居民户增长率等的波动几乎是同步的。在1864—1869年工商业总产值增长率高达6.35%，建筑业总产值增长率也高达15.45%，制造业工资率增长率达6.92%的高峰，稍后一些的1869—1873年，迁入移民增长率也高达9.04‰。可以说，在19世纪60年代至70年代，上述几项经济变量波动达到高峰，形成了波峰。可是到了1892—1895年，工商总产值增长率为－3.23%，建筑业总值增长率下降了8.99%，制造业工资率增长率仅为0.90%，在1892—1895年的后期，迁入移民增长率仅为4.97‰，其时的失业率高达12.8%。这说明当经济出现负增长时，工商业生产下降，建筑业生产大幅度下降，失业率明显上升，工资率没有多大变动，这样迁入移民的增长率也明显下降，即这几项经济变量的变动出现波谷。从上次波峰（60年代后期）到这次波谷（90年代初期），经过近30年，形成了一个周期。

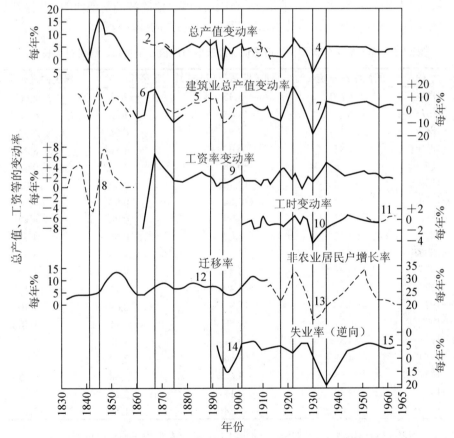

图7-3 美国非农业部门总产量变动率、建筑业总产值变动率、
工资率、迁移率、居民户增长率、失业率、周工时数

资料来源：R. A. Easterlin, *Population, Labour Force, and Long Swings in Economic Growth* (University of Chicago Press, 1968), p.56。

20世纪也出现了与上述相似的周期。1927—1932年，美国国民生产总值增长率下降了5.28%，建筑业总产值的增长率下降了17.91%，工资增长率为0.69%，每周平均工作小时数增长率下降4.40%，非农业居民户增长率仅为1.40‰。这可以说，由于经济出现负增长，当时正值20世纪30年代大危机，建筑业、制造业乃至整个国民经济增长率大幅度下降，处于经济崩溃状态，因而出现了波谷。1930—1935年人口增长率仅为3.5‰。这说明，随着经济增长波动出现低谷，其时人口增长也出现了低谷。然而到了20世纪50年代，经济增长又出现了高峰。1948—1953年，国民生产总值增长率达到4.59%，1949—1954年，建筑业总产值增长率达到6.54%，制造业工资率上升2.72%。1948—1953年的非农业居民户的增长率达到3.42‰。这说明，当经济增长波动出现波峰，建筑业生产扩大，市政建设扩大，国民生产总值明显增长，其时的人口增长也出现上升趋势，1955—1959年的人口增长率达到8.1‰，也出现了人口长波中的波峰，详见表7-2。同时，相对于国民生产总值的波动来说，迁移率、居民户增长率和失业率有明显的滞后现象。国民生产总值、建筑业总产值等经济变量先发生升降，两三年之后，接着发生迁移率、居民户增长率和失业率的波动。其中只有失业率的升降波动与国民生产总值的波动是逆向的，其他都是同向的。之所以会出现这种现象，同总需求和劳动市场条件的变动有关。

表7-2 美国有关年份国民生产总值、建筑业总产值、工资率、居民户增长率

年　份	国民生产总值（%）	建筑业总产值（%）	工资率（%）	居民户增长率（‰）
1860—1864	6.67[a]	−3.35	−7.90	4.00[b]
1861—1867	6.25	15.45	−1.32	5.80
1864—1869	5.13	17.55	6.94	7.72
1867—1870	6.35	9.07	4.84	8.41
1869—1873	6.86	−0.68	3.54	9.04
1890—1892	7.24	10.76	0.32	8.03
1891—1894	−2.85	0.64	0.92	7.17
1892—1895	−3.23	−8.99	0.90	4.47
1894—1896	5.13	−8.82	0.83	4.03
1895—1899	2.06	−3.89	1.35	3.94
1924—1927	4.48[c]	5.54	−0.41	2.80
1926—1929	2.08	−4.40	2.15	2.30
1927—1932	−5.38	−17.91	0.69	1.40
1929—1937	0.12	−4.88	3.41	1.58
1948—1953	4.59	6.31	3.27	3.42
1949—1954	4.29	6.54	2.72	2.96
1953—1957	2.55	3.66	2.68	2.25
1954—1958	2.50	2.17	2.26	2.20
1957—1960	2.48	3.64	1.53	2.13

注：a. 该表1860—1864年、1895—1899年的国民生产总值用工商业产值表示，以1860年美元不变价格计算。

b. 居民户是指非农业居民，每年每1 000户中新居民户数。

c. 1924—1927年、1957—1960年的国民生产总值用1954年美元不变价格计算。

资料来源：R. A. Easterlin, *Population, Labour Force, and Long Swings in Economic Growth* (University of Chicago Press, 1968), pp. 210—215.

二、总需求和劳动市场条件

伊斯特林首先假定国民生产总值从经济周期的最后一个阶段开始增长,并且是在小于充分就业条件下,已经有了过剩的劳动力随时可供雇用。这就表明在经济周期的高峰(或低谷)时都存在一种失业率高的趋势。其次假定,随着私人投资率的上升,总需求增长出现向上波动的趋势,并且在相当一段时间里维持较高水平。由于投资增加所创造的总产品需求和劳动需求也会相应增加。但是,在空间分布上,劳动供给不一定适应已增加劳动需求,也就是不一定适应新的就业机会。在经济开发过程中,私人投资大多集中在非农业部门,非农业部门的劳动需求会大大超过农业部门。为了满足非农业部门劳动需求的增加,一部分农村劳动力转移到城市,为非农业部门提供劳动。

在国内劳动力总量为一定的条件下,总产品需求的增加推动私人和公共投资的增长,从而刺激了就业机会的增加。如果劳动市场劳动力供给短缺,就业机会增多,会推动工资率上升。这样一种刺激过程的时期长度延长,为移民到来创造了条件。移民就是乘工资率上升之机,适应新的就业机会而来的。美国迁入移民大多来自低工资地区。在移民受到一定限制的条件下,劳动需求的增加,可能由青年人、老年人或女性劳动力的劳动参加率上升而得到满足。满足新增劳动力需求的程度取决于各个劳动投入要素的供给弹性。

劳动市场条件(包括工资率、就业机会等)的改善取决于劳动需求。资本投资增加,对劳动的需求也有所增加,从而推动劳动市场条件的改善,其表现就是工资率上升,就业机会增多。如果对总产品的需求下降,资本投资减少,各产业生产紧缩,则对劳动的需求也相应减少,从而导致劳动市场条件恶化,工资率下降,就业机会减少,失业率上升。失业率上升,则可能导致一些青年人推迟结婚,已婚青年夫妇延长与其父母居住在一起的时间,推迟建立新的居民户,同时也可能推迟生育时间或延长生育间隔时间等。随着劳动市场条件恶化所产生的人口效应的加大,其人口生育率或出生率则会出现下降趋势。同时,随着总产品需求的增加,劳动市场条件的改善,对人们生育行为产生有利的影响,其表现就是进入婚龄的青年人提前结婚和建立新的居民户。其结果就是平均婚龄和组成新居民户的年龄出现一种总的下降现象,居民户数量增多,随之而来的是出生率和生育率可能出现上升趋势。劳动市场条件对人们生育行为的影响主要通过居民户的增长率表现出来,所以,伊斯特林把居民户增长率作为分析人口长波和经济增长长波的一个重要指标。在他看来,劳动需求的增加对居民户增加有一种直接的和较大的影响。如果较大的劳动需求量是由移民来满足的,那么,移民流量直接增加居民户的数量。所以,在这种条件下,就业机会的增加也可以看作由居民户数量的相应增加来满足的。

三、居民户增加的乘数效应

乘数效应(multiplier effect),又译为倍数效应。在现代西方人口经济学中,乘数效应是指人口经济变量群中,某一变量的增减所产生的一系列连锁作用或连锁影响。因此,人们利用这个概念来分析某一人口经济变量的波动所产生的连锁作用的大小。

伊斯特林指出:"已建立的居民户的户主或成员从新的就业机会和收入机会中已经获得收益。获得收益的居民户将可能产生一种乘数效应和新的消费支出,也可能导致新的工商业投资。"[①]因此，居民户的乘数效应是指从新的就业机会获得收益的居民户，不仅对住宅和城市服务产生新需求，而且对新式家具也会产生新需求。这些新需求会造成一个城市发展的高涨。这种城市发展高涨表现为新的住宅建设投资以及与此相联系的市政服务方面的新市政投资，以及在邮政及其他有关的经济活动中创造新的工商投资机会，等等。

住宅建设投资和市政建设投资等大多数是由政府促使恢复国民收入均衡时所采取的措施（如运用财政支出），因而产生投资乘数效应，即政府投资的变动给国民收入总量变动所产生的影响，政府投资增加可能引起国民收入增量的倍增。在增加的收入中，用于消费的比例越大，投资产生的连锁反应越大，总产值和总收入增加得越多。伊斯特林认为，居民户的增加和居民户收入的增多，将进一步导致消费品支出的增加和私人与公共投资的增长，从而产生乘数效应。乘数效应引起总需求的增长，总需求的增长可能延长和维持经济扩充时期。

四、库兹涅茨人口经济周期和一般经济周期

库兹涅茨人口经济周期又可称为库兹涅茨周期，它涉及人口和经济两个方面。库兹涅茨人口经济周期与一般经济周期是明显不同的，前者不但时间长达 20 年，其波动特点也与后者有很大区别。库兹涅茨周期不同于一般经济周期的原因主要在于：

第一，引致需求（induced demand）构成的特点。引致需求是由居民户的增加产生的，由居民户的消费支出增加所引起的需求。例如居民户收入增加，消费支出也相应增加，从而引起对消费品特别是耐用消费品的需求，这就称为引致需求。库兹涅茨周期不同于一般经济周期的一个突出特点在于引致需求的构成。引致需求的内容不是一般的消费品，而是住宅、房地产、市政服务设施和邮政服务设施。对住宅、房地产、市政服务设施和邮政服务设施需求的增加，对建筑业和房地产业的投资、地方政府的投资和工商业投资的增加具有很大的刺激。依据上述引致需求构成的特点，即依据这些产品的供给条件和引致需求获益的产业特点，满足这种引致需求需要有一个长期酝酿时期（a long gestation period）。满足引致需求需要有较长时期的特点决定了库兹涅茨周期比人口经济周期要长得多。

第二，居民户行为的特点。居民户行为（household behavior）是指结婚、居民户形成和迁移等行为。结婚、组成家庭和迁移是一个人生命周期中几个关键性的决策点。随着一个新家庭的建立和一个居民户的开始或定居，个人生命周期中的几个关键决策都包括对若干年内新的和已增加的支出所承担的义务作出决策。为了承担结婚、组成居民户和迁移的各种费用，在生命周期的这个阶段就要向亲戚和金融机构大量借债。同时，在居民户增加时，人口大量增加。这样，不仅消费结构发生转变，消费偏好也会发生转变。消费结构和偏好的转变要经过较长的时间，延续若干年，从一个经济周期到另一个经济周期。只有经过几个经济周期，这种转变才会逐渐完成。这样较长时间的消费结构和偏好转变形成了承担长期支出的义务。由于承担了长期支出义务，人们要求有长期收入来源、相对稳定的就业机会和劳动市场条件。这一切都是居民户行为产生的。

---

① R. A. Easterlin, *Population, Labour Force, and Long Swings in Economic Growth* (University of Chicago Press, 1968), p. 49.

伊斯特林指出，上述长期支出的特征就构成了分析库兹涅茨人口经济周期现象的钥匙。长波的标志是同这种长期支出义务紧密联系的。

资源开发的全部过程包括人口从一个国家迁移到另一个国家，从一个地方迁移到另一个地方，居民户的形成和孩子的出生，工商业的创办以及在高度耐用品上的资本投资，等等。所有这一切的一个共同特征是它们都包含长期决策和长期责任。因此，它们加快速度迁移形成居民户、创办工商企业或投资于高度耐用品，但是真正完全获得成果却相当慢，消退也是相当缓慢的，它们不容易或不能很快地再次运转。所以，它们给资源开发和产值增长带来了长波，即它们引起资源开发和产值增长的长波。另外，包括长期决策和长期责任在内的这一些过程对于普遍的短期和中期商业收缩的影响没有多大反响。相反，一般的经济周期最突出的特点是短期投资的波动，特别是发明投资的波动。

第四节　收入水平对生育率的影响

一、经济-人口环路

人口变量和经济变量之间是一种相互影响的关系。经济变量的变动引起了人口变量的变动，反过来，人口的增减也对经济增长和经济发展产生巨大的影响。因此，在人口与经济之间形成一种经济-人口环路。这种环路如图7-4所示。

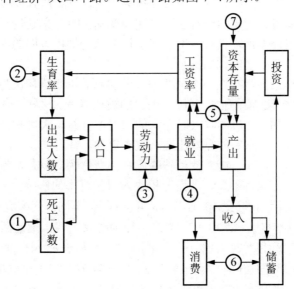

图7-4　经济-人口环路图

图例：1 死亡率　2 生育率函数参数　3 劳动力参加率　4 就业率　5 生产函数参数
　　　6 消费函数参数　7 资本存量折旧率。
注：矩形内表示内生变量，圆形内表示外生变量和参数。
资料来源：弗兰克·T. 丹顿和拜伦·G. 斯宾塞，《人口和经济》，施普林格出版公司，1975年英文版，第42页。

图 7-4 说明，从生育率或出生率开始，生育率的变动影响出生人数，出生人数影响总人口（出生人数本身由生育率和总人口决定），总人口变动受出生和死亡人数的影响。总人口的变动影响劳动力。可投入市场劳动力的多少受劳动力参加率和劳动力总人数的影响。可投入市场的劳动力影响就业总人数。就业人数受就业率和可投入市场劳动力数量的影响。就业人数和资本存量影响产出量。到此为止，就形成人口变量对经济变量发生作用的人口-经济环路。进一步推导，人口变量也影响收入中用于消费和储蓄的比例，影响消费水平和人均消费量。

在经济-人口环路中，西方人口经济学认为，收入是影响生育率的决定性因素。同时，又假定收入来源于货币工资。从图 7-4 可以看出，家庭工资收入受三个因素的影响，即总产出水平、生产函数和就业人数影响工资率。工资率的高低又影响生育率。在西方人口经济学家看来，一个家庭作出生育决策是受工资率水平影响的。从工资率出发，影响生育率，从而影响出生人数，影响人口规模，经过 18 年左右又影响劳动力规模，从而形成经济-人口环路。

从人口到经济，经济又回过头来影响人口，形成了一种环形的内生循环。这种内生循环机制是建立在收入对生育率影响的基础之上的。伊斯特林认为，收入-就业机会又调节着生育率的变动，因而集中分析收入对生育率的影响。

二、收入变动对生育率的影响

伊斯特林认为，在其他条件均不变时，生育率的变动受绝对收入水平的影响。一般来说，居民户把收入用于夫妇自身的消费和抚养子女，总想达到期望的消费水平。在收入为一定时，生育率将和期望的消费水平呈逆向变动。随着家庭收入的增加，供夫妇使用的消费品的存量可能增加，也可能增加用于扩大家庭规模方面的支出。这样，夫妇有必要在要消费品和要孩子之间作出选择。

在家庭对消费作选择时存在一个消费偏好的问题。伊斯特林认为，现在处于育龄期的一代青年人在一些年之前是他们父母居民户的被抚养者。这样，青年人的消费偏好是在父母居民户里形成的。父母的收入对子女的消费偏好有较大影响。如果两个家庭从前的收入相等，现在有一个家庭的收入比现有收入更高，有追加收入的这个家庭将可能希望在消费方面更多些，从而可能改变消费嗜好和消费行为。但是，为了分析方便，假设两代人之间的消费偏好保持不变，从而分析收入对生育率的影响。

表 7-3 说明了美国 20 世纪 50 年代后期和 60 年代不同时代家庭的货币收入。以 35—44 岁户主作为父母一代，以 14—24 岁户主作为子女一代。把这两代人家庭的货币收入加以比较来分析家庭相对收入地位的变化。表 7-4 b 栏表示 14—24 岁为户主的家庭的平均收入，即子女家庭的实际收入。d 栏表示 35—44 岁为户主家庭前 5 年的平均收入。e 栏表示两者之间的比例。从表中可以看出，1953 年 14—24 岁户主家庭，即青年人的家庭的收入，平均来说，只等于 5 年前（1948 年）他们父母收入的 4/5。这说明，相对于父母一代，子女一代的收入减少了，其子女家庭经济地位相对下降了。尽管在 1956—1958 年，子女一代家庭收入绝对水平齐平，但从 1958 年之后，他们的相对收入下降了，下降到只及父母一代的 3/4。如果以他们 5 年前在父母家庭里所作的预期消费标

准来看，由于他们的相对收入下降，就难以实现其消费欲望。如果他们的消费偏好不变，为了满足预期消费，就只有推迟结婚或推迟生育和少生育，因为相对收入的下降对生育率造成了巨大的压力。伊斯特林认为，正是出于 14—24 岁户主的家庭的相对收入地位低，他们为了维持在父母家里形成的消费偏好和消费行为，只好少生育，这就导致了美国 20 世纪 60 年代的低生育率。

表 7-3　美国户主年龄为 14—24 岁家庭的总货币收入与
户主年龄为 35—44 岁家庭总货币收入的比较
（1953—1962）

年龄 14—24 岁的户主		年龄 35—44 岁的户主		（e）（2）÷（4）的%
（a）年份	（b）收入	（c）年份	（d）收入	
1953	3 405	1948	4 199	81.1
1954	3 496	1949	4 221	82.8
1955	3 701	1950	4 343	85.2
1956	3 912	1951	4 570	85.6
1957	3 981	1952	4 787	83.2
1958	3 916	1953	4 950	79.1
1959	3 887	1954	5 152	75.4
1960	3 984	1955	5 389	73.9
1961	4 068	1956	5 627	72.3
1962	4 077	1957	5 762	70.8

注：货币收入数字是按照 1959 年美元不变价格计算的。户主的年龄是以 1953 年达到 14 岁和 35 岁的家庭加以推算的。

资料来源：R. A. Easterlin, *Population, Labour Force, and Long Swings in Economic Growth* (University of Chicago Press, 1968), p. 129。

相反，35—44 岁一代人在 20 世纪 40 年代后期和 50 年代上半期相对收入地位较高，由于战后美国经济恢复和发展需要大批劳动力，就业机会多，工资率较高，劳动市场条件较好。然而，当时进入劳动力年龄的人口较少，劳动供给相对缩减，劳动力资源稀缺。在劳动市场供不应求的条件下，战后的 40 年代后期和 50 年代上半期进入劳动市场的一代得到了较大的未预期的经济实惠，获得较多的货币收入。因此，这个时期正值婚龄的青年人的结婚率较高，正值育龄的妇女的生育率也较高。其原因在于这一代人仍然基本上维持上一代人（从 20 世纪 30 年代大经济危机到第二次世界大战时期）的消费偏好和消费行为，或者稍微改变消费偏好和消费行为，他们把自己相当一部分货币收入用于结婚和抚养子女，于是导致了 40 年代后期和 50 年代上半期的美国婴儿热，即人口出生高峰。详见图 7-5。虽然这次婴儿热中包括美国年纪较大的退伍军人和失业者战后结婚及生育，以补偿他们在经济萧条和战争期间所失去的时间，但是，美国战后到 50 年代上半期成为劳动力的一代育龄妇女的繁殖率比 20 世纪任何一代育龄妇女的生育率都要高，所生孩子人数都要多。

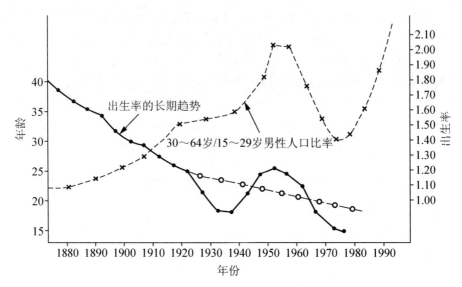

图 7-5 美国人口粗出生率变动（1880—1990 年）

资料来源：T. P. Schultz, *Economics of Population* (Addison-Wesley, 1981), p. 154。

三、收入影响生育率模型

根据上述分析，人口规模和年龄构成影响劳动供给，从而影响生产、收入、消费和投资。反过来，收入水平又影响生育率，从而影响人口规模。在分析收入水平对生育率产生影响时，把生育率作为男性工资率的函数，得出

$$f_{j,t}=f_j^*\left(\frac{W_{1,j+2,t}}{W_{1,j+2}^*}\right)\xi \quad \begin{array}{l}(j=15,16,\cdots,49)\\(j<15;\ j>49)\end{array} \quad (7\text{-}1)$$

公式中 W 表示男性工资率，j 表示年龄，$f_{j,t}$ 表示已婚妇女的实际生育率，f_j^* 表示生育率倍增常数（均衡值），t 表示考察的时期。

一般来说，丈夫的年龄大于妻子的年龄。年龄为 j 的育龄妇女的生育是与年龄为 $j+2$ 的男性工资率相关联的。实际的男性工资率（$W_{1,j+2,t}$）表现为与静态模型中的工资率（$W_{1,j+2}^*$）成比率，参数 ξ 是有关丈夫工资的生育率弹性，即预期生育率随着丈夫收入的变动而变动，并且假定 ξ 对于所有育龄妇女都是相同的。

在分析以男性工资作为影响妇女生育率的收入决定因素时，为了简便起见，把家庭其他收入如资本收入、妻子劳动工资收入、继承遗产等都略去不计，只说明结婚年龄和理想家庭规模主要受男性收入预期所支配。可从生产函数中推导出工资率。依据柯布-道格拉斯函数一般化，可得出生产函数

$$Q_t=\alpha\left(\prod_{i=1}^{2}\prod_{j=14}^{79}E_{ijt}^{\beta_{ij}}\right)(K_0^{1-\beta}) \quad \left(\beta=\sum_{i=1}^{2}\sum_{j=14}^{79}\beta_{ij}\right) \quad (7\text{-}2)$$

式中的 Q 表示日历年内的总产出，

E 表示年中就业人数，

K 表示年初的资本存量,

α 表示生产函数参数(随时间变化的变量),

β 表示生产函数参数。

资本作为一个单独的投入量。劳动投入是专门指 80 岁以下年龄-性别组的个人供给劳动。假定各个投入要素都获得边际产品。β_{ij} 说明性别 i 和年龄 j 的劳动者所得到的工资占总产值中的比例。由此可推导出每一年龄和性别个人的实际工资率:

$$W_{i,j,t} = \beta_{i,j} \left(\frac{Q_t}{E_{i,j,t}} \right) (i=1,2; \ j=14,15,\cdots,79) \tag{7-3}$$

从上述模型中可以看出,生育率受工资率的影响,当然也受生育函数的影响。西方人口经济学认为,工资的生育率弹性近似为 2 或大于 2。总的来说,在给定的一代人期间,如果工资率上升 20%,则可能导致生育率大约上升 50%。具体来说,在工资率保持不变条件下,生育率弹性近似于 2,即每对夫妇要 2 个孩子。如果工资率上升 20%,生育率弹性上升到 3,即每个家庭要 3 个孩子。这种生育率弹性的变化,正好形成人口增长有 20—30 年的一个周期。以上的分析说明,在人口增长长波中存在一种收入-生育调节机制。正是这种机制调节着人口增长的长期波动。

当然,第二次世界大战之后,特别是自 20 世纪 60 年代以来,妇女劳动力参加率急剧上升。妻子的工资收入在家庭收入中占有一定的比重。西方人口经济学认为,妻子工资收入的生育弹性是负值。这就是说,妇女工资收入上升,对育龄妇女生育率有负作用。这主要是参加市场劳动的妇女抚育孩子的机会成本增加,从而影响家庭抚养孩子的数量。与丈夫工资收入具有正生育弹性、预期生育率随丈夫工资增加而上升的情况相反,妻子工资收入具有负生育弹性,随着妇女劳动力参加率的上升和工资的上升,预期生育率又有下降趋势。这正是造成 20 世纪 60 年代以来,西方发达国家生育率下降的原因之一。

在库兹涅茨和伊斯特林看来,从 20 世纪 20 年代以来,美国的人口经济长波的变动趋势是,20 年代末和 30 年代前期,美国的人口经济长波处于低谷,经济萧条,人口生育率低;到了 40 年代后期和 50 年代前期,正处于第二次世界大战之后的经济恢复和发展时期,经济增长率较高,人口出生率较高,出现了"婴儿热"。但是,到了 60 年代末和 70 年代前期,西方发达国家出现了能源危机和资源危机,经济增长率降低,此时人口生育率也急剧下降,人口增长率低。正是人口经济的这种波动,尤其是生育率的波动,导致 50 年代劳动市场的劳动力稀缺,劳动力供不应求,劳动者的相对收入地位提高。但是到了 70 年代,劳动市场出现劳动力供给充足,劳动者的就业状况恶化,他们这一代人的相对收入地位下降。这种相对收入地位下降,导致人口出生率降低。

20 世纪 80 年代中期,美国劳工统计局预测:到 80 年代末和 90 年代中期,美国劳动市场的劳动力供给短缺问题将会变得较为严重,16—24 岁的青年劳动力人口将从 1984 年的 2 400 万下降到 1990 年的 2 130 万,即将下降 11% 左右,从 1990 年起,这种下降趋势会持续一段时间。[①]90 年代中期美国的劳动力稀缺,不但使经济部门为寻找新的劳动力资源而作出努力,例如企业界将为争取放宽移民法而游说,以便得到更多的外籍劳

---

① 《青年人短缺使劳动市场产生广泛变化》,1986 年 9 月 2 日《华尔街日报》。

动力人口。为了克服劳动力短缺对企业经营活动的冲击，各种企业将大力提高自动化水平，以补充劳动力供给不足。再有就是挖潜，如动员年纪较大的在家赋闲的妇女劳动力以及部分退休劳动力再就业。而且劳动力稀缺也给美国军队的兵源形成压力，军队在兵源方面将会与企业界为争夺有一定文化程度的劳动力而展开激烈竞争。正因为劳动力稀缺和劳动力需求方面的竞争，在20世纪80年代末和90年代前期成为劳动力一代的青年人的相对收入地位可望有所改善，从而也有可能导致美国人口生育率在90年代前期有所回升。

西方发达国家的人口变动是否和经济增长一样存在长波，库兹涅茨和伊斯特林作出了肯定回答。人口变动长波和经济变动长波之间存在什么关系，如何从理论上去说明人口变动长波和经济变动长波，这是西方宏观人口经济学研究的一个课题。伊斯特林按照库兹涅茨周期的思路展开了分析研究，他以美国生育率长波为例来说明人口增长长波的存在以及它与经济增长长波之间的关系。

四、经济条件的变动引起人口增长波动

库兹涅茨曾经认为，人口增长波动是经济增长波动的原因。他把美国19世纪下半叶的铁路运输业和非农业居民住宅建筑业的发展看成是由大批移民的迁入引起的，得出美国经济增长的节律是由国外移民流入引起的，是"受人口影响"形成的结论。伊斯特林虽然沿着库兹涅茨的经济增长长波与人口增长长波相关的思路进行研究，但他明确地提出了人口波动的原因是经济条件，他说："过去的移民波动，最近的生育率、劳动力参加率和居民户户主率看来最初是由经济条件的相应变动所引起的，即是由收入的相应变动和劳动市场就业机会的相应变动所引起的。"[①]他还指出，非经济因素对人口波动也起作用，但是，从根本上来说，收入、就业机会等经济条件的变化导致人口增长的波动，并且人口适应经济条件的变化可以反馈为供给与需求条件的变化，从而把人口经济变化纳入人口经济学研究的范围之内。

从这个观点出发，伊斯特林认为人口行为是从人们对劳动市场状况的考察来决定的。人们把劳动市场状况和自身未来的经济前景和作为父母的身份结合起来考察。当劳动市场条件比较有利，工资率较高，就业机会较多，从而具有较多的经济优势和从有利的劳动市场条件获得实惠时，则婚龄青年的结婚率较高，育龄妇女的生育率较高。这就是从对劳动市场条件的观察来作出人口行为的决策，如结婚的决策和生育的决策。

同时，从家庭规模来考察，当青年人发觉自己的经济状况，即相对收入地位比其父母要更好时，这些青年人可能决定早些结婚和相对地多要孩子。这时子女一代的家庭规模可能大于父母一代。当青年人觉察自己的经济状况，即相对收入地位比其父母要更差些时，则他们可能决定晚些结婚和相对地少要孩子。这时子女一代的家庭规模可能小于父母一代。在伊斯特林看来，上一代人的生育决策影响下一代人的人口规模，又由人口规模的差别效应形成人口增长的长期波动，形成人口增长周期。伊斯特林从经济条件出发，阐明人口增长长波的理论在人口经济思想史上是有一定学术价值的，是可供研究借鉴的。

[①] R. A. Easterlin, *Population, Labour Force, and Long Swings in Economic Growth* (University of Chicago Press, 1968), p. 11.

思考习题

1．人口增长和经济增长存在周期吗？
2．简述人口增长和经济增长的长波理论的现实意义。
3．如何评述人口增长长波和经济增长长波之间的关系？

第八章 人口投资学说

▶ 学习目标 ◀

1. 了解和把握人口投资的内容和方式。
2. 了解和理解人口投资转化为人力资本的方式与特点。
3. 了解和理解人口投资的经济社会效益。

▶ 学习重点 ◀

人口投资、人力资本、劳动力人口质量及其对经济增长的作用

第一节 人口投资概述

现代西方人口经济学把人口投资作为一个重要的范畴来加以运用和阐述。西方一些学者认为，自古典经济学家亚当·斯密以来，经济学家把将一个人培养成为劳动力，特别培养成为熟练劳动力的教育或培训的费用，看做一种投资。但是，20 世纪 60 年代之前，这种思想并没有得到深入研究和广泛运用，只是作为一种思想财富存留于经济学的文献中。20 世纪 60 年代以后，这种思想受到一些经济学家的重视，并注重加以深入研究和阐述。这就是美国经济学家西奥多·舒尔茨的人力资本理论。此外，法国著名人口经济学家阿尔弗雷德·索维对人口投资作了广泛的研究，他注重研究人口抚养方面所花费的物质资本投资。他们两人及其他学者从投资支出和获得经济效益的对比分析中考察人口与经济之间的相互关系。本章概要介绍和分析西方人口经济学的人口投资理论。

一、西奥多·舒尔茨的生平和主要著作

西奥多·舒尔茨（Theodore Schultz，1902—1998）是美国著名经济学家。他出生于美国中部南达科他州阿灵顿郡的一个小农场主家庭，没有上过中学，但青年时代却努力自学，早年曾在家乡的州立学院攻读农学专业。1928 年在威斯康星大学攻读硕士学位时，他对人口经济问题产生了兴趣，后攻读经济学博士学位。1930 年舒尔茨获博士学位后应聘到艾奥瓦州立学院（现为艾奥瓦州立大学）经济和社会学系任教，三年后晋升为该系系主任和教授，他以超群的洞察力和出众的组织才能，组织和领导该系的教学和科研工作，短短几年就成为美国以学术活跃、成绩突出而著称的经济和社会学家。1943 年以后，舒尔茨到美国以学术自由而闻名的芝加哥大学任教。1946 年开始，他任芝加哥大学经济

系系主任15年，1960年被推选为美国经济学会会长，1972年获该学会最高荣誉勋章——沃克奖章。1952年至1972年，一直被选为芝加哥大学的查尔斯·哈琴逊特殊贡献教授，退休后仍被聘为该校的荣誉教授。1979年，瑞典皇家科学院授予舒尔茨诺贝尔经济学奖。

舒尔茨著述甚多，曾写了21本书和1 200多篇论文。他的主要研究领域是农业经济学、人力资本理论、经济发展理论、人口质量经济学，等等。他的主要著作有：《改变农业政策》（1943年）、《农业的生产和福利》（1949年）、《教育的经济价值》（1963年）、《人力资本投资》（1971年）、《人力资源》（1972年）、《人口投资：人口质量经济学》（1981年），等等。另外，他还主编有《对人类的投资》（1962年）、《教育投资》（1972年）、《经济学上研究生育问题的新途径》（1973年）、《家庭经济学》（1974年），等等。

舒尔茨在学术领域最突出的成就之一是人力资本理论。他从长期的农业经济问题研究中发现，从20世纪初到50年代，促使美国农业生产产量迅速增加和农业生产率提高的重要原因已不是土地、人口数量或资本存量的增加，而是人的能力和技术水平的提高。在美国经济学会1960年年会上，他发表了《人力资本的投资》的演讲，明确指出，传统的经济理论认为经济增长必须依赖于物质资本和劳动力的增加。但是，他认为，人的知识、能力、健康等人力资本的提高对经济增长的贡献远比物质资本、劳动力数量的增加更为重要。此后，他深入地研究了这个问题，撰写了许多开创性的著作和论文，使人力资本问题成为经济学研究中的一个重要领域。

舒尔茨所讲的人力资本问题，就是人口素质或质量问题，即人口的身体素质和文化知识素质问题。人力资本投资就是人口质量投资。人口质量投资是总人口投资的重要组成部分。舒尔茨在这方面的研究是西方人口经济学中最具开创性的研究，对这门学科的发展有较大的贡献。

二、人口投资的含义

人口投资（demographic investment）是人口经济学的一个重要范畴，有一定的含义和内容。法国人口经济学家索维给人口投资下了定义："人口投资一词通常是指国家为了防止人口增加引起生活水平降低而花费的开支。其目标或者是提高工作人口的生产率，以使产品增长得同人口一样多，或者是使新来的人能像原有的人一样生产同样多的财富。"[1]这是索维在1966年出版的《人口通论》第3版给人口投资所规定的内容。他主要是从宏观经济出发，考察国民收入中用于人口的抚养费用、医疗费用和教育费用。他把这些费用的支出统称为人口投资。在1976年发表的《人口的适度变动》一文中，他又给人口投资下了这样的定义：

> 为了确保新增人口得到和原有人口同样的便利（same facilities），必须在住房、医疗、教育、产业设备以及其他方面作出投资。换言之，为了维持简单的生活水平（标准），国民资本存量必须以人口增长一样的比率增加。这就可以称为人口投资。[2]

宏观人口投资和微观人口投资。西方人口经济学从考察的范围来区分，又把人口投

---

[1] 阿尔弗雷德·索维：《人口通论》（上册），商务印书馆，1983年版，第267—268页。
[2] 科尔主编：《人口增长中的经济因素》，麦克米伦出版公司，1976年英文版，第64页。

资分为宏观人口投资和微观人口投资。所谓宏观人口投资，是指从一个国家或整个人口群体来考察用于人口的抚养、教育、医疗、装备以及其他方面的费用支出的总和。所谓微观人口投资，是指一个家庭或个人用于维持现有生命及其延续后代，在衣、食、住、行、医疗、教育等方面所花费的支出的总和。宏观人口投资和微观人口投资是有密切联系的。

总人口投资（total demographic investment）又可分为人口数量投资和人口质量投资。前者是指在社会平均水准条件下，花在人口数量变动（增减）上的费用，既包括人口数量增加所花费的支出，又包括实行节制生育、鼓励生育所花费的支出。人口质量投资是指提高人口的身体素质和文化知识素质所花的医疗费用和教育、培训费用。这两种投资往往交织在一起，从微观来说是很难区分的；从宏观来说，这两种投资是可以加以区分和分析的。

人口投资占国民收入比率的估算。索维多次试图估算人口投资占国民收入的比率，他用 F 表示国民资本存量，R 表示国民收入，α 表示资本存量等于国民收入的倍数，$\gamma\%$ 表示人口增长率，I 表示人口投资，他写出如下公式：

$$I = F\gamma\%, \text{即} I = R\alpha\gamma\% \tag{8-1}$$

所以，人口投资占国民收入的比率为：

$$I/R = \alpha\gamma\% \tag{8-2}$$

索维指出，尽管这个公式不十分精确，但在一定意义上说明了人口投资占国民收入的比重，如果已经知道国民收入和国民资本存量的数值，又知道当年人口增长率，则可粗略估算出下一年人口投资的总数值。①

三、人口投资的性质

西方人口经济学是从社会生产和再生产的角度来考察人口投资的性质。在一定时间（如一年）内，总人口可分为原有人口和新增人口，总劳动力人口也可分为原有劳动力人口和新增劳动力人口。假定原有人口的消费水平和原有劳动力人口的就业装备水平不变，国民收入中用于积累的那部分资金则可分为人口投资和经济投资。经济投资是直接用于经济开发、促使经济增长所投入的资本，如投入基础设施，改建扩建住宅，提高整个经济运行过程中扩大再生产能力的资本。这种投资的性质是十分明显的生产投资。而人口投资是保证新增人口达到原有人口的生活水平和保证新增劳动力人口具有原来劳动力的就业装备水平的资本。实际上，为了简化的缘故，可以假设所有新增人口全部成长为劳动力人口，人口投资主要就是投入劳动力人口再生产的资本，或者说，使新增人口从母亲怀孕到成为劳动力人口进入社会再生产过程所投入的抚养费用、教育或培训费用、医疗费用、社会其他公共服务费用和就业装备费用。

从社会生产和再生产过程来考察，劳动力和物质资料是两个基本要素。在任何条件下，用于购买各种物质资料的投资，其性质是生产性投资是毋庸置疑的。在人口经济学

---

① 科尔主编：《人口增长中的经济因素》，麦克米伦出版公司，1976 年英文版，第 64—65 页。

家舒尔茨看来,投入劳动力人口再生产的资本,即人口投资,应该说也是社会再生产过程所必需的,在性质上与用于购买各种物质资料的投资是相同的,是生产性投资。在他看来,劳动力是一种稀缺资源,特别是人口质量、劳动力人口的质量是稀缺资源。要获得这种稀缺资源需要花费一定的费用。在舒尔茨看来,过去把这种费用看成纯粹消费性支出是一种错误,这些费用是生产性支出。因为没有劳动力,在社会再生产过程中,物质资料是不能自行运转的。只有劳动力与物质资料相结合,社会生产和再生产才得以进行。所以,投入劳动力人口生产和再生产的资本是社会再生产得以进行的一种不缺少的投资。这种人口投资用于增加劳动力人口数量,给现有劳动力人口不断补充新生力量;这种投资更重要的是用于提高劳动力人口质量,给现有劳动力人口增加高质量的人力资源。舒尔茨强调人口质量的提高大大有利于农业和非农业生产、家庭生产,有利于提高劳动生产率和利用时间的效率,有利于增进企业家能力和管理水平。[①]

四、西方人口投资学说产生的条件

西方人口投资理论在 20 世纪 60 年代形成和发展起来,绝不是偶然的。据西方学者介绍,人口投资、人力资本理论的产生和发展有现实人口经济条件和理论的由来。

当社会生产活动主要是以手工劳动为基础时,劳动力数量的多寡对获得生产率的高低和产品产量的多少有较大的影响。随着产业革命的深入,机械操作逐渐代替手工劳动,机器生产成为社会生产活动的基本形式,物质资本的多寡和劳动力质量的高低对生产率的高低以及产品产量的增加有重要作用。

到 20 世纪 50 年代后期和 60 年代,科学技术有了新的突破,1957 年苏联发射了第一颗人造地球卫星,这标志着苏联的空间技术和电子技术达到了一个新的水平。这件事对美国政界、科技界和学术界以很大的刺激和冲击。当时美国政府忧虑美国的科学技术落后于苏联,科学技术落后的原因是教育落后。当时美国一批年轻经济学家进行了这方面的研究工作,特别关注教育对科学技术发展的影响,分析教育对经济增长所起的作用,研究教育投资问题。1960 年芝加哥大学经济学教授 G. S. 贝克尔发表了《高等教育的投资不足》的论文,分析美国教育落后的原因不是院校的校舍场所短缺,而是教育投资不足。同年西奥多·W. 舒尔茨发表了《由教育引起的资本形成》,1963 年又出版了《教育的经济价值》一书,等等。这些著作和论文都是分析人口质量投资、人口质量对经济增长有促进作用的。

如果说以上所述是人口投资、人力资本理论产生的实际条件,那么,西方经济学有关生产函数的概念、资本生产率的概念、边际收入产品的概念则为人口投资理论作了理论准备。

西方经济学中柯布-道格拉斯生产函数理论说明,一定物质产品产量来自一定的生产要素的组合和生产要素的投入量。假定以 P 表示产量,L 表示劳动投入量,C 表示物

[①] T. W. Schultz, *Investing in People: The Economics of Population Quality* (University of California Press, 1980), p. 12.

质资本投入量，A 是参数（变量），α、β 分别表示资本和劳动在产量中所占的相应份额，即 α、β 是小于 1 的正数，则可写出生产函数：

$$p = A \cdot C^{\alpha} \cdot L^{\beta} \tag{8-3}$$

从公式（8-3）可以看出，在技术水平为已知的条件下，产量（P）的增加既可能来自对物质资源的投资的增加，也可能来自对人口投资（或人力资源投资）的增加。对人口投资的增加可能包括就业人数增加的费用支出、劳动力人口技术熟练程度的提高和知识增进的费用支出，以及花在劳动力人口健康状况改进上的费用支出等项的增加。舒尔茨、贝克尔把美国和其他发达国家经济增长的重要原因归结为人口质量的提高，人口质量的提高是用于教育和健康等方面的费用支出增加所获得的人力资本存量的增加。20 世纪 60 年代以后，西方人口经济学家正是沿着舒尔茨、贝克尔等人的这条研究路线展开了探讨和论争。

第二节 人口投资的转化

一、人口质量是耐用的稀缺资源

西方人口经济学家在研究人口投资时，重点是研究人口质量投资，如舒尔茨就是侧重于分析花在提高人口质量方面的投资与收入问题。如前所述，西方人口经济学所讲的人口质量是指人口的身体素质和文化知识素质。

正是从人口质量的这个定义出发，他们认为，人口质量是一种稀缺资源。从人们无限的欲望来说，人口质量总是不能满足需要，是有一定限制的。人们为了获得较高的质量，如获得较高的文化知识素质和强健的身体，是要花一定的代价的，即花费一定的费用。因而人口质量具有经济价值，投入提高人口质量的资本要获得一定的收益，追加的人口质量投资要获得追加的收益。

人口质量不仅是稀缺资源，而且是耐用资源。所谓人口质量的耐用性，是指人口质量如同耐用的生产品一样，不是一次消耗光，而是使用要持续相当长的时间。正如耐用生产品可以通过维修、保管延长使用期限，人口质量资源也可以通过治疗（如生病期间的治疗）和进一步进修、培训而得到提高，从而提高效率和延长劳动期限，等等。所以，人口质量是耐用的、稀缺的资源。

舒尔茨认为，从人口经济学来说，人口质量是耐用的稀缺资源并不是新问题。早在 17、18 世纪，资产阶级古典经济学家就研究了质量问题，比如土地质量上的差别构成了级差地租理论的一项重要内容，对土地的投资，可以提高土地的质量，从而提高土地的生产力。同样，对人口的投资，也可以提高人口的质量，从而提高劳动力的生产力。

同时，舒尔茨指出，人口的质量，如果从人的能力来说，可以区分为先天和后天两大类。从单个人来看，每个人特定的基因决定了出生之后先天能力有差别，并且在特殊条件下，个别人的先天差别还是很大的。但是，人口投资理论所研究的人口质量主要是指人们后天所受到的抚养、教育和治疗保养等，并且假定，在较大的人口群体中，如一个国家的人口群体和另一个国家的人口群体的先天能力是相近的、相似的，无重大差别的。所以，人口质量投资只考察在人口质量的后天提高上的投资，而把人口质量上先天的差别抽象掉。

二、人口投资转化的形式

在社会再生产过程中，资本投入购买物质资料，如原料、燃料、生产工具、厂房等物质产品，这种物质资本投资转化为"资产"或"资本存量"。人口投资作为生产性投资，要和物质投资一样转化为"资产"或"资本存量"。但是，在方式、形式等方面，人口投资的转化又不同于物质资本投资的转化。人口投资转化大体采取以下形式：

（一）健康资本存量

健康资本存量是指人口的身体健康状况或身体素质，包括身高、体重和"健康时间"（无病时间）等因素，又可称为健康存量。这种存量部分来自先天的遗传，但绝大部分是来自后天获得的健康投资。健康投资包括花在照料婴幼儿童、营养物品、穿衣、住房、医疗服务、自我照顾等有关身体健康方面的费用支出。这种投资转化为健康资本存量，表现为健康时间或无病时间。如果一个人的无病时间多，则可以说明健康资本存量多。人的寿命的延长也是健康资本存量增加的表现。

第二次世界大战以后，世界各国人口的预期平均寿命的延长，是健康资本存量增加的表现，是人口健康状况得到改善的表现，特别是发展中国家，自20世纪50年代以来，人口出生时的预期寿命已经上升了40%，婴儿死亡率的下降和青少年人口死亡率的下降，是这些国家健康资本存量增加，即人口的健康状况得到较大改善的表现。

健康存量的增加，人口寿命的延长，是有利于经济增长和经济发展的。健康存量的增加，第一，表现为健康时间的增多，"生病时间"的减少，这样，劳动力人口参加生产劳动的时间增加，劳动投入增加，有利于产出的增加；第二，有较为健全的身体，有较旺盛的体力投入生产劳动，能提高人的劳动生产率和工作效率；第三，人的寿命延长，对获得较多教育提供了追加刺激，父母愿意在孩子身上投资，特别是在孩子身上作更多的智力投资，这对于未来劳动生产率的提高有促进作用。西方人口经济学家认为，健康资本存量增加，对经济的有利含义是清楚的，困难在于如何计量人们从健康资本存量增加、寿命延长获得的效用和得到的满足，这样的问题有待进一步研究。但经验分析说明，人们从健康方面追加的投资获得的追加效用，实际上增加了个人收入，这是肯定的。

（二）知识存量

知识存量是人所具有的智力、知识、能力、技术等。知识存量是教育投资转化而来的。教育投资是人口投资的重要组成部分。这种投资包括花在儿童早期教育、正规学校教育（小学、中学和大学教育）、职业培训（就业前、在职等形式职业教育）等方面的费用支出。这种投资又称为智力投资，即用于提高人口的智力、知识、能力和技术等方面的投资。这种投资转化为知识存量，存留于每个人的头脑中。

教育投资又可分为宏观教育投资和微观教育投资。宏观教育投资是指一个国家的政府和其他部门、团体、组织花费在国民教育上的支出。在西方发达国家，教育投资大体上可区分为公共教育投资和私人教育投资这两大类，无论这两种投资的来源如何，也不论是用于幼儿、少儿教育还是大、中小学校（公立或私立学校）的教育支出都可视为宏观教育投资。这种教育投资包括各级各类学校的校舍建筑费用，教具、仪器设备、图书资料等的购置费用，教职人员的工薪费用，以及学校房屋、仪器设备等的维修和更新费用，等等。一个国家要提高教育水平，增加国民的知识存量，必须在学校的基本建设、仪器设备和聘请高水平的教师上花费必要的投资。如果进行没有必要的教育投资或者投资的数量过少，是不可能提高教育水平和人口质量的。

微观教育投资是指家庭或个人花费在子女身上的学校教育或本人的职业培训所作的投资。这种投资包括家庭支付子女的学费、培训费，支付给家庭教师的工资，以及子女购买各种书籍所花费的支出。成年人为增加自身的知识存量或更新知识花费在参加各种职业教育或职业再培训方面的费用以及购买各种学习资料、图书的支出。微观教育投资对提高国民的知识存量是必不可少的。随着社会经济的发展和对劳动力质量要求的提高，微观教育投资在家庭人口投资上所占的比重日渐上升。

（三）就业资本存量

就业资本存量是由就业投资转化而来的。就业投资是指为装备新增劳动力人口花的费用。这种费用包括为装备新增的就业劳动力人口所购置的机器设备、厂房等的支出。这种投资往往采取物质资本投资形式，转化为物质资本存量，称为就业资本存量。

三、人口投资转化的特点

第一，人口投资转化是从投资流量转化为资本存量的过程，这个过程可称为人口投资过程。随着新增人口从母亲怀孕开始，经过出生、哺乳、抚养、教育或培训，到进入劳动力市场就业的过程，人口投资逐渐投入，形成投资流量，逐渐转化为资本存量，如健康资本存量和知识存量。这与物质资本投资经过市场购买、交换等渠道转化"资产"或资本存量是不同的。物质资本投资通过较短的时间，经过两三次交换，资本流量就转化为资本存量。然而，人口投资转化过程在时间上是比较长的，并且是逐渐进行的。人口投资流量转化为资本存量，投入社会再生产要经过相当长一段时间。

第二，人口投资转化为健康资本存量和知识存量，体现在一定的人口数量上，蕴藏于人口自身内，在社会再生产过程中表现为劳动力的数量和质量。然而，物质资本投资则表现为物质形态的资本。西方人口经济学家认为，人口投资中的健康投资和教育投资在物质生产过程中发挥重要作用。教育投资的增加，促使教育水平提高。美国经济学家丹尼森估计从 1929 年到 1957 年的经济增长中有 23%是教育水平提高所作的贡献。[①]

第三，人口投资，和物质投资一样，都存在一个投入产出比较的问题。对于物质投资的劳动消耗和劳动收益的分析，西方经济学已提出一整套投入-产出分析理论和统计分析法。对于人口投资的劳动消耗和劳动收益比较分析，西方人口经济学家一般是用劳动者收入如工资来加以说明的。他们认为，人们受教育年数的差别，反映了教育投资的差别。一般说来，受教育时间越长，说明人口投资越多（主要是教育投资增加）；而且人口投资中教育投资所占份额越多，人们的收益可能越高。

第四，人口投资难以确定回收期。从物质资本投资来看，有一个"回收期"问题，即确定投资过后多少年内收回投资。同时可以通过固定资产折旧率、利润率等方法计算出投资在若干年内收回，并且从"投资回收期"的长短来考察投资的经济效益。人口投资转化为"健康资本存量""知识存量""就业资本存量"，从理论和实际来说，西方人口经济学认为这种投资的经济效益是明显的。但是具体确定回收期限，无论从宏观经济还是微观经济来看，都是困难的。

第三节 人口投资对经济增长的作用

一、劳动力人口数量增加对经济增长的作用

西方人口经济学家认为，人口投资的增加最后落实到劳动力人口数量的增加和质量的提高上。作为生产投入要素，劳动力人口数量和质量都会影响产出，从而影响经济增长。这里首先分析劳动力人口数量增加对经济增长的影响。

在西方发达国家经济增长过程中碰到的问题之一是工业中资本投资收益率水平偏低。由于工业投资收益率低，因此，无论储蓄率达到什么程度，仍然难以增加投资总量，从而难以提高经济增长率。投入生产的各种要素的结合状况是影响工业资本投资收益率高低的一个重要条件。所以，在考察经济增长率问题时，要分析各种生产要素的结合状况。假定劳动力人口的质量保持不变，劳动力人口的数量与其他投入要素的结合，对产出数量是有影响的。

假定生产某种产品的一单位产出量所需要的各种生产要素数量之间的比例是固定的，例如，投入的劳动和资本之间有一定的比例。这样，如果劳动投入量和资本投入量以某种比例同时增加，则能增加产出量。如果出现劳动供给不足，则会使资本有剩余，劳动投入量不足以和资本投入结合，则可能使机器设备闲置，从而难以提高产出量。从整个国民生产总值和国民收入来考察，也是同样的道理。从一个国家来说，生产一定量国民生产总值所需劳动投入量和资本投入量，在一定时期内有一个一定的比例。如果两者能按照一定的比例同时增加，则可能使国民生产总值和国民收入按比例地增加。如果

---

① E. F. Denison, *The Sources of Economic Growth in the United States, and the Alternatives Before Us* (Columbia Unversity Press, 1962), p. 9.

劳动供给不足，没有足够的劳动力人口为资本所吸收，则可能出现物质资本闲置，从而影响国民生产总值和国民收入的增加。由此可见，一定数量的劳动力人口为经济增长所必需。

假定生产某种产品的一单位产出所需各种生产要素数量之间的比例是可变的，在一定程度内，可用资本代替劳动，或者用劳动代替资本。这样，为了生产一单位产出，如果劳动供给不足，可用增加资本供给来代替。经济增长过程中对资本的需要量将扩大。如果出现追加的资本供给不足，则可能导致经济增长率下降。

从人口投资的各种形式可以考察劳动力人口数量在经济增长中的作用。

健康投资的作用在于为经济增长提供合格的劳动力人口，如劳动力人口的年龄构成、劳动力人口的体力都适应经济增长的需要。如果健康投资不足，人们的健康存量不适应各种经济部门对劳动力年龄结构和体力的要求，则对经济增长产生不利的影响。比如，如果劳动力人口年龄老化，经济部门对青壮年劳动力的需求得不到满足，则可能使经济增长中缺少创新或降低经济增长率。舒尔茨指出，良好的健康状况，减少生病时间，有更多体力去从事生产劳动和寿命延长，增加了劳动时间，都有助于提高产量。他以印度疟疾病发病率高和发病率低的两个地区为例进行分析。在发病率高的地区，根除了疟疾病之后，农作物的产量提高了45%，而发病率低的地区，根除了疟疾病之后，农作物的产量提高了38.6%。他认为，印度控制疟疾病规划的实施，健康投资的增加，提高了人们的健康水平，延长了寿命，对提高农作物的产量起到了积极的作用。[①]

教育投资的作用在于使劳动力人口的知识技术结构适应经济增长中不同部门、不同工种和不同技术层次的经济单位对劳动力人口数量的需求。教育投资结构必须适应经济中各部门结构的要求，不但使劳动力人口的总量适应经济增长的要求，而且使劳动力人口的知识技术存量适应不同层次经济单位对劳动力数量的要求。如果教育投资的总量中某一等级或层次的投资过多或不足，都可能出现教育投资浪费的现象。比如，如果对普通教育投资过多，对技术专业、教育投资不足，则可能出现具有普通中等教育水平的青年劳动力人口失业和大量技术岗位空缺并存的现象。如果出现这种现象，将对经济增长十分不利。

当然，劳动力人口数量与经济增长的关系还包括国内劳动力人口的流动和国际移民等方面的投资对经济增长的影响。从一个国家来说，如果劳动力人口不能合理流动，劳动力人口在地区之间不能合理配置，同样可能造成人口投资的浪费。合理配置劳动力人口，是合理利用人口投资的途径之一。国与国之间的移民，可以看作国际间人口投资的转移。如果迁入移民是熟练劳动力人口，知识存量较多，这是迁入国的人口投资的增加。迁入的知识存量大的劳动力人口越多，迁入国所获得的收入越大，对其经济增长越有利。

人口投资为经济增长提供劳动力人口，不仅表现为以不断成长起来的青年劳动力人

[①] T. W. Schultz, *Investing in People: The Economics of Population Quality* (University of California Press, 1980), p. 38.

口去顶替退出劳动市场的老年劳动力人口，而且表现为满足经济增长的需求，不断提供新增劳动力人口，这样，为生产供给追加劳动。这是从劳动力人口的数量说明人口投资对经济增长的促进作用。当然，如果劳动力人口供给超过了资本的需求，会造成失业，则会造成人口投资的浪费。

二、劳动力人口质量对经济增长的作用

人口投资对经济增长的作用，更主要地体现为劳动力人口质量对经济增长的推动作用。舒尔茨十分重视劳动力人口质量对经济增长的作用，为此把《人口投资》一书冠之以"人口质量经济学"的副书名。

西方传统的经济学在给劳动投入量下定义时是以劳动投入量的自然单位，即人年时或人工时作为等量的劳动投入单位，计算一个劳动者投入劳动的年数或投入劳动的小时数。这种计算方法不能反映劳动力人口的质量对经济增长所起的作用。

西方人口经济学在分析这个问题时也存在一些困难，即如何确立计量人口质量或劳动力人口质量的尺度和指标。劳动力人口的质量体现为劳动者身上的知识积累、工作能力和经验、技术水平和熟练程度、身体素质和某些先天才能（某部分器官的特殊功能、记忆能力和艺术才能等）。对于劳动力人口的质量因素在经济增长中的作用，西方人口经济学集中分析教育投资对经济增长的作用。西方人口经济学家认为，劳动力人口的质量提高主要是后天经过教育获得的，教育赋予劳动力人口一定的知识、专业技能等。因此，就用劳动者受教育的年数或等级作为衡量劳动力人口质量高低的一个尺度。假定受教育年数不同的劳动者在同一时间内所投入的劳动量是不同的，同时受教育年数多的劳动者在同一时间所投入的劳动量是受教育年数少的劳动者的倍加，以此来衡量劳动力人口的质量不同对经济增长的作用不同。

对于劳动力人口，可按受教育的年数分组和按受教育的等级分组。按受教育的年数把劳动力人口每受4年教育分组：受过1—4年教育的为一组，受过5—8年教育的为一组，受过9—12年教育的为一组，受过13—16年教育的为一组。按受教育的等级分组：受过初等教育的为一组，受过中等教育的为一组，受过高等教育的为一组；等等。这两种分组既可考察不同时期劳动力人口质量的变化，又可考察国民经济各个部门或地区就业劳动力人口质量的差异及其变化。舒尔茨按照劳动力人口受过教育的等级分组，对教育投资、每个劳动力的成本进行考察，详见表8-1。

从表8-1可以看出，美国劳动力人口平均每人受教育的年数逐渐增加，从1900年的4.140年上升到1970年的11.70年，增加了2.2倍。1900年到1970年的前40年，主要表现为劳动力人口初等教育水平的提高，人均受初等教育的年数从1900年的3.437年上升到1940年的6.85年；后30年主要表现为劳动力人口中等教育水平的提高，人均受中等教育的年数从1940年的1.71年上升到1970年的3.04年。与此同时，人均受高等教育水平也有较大的提高。

表 8-1　美国劳动力人口受过正规教育的年数和教育费用
（1900 年、1940 年、1957 年、1970 年）

年份	教育等级	人均教育年数①	每年教育费用（美元）②	人均教育费用（美元）③	比率（%）④
1900	初等	3.437	962	280	43
	中等	0.556	790	1 420	35
	高等	0.147	485	3 300	22
	总计	4.140	2 237		100
1940	初等	6.85	1 918	280	33
	中等	1.71	2 428	1 420	41
	高等	0.46	1 518	3 300	26
	总计	9.02	5 864		100
1957	初等	7.52	2 106	280	28
	中等	2.44	3 458	1 420	45
	高等	0.64	2 099	3 300	27
	总计	10.60	7 663		100
1970	初等	7.75	2 170	280	23
	中等	3.04	4 317	1 420	45
	高等	0.91	3 003	3 300	32
	总计	11.70	9 490		100

注：① 人均教育年数是指经过调整的每个劳动力人口平均所受过的学校教育年数。
② 每年教育费用是以 1956 年的不变价格计算各个年代的每年教育支出。
③ 人均教育费用是指每个劳动力人口平均受教育年数（人均教育年数）乘以每年教育费用。
④ 比率是指各个等级的人均教育费用在总人均教育费用中所占的百分比。
资料来源：T. W. Schultz, *Investing in People: The Economics of Population Quality* (University of California Press, 1980), p. 81。

　　人均教育费用是用 1956 年的不变价格计算的。各个年代一年的人均教育经费分别为：初等教育 280 美元，中等教育 1 420 美元，高等教育 3 300 美元。同时，舒尔茨还把初等教育的天数指数加以调整，以 152 天为一个等量教学年（an equivalent schoolyear）来加以计算，在 1900 年，注册的从 5—15 岁的小学生平均受教育的天数仅为 99 天。

　　当然，作为人口投资的分析还要考虑职业培训方面的投资。职业培训的投资也可以包括在教育投资之内，从而提高劳动力人口的教育资本存量的总量。由于教育投资的增加（表 8-1 中人均教育费用的增加说明了这一点），体现在劳动力人口身上的教育资本总存量上升。表 8-2 说明美国劳动力人口的教育资本总存量从 1900 年的 630 亿美元上升到 1970 年的 8 150 亿美元，增加了 12 倍。与此同时，教育资本存量占可再生的非人类财富存量的比重也从 1900 年的 22% 上升到 1957 年的 42%。这些数字既说明美国劳动力人口质量的提高，又说明劳动力人口质量提高对经济增长的作用。劳动力人口的教育资本存量占工商企业资本存量的比重上升，如从 1930 年的 37% 上升到 1970 年的 75%，可以说明，教育投资对于企业提高劳动生产率，增加产出的作用是逐渐加大的，从而也说明人口投资对经济增长显得越来越重要。

除了可用受教育的年数或等级说明劳动力人口的质量高低之外，在市场经济条件下，还可以工资收入作为衡量劳动力人口质量的一个尺度。

西方人口经济学家，如舒尔茨，假定工资收入的高低只受教育年数或等级的影响，即工资收入高的人是由于受教育的年数多或等级高，工资收入低的人则是因为受教育年数少或等级低。如一个受过 16 年教育的人的工资收入是只受 8 年教育的人的工资收入的两倍，这说明，市场上承认在同样多的工时内（如每周工作 40 小时），受过 16 年教育的人的劳动投入质量比只受过 8 年教育的人的劳动投入质量高一倍，也即受过高等教育的人的劳动生产率高于只受过初等教育人的一倍，等等。

表 8-2　美国劳动力人口的教育资本存量及两类可再生非人力资本存量的比较

年份	（1）劳动力人口的教育资本存量	（2）可再生的非人类财富存量	（3）（1）占（2）的百分比（%）	（4）工商企业资本存量	（5）（1）占（4）的百分比（%）
1900	63	282	22	—	—
1910	94	463	23	—	—
1920	127	526	24	—	—
1930	180	735	24	491	37
1940	248	756	33	475	52
1950	359	969	37	557	64
1957	535	1 270	42	700	76
1970	815	—	—	1 089	75

注：此表各项资本存量均以 10 亿美元为计算单位。

资料来源：T. W. Schultz, *Investing in People: The Economics of Population Quality* (University of California Press, 1980), p. 83。

从表 8-3 可以看出，用 1967 年美元不变价格计算，1900 年制造业工人仅比非熟练工人的每小时工资高 0.02 美元，教员每小时工资比非熟练工人高 0.24 美元，而大学副教授工资却比非熟练工人高约 3.5 倍。这说明市场上承认一个副教授每小时投入的劳动质量是一个非熟练工人投入量的 4.5 倍，前者的劳动生产率比后者高 3.5 倍。因而教育投资对经济增长的作用是明显的。

表 8-3　美国按不同类型劳动力人口分类的工资收入比较（1900 年和 1970 年）

	1900 年的小时工资	1970 年的小时工资	增长百分比（%）（1900＝100）	1970 年比 1900 年增长的绝对数
制造业工人	0.60	3.27	445	2.67
非熟练工人	0.58	2.48	327	1.90
教员（中、小学）	0.82	4.39	435	3.57
副教授	2.60	6.18	138	3.58

注：此表的工资和增长绝对数均以 1967 年美元不变价格计算。

资料来源：T. W. Schultz, *Investing in People: The Economics of Population Quality* (University of California Press, 1980), p. 66.

同时，到1970年，制造业工人每小时工资比非熟练工人高0.79美元，教员和副教授的每小时工资分别比非熟练工人高1.91美元和3.70美元。副教授的工资与非熟练工人的工资差距是最大的，仍然说明了教育投资对经济增长的作用是巨大的。从工资收入增长的速度来看，制造业工人和教员的工资增长速度最快，1970年比1900年分别增长了445%和435%，这说明这两部分劳动力人口的受教育水平有了较大的提高。

如果把1900—1970年美国工资收入增长率与劳动力人口增长率结合起来分析，更说明教育投资对提高劳动生产率、增加产出和工资收入所起的作用，如表8-4所示。从1900年到1915年，美国劳动力人口增加了37%，而同期内各类劳动力人口的每小时工资增长率都低于这个数字，说明当时主要靠增加劳动力人数来推动经济发展。从1915年到1930年，美国劳动力人口增加了26%，而同时期，除了副教授之外，其他各类劳动力人口的工资增长率都高于26%，制造业工人工资增长率达到43%，教员和非熟练工人的工资增长率分别达到38%和37%。这说明推动经济增长的因素，除去资本投入量增加不论，主要依靠劳动力人口质量的提高。从1930年到1950年和1950年到1970年这两个20年中，劳动力人口分别增加了35%，除1930年到1950年之间副教授工资增长率仅为7%之外，其余各类劳动力人口的工资增长率大大高于35%。如果把资本投入量增加抽象掉，那么，劳动力人数增加较少，而工资增加较多，正说明了各类劳动力人口受教育水平的提高。由于假定工资增长率上升反映了劳动生产率的上升，劳动生产率提高又归因于劳动力人口受教育水平的上升，所以，以上情况说明了教育投资的增加。表8-1已经说明各类学校教育费用的增加对经济增长起到促进作用。

表8-4 美国1900—1970年工资收入的增长率（%）

	1915年比1900年	1930年比1915年	1950年比1930年	1970年比1950年
制造业工人	23	43	103	52
非熟练工人	21	37	72	50
教员	32	38	54	91
副教授	20	8	7	72

资料来源：T. W. Schultz, *Investing in People: The Economics of Population Quality* (University of California Press, 1980), p. 67。

西方人口经济学家还用柯布-道格拉斯生产函数来说明劳动力人口质量的提高对经济增长的作用。

柯布-道格拉斯生产函数为：

$$Q = AL^a C^{1-a} \tag{8-4}$$

公式中的Q表示产出量，L表示劳动投入量，C表示资本投入量，A为常数，a和$1-a$分别表示劳动和资本在产出量中所占的相应份额。

从式中可推出经济增长率（或产出量增长率）的公式：

$$\frac{Q'}{Q} = \frac{A'}{A} + a\frac{L'}{L} + (1-a)\frac{C'}{C} \tag{8-5}$$

公式中的$'$表示在一定期间内各变量的增量。

为了说明劳动力人口质量的提高对经济增长的作用，主要对L'/L进行分析。设N

表示劳动力人数，E 表示劳动力人口质量的指数，t 表示计算质量的年份。由此可以分析出 L'/L 不仅与 N'/N 的增长率有关，而且与 E_t 有关。

假设市场是依据劳动者的劳动生产率付给报酬，又假定劳动生产率的高低直接同劳动者受教育的水平相关，由此说明劳动力质量的提高可以表示为：

$$E_t = \sum \frac{Y_t}{Y_0} \cdot \frac{N_t}{N} \tag{8-6}$$

公式中的 Y_0 表示各种类型劳动力人口在基期年份的平均收入。N 是劳动力人口总数，N_t 是 t 年内某种类型的劳动力人口数。Y_t/Y_0 是同基期年份比较第 t 年教育水平的相对收入，由此可得：

$$\frac{L'}{L} = \frac{N'}{N} + \sum \frac{Y_t}{Y_0} \left(\frac{N_t'}{N}\right) \tag{8-7}$$

在劳动力人口总数（N）不变的条件下，E_t 增加一倍表示劳动投入量（L）增加，等于在劳动力人口质量 E_t 不变的条件下，劳动力人口总数 N 增加一倍所表示的劳动投入量（L）的增加。随着劳动力人口受教育程度的提高，劳动力人口的平均量也会相应提高，从而可得出：

$$\frac{Q'}{Q} = \frac{A'}{A} + a\left[\frac{N'}{N} + \sum \frac{Y_t}{Y_0}\left(\frac{N_t'}{N}\right)\right] + (1-a)\frac{C'}{C} \tag{8-8}$$

这个公式是在资本和劳动可以替代以及不同劳动力质量的劳动者可以彼此替代的条件下才能成立的。然而，在现代科学技术条件下，这两种替代都是难以实现的。如前所述，假定受过 16 年教育的人（大学毕业生）的工资收入等于受过 8 年教育的人的工资收入的 2 倍。但是，在许多场合下，适合于受过 16 年教育的人的岗位并不能为受过 8 年教育的人所替代。在现代科学技术工作中，越是专业性强的工作，越不容易为受过较少教育的人所替代。同样，资本和劳动之间的替代也受到很大的局限性。尽管电脑、机器人能够替代某些部门一些劳动者的工作，但是，如果技术程度和专业化程度发生了变化，也不能彼此替代。这些事实说明了人口投资（主要是教育投资）对经济增长的重要性。在科学技术迅速发展条件下，经济增长对劳动力人口的质量要求越来越高，也说明经济增长要求高质量的劳动力人口既不能用机器设备来替代，也不能用人数更多的低质量劳动力人口来替代。因此，只能采取在人口投资（主要是教育投资）方面花较大的本钱，来培养、教育出高质量的劳动力人口，或者采用高工资（也是一种人口投资）吸收国外高质量的劳动力人口移民，以利于进一步提高经济增长率。

三、人口投资的社会经济效益

以上是从劳动力人口工资收入增加或减少的角度，分析了人口投资（主要是教育投资）对经济增长的作用。西方人口经济学家认为，在市场经济条件下，人口投资除有利于劳动者个人或家庭之外，即个人或家庭经济受益之外，对于整个社会经济的发展都是有益的。因此，有必要考察人口投资的社会经济效益。

依据现代统计科学和经济计量科学发展水平，人口投资的社会经济效益，有一部分是可以计算出来的，例如，人口投资（主要是教育投资）的增加，对国民生产总值和人均国民收入的贡献,美国经济学家丹尼森曾经计算出,美国 1929—1957 年的国民收入年增长率为 2.93%,其中约有 0.67%是由于劳动力人口受教育水平的提高。这说明美国国民收入每增长 1%,其中有 23%归因于教育的作用。然而,也有相当一部分人口投资的效应,在目前条件下是不容易计算出来的,例如国民生活条件和劳动条件的改善,产品质量和工作质量的提高,等等。所以,人口投资的效益不会全部归于个人,而有一部分归于全社会。所谓人口投资的社会经济效益,是指全部人口投资或某项人口投资促进或带动了社会经济的发展,使整个社会受益。这种效应又称为葡萄收获效应。

从一个家庭的人口投资来看,家庭花在健康方面的投资,使得家庭成员的健康状况得到了改善,从而保证或提高了家庭成员获得收入的能力(如延长了工作时间,使之增加收入);或者家庭健康投资,把子女抚养成人,使之成为家庭的新增劳动者,也可以给家庭带来收益或未来收益。然而,家庭健康投资除给家庭带来收益之外,对社会经济增长和国民收入的增加,也有保证和推动作用,使社会在经济上获得收益。可见,家庭健康投资带来的经济效益不应全归于家庭,也有一部分归于社会。

家庭在教育方面的投资,也具有家庭健康投资同样的效应。如一个因教育投资多而受过较多教育的人在技术上有新的发明或在科学上有新的发现,肯定获得较多的个人收入。但任何发明创造的受益者肯定不只是提出发明创造的个人,把发明创造加以推广,运用于社会物质生产和精神生产,能够促使国民生产总值和国民收入增加,推动经济增长,扩大就业机会,提高人均国民收入,等等。这一切都是社会从教育投资中获得的收益。

舒尔茨认为,人口投资(主要是教育和培训投资)可以提高企业管理人员的经营管理才能。经理人员的经营管理能力得到提高,有利于组织企业的生产和销售,有利于收集和运用具有经济价值的信息,这样能使企业生产产量增加和产品质量提高。他指出,经过培训和农业研究的企业家,在现代农业生产中善于使用土地、劳动力和选择生产机会,有效地利用资本,不再受传统农业生产方法的束缚,在生产更多粮食方面充满活力,为粮食产量不断增加展示出光明的前途。这些都是企业管理人员经营管理能力提高给社会带来的效益。当然他们管理能力的提高也会给自己带来较高收入,但对社会也是有益处的。

由于人口投资给社会带来十分广泛的经济效益(这里把政治上的效益和思想文化上的效益存而不论),所以,一个国家的人口投资就不应该全部由家庭支出,特别是健康投资和教育投资,国家和社会各种组织也应该负担一部分人口投资,因为人口投资具有明显的社会经济效益。

西方人口经济学家,如舒尔茨,认为由于人口投资使社会获得经济效益,所以,政府用于教育和保健方面的投资,不应该看成消费性质的福利支出,而应该看成生产性投资。舒尔茨指出:"由于学校教育经费是基本的投资,因此,把一切教育费用作为现有消费支出是严重的错误。这种错误来自把学校教育只视为一种消费的假设,从而导致把用于学校教育的公共支出作为'福利'支出。……同样的错误发生在健康投资的支出方面、公共的和私人的健康支出方面。"[①]

---

① T. W. Schultz, *Investing in People: The Economics of Population Quality* (University of California Press, 1980), p. 15.

劳动力人口质量越高，给社会带来的经济效益越多。提高劳动力人口的最重要途径是增加教育投资和健康投资。所以，应该把教育部门和医药卫生部门视为推动一国经济增长和经济发展的重要部门，应增加教育投资和健康投资，给社会带来更大的经济效益。

基于上述原因，劳动力人口中专业人员的死亡和长期患病，或专业人员出境不归，都会给社会带来经济损失。应该尽量降低劳动力人口的死亡率，减少专业人员的死亡人数和生病的时间，增加健康时间，以便给社会带来更多的经济效益。同时应采取有力措施，尽可能使专业人员留在国内，特别是发展中国家应制定政策，防止专业人才外流，从而减少人口投资的损失，使人口投资发挥更大的经济效益。

思考习题

1. 简述人口投资和人力资本之间的关系。
2. 你是否观察到劳动力人口质量对经济发展和经济增长的作用？
3. 用人口投资促进经济社会发展的理论，说明人口投资的增加有利于提高人们的文化道德水准以及和谐社会的建设。

第九章 人口红利学说[①]

◀学习目标▶

1. 了解和把握人口转变和人口红利的概念。
2. 了解和把握获得人口红利的制度环境及条件。

◀学习重点▶

人口转变、人口红利

人口增长和经济增长之间的关系历来是西方人口经济学家所关注的课题,特别是经济相对落后的国家和地区,要在经济发展水平上赶上发达国家和地区,其经济增长速度,特别是人均国内生产总值的增长速度应比较快,超过发达国家和地区的经济增长速度,发展经济才有可能实现赶上的目标。经济相对落后国家和地区的经济发展与经济增长过程中,人口因素是一个至关重要的影响因素。特别是经历人口转变过程的后起的发展中国家和地区,存在有利于经济发展和经济增长的潜在人口红利。

第一节 人口转变与人口红利

一、人口转变

人口转变(demographic transition),又称为人口再生产类型转变,是指伴随经济社会的发展,人口从"高出生率、低死亡率和高自然增长率"到"低出生率、低死亡率和低自然增长率"的人口再生产类型的转变。在西方发达国家和地区,人口转变是伴随着工业化、城市化,经济逐渐现代化过程中,大批传统农村人口向城市迁移的过程中逐步实现的,经历了一个较长时间渐进的转变过程。在这个过程中,由于医疗卫生条件的改善,人口死亡率下降较快,人们的生育行为也随之发生转变,逐渐地减少生育和扶养孩子的数量,逐步实现了低自然增长率。人口再生产类型伴随出生率和死亡率的下降,形成了人口转变演进的三个阶段:

第一个阶段,高出生率、高死亡率、低自然增长率;
第二个阶段,高出生率、低死亡率、高自然增长率;
第三个阶段,低出生率、低死亡率、低自然增长率。

人口再生产类型的转变是要经过较长的时间才能实现的,发达国家和地区经历了几代人上百年的时间才实现这种人口转变。中国从 20 世纪 70 年代开始有效地推行计划生

[①] 本章参考了蔡昉(2004)的有关文章,特此致谢。

育政策，人们的生育行为出现较大的变化，到 21 世纪初，经历三十多年的时间实现了人口再生产类型的转变。中国人口再生产的转变是伴随改革开放的进程，在经济社会快速发展的条件下，经过计划生育政策的有效实施，人们的生育愿望和生育行为才有较快的改变。由此可见，实现人口转变是有条件的，先要有经济较高水平的发展，又要有计划生育政策的实施，更应有人们生育观念的改变和人们生育行为的转变，才有可能出现低出生率，加上医疗卫生条件的改善保证低婴儿死亡率和整个人口的低死亡率，这样才能形成人口再生产类型转变到"三低"的状态。

二、人口红利

人口红利（demographic dividend），又称为人口机会窗口，是指在人口转变的过程中，随着人口年龄结构的变化，在总人口中劳动力年龄人口所占比例较高，人口扶养系数较低，劳动力供应较为充足，有较多的劳动力与有效的物质资本结合所产生的较多的经济效益。

图 9-1 说明人口转变的三个阶段，其中第二阶段处于劳动力年龄人口较多，人口的生产性较强，有利于经济增长。在其他经济条件相同时，生产性较强的人口可能形成推动经济增长的人口红利。人口经济学家认为，不同年龄结构人口的经济行动是有差别的，不同年龄结构人口对经济发展和经济增长所起的作用也是不同的。如果人口扶养系数较高，人口中较大比重的人口由儿童少年（0—16 岁）和老年人（60 岁和 60 岁以上）组成，那么，社会负担较重，人口的生产性较低，形成人口负债，对经济发展和经济增长是不利的。在这种人口年龄结构的情况下，很难形成人口红利。

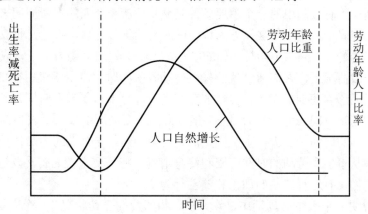

图 9-1　人口转变与年龄结构变化

资料来源：《人口研究》，第 28 卷，2004 年第 2 期。

当然，随着人口年龄结构的变化，人口转变使得生产性人口较多，劳动力供应充足，在其他经济条件相同时，可能形成有利于经济发展和经济增长的人口红利，成为经济社会创造财富的额外源泉。然而，人口红利对于经济发展和经济增长还只是一个潜在的源泉，或称为潜在的人口红利。要把这种潜在源泉或潜在的人口红利转变为现实，真正起到实际效果，还需要具备一定的环境和条件。

第二节 获取人口红利的环境和条件

一、制度环境

西方人口经济学家研究东亚地区（日本、韩国、新加坡以及我国的台湾、香港地区）20世纪50年代至90年代经济发展和经济增长过程中人口因素所起的作用时，发现社会稳定和市场经济制度环境是促使人口红利从潜在变为现实的必要条件。只有在市场经济制度环境下，劳动力市场才发育得较为完善，对外开放程度较高，劳动力年龄人口能够自由流动，农村中的剩余劳动力人口能够自由到城市就业，寻找到适合自己的工作岗位。这就是说，无论农村还是城市，只有劳动力年龄人口充分就业，能够与物质资本相结合，才可能创造财富，推动经济发展和经济增长。

二、实现人口红利的条件

在人口转变的过程中，潜在的人口红利不是自然而然地转变为现实，而是需要具备和创造一定的条件。这一定的条件包括社会稳定，计划生育政策有效实施，保证低出生率，从而使儿童少年被扶养系数较低。公共医疗卫生事业的发展有利于婴儿死亡率保持低水平和公民健康需求得到满足。教育事业发展，特别是基础教育能够得到普及，公民受教育程度有较大提高，劳动力人口的知识水平有较大提高，人力资本得到提升。

人口红利得到有效利用的一个重要条件是储蓄。从一个人的生命周期来观察，在进入劳动年龄之前属于儿童少年被扶养人口，进入劳动年龄之后，通过就业成为生产性人口，伴随着年龄增长，到一定年龄（如60岁或65岁）退出劳动力市场，成为老年被扶养人口。在一般情况下，人们通过就业挣取劳动收入的时间段主要集中在20—60岁或20—65岁。随着教育事业的发展，实际上有相当一部分人口受教育时间延长，一个人挣取劳动收入的起始时间还可能延后4—5年。人的生命周期中，一个人为挣取劳动收入而从事生产劳动的时间长度大体上是固定的、有限的；而一个人的消费却是终身的。人的生命周期中从事生产劳动的时间有限和终身消费的特征要求人们有必要进行储蓄。实际生活中，人们也有进行储蓄的动机和储蓄行为。

图9-2说明一个人生命周期中，劳动收入和消费的变动状况。一个人进入20岁及以后劳动收入增加，大体上在25—50岁之间劳动收入达到相对较高的水平，此后会逐渐降低，至65岁及之后，劳动收入消失。由此说明，劳动力年龄人口较多，在其他经济条件相同时，劳动力年龄人口充分就业，其劳动收入较多，储蓄动机较强，储蓄也较多。经济学常识告诉人们：储蓄等于投资。储蓄多，有利于财富积累和投资增加。投资增加，有利于吸收更多的劳动力就业，从而为经济发展和经济增长的良性运转作出贡献。这就是人口红利从潜在变为现实的充分条件。

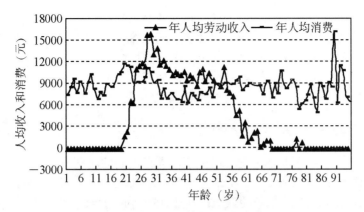

图 9-2 个人劳动收入和消费的生命周期

资料来源：《中国城市劳动力调查》，中国社会科学院人口与劳动经济研究所，2005年。

三、有关人口红利的实证检验

人口转变阶段通过人口年龄结构的改变，为经济发展和经济增长带来了潜在的人口红利。西方人口经济学家通过对不同时期不同国家和地区的经济发展与经济增长进行比较研究，实际检验了人口红利学说。

人口红利学说最先是由美国哈佛大学教授大卫·E. 布卢姆（David E.Bloom）和杰弗里·G. 威廉森（Jeffrey G.Williamson）在 1997 年提出的。[①]他们研究了日本和亚洲四小龙等国家和地区（又称为东亚经济）所创造的东亚奇迹中人口转变因素所起的作用。东亚地区人口转变起始于 20 世纪 40 年代和 50 年代，到 20 世纪 60 年代，该地区人口年龄结构处于儿童少年扶养系数较高的阶段，其经济发展和经济增长受到抑制，并无十分突出的业绩，人均收入水平很低。该地区这段时间的人均 GDP 增长率大约为 2%。进入 20 世纪 70 年代，该地区出现了明显的人口转变过程，人口年龄结构发生了变化，劳动力年龄人口在总人口中的比重显著上升，劳动力供给充足，同时储蓄率也升高，加之该地区的市场经济制度环境，人口转变过程释放的人口红利对经济发展和经济增长作出了较大的贡献。布卢姆和威廉森发现：1970—1995 年，东亚地区实现了年平均 6.1%的人均 GDP 增长率，高于该地区稳态增长率 4.1 个百分点。根据学者们的估算，其间人口转变因素贡献了 1.5—2.0 个百分点（Williamson,1997）。由此推断，在整个东亚地区的经济高速增长中，人口转变因素的贡献为 1/4—1/3（1.5 或 2.0 除以 6.1）；在东亚地区经济奇迹（超过稳态增长率的那部分即 4.1 个百分点）中，人口转变因素的贡献达到 1/3—1/2（1.5 或 2.0 除以 4.1）。

然而，不是任何国家和地区都能无条件地获得人口红利。1965—1995 年，拉丁美洲国家和地区也出现过类似于东亚地区的人口转变过程。拉丁美洲国家和地区的人口年龄结构在此期间出现显著变化，劳动力年龄人口在总人口中的比重较高，劳动力供给充足。但因为该地区在此期间社会不稳定，通货膨胀率高、储蓄率低等市场制度环境和条件不

[①] David E. Bloom and Jeffrey G. Williamson, "Demographic Transition and Economic Miracles in Emerging Asia," NBER Working Paper Series(1997), Working Paper 6268.

利于利用人口转变因素推动经济,因此,也未获得人口红利。

人口红利学说也可追溯到法国人口经济学家索维在20世纪50年代提出的人口增长经济效益观点。在一定的经济社会条件下,人口增长可以推动经济增长,产生一定的经济效益。当然人口增长过快,给家庭和社会也会带来一定的经济负担。一个国家能获得人口红利,必须具备一定的经济社会条件和人口年龄结构。

四、人口红利的判断和人口红利的消失

如何来判断一个国家或地区是否出现获得人口红利的时期或机遇,也是学者们所关心的课题。判断的指标分别为:一个是劳动力年龄人口,另一个是人口扶养系数。如果劳动力年龄人口在总人口中的比重较大,且具有增高的趋势;同时,人口扶养系数较低,且有下降的可能,再加上又具备一定的制度环境和条件,则有获得潜在的人口红利的机会。简言之,劳动力年龄人口和人口扶养系数一升一降,生产者多,消费者少,就有可能获得人口红利。

人口红利不是可永续获得的,而是具有很强的阶段性。随着人口转变过程进入低出生率、低死亡率和低自然增长率的"三低状态",劳动力年龄人口在总人口中的比重也会逐渐下降,人口抚养系数会逐渐上升,劳动力年龄人口会随着年龄增长而逐渐退出劳动力市场,劳动力供给从充足逐渐趋向替代水平,甚至出现劳动力短缺的状态。伴随着大批劳动力年龄人口退出劳动力市场,由人口转变带来的人口红利也会随之逐渐消失。

针对人口红利的阶段性特征,相关国家和地区的政策制定者应清醒地了解和认识人口转变过程出现的情况,适时地调整经济政策和人口政策,采取适宜措施,以保持经济健康和持续地发展。

第三节 中国的人口红利问题

中国从20世纪80年代以来,经济社会发展较快,社会生产力水平有了较大的提高,人民的物质文化生活有了较大的改善。中国是世界上人口最多的国家,当今13亿人口对经济社会发展起到了一定的推动作用。人口是经济发展和经济增长中的一个不可忽视的重要因素。三十多年来,伴随着经济社会的发展,人口再生产类型也发生了转变,即人口再生产从高出生率、低死亡率、高自然增长率转变为低出生率、低死亡率、低自然增长率的"三低"态势。在人口转变的过程中,人口年龄结构发生了明显的变化,劳动力年龄人口在总人口所占比重明显提高,被抚养的少儿人口和老龄人口所占比重明显下降,人口对经济发展和经济增长的贡献明显增大,这说明中国获得了潜在的人口红利。

一、中国人口转变过程中存在潜在的人口红利

20世纪50年代,中国的人口再生产处在高出生率(37‰)、高死亡率(18‰)、高自然增长率(19‰)的"三高"状态。随着经济社会的发展、医疗卫生事业的进步,死亡率较早地出现了明显下降,但出生率仍然较高,自然增长率较高。到了20世纪70年

代，中国开始推行计划生育政策，控制人口过快增长，人口出生率开始逐渐降低。20世纪80年代至21世纪头10年，中国实行改革开放的基本国策，人们严格地实行计划生育政策，经济发展进入快车道，逐渐形成了市场经济制度环境。在市场经济制度环境和计划生育政策推行等多种因素的推动下，中国人口出生率出现显著的下降，从20世纪80年代初的2.3%左右下降到1998年的1.6%左右，到1998年，人口自然增长率低于1%。这就说明，到21世纪初，中国已经基本上实现了人口再生产的转变，进入了低出生率、低死亡率、低自然增长率的"三低"人口再生产类型。

在人口再生产转变的过程中，人口的年龄也随之发生变化，少儿年龄人口在总人口中的比例逐渐下降。2010年第6次人口普查数据显示，2010年11月1日，中国总人口13.71亿，其中0—14岁人口占比为16.60%，比1953年第1次人口普查时0—14岁人口占比36.30%下降了近20个百分点。第6次人口普查15—59岁的人口占当年总人口的比例为70.14%，比第一次人口普查15—59岁占比59.30%上升了10.8个百分点。第6次人口普查60岁以上人口占当年总人口的13.26%，第1次人口普查的占比为4.40%，上升了将近9个百分点。人口年龄结构的变化是逐渐演进的过程。人口年龄变化的过程中，1980—2010年的30年里，人口抚养负担相对较轻，人口年龄结构的生产性较强。劳动力人口在总人口中占比较大，中国劳动力人口占比在70%左右，这就说明劳动力供给充分。在经济发展过程中，劳动力供给充分是人口红利存在的必要条件。

二、市场经济制度环境有利于获得人口红利

20世纪80年代以前，中国同样存在劳动力供给比较充分的条件，当时中国农村存在大批剩余劳动力，与此同时，大批城市知识青年上山下乡。然而在20世纪80年代以前，较为充分的劳动力供给，并未形成有利于经济发展的人口红利。究其原因在于当时中国实行计划经济体制，缺少获得潜在人口红利的充分条件。潜在的人口红利要变为有利于经济发展的现实人口红利，应具备一定的充分条件，即应具备市场经济制度环境，具备吸收劳动力就业的充足资本，允许劳动力自由流动的劳动力市场。这又回到人口经济学的基本问题：在其他条件不变的情况下，经济发展和经济增长的基本因素是资本与劳动。

20世纪80年代以后，中国实行改革开放，逐渐建立社会主义市场经济体制。在劳动力供给方面，允许劳动力自由流动，大批农村剩余劳动力人口到城市务工，形成了数以亿计的农民工队伍。1978—2010年，经济活动人口逐年上升，占劳动年龄人口的比例较高，这就是说劳动力的劳动参与率达到较高水平，保持在70%—80%的高水平。

从投资方面来说，从20世纪80年代以来，中国的储蓄率一直处在30%以上的高水平，有些年份超过40%，例如1993年达44%。储蓄等于投资，储蓄率高，说明中国国内有足够的资金用于投资。1980—2010年，中国经济发展和经济增长的主要资金来源是国内的巨大储蓄，引进外资也起到了一定的作用。30年间，国内用于投资的资金数量相对充足，这是计划经济体制下的中国不可比拟的。

从人口经济学来分析，人口既是生产要素，又是消费要素。人口在一定的条件下，既可带来较多的经济效益，也可带来一定的经济负担，形成人口负债。三十多年来，在

人口转变过程中，由于人口年龄结构的变化，整体人口抚养比较低，减轻了人们的经济负担，从而带来了较多的经济效益。劳动力年龄人口占比较高，就业水平高，劳动参与率高，城乡居民的收入普遍提高，加上中国人民历来有勤俭节约的传统，因而储蓄率较高。

中国有关学者分析了1978—1998年对中国经济增长作贡献的因素，认为在期间中国GDP年均增长9.5%，其中物质资本增长的贡献份额为28%，劳动力数量增长份额为24%，人力资本因素的贡献份额为24%，劳动力部门转移，即劳动力从生产率低的部门（农业）向生产率高的部门（非农业）流动过程对增长的贡献份额为21%，余下的未解释部分，可以看作其他体制改进因素对经济增长的贡献为3%（蔡昉等，2004）。

在分析获得人口红利的充分条件时，人们还应注意到保持稳定的社会环境也是一个重要的条件。在同样的市场经济制度环境下，有些国家的劳动力供给充分，却未获得明显的人口红利，其中一个重要的原因是社会矛盾和社会冲突不断，动荡不定的社会环境使人们失去了从事生产和发展经济的机会，从而也不可能将潜在人口红利转变为现实。

当然，中国经济发展和经济增长中的人口红利也是有阶段性的。随着人口再生产进入"三低"态势，必然会出现60岁或65岁及以上的老年人口的增加，老年人口在总人口中的比例上升。按照国际标准，65岁及以上人口的占比达到7%，则该人口群体进入了老龄化阶段。

三、人口红利趋于消失的影响

2000年，中国进入人口老龄化阶段，这一年65岁及以上人口占比达到7%，到2010年老龄人口比例上升至8.87%，这说明中国已经步入老龄化社会。到2012年，中国劳动力人口的绝对数减少了345万人。从2012年开始，劳动力年龄人口会逐渐减少。据预测，从2012—2020年，劳动力年龄人口将减少2900万人左右，与此相适应，老年人口增加，人口抚养比相对上升。真可谓"生之者寡，食之者众"。中国的人口红利将逐渐下降，以致趋于消失。

人口红利趋于消失，必然对经济增长产生一定的不利影响。从1980年以来的三十多年时间里，劳动力年龄人口占比较高，少儿人口和老龄人口的抚养比较低，整体人口负担较轻。这个阶段，人口对经济发展和经济增长有积极影响。然而，人口红利趋于消失则可能产生消极影响。这种消极影响主要表现为：

第一，人口老龄化。老龄被抚养人口增加，整体人口抚养比上升，人口的经济负担加重。一般来说，国民收入中用于抚养的费用增加，用于投资的经费减少，不利于经济发展和经济增长。

第二，劳动力年龄人口占比下降，劳动力供给减少，劳动力供需矛盾会逐渐显现。近年来，有些地区的"民工荒""保姆荒"，除了季节性人口流动的原因外，劳动力供需矛盾是深层次的原因。

第三，如果劳动力供给严重不足，则可能导致机器设备闲置，企业开工不足，从而引致资本投入报酬递减。有些地区的劳动密集型企业纷纷外迁，其主要原因是资本投入报酬递减。

人口红利趋于消失，和人口转变过程中潜在的人口红利一样，都是客观存在的现实，关键在于人们是否能认识到这种客观存在。在人口转变过程中，人们可以获得人口红利。但是，人们也清醒地认识到，一个国家或地区在具备一定条件时获得人口红利，是经济发展处于工业化的初级阶段或初始阶段。当经济发展进入工业化的中后期，生产力要素中的科技含量提高，对劳动力素质的要求提高，对劳动力数量的需求相对减少。企业要追求提高社会生产率，就要依靠高素质的劳动力，依靠科技创新和管理创新。如果工业化中后期正好和人口红利趋于消失契合，同样为经济发展和经济增长提供了机会。这就是说，人口红利趋于消失，也可化被动为主动，用倒逼机制推动经济社会继续向前发展。具体对中国来说，人口红利趋于消失是一个较长的过程，人们仍然可以大有作为：

第一，人口红利趋于消失可以推动经济结构调整；推动产业升级转型，淘汰技术落后的劳动密集型产业；推动科技创新，发展科技含量高的技术密集型产业，从而有利于提高社会生产率；推动服务业创新发展，促进和谐社会建设。

第二，人口红利趋于消失可以推动教育事业实现城乡教育一体化，向全面提高学生素质方向发展，向经济社会提供全面发展的高素质劳动力。

第三，人口红利趋于消失可以推动发展以为老龄人口服务为重点的第三产业。既然老龄人口占比上升，老龄人口增多，就要面对这个现实，挖掘和开发较年轻老龄劳动人口的科技潜能和储蓄潜力，为经济发展提供科技和资金支持；全面发展与老龄人口服务相关的各类产业，利用各类商机，促使产业升级转型，推动经济发展。

思考习题

1. 结合人口红利学说分析我国人口转变过程中的人口红利获得的问题。
2. 从潜在的人口红利到获得实际的人口红利的制度环境和条件是什么？

第十章 现代经济适度人口学说

▶ 学习目标 ◀

1. 了解适度人口的含义和标准。
2. 了解和把握经济适度人口的内容和标准。
3. 了解和理解适度人口增长率。
4. 了解和理解人口增长的负债和经济效益。

▶ 学习重点 ◀

现代适度人口概念、技术进步对适度人口的影响、对经济适度人口的动态分析、人口增长的经济效益、人口负债

在现代西方人口经济学的形成和发展过程中,现代经济适度人口学说具有一定的地位。与早期经济适度人口学说相比,现代经济适度人口学说研究的领域扩大了,研究所涉及的时间间隔明确了,确定经济适度的标准也起了变化,从原来的"收益""经济收益"变为人均产量或人均收入。更为重要的是现代经济适度人口理论不但进行静态考察,还进行动态考察,即从静态经济适度人口理论向动态经济适度人口理论过渡。

第一节 现代适度人口概念

一、阿尔弗雷德·索维的生平和主要著作

阿尔弗雷德·索维(Alfred Sauvy)是法国著名的人口学家,是现代适度人口理论和经济适度人口学说的主要代表人物。

索维早年曾在法国巴黎大学攻读经济学,后在法兰西学院任经济学教授,但他长期以来主要是从事人口学的研究和教学活动,并颇有成就,曾长期任法国国立人口研究所所长和巴黎大学人口研究所所长,并先后担任过联合国人口委员会主席和国际人口学会主席,在国际人口学界和经济学界从事科研学术活动,是国际上知名的人口学家,在国际人口学界有较大的影响。

索维在从事人口科学的学术活动过程中撰写了许多论文和著作,其中 1952 年由法兰西大学出版社出版的《人口通论》一书是他的学术代表作。该书分为上、下两册,上册的副标题为"增长经济学",下册的副标题为"社会生物学"。《人口通论》一书主要阐述人口与经济、社会诸因素之间的关系,其中相当一部分内容是阐述现代适度人口和

经济适度人口理论，寻求在各种不同条件下，人口数量与经济变量之间的一种最适宜的关系，寻求人口增长和经济增长、经济发展之间的适宜关系，即探讨经济适度人口问题。正如其标题所指，《人口通论》上册主要是从西方经济学角度去进行人口分析，下册则是从社会学角度去分析人口增长对社会发展的影响。

此外，索维还就经济适度人口问题发表过许多论文，其中主要的有1972年发表的《由于人口增长所产生的经济负担和收益》、1973年发表的《零增长》和《人口适度变化的速度》、1976年发表的《人口的适度变动》等。这些论文是对《人口通论》中有关适度人口理论的进一步发挥和展开，并且主要是从动态角度去分析人口增长同经济增长之间的关系，说明人口增长可能给经济增长、经济发展带来的不利和有利的影响，以及在这种不利与有利之间寻求均衡，寻求适度人口增长率。

这里还要提到对现代经济适度人口理论作出贡献的法国克莱蒙大学经济学教授帕特里克·纪尧姆和尤皮萨拉大学经济学教授戈拉·俄林（Goran Ohlin）。前者发表了《J. B. 萨伊和西斯蒙第的人口经济思想》(1969年)以及《人口经济的主要关系》(1971年)、《适度人口增长率》(1976年)等论文。后者于1967年发表了《人口的地区分布和经济发展》一文。这些论文都对经济适度人口问题进行了分析。

二、适度人口的含义

（一）适度人口的含义

现代西方人口经济学在分析人口与经济之间的关系，寻求两者之间的适宜关系时，提出了适度人口的概念。西方人口经济学家认为，所谓"人口"，是指在一定范围（或地区、职业、社会阶层）内的人数或居民数。所谓"适度人口"是指寻求一种尽可能适宜的或适中的人口数量。这样看来，"适度"一词并无褒贬之意，它含有"最好""最优"或"最适宜"之意，当然这个词也含有一定限度或折中之意。在西方人口经济学中分析适度人口时往往是取"最适宜"之意，有时也指有一定限度之意。索维给适度人口下的定义是："一个以最令人满意的方式达到某项特定目标的人口"是适度人口[①]。这个定义提出了两个条件，一个是讲适度人口是达到"某项特定目标"的人口，强调了目标；另一个是讲达到目标的"方式"，或者说达到目标的途径。在索维看来，这两点就成为当代适度人口理论探讨的课题：究竟给适度人口确立一个什么样的目标，是经济目标，还是其他目标；通过什么途径或什么方式达到适度人口，是通过控制人口增长，还是鼓励人口增长，或者是通过经济增长和经济发展去达到适度人口，等等。这些都是需要从理论上加以研究的问题。

然而，从西方人口经济学的学科体系来说，"适度人口"作为一个抽象的理论概念，索维又认为它只不过是一个使用方便的工具而已。他说："人口学家可把它作为一个过渡性的工具使用，就像数学家使用虚数一样。"[②]索维把"适度人口"作为一种抽象的理论概念，试图用这个概念去建立现代适度人口和经济适度人口理论体系。

---

① 阿尔弗雷德·索维：《人口通论》（上册），商务印书馆，1983年中译本，第53页。
② 同上书，第55页。

(二) 最高人口和最低人口

所谓最高人口，是指一定时期内，在一定地区内人口增长最终达到的生活水平永远不会超过维持生存的最低水平时的人口规模。索维认为，可以从经济、社会和生物学三个方面去考察最高人口。从人口经济学的角度来看，人类增殖到周围环境及其对环境利用的程度所能允许的最高限度为止的人口数量，则可称为最高人口。技术进步、周围环境的变化，对一个地区的最高人口是有影响的。一般说来，人口规模最高限度会随着科学技术、周围环境的变化而变化。当然，不同的国家、一个国家内的不同地区以及同一个国家和地区的不同时期，其最高人口也是不同的。

所谓最低人口，是指一定时期内，在一定地区维持一个人口群体生存所必需的最低限度的人口规模。索维认为，可以从经济、社会和生物学三个方面去了解最低人口。从人口经济学角度来看，如果一个地区一定时期内的人口不超过一定数量，就很难在与世隔绝的条件下，或者在远离其他人口群体的条件下生存下去，甚至根本无法生存下去。这说明，在一定地区一定时期内，在一定的经济水平和技术水平条件下，一个人口群体总存在一条关键性的界线，如果人口数量低于这条界线，该人口群体就无法生存下去。

西方人口经济学在分析经济适度人口时，也注意结合了解一个人口群体的最高人口或最低人口，从而分析一定时期内，某一个国家或某一个地区与其经济条件相适应的既不是太多又不是太少而是适宜的人口数量。

三、分析适度人口的假设

西方人口经济学在对适度人口作静态分析时，往往确定一个目标，讨论人口变动和这个目标之间的关系，这样，除了人口变动和这个目标之外的其他因素都要假定为不变条件，或者说，其他条件均相同。这就是说，在进行理论分析时，暂时把某些因素存而不论或舍弃掉。实际上，人口和许多因素几乎同时在变动，并且是相互影响和制约的。然而，作理论分析时，一般都要假定某些因素暂时不变。索维假定下列因素是不变的[①]：

（1）物质资源，既包括过去已掌握的物质资源，也包括尚未开发的自然资源。

（2）技术水平，对福利水平有很大影响。

（3）产品的分配，为了简化起见，假定是平均分配或者假定分配比例不变。

（4）国内经济稳定，工时不变，充分就业，没有国际贸易或移民。

（5）年龄构成，更一般地说来，每个人的生产率都一样，需求量也都相同，这就是说，人与人之间在产量和消费量上的差别不变。

在作了这一系列的假设之后，再来讨论人口变动对某一目标的影响。在分析适度人口时，更为重要的是确立所要达到的目标。

四、达到适度人口的目标

早期的适度人口理论主要从经济上寻求目标，所以，其范围相对狭窄些，而索维则

---

① 阿尔弗雷德·索维：《人口通论》，商务印书馆，1983年中译本，第56—57页。

把寻求目标的范围扩大了,他指出,人们不但可以从经济上,而且还可以从政治上、从社会学上以及从军事上去确立达到适度人口的目标。他提出的目标有9个之多。这些目标是[①]:

(1)个人福利,或者说是满足人们需要的各种福利,以此作为确立适度人口的目标指标。

(2)福利总和,或者说适合于分配给全部人口的总收入。

(3)财富增加,或者说探讨在一个人数不断增加(或减少)的人口中,能使财富增加得最快的人口数量应该是多少。

(4)就业,或者说讨论在市场经济条件下,使所有适合劳动的适龄人口都能充分就业的人口数量应该是多少。

(5)实力,或者说各种能用于集体目标的手段。实力可以指军事力量,但也不一定就是军事力量。

(6)健康长寿。

(7)寿命总和,即人口数与人口平均寿命的乘积。

(8)文化知识。

(9)居民人数。这时,适度人口数量和最多人数是一回事。

以上是索维设想的确立适度人口的目标。他认为还可根据某种标准去确立目标,例如从美学标准去确立目标。在上述9个目标中,1—4个目标均是从经济上去考察,而第6—9个目标可以说是从社会学角度去考察,第5个目标是从军事上或政治上去考察。这说明目标有多少,相应的"适度"也有多少。

第二节 静态经济适度人口

一、经济适度人口的标准

现代西方人口经济学在分析人口经济效应时,把经济目标作为确定人口数量的标准,以此来讨论人口与经济之间的适宜关系,这就是经济适度人口论。所谓经济适度人口是指在其他条件均不变时,达到每人平均产量最大值的人口规模。西方人口经济学家在讨论经济适度人口时所用的标准较多,如经济福利、收入、最高生产率、边际生产率、就业水平等,但是,许多人认为把每个人的平均产量作为福利指标和最大化目标来讨论经济适度人口较为适合。这是由于每个人的平均产量可以反映居民的生活水平,又可以纠正用总产量作为标准所出现的弊端。例如,索维就是把"生活水平"规定为每个人的平均产量。然而,这个标准对于某一产业而言是适用的,就一个国家的各种不同产业而言,就不能适用了,因为各种不同产业的"产量"的计算单位不同而不便于计算。为了克服这一困难,有人主张用人均收入作为计量标准来讨论经济适度人口,因为人均收入

---

① 阿尔弗雷德·索维:《人口通论》,商务印书馆,1983年中译本,第55—56页。

是用货币单位来计量的。这样,经济适度人口是指在其他条件均不变时,达到每人平均收入最大值的人口规模。

美国著名经济学家 P. A. 萨缪尔森认为,适度人口或经济适度人口,是指按人口平均的收入达到最大值时的人口规模。他指出,在人口不多不少正合适的那一时点,会使实际工资或实际收入保持最高水平。换言之,达到按人口平均的收入最高,因而处于该时点的人口称为"最优人口"或"人口最优点"。他还指出,由于总产量并不在劳动者和财产所有者之间平均分配,任何最优人口分析都必须把收入的分配考虑在内。①所以,在分析经济适度人口时,往往用人均收入水平作为标准来确立人口的经济适度点。当然,用人均收入指标时,第一要结合产量指标,如结合人均产量指标,第二要注意考察通货膨胀造成的影响,即要注意剔除通货膨胀给人均收入水平造成的影响。

有的西方人口经济学家认为,用人均产量或人均收入来确立人口的经济适度的观点源于古典经济学家西斯蒙第。如 P. 纪尧姆认为,西斯蒙第在《政治经济学新原理》一书中曾经提出最大多数人口的"最大幸福"或"充实"的观点,认为人口与财富、人口与收入之间都存在某种协调的内在联系,有一种相互适应的比例。他说:"为了谋求所有人的幸福,收入必须和资本一同增长,人口不得超过他们赖以生活的收入,消费必须和人口一同增长,而再生产同进行再生产的资本之间以及同消费它们的人口之间都必须成相等的比例。"②P. 纪尧姆认为,西斯蒙第已有适度人口的思想,他认为西斯蒙第所指的最大多数人口能生活得"幸福"和"充实",能分享到一种"充足"的按人口平均产量的人口就是适度人口,或者说,任何占有一定生活资料的人口都是理想人口。③尽管 P. 纪尧姆的说法难免有点牵强附会,但西斯蒙第探讨人口与财富、人口与资本、人口与收入之间存在某种相互适应的关系的理论,在人口经济学说史上是有一定地位的。

二、静态经济适度人口

静态经济适度人口或人口的静态经济适度,是指在其他条件均不变时,在某一定时点和在一定时点的特殊条件下,达到有关假定的经济目标时最适宜的或最有利的人口规模。在这个定义中,强调经济适度人口是处于某一定时点的人口,同时,正如前面所指出的,强调了技术水平等其他因素是不变的,所以,这种状态是静止状态。

对于这种静态经济适度人口,西方人口经济学中有些著作又分为纯粹静态、比较静态这样两个讨论步骤。

纯粹静态是指在其他条件均不变时,考察人口的一种人口学变动的经济效应。他们往往采用几个标准给纯粹静态适度人口下定义,即"最大的平均生产率""零边际生产率""平均生产率等于最低限度的生存资料"这样三个标准。这就是说,达到"最大的平均生产率"时点的人口为经济适度人口;或者达到"零边际生产率"时点的人口为经

---

① 萨缪尔森:《经济学》(中册),商务印书馆,1982 年中译本,第 274—275 页。
② 西斯蒙第:《政治经济学新原理》,商务印书馆,1977 年中译本,第 10 页。
③ P. 纪尧姆:《适度人口增长率》,载 A. J. 柯尔主编的《人口增长中的经济因素》一书,麦克米伦出版公司,1976 年英文版,第 30 页。

济适度人口,也是出现失业人口之时点;或者达到"平均生产率等于最低限度的生存资料"时点,是最大人口之时点;这时也是适度人口之时点,因为过了这一点就向过剩人口转化。

比较静态是指上述其他因素,包括技术、资本、人口年龄构成等因素中有一个因素发生变化,从而用两种不同的情况去比较人口某一变动的效应。例如,对某一时点上达到平均生产率最大时点的人口同达到边际生产率最大值时点的人口进行比较,求出经济适度人口,就是比较静态适度人口。然而,这些比较的实际意义和理论价值不大,因而近年来这种分析方法已不多采用。

我们用图 10-1 来说明静态经济适度人口,纵轴 OY 表示每个人的平均产量,横轴 OX 表示人口数量,OS 曲线表示随着人口规模的扩大,每个人平均产量的变化趋势。当人口开始增加时,每个人的平均产量逐渐上升,如人口增加到 ON_1 时,每个人的平均产量增加到 M_1。当人口增加到 ON_0 时,每个人的平均产量达到最高点 M_0,此时的人口 ON_0 为经济适度人口。人口超过了 N_0 点,则每个人的平均产量逐渐递减,如果人口增加到 N_2 点,即 $ON_0+N_0N_2=ON_2$,此时每个人的平均产量则已下降到了 M_2 点。从以上分析可以看到,以 N_0 为分界点,N_0 的左边表示人口不足,N_0 的右边表示人口过剩。人口不足和人口过剩都表示每个人的平均产量没有达到最大值,只有当每个人的平均产量达到最大值的人口才为经济适度人口,亦可称为纯粹静态经济适度人口。

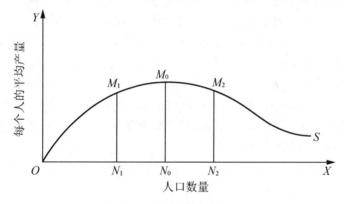

图 10-1 静态经济适度人口

现在用图 10-2 来说明比较静态经济适度人口。纵轴 OY 分别表示人均产量、总产量和边际生产率,横轴 OX 表示人口数量。OP 表示总产量随人口变动而变化的曲线,OS 表示人均产量随人口变动而变化的曲线,OM 表示边际生产率随人口变动而变化的曲线。当人口增加到 K 时,OM 曲线达到最高值 L 点。L 点正好与总产值量曲线转折点 J 点相对应,所以,边际生产率达到最大值的人口为 OK,但是,在人口处,人均产量曲线 OS 并没有达到最高点,即平均产量最大值,而只达到 M_1 点,随着人均产量上升到最大值 M_0 点。M_0 点是边际产量曲线与人均产量曲线最高点相交处,此点对应的人口为 ON_0。如果以人均产量的最大值为适度人口的标准,则 ON_0 为经济适度人口。如果以边际生产率的最大值为标准,则 OK 为经济适度人口。如果 OK 和 ON_0 作比较,那么,以边际生产率最大值作为标准的经济适度人口小于以人均产量最大值作为标准的经济适度人口,即 $OK<ON_0$。

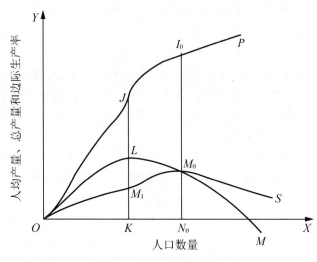

图 10-2　动态经济适度人口

三、实力适度人口

在分析了静态经济适度人口之后，有必要了解实力适度人口。按照索维的观点，所谓实力适度人口，是指在其他条件均不变（即第一节的各种假设）时，在一定的领土范围内，使社会达到最大实力（军事力量和其他有关的共同的集体目标）所必需的人口数量。

现在用图 10-3 来说明实力适度人口。纵轴 OY 表示边际生产率，横轴 OX 表示人口数量。任何一个国家的政府都要从每个人的产量中征收一定数量的财富，以取得物质上的实力。"为了从一定的人口当中得到最大可能的实力，就得把超过最低生活水平的一切都征收走，给每个人留下的，仅足以维持生活和工作的需要，而把其余的财力物力都用于所追求的目标（例如军备）。"[1]

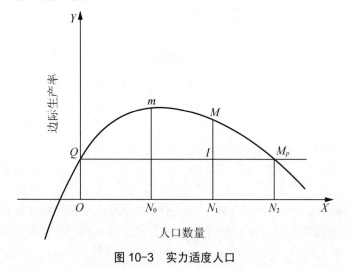

图 10-3　实力适度人口

---

[1] 阿尔弗雷德·索维：《人口通论》（上册），商务印书馆，1983 年中译本，第 74 页。

图 10-3 仍假设技术、资本等因素不变，开始时，边际生产率很低，它等于维持最低生活水平 Q。随着人口的增加，边际生产率不断上升，到 m 点时达到最高点。此点对应的人口为 ON_0。随着人口越过 N_0 点继续增加，则边际生产率逐渐下降。但是，统治阶级为了从一定人口当中得到最大实力，就要把超过最低生活水平的一切都征收走。当人口达到 ON_1 时，其边际产量为 MN_1，总产量则为曲边梯形 $OQmMN_1$ 的面积。这个总产量又可分为两个部分：矩形 $OQIN$ 的面积部分保证人口 ON_1 的最低生活要求，而另一部分弓形 $QmMN_1$ 的面积则是留下来用于追求实力目标。当 M 移到 M_P 时，再增加一个人（即追加一个单位劳动力），边际产量等于或将低于维持最低生活水平，这时边际生产率移到 M_P 点，追求的实力为最大值，与此对应的人口 ON_2 则为保证获得实力最大值的适度人口，即实力适度人口。越过 N_2 点的任何人口都被视为是多余的。这是因为在统治阶级看来，N_2 右边再增加的人口生产的物质产品不足以维持其自身获得最低生活水平，需要政府补贴才能维持最低生活水平，因而降低了整个社会的实力。

索维认为，如果将实力适度人口与经济适度人口进行比较，那么，前者会高于后者。"因为，不论谁掌握权力或追求实力，都愿意增加人口的数目，这是一个普遍规律。"[1]索维指出，从一个国家或一个家庭来说，如果追求权力的考虑占上风，那么，就可能出现鼓励生育而形成较高生育率；如果经济上的考虑代替了权力上的考虑，或者经济上的考虑占上风，那么，政府不鼓励多生育，而是主张节育，就有可能使人口的适度点下降，因而生育率可能下降。

第三节 动态经济适度人口

现代西方人口经济学对经济适度人口的考察从静态出发，过渡到进行动态分析。

一、动态经济适度人口的含义

所谓动态经济适度人口，是指人口数量或人口密度的变动对经济变量施加的影响。也就是说，在一定时期内，对于有关假定的经济目标来说，人口数量或人口密度的变动是最适宜的或最有利的。这个定义强调了时间间隔，不是指一定时点，而是一定时期；同时，又强调了人口的变动，即人口增长或缩减，这就要考察人口的适度变功。这种适度变动既是人口的经济效应，又是经济变动对人口的作用。所以，研究人口变动与经济变量变动之间适度比例关系的方法，就是动态分析。

二、对经济适度人口的三种动态分析法

对经济适度人口的动态分析又可分为三种：

（1）有限的动态。这种研究涉及的范围是在一定时期内人口的一定变动对经济增长

---

[1] 阿尔弗雷德·索维：《人口通论》（上册），商务印书馆，1983 年中译本，第 90 页。

产生有限的影响。这就是说，其他条件的变化，特别是其他生产因素的变化，在一定程度上被看成是外生的。因此，该结构不能给适度人口增长率下定义。

（2）扩大的动态。这种研究涉及的范围和有限动态是一样的，即在一定时期内，一种人口变动对经济增长的影响。但是，这次考虑的人口经济效应是这种人口变动对其他条件施加的影响，特别是对其他生产因素施加的影响。这就是说，其他条件的变化，特别是其他生产因素的变化被看成是内生的。西方有些人口经济学家正是从这种分析入手，从经济上给适度人口增长率下定义，讨论人口增长率和资本积累率等因素之间的适度比例关系。

（3）一般动态。人口变动不再作为一种外生变量，而是作为经济增长中的一个内生变量与其他生产因素结合，不仅考虑人口变动对经济增长的影响，而且反过来考虑经济增长、经济发展对人口变动的作用。这种研究结构是全面的，也是合乎理想的。但是，具体进行分析时难度较大，特别是在现代市场经济条件下，进行宏观的一般动态分析较为复杂。

三、技术进步对适度人口的影响

索维在考察动态经济适度人口时，主要是从技术进步和生产率提高对适度人口的影响角度去进行分析的。他指出，在给经济适度人口下定义时，不得不假定一些因素固定不变，而实际上它们都在变动。他抽出技术进步和生产率这两个因素来讨论动态经济适度人口。

（一）技术进步

所谓技术，索维认为是指生产技术和消费技术。任何一项技术上的变革或物质上的发现，都是通过种种现象改变着人口的生活状况。这种种现象包括生产技术和消费方式两个方面。所以，所谓技术进步，是指"在同样多的工时（直接的和间接的）内能够生产出更多的产品"[①]。为了同一工时内生产出更多的产品，提高产量，不仅要改进生产方法和工艺流程，而且要调整生产组织管理以适应已经改变了的生产技术。而消费技术是受生产技术制约的，一般说来，生产技术进步促使、带动消费技术和消费方式的进步。当然，后者在一定程度又反作用于前者，推动前者。例如，如果在生产技术上没有发明电灯、电话、电视机、电冰箱，那么，就谈不上对电灯、电话、电视机、电冰箱的消费技术进步。而消费技术的进步，又推动生产技术向前发展。

（二）技术进步使最高人口增加

索维认为，技术进步可以使最高人口和生活水平都有所提高。这就是说，由于技术进步，人们可以生产更多的产品，加上必要的社会安排，就可以养活更多的人口。下面用图10-4来说明技术进步在生活水平不变的条件下使最高人口增加。纵轴 OY 表示人均产量（生活水平），横轴 OX 表示人口数量。MP 表示最低生活水平，OP 表示初始期的最高人口。曲线Ⅰ表示在初始期技术水平下，人均产量随人口增长而变化的趋势。现在经过一定时期，技术进步了，生产率提高了。曲线Ⅱ表示在技术进步条件下，人均产量随人口增长而变化的趋势。曲线Ⅱ与最低生活水平线相交于 M'，即点 M 移到了点 M'，

[①] 阿尔弗雷德·索维：《人口通论》（上册），商务印书馆，1983年中译本，第163页。

这时的最高人口是 OP'。$OP'>OP$，说明技术进步使最高人口增加。

索维指出，他的这种分析是一种理论抽象，是假定消费水平和消费方式没有发生变化条件下的最高人口。这种最高人口并不是实际人口。索维说："最高人口并不是由于出现一种新技术而造成的实际人口，而是在充分利用现有技术，并对产品进行精打细算的分配的情况下，所能供养的最高数目的人口。"[①]

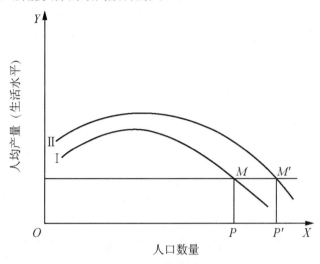

图 10-4 技术进步条件下最高人口增加

（三）技术进步使人口的适度规模扩大

传统的西方经济学认为，技术进步，如实现机械化，会造成工人失业，从经济上确立的适度人口规模相对应缩小。然而，索维却持相反观点。他认为，技术进步不一定造成工人失业，不但不会使人口的适度规模缩小，反而会提高。

首先，他用历史事实来说明这个论点。他分析了西欧几个国家不同时期的就业人口数量。用 1965 年同 1789 年进行对比，说明在 176 年间，英国、法国、德国等国家的技术有了巨大的进步，就业人数也有了大量增加，详见表 10-1。

表 10-1 西欧七国 1789 年与 1965 年就业人数比较

	1789 年前后的工作人口数（千人）	1965 年前后的就业工作人口数（千人）
比利时	1 450	3 700
法国	13 000	21 000
德国（联邦德国）	8 700	27 000
英国	5 500	24 800
荷兰	950	4 800
意大利	8 700	21 900
瑞士	750	2 600

资料来源：阿尔弗雷德·索维，《人口通论》（上册），商务印书馆，1983 年中译本，第 172 页。

---

① 阿尔弗雷德·索维：《人口通论》（上册），商务印书馆，1983 年中译本，第 165 页。

所以，索维得出结论："一般来说，技术进步（特殊来说，机械化）有助于使所作的工作量大大增加"[1]，从而增加就业人数，进而也就使适度人口数提高。

现在用图10-5来说明技术进步使适度人口数提高。纵轴OY表示每个人的平均产量（或生活水平），横轴OX表示人口数量。曲线Ⅰ表示初始期（如1789年）的人均产量随人口增加变化；曲线Ⅱ表示经过一定时期，技术有了进步的条件下（如1950年）人均产量随人口增加而变化。当曲线Ⅰ达到最高值M_0点时，其对应的适度人口数为ON_0；当曲线Ⅱ达到最高值M_1点时，其对应的适度人口数为ON_1。从图中可以明显地看出，$ON_1 > ON_0$。这说明技术进步使适度人口数提高了。

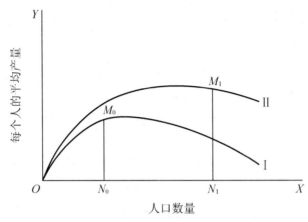

图10-5　技术进步使适度人口数提高

以上是从总体上来分析和进行理论阐述，但在实际上个别行业或个别地区技术进步使就业人数减少的情况是存在的。所以，索维认为有必要区分技术进步的类型。他指出，"粗放型的"技术进步势必使适度人口减少，例如就耕种一块土地来说，工具的改进或生产组织的改进，能使耕种该块土地的人数减少。在同样的土地面积上，用较少的人耕种可获得同样多的产量。然而，"集约型的"技术进步则可使适度人口数量提高。例如，用较少的原料和工时可以制造同样多的产品；或者由于工具改进，用同样工时和原料可制造出更好的、耐用的、更受欢迎的产品。由于产品受欢迎或新颖可促使消费技术变化，这就等于"扩大了环境"，能养活更多人，使适度人口数提高。

具体说来，又可分为四种不同的情况：（1）不增人也不减人的技术进步。这种技术进步，生产者人数不变，也能使生产率得到同样的提高。这种情况下，适度人口数保持不变。（2）直接增人的技术进步。这种技术进步扩大就业环境，从而增加就业人数。（3）直接减人的技术进步。这种技术进步开始减人，但它可能带来消费方式的变化，开拓新的就业门路，由减人又逐渐变为增人。（4）纯粹减人的技术进步。这种技术进步纯粹使就业人数减少又不能带来消费技术的变化，如上面提到的"粗放型的"技术进步。索维对上述四种情况进行综合分析，认为技术进步从总体上是提高适度人口数量的。他说："从总的和长远来看，技术进步所创造的就业机会多于它所压抑的就业机会。"[2]他指出，技术进步对欧洲

---

[1] 阿尔弗雷德·索维：《人口通论》（上册），商务印书馆，1983年中译本，第173页。
[2] 同上书，第216页。

人口的影响经历了两个阶段，第一个阶段，适度人口数下降，或者说比实际人口数上升得少些；第二个阶段，技术进步提高了适度人口数，同时，实际人口却增长得比较慢。[①]

此外，在考察动态经济适度人口时，索维还分析了工时、发展第三产业、对外贸易、职业变动等因素对适度人口的影响。但这些因素与技术进步对适度人口数的影响有类似之处，在此不再赘述。

第四节　适度人口增长率

西方人口经济学在研究经济适度人口，特别是在考察动态经济适度人口时，必须从经济上探讨适度人口增长率。上节阐述了索维分析技术进步条件下的动态经济适度人口，正是他进一步探究了适度人口增长率的问题。著名人口经济学家 A.J. 柯尔教授说："A. 索维把众所周知的适度人口的概念从适度人口规模扩大到适度人口增长率。"[②]柯尔教授接着指出，所谓适度人口规模是指在一定国土范围内的人口数量，对于获得一定的最先进的社会目标（如最大的人均收入）可能太少也可能太多，在这太少和太多之间，有一个既不是太少又不是太多的适度人口数量。他说："适度人口增长率是一个完全类似的概念：对于达到已定的目标来说，人口增长可能太慢或者可能太快，总是有一种既不是太慢又不是太快的适度增长率。"[③]

西方人口经济学对适度人口增长率的考察是从一种稳定的人口群体出发，分别考察人口增长率同人均产量的增长率、同资本的积累率以及由人口增长带来的负担和收益等经济变量之间的关系。

一、稳定人口

稳定人口（stable population），是指按年龄组别有一个固定的死亡率表和固定的出生率表的那种人口。正是由于出生率和死亡率保持不变，人口才会达到一种不变的年龄分布和各年龄组的人口以相同比率增长。

这里主要的假定是人口的年龄构成是不变的，这样，不同年龄组别的人口之间变动系数也是不变的，从而使得劳动人口和总人口以同一比率增长，即劳动人口的增长率也等于总人口的增长率。

此外，初始期要有一定的原有人口、一定的国土范围、一定的技术水平和设备装备率。并且，考察的时间间隔是长期的而不是短期的，即在一定时期内寻求一个稳定人口的适度增长率，这种适度增长率因所达到的目标不同而各异。

二、以人均产量的增长率最大值来确定适度人口增长率

正如上所述，在分析人口的适度增长率时，首先假定劳动力人口增长率等于总人口

---

① 阿尔弗雷德·索维：《人口通论》（上册），商务印书馆，1983年中译本，第216页。
②③ A.J. 柯尔主编：《人口增长中的经济因素》，麦克米伦出版公司，1976年英文版，第76页。

增长率,并且除了劳动力人口这个因素以外,其他因素都是给定的。同时,在生产过程中,劳动和物质资本之间存在互补可能性和替代可能性,并且把设备、资源都归结为物质资本一个因素,物质资本包含了技术进步因素。

(一)劳动和物质资本存在替代可能性

$$\frac{\Delta Y}{Y}=\alpha\frac{\Delta K}{K}+\beta\frac{\Delta L}{L}+\mu \tag{10-1}$$

$$\frac{\Delta y}{y}=\alpha\frac{\Delta K}{K}+(\beta-1)\frac{\Delta L}{L}+\mu \tag{10-2}$$

公式中的 Y、y、K、L 分别代表总产量、每个人的平均产量、资本和劳动力人口。

α 表示产量的资本弹性,β 表示产量的劳动弹性,μ 表示技术进步率(技术增长率)。$\Delta Y/Y$ 表示总产量增长率,$\Delta y/y$ 表示人均产量增长率,$\Delta K/K$ 表示资本积累率,$\Delta L/L$ 表示劳动力人口增长率,亦即表示人口增长率。

在公式(10-2)中,如果 $\Delta K/K$ 是给定的,则人均产量增长率 $\Delta y/y$ 是劳动力人口增长率 $\Delta L/L$ 的函数。现在考察资本积累率同人口增长率之间的关系。如果把人力资本存而不论,只单独考察人口增长和物质资本之间的关系。公式(10-2)中,$\Delta K/K$ 上升,则 $\Delta L/L$ 下降。在人口增长率 x 达到最大值时:

$$\frac{\Delta L}{L}<x,\frac{\Delta K}{K}=f\left(\frac{\Delta L}{L}\right),\ Z=\frac{d(\Delta K/K)}{d(\Delta L/L)}>0 \tag{10-3}$$

以及 $Z<0$,所以 $\Delta L/L>x$。

当人口增长率使人均产量增长率($\Delta y/y$)达到最大值时,由公式(10-2)得出:

$$\frac{d(\Delta y/y)}{d(\Delta L/L)}=\alpha\frac{d(\Delta K/K)}{d(\Delta L/L)}+\beta-1=0$$

即

$$\frac{d(\Delta K/K)}{d(\Delta L/L)}=\frac{1-\beta}{\alpha}=1 \tag{10-4}$$

从公式(10-4)可以看出,"这样可用与人口增长率相关的资本积累率的微分系数、产量的劳动弹性和产量的资本弹性系数来确定适度人口增长率。又假设与规模($\alpha+\beta=1$)相关报酬不变,所以适度人口增长率(p_0)就是资本积累率对人均产量增长率的导数等于 1。"[①]

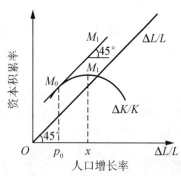

图 10-6 资本积累率上升时的适度人口增长率

用图 10-6 来说明用资本积累率的微分系数来确定人口的适度增长率。尽管人口增长到 x 时,资本积累率达到最高值 M_1 点,但 M_1 点并不是人均产量最大。只有与劳动供给曲线相平行的与 $\Delta K/K$ 曲线相切之点 M_0,才达到人均产量最大值,与 M_0 点对应的人口增长率 P_0 为适度人口增长率。

---

① A.J. 柯尔主编:《人口增长中的经济因素》,麦克米伦出版公司,1976 年英文版,第 43 页。

（二）劳动和资本存在互补可能性

$$\frac{\Delta Y}{Y} = \min\left[\frac{\Delta K}{K}, \left(\frac{\Delta L}{L}+r\right)\right] \quad (10\text{-}5)$$

$$\frac{\Delta y}{y} = \min\left[\left(\frac{\Delta K}{K}-\frac{\Delta L}{L}\right), r\right] \quad (10\text{-}6)$$

公式中的 r 表示哈罗德（劳动生产率增长率最大值）函数中的技术进步率，"自然的"或潜在的增长率为 $\left[\left(\frac{\Delta L}{L}\right)+r\right]$。在此要考虑人力资本。经济自然增长率取决于人力资本（Q）数量的增加，也就是说，r 取决于劳动人口技术水平（$P=Q/L$）的增长率，更一般地说，是取决于人口质量。

这里有两个特殊情况需要加以说明：

（1）不管 r 是不变的、下降的或与 $\Delta L/L$ 相连是可变的，r 总是高于 $\Delta K/K - \Delta L/L$。在这里，当 $\Delta K/K - \Delta L/L$ 是最大值时，则可取得 $\Delta y/y$ 的最大值。此时与 $\Delta L/L$ 有关的资本积累率的微分系数等于1，即可确定适度人口增长率。

（2）另一种情况，r 总是低于（$\Delta K/K - \Delta L/L$），r 的最大值决定了 $\Delta y/y$ 的最大值。不过，这种情况是难以发生的。

一般说来，r 将部分地高于或部分地低于（$\Delta K/K - \Delta L/L$），下边分别加以说明。

首先，假设 r 与 $\Delta L/L$ 无关，如图 10-7。这里只有 $\Delta K/K$ 是变量。这里有一个人口增长的适度范围，即 $\Delta L/L$ 等于 $\Delta K/K - r$。当方程式（10-6）中 r 是最高的时，$\Delta K/K - \Delta L/L$ 是最小的。当 r 线与人均产量曲线相切之点为 M_0 时，与 M_0 对应的人口增长率为适度人口增长率。

其次，当 r 随着人口增长率上升而上升时，如图 10-8。上述位于 $\Delta L/L = \Delta K/K - r$ 的适度范围消失，并且逐渐下降到一点（$\Delta L/L - r$）。这时，当资本积累率 $\Delta K/K$ 等于人均产量增长率的最大值或"自然"增长率时，适度人口增长率等于 $\Delta K/K - r$，即 $P_0 = \Delta K/K - r$。

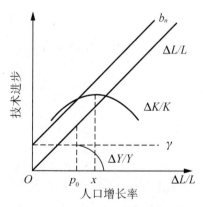

图 10-7 技术进步不变时的适度
人口增长率

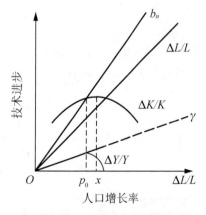

图 10-8 技术进步上升时的
适度人口增长率

三、从人口增长的负担与效益均衡确定适度人口增长率

索维在考察适度人口增长率时,分析人口变动带来的效益和花费的各种费用,通过费用与效益的均衡分析,求出适度人口增长率。

(一)人口的适度变动

该变动是指人口的适度增长率(the optimurn rate of growth)和适度缩减率(the optimum rate of decline),亦即人口的适度变动(the optimum change of a population)。对于人口增长率趋于零或负增长的人口群体或人口不足的人口群体说,应使人口适度增长。而对于那些人口增长率过高或人口过多的人口群体则应使人口适度缩减。所谓适度缩减,包括从高人口增长率降到低人口增长率,或者适应一定经济目标的要求,人口缩减到零增长或负增长(人口纯粹减少)。G. 俄林认为,人口的适度缩减率是比适度增长率更为重要的值得探讨的问题,更有实际价值和理论意义。[①]

(二)增长负担

索维认为人口增长带来负担。所谓增长负担(the burdens of growth),是指为了确保新增人口得到如同原有人口一样的生活水平,社会和家庭必须在衣服、食物、住房、医疗、教育、产业设备以及其他有关的一切方面进行投资,这种投资费用就是社会和家庭的负担,亦即抚养青少年人口的负担。另外,当人口年老退出劳动市场之后,由社会和家庭支付老龄人口的扶养费用,亦即老年人口负担。青少年人口负担和老年人口负担之和构成了人口增长的负担,又称为总负担。由于人口增长过多,给家庭和社会带来过重的经济负担,也称为人口增长负债。索维把总负担简化为由两个因素构成:(1)由于有新增人口而必须增添的设备。(2)用于替换老设备的新设备。[②]

如果以 D 表示全部设备的平均寿命,p 表示人口增长率,并假定 p 是相当低的,则可得出与全部设备有关的人均负担(假定设备的成本为1):

$$C_p = p \frac{e^D p}{e^D p - 1} \qquad (10-7)$$

如果 D 是非限制性的(即不可能更换的设备),那么,人均负担等于 p。如果 p 非常小,则可略去用 p^2 的条件不计。因此:

$$C_p = \frac{2}{D} \frac{1+D_p}{2+D_p}$$

如果增长率为 0($p=0$),其人均负担为:

$$C_0 = \frac{1}{D} \qquad (10-8)$$

[①] A. J. 柯尔主编:《人口增长中的经济因素》,麦克米伦出版公司,1976年英文版,第82页。
[②] 阿尔弗雷德·索维:《人口的适度变动》,载 A. J. 柯尔主编的《人口增长中的经济因素》,麦克米伦出版公司,1976年英文版,第65页。

（三）人口增长的经济效益

索维所研究的是在稳定人口条件下人口增长的经济效益（the economic benefits of population growth）。他分析人口增长的经济效益主要在于下面几个方面：

（1）他认为上述负担数量的增长没有人口增长那样快。这是由于用于更新老设备的投资会增加物质资本存量。相当一部分物质资本存量使用时间，即物质设备的寿命要高于人的寿命。因而新增人口可以更充分地利用现有物质资本存量，使物质资本存量更好地发挥效益。

（2）新增人口可以使得一部分产业更好地发挥规模经济效益。例如，索维认为新增人口必然会给书报印刷业、机械工程、交通运输业等部门带来规模效益，他指出"特别有利于两个部门，即教育和公共卫生部门"[①]。对于企业来说，他认为，新增人口可能使竞争激烈和减少垄断，而这是有利于经济增长的，可以带来经济效益。

（3）新增人口有利于更加精细的劳动分工和新产业的出现。索维仍沿袭亚当·斯密关于一定人口是劳动分工的前提的思想，认为人口过少不利于劳动分工，而一些新产业的出现，如汽车制造业、飞机制造业、电子计算机行业等都同人口增长有关。[②]

（4）新增人口有利于经济结构调整。他认为，一种正在变化中的经济（职业上的、地理上的等）会发生无数的失调。这是由于失误和没有预计到的技术创新造成的。他说："在人口增长的情况下，这些失调是可能比较容易纠正的，通过新增人口比通过人口转移更容易纠正结构上的失调。"[③]

（四）适度人口增长率

索维在分析了人口增长的负担和效益之后，就探讨从这两者均衡中确定适度人口增长率（the optimum rate of population growth）。他一再指出，分析的出发点是具有稳定增长率的稳定人口的负担和效益。

现在用图 10-9 来说明人口的适度增长率。纵轴 OY 表示人均负担，横轴 OX 表示每年的人口增长率（%）。与 OX 平行的 J 线表示人口增长率为零时的人均负担（$1/D$）。按照索维的上述分析，曲线 A 是表示人口增长的经济效益，曲线 C 表示人口增长的负担。曲线 A 随着人口增长率的上升由零开始上升，达到一定点后，又开始下降，形成了一条凹面向下倾斜的曲线。这说明，人口增长率从零开始上升时，经济效益上升，而达到一定点之后，经济效益随着人口增长率的上升而下降。在曲线 A 的 K 点上与一条 OB 线平行线相切。曲线 C 则表示随着人口增长率的上升，负担一直增加，形成凸面向下倾斜的曲线。曲线 C 上的 L 点正切于一条同 OB 平行的线。在 K 点和 L 点之间距离最大，这表示纯收益达到最大值，即与 K 点和 L 点相对应的点 M。M 点表示人口适度增长率。这就是说，每年的人口增长率 OM 为最适宜的或最优的，因为此时的人口增长经济效益最

[①] 阿尔弗雷德·索维：《人口的适度变动》，载 A. J. 柯尔主编的《人口增长中的经济因素》，麦克米伦出版公司，1976 年英文版，第 68 页。

[②][③] 同上书，第 69 页。

大，而负担为最低。所以，索维认为负担与效益均衡是指能带来最大经济效益和最小负担的人口增长率为适度人口增长率。①

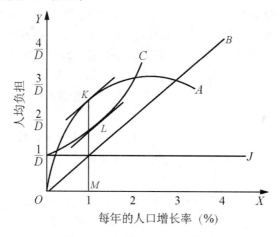

图 10-9　经济人口适度增长率

在分析适度人口增长率时，索维认为，第二次世界大战以来，西欧各国每年的人口增长率在 1% 到 0.5% 之间波动是接近适度的。如果高于这一适度范围，则人口增长带来的负担过重；而低于这一适度范围，人口增长的经济效益又过小。所以，他指出，人口增长缓慢下降接近经济上最有利的适度点，然后向一种静态人口转变。他认为，人口的变动，类似于空间导弹的运动。空间导弹在开始时是全力加速上升，然后以一种恒定的速度运行，在到达目的地之前，则缓慢下降，最终降落于目的地。②人口在开始时会随着经济的发展而高速增长；然后增长率逐渐下降，逐渐接近适度增长率，以致在这种适度范围作微小波动，出现一种以稳定的速度增长的趋势；最后增长率会缓慢下降，接近或达到人口静止状态。一般认为，零增长率是人口静止状态的增长率，不过，这是长期的人口变动的结果。

四、适度人口增长率的变动

适度人口增长率概念本身包括了一定时间跨度内的人口变动，因此，适度人口增长率不是固定的、一成不变的，而是随着时间长度的变化而变动的。并且，适度人口增长率是随着所要达到的经济目标的变化而变动的。如果假定以一定时期内的人均产量增长率达到最大值为目标，那么，由于人均产量增长率的最大值会随着各种经济条件以及社会条件的变化而变动，因而适度人口增长率也会发生相应的变动。所以，"不能把适度人口增长率归结为选择一种永恒不变的适度增长率"③。

一般说来，可以分下列四个时期来考察适度人口增长率：

---

① 阿尔弗雷德·索维：《人口的适度变动》，载 A. J. 柯尔主编的《人口增长中的经济因素》，麦克米伦出版公司，1976 年英文版，第 70—71 页。

② 同上书，第 72 页。

③ P. 纪尧姆：《适度人口增长率》，载 A. J. 柯尔主编的《人口增长中的经济因素》，麦克米伦出版公司，1976 年英文版，第 59 页。

（1）在短期内，以静态均衡为条件，适度人口增长率与人口的静态适度相关联，人口增长率朝适度点方向变动，或者把人口规模处于静态适度时的增长率作为适度增长率。由于人口变动是一个缓慢的过程，即使确立了适度增长率，在短期内也是不能马上达到的。

（2）在中期内，假定人口年龄结构不变，劳动人口的变动趋势是给定的，所以，达到某一经济目标的劳动人口适度增长率，也就是人口的适度增长率，并且是一种处于转变中的适度人口增长率。这时，适度人口增长率与人口密度无关。

（3）在长期内，适度人口增长率是正的，但也是低的。长期内这种适度人口增长率将会随着人口密度上升而递减，随着经济发展水平的提高而递减。

（4）超长期内，适度人口增长率趋于零增长率，简单地说，由于地球的范围是有限的，即使以低的增长率增长，超长期的人口增长也不可能是无限度的，所以，人口最终会趋于零增长，达到一种静止状态。零增长率被认为是最终趋于稳定的一种静态人口的适度增长率。[①]

第五节　现代经济适度人口理论的演变

现代经济适度人口理论是西方人口经济学的一个组成部分，主要探讨经济变量与人口变量之间最适宜的或最适中的比例关系。

一、理论渊源

索维等人阐述的经济适度人口理论渊源于威克塞尔和坎南的经济适度人口学说。19世纪末20世纪初期，威克塞尔和坎南各自从不同的途径分析了人口与产业收益之间的关系，把获得产业收益最大值的人口称为适度人口。正如适度人口理论一开始就以经济目标、经济标准作为衡量人口是否达到适度的尺度一样，尽管索维提出衡量达到适度人口的标准有9个之多，但其中心仍然是经济目标和经济分析，即使他有关实力适度人口的分析，也没有离开经济分析。

索维等人对经济适度人口所作的分析，无论是静态分析，还是动态分析，包括对适度人口增长率的分析，其理论依据仍然是西方经济学中的收益递减规律和局部均衡分析法。这同威克塞尔、坎南等人讨论适度人口的依据是相似的。不过，索维等人已经注意到技术进步等因素对人口适度的影响。即使如此，他们仍然没有离开收益递减规律。

现代经济适度人口论者把其理论渊源追溯到古典经济学家亚当·斯密和西斯蒙第等。的确，仔细阅读索维有关人口经济问题的著作和论文，字里行间流露出他担心人口增长缩减，特别担心人口减少，他说："一个静态人口是老年人口，是一个住在旧房子

[①] P. 纪尧姆：《适度人口增长率》，载 A. J. 柯尔主编的《人口增长中的经济因素》，麦克米伦出版公司，1976年英文版，第58—59页。

里沉思默想旧观念的老龄化人口。"[1]所以，他倾向于人口增长会带来较大的经济效益，一再强调一个稳定人口的适度增长的有利方面，甚至在科学技术高度发达的现代，仍然强调人口增长有利于社会分工。索维的经济适度人口理论也许是20世纪60年代以来，法国以及西方发达国家人口增长缩减趋于静态的现实在理论上、学术思想上的一种反映。究其实质，索维等人提倡经济适度人口学说，其目的是希望西方发达国家的人口有所增长，或适度增长，以利于西方经济增长。

然而，亚当·斯密主张人口增长有利于社会分工，是从社会分工有利于社会生产力发展的角度出发，是在资本主义经济处于上升时期时为了冲破封建的羁绊扩大社会分工和人口增长的需要。然而，在当今原子能、信息技术时代，主要依靠科学技术的发展，而不是依靠人口增长来扩大社会分工。索维仍然认为人口增长有利于扩大社会分工的经济效益，说明他更关注人口增长对经济增长的推动作用。

二、理论上的进展

与早期经济适度人口学说相比，现代经济适度人口学说在理论上有如下几点进展：

（一）从静态扩大到动态

早期经济适度人口学说，只是从静态角度去考察人口变动与经济变量之间的适宜关系。然而，现代经济适度人口学说则把该理论从静态扩大到动态，考察在技术进步条件下的人口适度。索维等人看到了技术进步、资本积累率上升能提高人口的经济适度，因而不只是停留在分析某一时点上的经济适度人口，而是考察一定时期的经济适度人口。

（二）从分析人口的适度规模扩大到考察适度增长率

早期经济适度人口学说只考察了人口规模与产业收益之间的适度关系。然而，现代经济适度人口学说则把该理论从分析人口的适度规模推进到考察适度增长率，因而分析人均产量增长率、资本积累率等经济变量同人口增长率之间的关系，得出了达到人均产量增长率最大值的人口增长率为适度增长率的结论。

（三）衡量人口适度的标准从笼统的"产业收益"推进到"人均产量"或"人均收入"

早期经济适度人口学说在分析达到人口适度的标准时只提出了"产业收益"这样较笼统的概念，但"产业收益"如何计算则没有回答。然而，现代经济适度人口学说在衡量适度的目标和标准方面有所突破。虽然标准各异，目标不同，但归纳起来，主要是以"人均产量"或"人均收入"作为标准。这在现代统计学和经济计量学发展的条件下，都是可以加以计算的。

在衡量标准方面，索维在1976年《人口的适度变动》一文中提出了以人口的最大

---

[1] A. J. 柯尔主编：《人口增长中的经济因素》，麦克米伦出版公司，1976年英文版，第78页。

经济效益和最低负担时的人口增长率为适度增长率的论点。尽管索维对这个论点的分析和论证尚不十分充足，但该论点的理论价值是较高的。这就是不但要看到人口增长的经济效益，而且还要分析其负担，从效益与负担的均衡中寻求适度增长率。

索维提出的人口适度变动给家庭和社会带来经济效益以及人口增长过多过快可能会给家庭和社会带来经济负担的观点是有理论价值的，为后人进一步研究人口增长的负债、人口增长的经济效益和人口红利等课题开启了思考之门或智慧之门。

以上这些进步，对于我们研究社会主义市场经济条件下人口与经济适宜的关系不无借鉴之处。

思考习题

1. 用人口增长的负担和经济效益之间的平衡确定适度人口的方法来观察我国人口的变动。
2. 适度人口是一种理想状态，还是一种现实追求的人口目标？
3. 运用经济适度人口理论分析中国人口问题，中国是否应追求有利于经济发展目标的适度人口？

第十一章　悲观主义人口经济理论

◀学习目标▶

1. 了解现代悲观主义人口经济理论形成的经济社会条件。
2. 了解和把握"人口压力"论、"资源耗竭"论、"增长极限"论等悲观主义人口经济理论的内容和共同特征。
3. 了解和理解现代悲观主义人口经济理论的积极学术价值和局限性。

◀学习重点▶

"人口压力"论、"资源耗竭"论、"增长极限"论、悲观主义人口经济理论的学术价值

第二次世界大战结束以来，西方一些人口学家、经济学家和生态学家结合发达国家和发展中国家面临的人口经济问题，著书立说，宣扬悲观主义人口经济理论。悲观主义者主要讨论现代人口迅速增长给食物生产、资源和环境所带来的压力，认为发展中国家人民贫穷和经济落后的一个重要原因在于人口迅猛增长，主张用节制生育手段来解决各种人口经济矛盾和问题。

第一节　现代悲观主义人口经济理论形成的社会经济条件

一、第二次世界大战以后世界的基本矛盾

第二次世界大战中及以后，亚洲、非洲和拉丁美洲等大洲的一批发展中国家相继获得独立，西方发达国家的势力相对削弱。然而，在世界范围内的基本矛盾依然存在，这些基本矛盾是帝国主义及殖民主义与殖民地、半殖民地民族和人民之间的矛盾；各发达国家之间的矛盾；发达国家内部垄断资产阶级和无产阶级之间的矛盾；等等。尤其是自20世纪60年代以来，由于各发达国家政治经济发展不平衡和苏联经济、军事实力的壮大，极少数超级大国争夺世界霸权、世界市场和世界资源的斗争更加激烈。在这种激烈的争夺战中，发达国家采取政治的、军事的和经济的手段，加强了对发展中国家自然资源的掠夺和各种形式的剥削，以便发展自身的经济，增强其自身的经济实力和军事实力。

广大发展中国家，虽然在政治上相继获得独立，经济也有所发展，然而，由于原来

生产力水平低下，经济技术落后，加上外国殖民主义残余势力继续掠夺和剥削，因此，社会生产力发展缓慢，原有的落后经济未彻底改观，人民生活相当贫穷。

二、现代世界的主要人口经济问题

（一）发达国家和地区的人口经济问题

从经济发展水平来看，第二次世界大战以后，特别是20世纪60年代以来，逐渐形成了包括北美、欧洲等经济发达的地区以及大洋洲的澳大利亚、新西兰和亚洲的日本等经济发达的国家。至1985年，这些发达地区和国家的人口约为12亿，约占世界总人口48.42亿的25%。发达地区和国家的人口经济问题是：

第一，经济经历了相对"繁荣"后趋于"滞胀"，失业人口大量增加和熟练劳动力不足并存。自20世纪50年代中期至整个60年代，各发达国家的经济有了相当的增长，据统计，15个发达国家从1950—1976年工业年平均增长率为5.2%①，而1914—1949年仅为2.6%。由于经济发展，发达国家的国民生产总值和国民收入也都有较大增加。然而，这种相对"繁荣"并没有消除经济危机。从1948年到1973年，美、英两国先后爆发了6次经济危机，日本爆发了7次经济危机。进入21世纪之后，发达国家的经济经过短暂繁荣之后，于2008年爆发了严重的金融危机，一批金融企业倒闭，以国家为单位的债务危机十分严重，实体经济陷入深深的危机泥潭，西方发达国家的失业率节节上升，大批工人失业，出现了人口过剩危机。特别是自70年代以来，发达国家的经济增长率下降，如美国的经济增长率，1974年比1973年下降了1.3%，1975年又比1974年下降了1.1%，到1979年经济增长率仅为2.3%。与此同时，通货膨胀严重，经济增长趋于停滞。

就人口变化而言，第二次世界大战结束至20世纪50年代，发达国家经历了短暂的生育高潮，如1955年美国人口出生率达24.7‰，法国为18.6‰，意大利为18‰，日本为19.4‰，澳大利亚为22.6‰。②自60年代以后，人口出生率明显下降，其自然增长率在6‰上下波动，有些发达国家趋向零值增长。

一方面，西方发达国家经济增长缓慢，所提供的就业岗位不能满足现有劳动力年龄人口就业的需求，使失业人口增加。然而，另一方面，人口增长缩减，西方发达国家也开始感到劳动力和兵源匮乏，特别是熟练劳动力不足。正如通货膨胀和经济停滞并存一样，失业人口和熟练劳动力不足并存。

第二，人口老龄化和经济活动人口负担加重。发达国家在第二次世界大战以后，老龄人口占总人口的比重逐渐上升。到了1975年，发达国家不同程度地出现了人口老龄化的现象，其老年人口占总人口的比重在10%以上，美国为11%，加拿大为10%，英国、法国、西德、挪威等国的老年人口占总人口的比例都在14%左右，日本为10%。

人口老龄化引起了一系列人口经济问题：首先，劳动力年龄人口比重下降，这是老

---

① 15个发达国家是指美国、日本、加拿大、英国、法国、德意志联邦、意大利、瑞典、瑞士、奥地利、比利时、荷兰、丹麦、挪威、芬兰。

② 林富德等编：《世界人口与经济发展》，中国人民大学出版社，1980年版，第84—85页。

龄人口比重上升的结果。不仅如此，劳动力年龄人口也有老化趋势，这是由于人口出生率下降，进入劳动力年龄人口的青年人口相对减少所致。其次，用于老龄人口的社会福利费用占国民收入的比重上升，经济活动人口的负担加重。1960—1970年，人口老龄化较为突出的瑞典和德国，社会福利费用占国民收入的比重，分别从12.4%上升到32.2%和从16.6%上升到23.1%。又如日本，1980年上述比重为10.98%，到1995年预计将达到25.6%，15年时间增长1.3倍。最后，老龄人口本身的经济生活水平下降，社会地位日趋恶化，精神压力增大。

第三，贫富鸿沟加深，广大蓝领工人贫困。第二次世界大战后，随着科学技术的发展，劳动生产率提高了，同时垄断资产阶级也加强了剥削，提高了剥削程度，致使贫富鸿沟加深。如美国加工工业的剩余价值率，1947年为146%，1965年上升为208%，1970年又上升为233%。德国的剩余价值率，1950年为181.4%，1960年为236.3%，1976年为273.9%。日本的剩余价值率，1950年为275%，1960年为421%，1976年为431%。[①]剩余价值率的上升意味着资本家剥削的加重，他们越来越富。然而，工人的收入却相对下降，有时还会出现绝对下降。如美国制造业工人每周实际工资，1973年为109.3美元，1974年下降了4.3%，1978年比1973年降低了5.5%。所以，在发达国家，工人的生活仍然是贫困的，如美国有半数工人的家庭收入不足以维持中等水平的生活，有1/5的工人在贫困线上挣扎。

（二）发展中国家的人口经济问题

第一，粮食不足，人民食物消费水平低下。发展中国家在第二次世界大战以后农业生产有了一定发展，其中粮食生产从1955—1980年以每年2.4%的速度增长。然而，发展中国家，特别是非洲的一些国家，粮食仍然不足，按人口平均的食物消费水平十分低下，1973—1975年，发展中国家每年要进口粮食达4 500万吨。据联合国粮农组织估计，1969—1971年，发展中国家每年至少有4.6亿人在挨饿。进入21世纪，发展中国家每年至少有10亿人口在饥饿线上挣扎。所以，粮食问题，即吃饭问题，仍然是不少发展中国家所面临的一个严重的人口经济问题。

第二，人口年龄构成轻，就业问题严重。发展中国家15岁以下儿童、少年人口，占总人口的40%左右，因而劳动力人数增加较快。这样，庞大的适龄劳动力年龄人口同发展中国家所能提供的有限的就业岗位之间的矛盾十分突出，因而失业和半失业人口数量巨大。国际劳工组织1980年估计，发展中国家失业和半失业人口达4.55亿，其中亚洲发展中国家为1.8亿，占现役劳动大军的38%。人口年龄构成轻，不仅就业问题严重，而且青少年人口的就学、就医也十分困难。要解决庞大的青少年人口就学就业问题，需要大笔资金，这对发展中国家来说，也是巨大的困难。

第三，贫富悬殊，劳动人民生活贫困化。发展中国家大多经济落后，人民生活贫穷，突出表现就是人均国民生产总值和人均国民收入很低。1977年，发达国家的人均国民生产总值达5 000美元，而发展中国家只有490美元，前者是后者的10倍还多。至于人均

---

① 傅骊元：《"黄金时代"的终结》，山西人民出版社，1982年版，第67页。

国民收入，大多数发展中国家只有100—300美元，有一些国家只有70—90美元，只及发达国家的1/30—1/40。这样，大多数发展中国家人民的吃、穿、住条件都十分困难，生活水平十分低下。

发展中国家除了人民生活水平低之外，其国内贫富差距也相当大，占总人口10%左右的最富阶层占有国民收入的40%，而占总人口40%的贫困阶层只获得国民收入的15%左右；约占总人口20%的最贫穷阶层只得到国民收入的5%。在农村70%—80%的人口是赤贫和少地的农民。城市工人工资低下，生活同样是贫困的。

当然，战后发展中国家由于人口出生率水平较高，而死亡率普遍下降，人口增长迅速。战后世界人口增长较快，主要是由于发展中国家人口的增长。全世界人口，在1930年为20亿，1960年增加到30亿，1975年增加到40亿，到1986年达到50亿。从1930年起，每增加10亿人口的时间为30年、15年、11年。世界人口绝对数字的增加趋势还会持续相当长的时间。

正是面对上述种种基本矛盾和人口经济问题，现代悲观主义者进行了广泛的分析和说明，提出了他们的人口经济理论。

三、现代悲观主义的代表人物和他们的著作

第二次世界大战之后，现代悲观主义在西方国家中十分流行，不少国家，特别是美国，设有各种各样的组织和机构，宣扬悲观主义，出版了不少研究人口经济问题的著作，从社会学、经济学、医学、生物学、人口统计学和数学角度去讨论现代世界所面临的人口经济问题。

在20世纪50、60年代初期，悲观主义的主要代表人物是美国学者威廉·福格特（Willian Vogt），他在1949年出版的《生存之路》被认为是现代悲观主义人口经济理论的代表作。该书的主要理论是：现代世界人口增长已经超过了土地和自然资源的负载能力，人类面临灭绝的危险；人类生存的道路，在于控制人口增长，恢复并保持人口数量和土地、自然资源之间的平衡；防止人口过剩的基本途径是降低出生率，提高死亡率。

这个时期的另外两位悲观主义的代表人物是W. S. 汤普森（W. S. Thompson）和J. H. 赫茨勒（J. H. Hertzler）。汤普森曾担任过美国迈阿密大学斯克里普人口问题研究基金会的主席，在美国侵略朝鲜战争期间，他是美军司令部的人口顾问。他在1953年出版了《人口问题》一书，该书系统地宣扬悲观主义的人口经济理论，认为人口压力是现代战争的原因，歪曲和否认现代战争根源，公开为帝国主义侵略战争辩护。赫茨勒是美国人口学家，他在1956年出版了《世界人口危机》一书。该书较早地提出了"人口爆炸"论，认为世界人口就像氢弹爆炸一样骤然增长了若干倍。他把整个世界人口经济分为三种类型，认为发展中国家和地区的人口增长导致了世界人口危机，亚洲、非洲和拉丁美洲地区人民贫穷和落后的原因是人口迅速增长。

50年代中期以后到60年代，西方发达国家大多采用凯恩斯主义，人为刺激经济增长，使其经济有了相当大的增长。到了60年代后期和70年代初，西方发达国家普遍出现了大量失业和通货膨胀并存的困境，环境污染、资源缺乏、能源危机交织在一起。面对种种人口经济问题，西方人口学家、生态学家和经济学家都进行研究和探讨。1968

年，美国生态学家 P. R. 埃利希出版了《人口爆炸》一书，1970年又出版了《人口、资源、环境》一书，鼓吹悲观主义，认为环境污染、资源耗费加快、能源危机的原因在于"人口爆炸"，呼吁世界各国把人口问题作为头等问题加以对待，否则世界将面临像原子弹、氢弹爆炸那样可怕的毁灭性的灾难。

对于经济增长及其后果，西方学术界持有不同的看法，这种不同看法在20世纪70年代初期形成了一场拥护经济增长与反对经济增长的大辩论。在这场辩论中，现代悲观主义者杰伊·W. 福雷斯特（Jay W. Forrester）和 D. 梅多斯等人结合世界人口演变趋势，提出了增长极限论。福雷斯特和梅多斯都是美国麻省理工学院管理学教授。福雷斯特曾经是计算机中一种记忆装置专利的发明人，他提出了"系统动态"分析方法，于1971年出版了《世界动态学》一书。梅多斯是福雷斯特的学生，于1970年受罗马俱乐部的委托，把罗马俱乐部讨论的结论编写成书。梅多斯等运用系统动态分析方法，写作并于1972年出版了《增长的极限》一书。该书被认为是现代悲观主义的代表作。

《增长的极限》一书的基本观点是：假定世界上自然的、经济的和社会的关系没有重大变化的条件下，由于世界人口急剧增加，粮食短缺、资源耗竭、环境污染，这样，世界人口和工业生产能力最终将会发生非常突然的和无法控制的崩溃。"早在公元2100年来到之前，增长就会停止。"①

尽管现代悲观主义者不断提出新的论点和论据，但是，在基本理论问题上，与新老马尔萨斯主义者是一脉相承的。他们大多认为人口增长超过了食物供应的增长，人口迅速增长是广大工人和劳动群众贫困及失业的原因，人口增长的压力是造成资源耗竭、环境污染乃至现代战争的原因，等等。然而，现代悲观主义者又根据自己的观察，对当代人口经济问题提出自身的看法和主张，形成了现代悲观主义人口经济理论。

第二节 "人口压力"论

一、人口压力

从20世纪50年代初起，现代悲观主义者就鼓吹当代世界各个地区，特别是发展中国家和地区面临着沉重的人口压力。所谓人口压力（population pressure）是指人口过剩对自然资源和生产能力的压力，或者是对地球供养能力的压力。②

（一）人口过剩或过剩人口

现代悲观主义者讨论人口压力是从他们有关人口过剩的概念出发的。关于过剩人口的概念有以下几个定义：

---

① D. 梅多斯等：《增长的极限》，商务印书馆，1974年第2版，第163页。
② J. O. Hertzler, *The Crisis in World Population* (University of Nebraska Press 1956), p. 133.

有的人认为，人口过剩是指"不仅在每平方英里的人口超过了一定数目的时候，而且在这一平方英里的人口没有足够的经济资源、自然资源、工业产品、服务等养活自己的时候，存在人口压力（等于人口过剩）"[①]。

有的人认为，"从理论上来讲，一个地区的人口如果比现在少，以其现有的资本设备、社会组织和个人特性，就有指望获得更高的生活水平和更迅速的经济进步，这样的地区人口便可以算作人口过剩"[②]。

然而，美国的赫茨勒认为，应该根据社会经济发展的水平或社会经济发展阶段的不同来说明不同时期的人口过剩问题。如果一个社会主要依靠狩猎、放牧或简单农耕为其生计，则可用人口土地之比率，即人口密度来说明人口过剩与否。这就是说，可以确定一个标准，即每平方英里有多少人口为适宜人口密度，超过这个标准，则为人口过剩。但是，赫茨勒又认为，随着社会经济发展水平的提高，确定人口过剩的标准也要改变。他认为，在科学技术较为发达，工业、农业、交通运输中的技术有巨大发展的情况下，用人口密度标准就不合适了。他说："一般来讲，今天的人口过剩并不是人地比率或生存空间的问题，而是这样一种局面，即相对于现有的资源和一切能够有效利用这种资源的有关生产手段与分配手段而言，在一定时间和一定地区内的比例过大。因此，按人口平均计算的产量和实际收入低。人口数量的增加已经超过了适度点，以致生活福利受到了各种损害。"[③]

赫茨勒强调人口过剩是相对于一个国家一定时期的资源和利用资源的生产手段以及分配手段而言的。在一个国家一定时期内有与其资源、生产手段以及分配手段相适应的人口，这就是经济适度人口。他认为，根据某一特定国家现有的技术和经济情况，能够允许按人口平均计算的产量达到最大值的人口为经济适度人口。[④]所以，他认为，人口数量超过了经济适度人口，致使按人口平均计算的产量和实际收入降低，这样就形成了人口过剩。

（二）把世界划分为三类地区

赫茨勒从自己确立的人口、自然资源和经济发展水平之间的关系观点出发，把20世纪50年代的世界分为三类地区。

第一类地区是指西欧、北美等经济发达的地区。他认为，这类地区的特点是实现了现代化，开发自然资源的能力较强，因而相对可用的和开发了的资源，以及经济和社会的知识以及技术水平而言，人口显得不足。其原因是人口出生率和死亡率都是较低的，人口增长趋于稳定和均衡。这个地区的人口占世界总人口的20%。

第二类地区是指苏联、东欧、南欧、亚洲的日本等国家和地区。他认为，这类地区的经济正在从农业阶段向工业阶段过渡，经济正在发展过程之中，而人口的出生率高，死亡率已经开始降低，因而人口增长率高，人口压力大。然而，随着工业化和现代化的发展，

---

① J. O. Hertzler, *The Crisis in World Population* (University of Nebraska Press 1956), p. 94.

② 弗·劳里默：《人口政策问题》，载《美国政治与社会科学院年刊》，1945年1月第237号，第196—197页。

③ J. O. Hertzler, *The Crisis in World Population* (University of Nebraska Press 1956), pp. 93—94.

④ Ibid., pp. 90—91.

人口增长率将会逐渐下降。这个地区的人口占世界总人口的20%。

第三类地区是亚洲、非洲、拉丁美洲的不发达国家。他认为，这类地区经济落后，农业经济在国民经济中占很大比重，人口出生率猛增，而死亡率则刚刚开始下降，因而人口增长加快，出现了明显的人口过剩和人口压力。这类地区的人口占世界总人口的60%。

在作了上述分析之后，他指出，人口不足，只是就少数地区而言，全世界大多数地区存在人口过剩的情况。他说："从古代以来，人口过剩往往就是人类多种社会的长期状况。现在，它已经成了世界上大部分民族的主要问题。"[①]在现代悲观主义者看来，正是这种人口过剩对经济开发和资源利用以及生产手段形成了巨大的压力，称为人口压力。人口压力是经济开发和人们生活改善的主要障碍。

二、人口压力对经济发展的影响

现代悲观主义者认为，由于人口压力，资源开发和生产能力提高受到阻碍，因而妨碍和延迟了经济发展。具体来讲，人口压力对经济发展的影响主要表现为：

第一，人口压力使经济努力集中在消费品生产方面，而不是在生产资料生产方面。现代悲观主义者认为，在有人口压力的国家，技术、经济上的每一种进步几乎都被新增加的人口所抵消。为了养活新增加的人口，人们必须不断扩大消费品的生产，特别是生活资料的生产，所以，经济上的种种努力就集中于消费品生产，没有多少资金和人力用于发展生产资料的生产。

第二，人口压力会减少个人的储蓄，特别使用于投资的储蓄更加困难。随着家庭人口的增加，人们不得不把收入用于购买眼前生存的必需品，因而使储蓄十分困难。又由于储蓄等于投资，从一个国家范围来说，人口压力使储蓄困难，从而减少了国内投资数量，从妨碍了生产设备的改进和增加，对经济发展产生不利的影响。

第三，"人口压力增加了国家土地供给的紧张，这在任何时期都是一样的。"[②]现代悲观主义者认为，对于不发达国家来说，土地仍然是主要的生产资料。由于人口增加，"每一个耕者和每个家庭的土地相对数量日趋减少，甚至只是为了生存而进行生产的土地都变得越来越紧张了"[③]。

第四，人口压力阻碍采用机器和技术进步。现代悲观主义者认为，当一个国家存在人口压力时，劳动力价格一定是低廉的，因而企业主愿意使用丰富而廉价的劳动力，而不愿意使用昂贵的机器，因而阻碍了采用效率更高的机器，妨碍了技术进步。他们认为这种现象在农业部门中更为突出。

第五，人口压力会加快资源的耗费。现代悲观主义者认为，人口增长往往使人们更加紧张地利用大部分已知的资源，加快资源的开发，这样导致"蕴藏有限和不可再生的自然资源很快就会耗尽"[④]。

[①] J. O. Hertzler, *The Crisis in World Population* (University of Nebraska Press 1956), p. 93.

[②][③] Ibid., p. 133.

[④] Ibid., p. 134.

三、人口压力是现代战争的原因

现代悲观主义者荒谬地把人口压力与战争联系起来,认为"历史上存在着许多事实表明人口压力和扩张、征服战争之间至少具有一种密切的关系"①。

为了说明人口压力是战争的原因,现代悲观主义者就不得不修改其人口压力的定义。例如,美国的 W. S. 汤普逊认为,测定作为威胁和平程度的"人口压力的尺度不是绝对贫困,而是被感觉到的匮乏,被感觉到的资源所受的压力,被感觉到的接近世界资源方面的不平等"②。他又说,"极端贫穷的民族太软弱无力以至于不能从事有任何胜利希望的战争。……对于人口压力感觉最强烈的一般都发生在已经渡过赤贫阶段的民族中,这些民族尝到了好生活的滋味,并且认为他们有价值的东西将会被那些超过他们的民族所夺走"③,因而"人口压力感觉最强烈的"国家便会发动战争。

正是基于这种观点,现代悲观主义者认为,地球的面积总是有限的,在任何一定时期内可用资源也是有限的;然而各国和各民族之间的人口增长率及人地比率却是不同的,并且在资源占有和分布以及对资源开发方面,在资源的技术利用和消费水平方面,也都存在极大的差异。又由于有价值的土地及其资源都已经被占领或被控制,所以,某些民族感到,他们取得额外土地的唯一办法,就是从别人手里抢夺。④他们从这种分析出发,把从 16 世纪开始,西班牙、葡萄牙、荷兰、法国和英国为夺取殖民地和半殖民地所进行的侵略战争,把 19 世纪后半期德国、意大利、日本所进行的侵略扩张战争以及 20 世纪上述三国所发动的两次世界大战都归结为受人口压力刺激的结果。他们在谈到上述种种战争时说:"在这一切事件中,在某种程度上,人口压力无疑是一种刺激因素。在今天的大多数国际战争中,经济困难可能仍然是基本原因之一。"⑤

现代悲观主义者认为,人口过剩、人口压力"大都表明战争就是国策"⑥。美国的现代悲观主义者 W. 福格特认为人口过剩"会多次导致欧洲发生动乱"⑦,并且说:"在欧洲,贫困会一次又一次地成为导致战争的直接原因。"⑧他们认为,存在人口过剩和人口压力的国家为了夺取土地和资源就要向外扩张,发动侵略战争。他们从这种荒谬的理论出发,认为不发达地区存在高人口压力,因而就成了危险地区,于是声称,"主要危险地区包括大部分非洲地区,……大部分拉丁美洲地区。但是,最危险的地区是亚洲,在那里,一半以上的世界人口正在过着远低于现代世界公认标准的生活"⑨。显然,现代悲观主义者的上述观点和分析是极其荒谬的,是本末倒置的。本来是帝国主义、殖民主义为了争夺原料产地和产品倾销市场,发动侵略扩张战争,使不发达国家沦为殖民地,

---

① J. O. Hertzler, *The Crisis in World Population* (University of Nebraska Press 1956), p. 106.
② W. S. Thompson, *Population Problems* (McGraw-Hill Book Company, 1953), p. 359.
③ Ibid., p. 360.。
④⑤⑥ J. O. Hertzler, *The Crisis in World Population* (University of Nebraska Press 1956), pp. 106—108.
⑦⑧ 威廉·福格特:《生存之路》,商务印书馆,1981 年版,第 201 页、第 184 页。
⑨ J. O. Hertzler, *The Crisis in World Population* (University of Nebraska Press 1956), p. 110.

半殖民地。他们却颠倒黑白,把帝国主义的侵略战争说成是由于不发达国家和地区的人口过剩、人口压力所致。这完全是帝国主义的强盗逻辑。

第三节 "资源耗竭"论

现代悲观主义者在分析人口与经济之间的关系时,十分注重讨论人口增长对自然资源的影响,他们把世界资源消耗加快、人民生活贫困归结为人口增长过多过快。威廉·福格特在1949年出版的《生存之路》一书就鼓吹"资源耗竭",认为"地球上大部分地区的'资源资本'都正面临着严重的枯竭"[①],如果人们不采取措施,"不改弦易辙",人类就可能遭受灭顶之灾。

一、土地资源面临枯竭的危险

现代悲观主义者认为,人类为了生存,为了提高生活水平,必须与总的环境建立一种合理的、有利于健康的关系,其中特别重要的是人口与土地资源之间应有一种合理的生物物理关系。为了说明这种关系,威廉·福格特提出了下边的公式[②]:

$$C = B : E \qquad (11\text{-}1)$$

公式中 C 表示任何一定面积土地的负载能力。所谓土地负载能力是指"土地向动物提供饮食和住所的能力。如果专指人类,则表示土地为复杂的文明生活服务的能力"[③]。

B 表示生物潜力,是指土地上的植物为人类提供住所、衣着,尤其是粮食的能力,即生产能力。只有植物才能从土地和空气的原料中合成可供动物吸收的食物。这是动物食物的唯一存在形式。

E 表示环境阻力,即任何环境(包括被人类破坏的环境)对生物潜力或生产能力加以限制,形成阻力。

福格特认为,土地的负载能力就是生物潜力与环境阻力之比的结果。也就是说,根据环境对土地的生产能力所施加限制的大小来决定土地负载能力。所以,有必要进一步了解土地生产能力和环境阻力的具体内容。

(一)土地的生产能力

福格特认为,每一块土地都有其自身的生产能力。这就是依靠阳光、水分和肥力(营养物),每块土地上都能生长植物。然而这只是一种生物潜力。要使这种生物潜力能够为人类提供粮食、衣着和住所,还必须经过人类的劳动,才能形成生产能力。

这种生产能力受土地所含营养物(肥力)多少的影响,如果土地的自然肥力高,则

---

① 威廉·福格特:《生存之路》,商务印书馆,1981年版,第5页。
② 同上书,第23—45页。
③ 同上书,第23页。

生产能力强，反之亦然。同时，土地生产能力随着土地所能生产的植物数量而变化，如果生产的植物数量增加，则生产能力提高。

土地生产能力随着时间的推移而发生变化。当土地刚刚开垦进行耕种时，可能产量较高，但是随着耕作年数延长，经受各种自然灾害（如旱灾、水灾），生产能力可能减弱。所以，福格特认为，"大地供养人类的能力决定于它的最不利的而不是最有利的条件"[①]。

（二）环境阻力

福格特认为，每一块耕地上的生物潜力都有一种从未达到过的绝对的或理论上的最高限度。然而，每一种农作物的产量都从未达到过这种理论上的最高限度，其原因是环境阻力对农作物的生产潜力起限制性作用。这种环境阻力包括以下几种限制：

第一，物理限制。它是指环境的物理特征对农作物的生长和收获量起限制作用。例如气候条件，由于各国或一个国家内部各个地区所处的地理位置不同，因而其气候条件相差很大，降雨量不同，光照时间长短不一，这都限制了农作物的生长。所以，福格特认为，人类要应付的限制因素中最明显的是气候。又如地形，也是强有力的限制因素。即使处于同一纬度，山地和平原地的农作物产量也大不相同。还有土壤中的成分不同，如含酸和含碱的程度不同也会大大影响农作物的产量。如果土壤含有机物较多，加上适度的气温和雨水，则可使农作物增产，否则会使农作物减产，如此等等。

第二，生物限制。它是指环境中某些生物对农作物的生长和收获量起限制作用。福格特认为，最厉害的限制因素之一是昆虫。如美国的全部植物每年有 1/10 毁于虫害。另一个限制因素是啮齿动物，如各种鼠类，它们主要在夜间活动，每年要吃掉价值亿万美元的粮食。还有就是土壤中的微生物能分解有机物，使土壤中的矿物质能被植物所吸收，然而，如果土壤中微生物太少或受到破坏，则也会限制农作物的生长。

第三，人为的限制。这是指人类在开发和利用自然资源时，违背自然规律所造成的对土地生产能力的限制或破坏。福格特反复谈到人类的这种限制，如过度放牧和过度砍伐森林，使得草原的载畜能力下降和森林遭到破坏，从而土壤遭受侵蚀，野生动物灭绝，给人类带来痛苦。

在谈到人为的限制时，福格特指出："最具毁灭性的限制因素之一是资本主义制度。……对于土地来说，自由竞争和牟利动机是最大灾难。"[②]接着他分析了在资本主义制度下，资本家为了获得利润，用工业废水毒化千百条河流，无节制地使用地下水，对土地的掠夺性开发和利用以及在草原上过度放牧，对海洋鱼类采取掠夺式的捕捞，如此等等，都严重地破坏了土地或海洋的生产潜力。他指出，资本家们"关心的主要是利润，而利润则取决于竞争性的市场。几乎整个世界上的土地都不是用来在永久性的基础上种植最适合土地情况的作物，而是用来在尽可能短的时间内，以尽可能低的成本，赚取尽可能多的现金，这正是制造商的信条"[③]。

---

① 威廉·福格特：《生存之路》，商务印书馆，1981 年版，第 28 页。
② 同上书，第 38 页。
③ 同上书，第 41 页。

福格特谈到上述种种限制时，强调人口压力是造成这些限制的原因，"人类本身已成了环境阻力的组成部分"①。人口压力已迫使土地生产能力降低，随着人类数目的增加，生产性土地的面积也跟着相应地缩小，"人类的各种破坏性开发方法就像广岛上空的蘑菇云那样迅速涌现"②，土地资源有趋于枯竭的危险。例如，世界粮农组织估计，过量地砍伐树木，毁林造田，开辟牧场，使全世界热带森林面积每年减少约1130万公顷，而新造林只及毁掉的十分之一。森林的破坏和锐减导致江河泛滥，旱地沙化等，致使全球每年损失掉500万至700万公顷的可耕地。③

二、淡水、能源和矿产资源耗费加快

现代悲观主义者还分析了当代世界各国对淡水资源、能源和各种矿产资源消耗的情况，他们认为，人口增长所造成的巨大压力，使各种资源的耗费明显加快，甚至有日趋枯竭的危险。

（一）淡水资源

淡水是一种可再生的但又是有限的资源，是人类生活和健康不可缺少的基本资源，对于农业生产和工业生产都具有十分重要的作用。据美国人口经济学家保罗·哈里森估计，全世界每年的淡水资源达45 000立方千米，其中只有一半左右能为人们所利用。然而，对淡水的消耗却随着人口的增长而迅速增加。在1900年时，全球淡水总消耗约为400立方千米，但到1975年就增加到2 800立方千米，增加了6倍。哈里森预测，到2015年全球的淡水总消耗量将达到8 500立方千米，其中农业用水将上升2.2倍，工业用水上升4.4倍。由于淡水资源在世界分布不均衡，2000年以来，南亚、中美洲的部分地区，特别是北非、东非和西非都出现了淡水短缺，上述地区的人均用水量只及1975年的一半左右，某些地区可能出现绝对缺水的干旱状态。

（二）能源

世界的能源资源分布是非常不均衡的，例如，石油的储藏量分布如下：发达国家石油储量占世界总储量的22%，中东占55%，拉丁美洲占12%，非洲9%，而亚洲只占3%。1982年全球的石油储存量为92 365百万吨，如果按照1982年石油开采速度计算，大约还可开采32年，即到2016年将全部开采完毕。哈里森认为，石油储量还会随着人们的勘探而增加，但是，通过勘探增加石油储量的速度赶不上石油开采的速度，所以，石油开采寿命正在缩短。

煤的储量是充足的，以目前世界上煤炭的消耗速度，全球的煤足够用1 600年。只是开采煤炭的成本会有所上升，因为要到更深的地层去开采。

关键性因素是使能源转移到再生能源，特别是对于那些能源资源稀缺的国家来说，

---

① 威廉·福格特：《生存之路》，商务印书馆，1981年版，第110页。
② 同上书，第35页。
③ 保罗·哈里森：《人类的数量和人类的需要》，施普林格公司，1984年英文版，第15页。

应采取措施制造再生能源，以满足本国的需求。

（三）矿物资源

保罗·哈里森分析了全世界矿物资源的消耗情况，他认为，随着全世界人口数量和需求量的增加，各种矿物资源日渐稀缺。如果以现在的消耗率计算，估计全世界有13种矿物资源在不到50年的时间内将被耗尽。从1983年起，下列矿物资源耗尽的时间为（单位：年）：水银21，石棉22，银23，钻石30，铋31，石油32，金32，锌39，锡40，铝42，铊43，硫43，镉45，钙59，铜62，等等。

三、"环境污染"论

"环境污染"论者认为，人口增长使自然环境的所有方面退化是持续不断而且不可逆转的。比如说，从1840年到1940年，环境质量的某些方面出现了严重恶化，水和空气的质量降低了，水中含的杂质增加，如含磷和氮的成分增多；空气中因人口增加而散发的碳氢化合物增多。此外，自然风景受到了破坏，城市拥塞又污染严重。所以，在其他条件均相同的情况下，双倍的人口便意味着双倍的总污染，即人口增长导致人口密度比例增高，则每人所面临的是双倍的污染。

*　　　　　*　　　　　*

总之，现代悲观主义者认为，造成"资源耗尽""枯竭"的原因是世界人口急剧增加，地球上的资源的数量是有限的，人口不断增加致使世界人口与有限的资源之间存在尖锐的矛盾，其结果便是人们的物质生活水平显著下降。不但如此，"通过采用机器，通过在纯粹榨取的基础上开发世界资源，我们推迟了在生态法庭上被审判的日子。但现在五大洲墙头上的字迹已告诉我们，最后审判的日子就要来临了"[①]，即灾祸即将临头。

第四节　"人口爆炸"论

现代悲观主义者鼓吹"人口爆炸"论在20世纪60年代、70年代初会甚嚣尘上，其实，早在50年代，美国的赫茨勒就已提出了"人口爆炸"论。他们的这种论调的主要内容如下：

一、马尔萨斯的基本命题的"适用性"

现代悲观主义者认为，马尔萨斯的基本命题没有"过时"，至今依然有效。赫茨勒认为，马尔萨斯奠定了现代人口理论，提出了人类最迫切的问题。他说："马尔萨斯的著作

---

① 威廉·福格特：《生存之路》，商务印书馆，1981年版，第78—79页。此处"墙头上的字迹"是一个比喻。据说巴比伦王国即将灭亡时，国王正集合大臣和妃嫔在宫中饮宴，忽然有人用手指在墙上写出字来，当时人们不能辨认，后经但以理解释为：巴比伦命运尽于此日，王有失德，国将为玛代人和波斯人所分。参见《旧约·但以理书》。

中固然存在教条、矛盾、疏漏和目光短浅以及不切实际等缺点,但是,他的许多主要的和基本的原理看来却经受住了时间和环境的考验。"并且"由于战后危险的社会、经济和政治状况以及世界人口空前增长的刺激,人们对于这一理论体系产生了新的浓厚兴趣"[1]。他们认为,马尔萨斯的人口经济理论只是在某些局部或细节上存有偏颇和局限,而其基本命题仍然是可取的和适用的,所以他们大谈马尔萨斯人口经济理论的适用性。

现代悲观主义者认为马尔萨斯人口经济理论的可取之处如下:

第一,马尔萨斯所讲的人口过剩直到今天仍然是"一种到处存在的威胁"。"马尔萨斯的基本命题是,在任何一定时间、一定技术水平和一定生活标准之下,人口始终具有使土地维持人口的能力(生活资料供应)受到压力的潜能或趋势。"[2]他们认为人口过剩的压力正在加强,并且日渐成为一个咄咄逼人的重要问题。

第二,"食物供应虽然不是唯一的或经常直接的因素,然而,它却是人口增长中的终极因素。"[3]并且,他们从生物学观点出发,认为人类增殖所受到的限制同任何物种(动、植物)的繁殖所受到的限制是一样的。

第三,"人口的积极限制事实俱在,即使是在目前地球上的许多民族中仍然存在,这是无可否认的。"他们在谈到贫困、营养不良、饥饿、疾病、战争以及自然灾祸都是死亡的原因之后说:"这种情况表明,抑制人口增长的不是低出生率,而是高死亡率。"[4]

第四,"马尔萨斯十分正确地强调了某种自愿控制人口的需要和可能,……人类只要运用他的聪敏和谨慎,就可以用人道的方式限制自己的人口。"[5]

现代悲观主义者不但大肆鼓吹马尔萨斯理论的适用性和有效性,而且进一步地"发展"这种理论,扩大其适用的范围。他们说:"马尔萨斯当初考虑问题的时候,心中只想到某一个国家,今天,当我们考虑这种困境的时候,却必须从全球规模的观点出发。"[6]他们从马尔萨斯的人口增长速度超过食物增长速度的观点出发,认为即使科学技术在进步,人类也不可能摆脱人口过剩带来的困境。"人类似乎陷进了周而复始的灾难;想办法生产更多的食物来养活更多的人,这真是这个有限世界上无穷无尽的把戏。"[7]他们看来,人们利用科学技术进步的成果来生产更多的食物,更多的食物又会使人口增长更快;然后人们又利用更新的科学技术生产更多的食物,更多的食物又会带来更多的人口,总是如此循环往复。出现这种周而复始的循环是"马尔萨斯定律"作用的结果。所以,现代悲观主义者认为,马尔萨斯的人口经济学说"今天已经具备一套科学假定的普遍性、有效性和适用性"[8]。他们就是沿袭这套理论来观察当代的人口经济问题的。

二、"人口爆炸"使人类生活在饥饿的边缘

现代悲观主义者认为,世界人口的增长率在近300年来一直不断地加速。世界人口就像氢弹爆炸一样骤然增长了若干倍。P. 埃利希在1970年出版的《人口、资源、环境》

---

[1] J. O. Hertzler, *The Crisis in World Population* (University of Nebraska Press 1956), p. 95.
[2][3][4][5] Ibid., pp. 103—104.
[6][7] Ibid., p. 105.
[8] Ibid., p. 104.

一书中指出:"人类人口爆炸性的增长是数千年来最重大的事件,……正如同各种各样的热核武器爆炸一样,如此大量的人口现在正威胁着甚至要毁灭地球上绝大多数生命。"[①]他认为,千百年来,地球上没有任何其他的重大事件对人类生活的威胁能比得上人类过剩人口的威胁。

埃利希认为,人口爆炸表现为人口成倍增长的时间的缩短。从17世纪中期到19世纪中期,人口数量增加一倍的时间为200年,可是到了20世纪,从30年代到70年代中期,只用了45年,人口就增加了一倍,预计今后成倍增长的时间还要进一步缩短到35—37年(见表11-1)。

表11-1 人口数量成倍增长的时间

时　　期	估计的世界人口数量	人口增长加倍的时间
公元前8000年	5百万	1500年
公元 1650年	500百万	200年
公元 1850年	1 000百万(10亿)	80年
公元 1930年	2 000百万(20亿)	45年
公元 1975年	4 000百万(40亿)	35—37年
	以1970年增长率估计	

资料来源:P. R. Ehrlich, A. H. Ehrlich, *Population, Resource, Environment* (Springer Group, 1970), p. 6。

埃利希还以每年的人口增长率来计算人口增加一倍所需要的时间。他指出,如果世界人口每年以2%的速度增加,并且这种增长率保持不变的话,那么,人口增加一倍的时间约为35年(见表11-2)。

表11-2 按人口增长率计算的加倍时间

每年的人口增长率(%)	加一倍的时间
0.5	140
0.8	87
1.0	70
2.0	35
3.0	24
4.0	17

资料来源:P. R. Ehrlich, A. H. Ehrlich, *Population, Resource, Environment* (Springer Group, 1970), p. 8。

他认为,人口是按照复利率增长。这样他提出的公式是 $Ne=N_o e^{rt}$。N_o 为基期人口,N_t 为时间 t 的人口,r 是人口增长率,e 为对数。如果 $N_t/N_o=2$,则 $2=e^{rt}$。取公式两边的对数(并且 $\ln e=1$)则可给出

$$\ln 2 = rt \text{ 或 } \frac{\ln 2}{r}=t \text{ 或 } \frac{0.6931}{r}=t \tag{11-2}$$

如果增长率为2%,即 $r=0.02$,则 $t=0.6931/0.02=34.65$(年)。[②]

在埃利希鼓吹人口爆炸的同时,罗马俱乐部则认为人口一直在按指数增长。所谓指

---

① P. R. Ehrlich, A. H. Ehrlich, *Population, Resource, Environment* (Springer Group, 1970), p. 1.
② Ibid., p.10.

数增长是指一个数量在一段时期按照一个固定的百分比增加。美国的梅多斯等人根据罗马俱乐部成员讨论世界人口和经济增长的结果写成了《增长的极限》一书。在这本书中，梅多斯等人指出："1970 年人口总数为 36 亿，增长率为每年 2.1%。按照这个增长率，增加一倍的时间是 33 年。这样，不仅人口一直在指数地增长，增长率也在上升。我们可以说人口的增长是'超'指数的；人口曲线上升得比严格的指数增长还要快。"[1]

埃利希除了从世界的整体考虑人口增加一倍的时间以外，还分别对不同地区的人口进行考察，并且估算各个地区或国家的人口增加一倍的时间。他认为，拉丁美洲作为一个整体，其人口增加一倍的时间为 24 年，其中哥斯达黎加人口增加一倍的时间为 18 年，墨西哥为 21 年，秘鲁为 23 年，巴西为 25 年，牙买加为 28 年，玻利维亚为 29 年，古巴为 35 年。他认为非洲人口增加一倍的时间为 28 年，亚洲人口增加一倍的时间为 35 年。其中菲律宾为 20 年，巴基斯坦为 21 年，马来西亚为 23 年，印度为 28 年，等等。[2]

现代悲观主义者认为，世界人口急剧增加的结果是"人类几乎不断地生存在饥饿的边缘上"[3]。他们甚至从人口决定论出发，把人类的历史歪曲成人口与生活资料之间的关系演变的历史。例如，F. 皮尔逊和 F. 哈珀在《世界的饥饿》一书中说："人类的历史，始终是食物供应与必须养活的人口两者之间的竞赛"[4]，并且认为，自 1900 年以来，"人口的增加比食物的供应更为迅速，高贵肉食的消费也跟着减少"[5]。从这种观点出发，他们估计世界上有 3/4 的人营养不良，每天晚上有一半的人是饿着肚皮上床的。

他们不但从静止的观点来看，食物供应赶不上人口增长，而且从动态上来看，认为科学技术的进步也不能使食物供应与人口增长之间达到均衡。F. 皮尔逊等人认为：

第一，借助于新辟耕地来大幅度扩大粮食生产，无论在眼前，还是在遥远的将来，都无多少希望。

第二，通过多用粪肥和商品肥，并且通过压绿肥的办法可以暂时使粮食总产量增加。但是，这样来增加世界粮食供应额，其进度必然是缓慢的，所以，增加将来的世界粮食产量的希望是不大的。

第三，在土地上投入更多的人力，更加精耕细作来增加粮食产量。但是，增加劳动量并不能按比例地增加产量，所以，主张用增加人力来增加粮食生产的建议实际上是降低世界的生活水平。

第四，实现农业机械化，多用机器来生产粮食。他们认为，一般说来，机械化能增加世界的粮食供应量，但是并不能改变限制产量增加的一些最重要的条件，如土壤的自然肥力和气候条件。所以，他们得出的结论是：机械化能增加粮食产量，但"并不会增加得多到像许多人所相信的那种程度"[6]。

第五，改良动植物的品种，尽可能采用能增加产量的植物新品种，改良牲畜，养育能多产肉的猪和牛以及产蛋多的家禽。他们认为采用这些新品种和新良种，对于增加食物供

---

[1] D. 梅多斯等：《增长的极限》，商务印书馆，1984 年，第 20 页。
[2] P. R. Ehrlich, A. H. Ehrlich, *Population, Resource, Environment* (Springer Group, 1970), pp. 45—47.
[3][4] F. 皮尔逊，F. 哈珀：《世界的饥饿》，商务印书馆，1981 年，第 3 页。
[5] 同上书，第 2 页。
[6] 同上书，第 61 页。

应是有发展前途的。"但是变化是要一步一步来的,是缓慢的,对任何一代来说,发生显著进展的可能性是很小的。事实上,这方面的进展大概是赶不上人口的增长的。"①

第五节 "增长极限"论

现代悲观主义者针对现代世界的人口经济问题又提出了"增长极限"论。该理论是罗马俱乐部就当代的人口增长和经济增长进行多次讨论,由美国麻省理工学院 D. 梅多斯等人将讨论的结论写成的《增长的极限》一书中提出来的。

一、罗马俱乐部

1968 年 4 月,意大利菲亚特和奥利维蒂公司的前任总经理、后又经营意大利咨询公司(该公司董事长)的佩切伊博士(Dr. Peccei)出面,邀请十多个发达国家的知名科学家、教育家、经济学家和政治家等共 30 人,在意大利罗马的林西研究院开会,组成了罗马俱乐部。该俱乐部是一个非正式的国际性协会,所以又被称为"无形的学院"。

罗马俱乐部在佩西博士的主持下,由下列主要人员领导着各项讨论和研究工作,他们是:瑞士日内瓦巴特尔研究所的负责人雨果·蒂曼(Hugo Thiemann)、经济合作和发展组织的科学指导亚历山大·金(Alexander King)、日本经济研究中心(东京)负责人大来佐武郎(Saburo Okita)、联邦德国汉诺威技术大学的爱德华·佩斯特尔(Eduard Pestel)、美国麻省理工学院的卡罗尔·威尔逊(Carrol Wilson)。罗马俱乐部确定其会员人数不得超过 100 人,在这个限额内吸收国际上各个领域的知名人士参加。

罗马俱乐部讨论的题目是:人类目前的和未来的困境。他们认为,当今世界的难题是富裕中间的贫穷、环境的恶化、不加控制的城市扩张、对制度失去信心、就业无保障、青年的精神异化、抛弃传统的价值观念、通货膨胀和经济停滞、混乱,等等。以上种种难题是由五个基本因素所制约的,它们是:人口、农业生产、自然资源、工业和污染。并且这五个因素最终限制了地球上的经济增长和发展。罗马俱乐部主要围绕这些因素展开了讨论和研究,并委托梅多斯等把这些讨论和研究整理、编写成第一个报告《增长的极限》,提出以增长极限理论为主要内容的世界模型。

梅多斯等人认为,世界的人口、农业生产、自然资源、工业和污染这五个因素是相互影响和相互联系的。他们运用计算机对世界模型演算的结果是:如果维持现有的人口增长率和资源耗费率不变的话,那么,由于世界的粮食短缺、资源耗竭、环境污染严重,世界人口和工业生产能力将可能发生非常突然和无法控制的崩溃。"早在公元 2100 年来到之前,增长就会停止。"②唯一可行的解决办法是在 1975 年停止人口增长,到 1990 年停止工业投资的增长,以实现"增长为零"的"全球性的均衡"。③

---

① F. 皮尔逊,F. 哈珀:《世界的饥饿》,商务印书馆,1981 年版,第 66 页。
② D. 梅多斯等:《增长的极限》,商务印书馆,1984 年版,第 93 页。
③ 同上书,第 124 页。

二、人口和其他影响经济增长的因素都是按指数增长

在世界模型中,梅多斯等人分析了影响经济增长的五个因素是人口增长、粮食供应、资本投资、资源耗费和环境污染。他们认为这五个因素都是按指数增长的。他们指出增长可分为两类,即线性增长和指数增长。

(一)线性增长和指数增长

所谓线性增长,是指一个数量在一定的时间内按一个固定的数目增加。例如一个守财奴,每月把 100 元钱藏在他的床垫下面,他积聚的钱是在按线性增加。一个数量以一个固定数增加的增长过程,称为线性增长过程。

所谓指数增长,是指一个数量在一段固定的时期内全都按照一个固定的百分率增加。例如,一个守财奴把 100 元钱存入银行,按年息 7% 来计算这 100 元若干年内的增加数量。一个数量按一个固定比率增加的过程,称为指数增长过程。指数增长的计算方法和复利计算方法是一样的,其计算公式为:$A=P(1+r)^n$。式中的 P 为增长因素基期的数量,r 为每年的增长率,A 为第 n 年的增加数量(或为报告期的数量)。

梅多斯等利用指数增长来说明倍增的时间。他们指出,一个增长中的数量加大一倍所需要的时间用指数增长来说明是有用的。按 7% 利息存在银行里的一笔钱将在 10 年时间增加一倍。所以,一个数量加大一倍所需要的时间和增长率之间有一种数学关系,即加一倍的时间大约等于 70 除以增长率。表 11-3 说明了一个数量加一倍所需要的时间。

表 11-3　一个数量相关增长率加一倍的时间

增长率(每年的百分数)	加一倍的时间
0.1	700
0.5	140
1.0	70
2.0	35
4.0	17.5
5.0	14
7.0	10
10.0	7

资料来源:D. 梅多斯等,《增长的极限》,商务印书馆,1984 年版,第 16 页。

指数增长的特点是:第一,当一个数量开始以某一百分比率增长时并不引人注目,可是经过一段时间以后,它很快变为一个巨大的数字。第二,它达到一种固定极限时表现为突然性。梅多斯的老师福雷斯特认为,指数增长的特性是,起初,"一个体系内的变量继续经过许多倍增时间,不一定就达到具有重大影响的数量,但是,从那时起,仍然按照指数增长规律增长,再经过一两个倍增时间,这个变量可能突然地变得压倒一切了"[①]。

---

① J. W. Forrester, *World Dynamics* (Wright-Allen Press, 1973), p. 2.

（二）人口按指数增长

梅多斯等人认为，世界人口的增长是按指数增长的。他们指出，1650 年，世界人口数量大约为 5 亿，每年大约以 8.3% 的比率增长，经过了 250 年，人口增加一倍，到 1900 年达 10 亿。但到了 1970 年，世界人口数增加到 36 亿，增长率为每年 2.1%。按照这个增长率，增加一倍的时间仅为 33 年。梅多斯等人说："我们可以说，人口的增长是'超'指数的；人口曲线上升得比严格的指数增长还要快。"[①]图 11-1 说明了世界人口的增长状况。

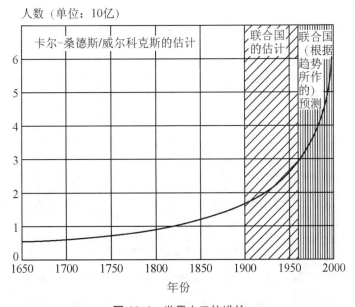

图 11-1　世界人口的增长

资料来源：D. 梅多斯等，《增长的极限》，商务印书馆，1984 年版，第 19 页。

福雷斯特在《世界动态学》一书中分析世界人口增长是指数增长。他举了一个例子来说明：假定最初人口为 100 万，每 50 年增加一倍，经过 700 年，人口将增加到 163 84 百万人。如表 11-4 所示。

表 11-4　世界人口增长

年代	0	50	100	150	200	250	300	350	400
人数（100 万）	1	2	4	8	16	32	64	128	256
年代	450	500	550	600	650	700			
人数（100 万）	512	1 024	2 048	4 096	8 192	16 384			

福雷斯特假设 80 亿人口为人口增加的"危机水平"。他指出，经过 600 年，人口只达到"危机水平"的一半，即 40 亿稍多一些，再过 50 年，人口就超过了"危机水平"，达到 81.92 亿，再过 50 年，人口则远远超过了"危机水平"，达到 163.84 亿。所以，他

---

① D. 梅多斯等：《增长的极限》，商务印书馆，1984 年版，第 19 页。

认为:"在不到一半个世纪的时间,所有的传统和希望都被粉碎了。"[①]

(三)工业产量按指数增长

"增长极限"论者认为,世界工业产量的增加比世界人口的增加还要快。梅多斯等人指出,远的不说,只从 1930 年算起,世界工业生产就以指数增长,与 1963 年的基数比较,1963—1968 年的工业产量平均每年的增长率为 7%,或者按人口计算每年为 5%。图 11-2 说明了世界工业生产按指数增长的状况。

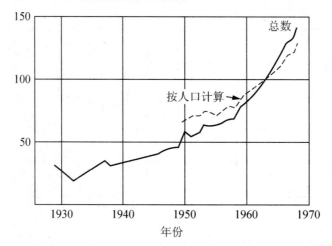

图 11-2 世界工业生产的增长

资料来源:D. 梅多斯等,《增长的极限》,商务印书馆,1984 年版,第 22 页。

另外,梅多斯等人认为,世界上对粮食的需求量也是按指数增长,不可再生资源的消耗率、环境污染的增加等也都是按指数增长。他们指出,污染的增加甚至比人口增长得更快,有些污染是直接同人口增长相关联的,另一些污染则和工业增长、技术进步有比较密切的关系。污染是人口、工业生产、技术进步等因素交错作用的结果。现在污染分布于全球。

三、人口增长和工业生产的反馈环路

(一)社会体系结构原理

现代悲观主义者福雷斯特和梅多斯等人认为,社会体系运动是一种循环运动,所以,必须按照社会体系结构原理来编制一个由计算机处理的社会体系模型。他们所讲的体系结构原理是指一个体系内的所有变动都发生于"反馈环路"之中。社会体系中的一切变动都发生在社会反馈环路之中。所以,有必要了解反馈环路的含义。

所谓反馈环路是指联结一个变动(活动)和它对周围状态所产生的效果之间的封闭线路,而这些作为结果的状态,又反过来作为信息影响下一步的变动(活动)。例如,

---

[①] J. W. Forrester, *World Dynamics* (Wright-Allen Press, 1973), pp. 3—4.

一个人的疲倦状态引起了睡眠,睡眠清除了疲劳,新的疲倦程度又进一步调整睡眠时间。福雷斯特说:"活动(睡眠)和反过来影响活动的体系状态(疲倦)之间构成一个封闭环路结构。所有的增长和均衡过程都发生在反馈环路之中。""在一个体系的反馈环路之中,体系结构原理告诉我们两种变量——各种水平和比率。水平是体系内的积累量(总量),比率是引起水平变动的流量。"①他指出,水平只是由于有关的流量比率才引起变化,而流量比率本身只受一个或更多的体系水平的控制,而不受其他比率的控制。

梅多斯等人正是根据这种体系结构原理来分析人口、工业生产等因素的增长,并且把反馈环路分为两种,一是正反馈环路,二是负反馈环路。在正反馈环路中,任何一个因素的增加,都将会引起一系列变化,使该因素的数量增加。负反馈环路起着控制增长和使某一体系保持某种均衡或稳定的作用。当正反馈环路中一个因素的数量发生急剧增长时,负反馈环路在或短或长的时间里会调节该因素数量增长,以便使整个体系保持稳定。

(二)人口增长的反馈环路结构

梅多斯等人编制的人口增长的反馈环路结构图如图 11-3 所示。

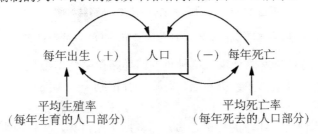

图 11-3　人口增长的反馈环路结构图

资料来源:D. 梅多斯等,《增长的极限》,商务印书馆,1984 年版,第 20 页。

图 11-3 的左边是人口增长的正反馈环路。它说明人口因出生人数增多而增加。在一个恒定的出生率的人口中,人口基数越大,每年出生的婴儿就越多。经过一定时期,当这些婴儿成长并做了父母,出生的婴儿会更多。梅多斯指出,如果一个妇女除了生男孩以外平均生两个女儿,这些女儿长大之后又有两个女儿,这样,人口就会每一代增加一倍。其增长率将取决于平均出生率和两代人之间的时延的长短。

图 11-3 的右边是人口增长的负反馈环路。负反馈环路以平均死亡率来控制人口增加。每年死亡人数等于总人口数乘以平均死亡率。在一个平均死亡率恒定不变的人口中,人数增多时每年死亡的人数也增加。如果第一年死亡人数多,使存活下来的人口较少,那么,第二年的死亡人数将会较少。假设平均死亡率为 5%,则 10 000 人中一年会有 500 个人死亡;又假设暂时没有出生,下一年存活下来 9 500 人,以 5%的死亡率计算则死亡人数为 475 人,存活下来 9 025 人。再下一年只有 452 人死亡,如此等等。

---

① J. W. Forrester, *World Dynamics* (Wright-Allen Press, 1973), pp. 17—18.

（三）工业产量的反馈环路结构

梅多斯等人认为工业产量指数增长的反馈环路结构与人口增长的反馈环路结构很相似。在分析工业产量增长的反馈环路结构时，首先假定世界模型中的劳动、原材料以及其他投入物（资金或物资等）的数量是充足的，因此生产中的限制因素就是资本，一定的实际工业资本生产出一定的产量。在图 11-4 的左边是正反馈环路，资本越多，产量越多。在产量中，一部分是用于投资，投资越多意味着资本越多。新的较多的资本存量生产更多的产量。在这种正反馈环路中也有一个时延问题，因为一项重大工业资本的生产往往要花几年的时间进行建厂、装配才能正式投产。

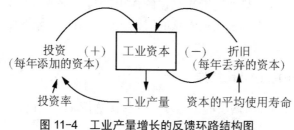

图 11-4　工业产量增长的反馈环路结构图

资料来源：D. 梅多斯等，《增长的极限》，商务印书馆，1984 年版，第 23 页。

图 11-4 的右边是负反馈环路。这种负反馈环路说明资本损耗或折旧。现在的资本越多，平均每年的损耗就越多。资本损耗越多，存留到下一年的越少。这同人口系统中死亡率环路是相类似的。

在作了上述两种反馈环路的分析之后，梅多斯等人推算，按目前世界人口每年增长 2%，而工业产量每年增长 7%计算，似乎 14 年之后世界人民的物质生活水平将提高一倍。他们认为这是把世界作为一个整体来讲的，如果各国按照各自现有的人口和工业增长率发展下去，发达国家和第三世界的差距会越来越大，结果将会产生"富国越富，穷国多子女"的局面。接着梅多斯等人提出：目前世界人口和资本两者的增长率能够持续下去吗，地球究竟能供养多少人口，能提供多少财富……要回答这些问题，就必须进一步分析对人口和经济增长产生巨大影响的因素——粮食、不可再生资源和环境污染。

四、限制指数增长的因素

（一）两类限制指数增长的因素

梅多斯等人认为，维持世界人口增长和经济增长的因素，也是限制这两者指数增长的因素。他们把这些因素分为两大类：

第一类是维持一切生理活动和产业活动的物质必需品。这些物质必需品包括粮食、原料、矿物燃料和核燃料以及地球上那些吸收废物和回收基本化学物质的生态系统。这些物质必需品的特点基本上都是有形的、可计数的物质，它们又是地球上增长极限的最终决定因素。

第二类是维持人口增长和经济增长的社会必需品。这些社会必需品包括世界和平、社会安定、教育与就业形势好,以及技术进步等因素。梅多斯等人认为对这些因素进行估计或预测比较困难,所以不予讨论。

梅多斯等人指出,粮食、资源和有益于健康的环境,是增长的必要条件。

(二)粮食生产的限制

生产粮食所必需的首要资源是土地。梅多斯等人引证材料说明全世界约有32亿公顷土地可能适宜于农业,已耕种的占一半左右,大都是最肥沃、最方便耕作的耕地。其余一半土地要进行开发,则需要投入大量资本去垦荒、修路、清理、灌溉、施肥,然后才能生产粮食。然而,由于世界人口的增加和人口城市化,占去了大片耕地,整个世界的可耕地正趋于缩小。

梅多斯等人估计,世界上第三世界有50%—60%的人口营养不足,加上发达地区营养不足的人数,全世界人口的1/3处于营养不足状态。所以,当前世界上迫切需要粮食。然而,开发更多的土地进行耕种在经济上是行不通的。因为人口增长越来越多,每次从土地上取得粮食产量的增加都需要付出越来越大的代价,增产粮食的费用越来越高。这是由于成本递增律起作用的结果。梅多斯等人指出,为了使1951—1966年世界粮食生产增加34%,农业企业主每年用于拖拉机的费用增加了63%,每年用于氮肥的投资增加了146%,每年使用杀虫剂增加了300%。他们指出,下次再要增加34%,就必须投入比这一次更多的资本和资源。

以上分析的是对粮食生产的一种限制——可耕地面积有缩减的趋势和粮食生产的成本递增。另一种仅次于耕地面积限制的就是淡水资源。尽管淡水是可再生资源,但是,梅多斯等人认为,每年来自地球上陆地区域的淡水流量也有一个最高限度,淡化海水用于灌溉的成本是昂贵的。

基于上述分析,梅多斯等人最后得出的结论是:对粮食需求的指数增长取决于人口增长,将来粮食的供给,又取决于土地和淡水的数量,也取决于农业资本。农业资本又取决于另一种重要的正反馈环路——资本投资环路。然而资本设备的增长取决于不可再生的资源,如燃料或矿产资源。"因此将来粮食生产的扩大在很大程度上取决于可以得到的这种不可再生的资源。"[①]而不可再生的资源是有限的。

(三)不可再生资源的限制和污染

梅多斯等人在分析世界上各种不可再生资源的消耗时指出,自然资源的消耗率或使用率按指数增长,许多资源的使用率增长得比人口还更快。这是由于每人平均耗费的资源在增加和有更多的人口在消耗资源。资源耗费的指数增长是受人口增长和资本增长推动的。

然而,资源的储量却是有限的。按照当今的资源耗费率,许多资源可以维持的年数

---

① D. 梅多斯等:《增长的极限》,商务印书馆,1984年版,第54页。

不多了。梅多斯等人根据已知的矿产资源的储量和消耗率，用两种指标来说明各种矿产资源尚能维持多少年：一种是线性增长，另一种是指数增长。例如，按照20世纪70年代初每年大约开采185万吨铬，如果使用率按线性增长，则铬的现有储量可维持420年。然而，当时铬的消耗正按每年2.06%增加，以指数增长，则只能维持95年。又例如石油和煤，他们认为，这两种资源的消耗按线性增长，现有储量可分别维持31年和2300年，如果其消耗按指数增长，则分别维持20年和111年。他们认为，目前世界上各种资源消耗率正在按指数增长，所以，他们指出，根据现今的资源消耗率以及预计这些消耗率的增高，目前重要的不可再生资源大多数到一百年后将极其昂贵。

梅多斯等人还分析当今世界上引起环境污染的原因，他们指出，有些污染直接同人口增长或农业活动有关，另一些污染则直接与工业增长以及技术进步密切相关。当今工业能源的97%是来自矿物燃料，如煤、石油、天然气。每年这些燃料燃烧时放出的二氧化碳大约为200亿吨，并且每年以0.2%的速度增长。这些二氧化碳的一半为海水所吸收，一半存留在大气中。

假设将来用热核动力代替煤、石油、天然气等燃料，情况也不会变得更好。尽管那时大气中的二氧化碳不再增加，但是热核动力又会产生新的污染，如"热污染"和放射性废物的污染，这样，在城市周围的大气中的废热会形成"热岛"，可能产生区域性气候反常现象。梅多斯等人认为，二氧化碳、热能和放射性废物等污染的增长都是按指数增长，加上农业中化学杀虫剂如滴滴涕的污染，以及工业中其他有害元素，如铅、汞，都会严重污染环境，致使人类生活的环境恶化。

梅多斯等人的分析试图说明：人口按指数增长，引起了对粮食需求的指数增长；同时经济增长，主要是工业产量的指数增长，引起了不可再生资源消耗率的指数增长，而上述这些因素的指数增长又导致环境污染也按指数增长。这样，人类可能过不了太长的时间就要达到"危机水平"。他们认为，早在2100年到来之前，人类社会就将要"崩溃"，"世界末日"将要来临。

五、"世界末日"模型和达到全球均衡的条件

（一）"世界末日"模型

"增长极限"论者分析了世界上的五个基本因素。这五个因素又是相互影响和相互依存的，人口增长离不开粮食的增长，粮食增加要求资本的增长，更多的资本需要更多的资源，对更多资源的利用和消耗会造成更严重的污染，环境被污染之后又反过来影响人口增长和粮食的增加。梅多斯等把这五个因素的这种相互联系性用反馈环路构成一个世界模型。这种世界模型是用来说明世界体系中增长的原因和极限，说明按照当今的增长率，各个因素的增长还可以继续多久。

梅多斯等人编制的世界模型中有一个最基本的模型，如图11-5，对这个模型进行标准运算，又称为标准的世界模型。图11-5中的横轴表示时间，从1900年到2100年。纵轴表示各个变量的数量变动，但梅多斯等人故意略去了纵标度。

模型中所用的变量标准，如人口、粮食、工业产量、污染、资源等的数值是从1900年开始的。从1900年至1970年，各变量的数值大体与它们历史的数值相符。例如，人口从1900年的16亿增加到1970年的35亿。他们假定影响世界体系发展的自然、经济和社会等的关系没有重大变化的条件下，1970年以后，人口、粮食和工业产量等都仍以指数增长，直到迅速耗费的资源迫使工业增长放慢速度为止。在增长过程中，由于不可再生资源的耗尽，因而发生衰退。然而在增长过程中，资源耗费的加快，致使资源价格上涨，必然要用越来越多的资本去获得资源，留下来用于未来发展的资本就会越来越少。最后投资跟不上损耗，工业基础崩溃，连同服务业和农业一起垮台。尽管如此，由于人口年龄结构和社会调节过程中内在的时延，人口和污染还会继续增长一段时期。直到粮食和卫生服务事业的缺乏致使死亡率上升，人口不得不停止增长，最后人口就会减少。梅多斯等人根据这个模型预言："人口和工业的增长肯定最迟会在下一个世纪以内停止。"世界体系"因为资源危机而崩溃"①。这样，世界末日将会临近。

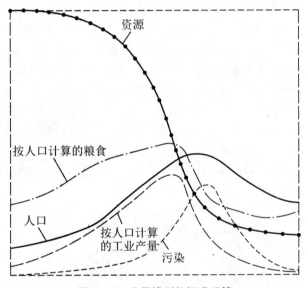

图 11-5　世界模型的标准运算

资料来源：D. 梅多斯等，《增长的极限》，商务印书馆，1984年版，第90页。

除了进行上述分析之外，梅多斯等人还通过改变基本假设变量的数值，如资源、污染、粮食、工业产量等变量的数值，从计算机中显示的数字说明，结果仍然是在2100年以前增长终止。梅多斯等人的结论是："世界体系的基本发展方式是人口和资本按指数增长，最后发生崩溃。"②总之，梅多斯等人对世界的前途抱着悲观的态度，在他们看来，"世界末日"即将来临。所以，西方一些学者把他们的世界模型称为"世界末日模型"。

---

① D. 梅多斯等：《增长的极限》，商务印书馆，1984年版，第94页。
② 同上书，第103页。

（二）达到全球均衡的条件

从上述分析可以了解到，梅多斯等人认为世界体系最终崩溃的原因在于人口和工业产量的指数增长，因为人口增长反馈环路和工业产量增长反馈环路在世界体系中占支配地位。为了使世界推迟达到增长的极限，推迟发生不可避免的突然崩溃，力求实现全球的均衡，他们认为必须具备下述两个条件：

第一，出生率和死亡率相等，即每年出生的婴儿数等于该年死亡的人数，从而使人口保持不变。

第二，投资率和折旧率相等，从而使工业资本的数量保持不变。

这就是要在人口增长反馈环路和工业产量增长的反馈环路中，使正负两种对立的力量保持均衡。如果两种对立的力量相等了，那么，就有可能实现梅多斯等人所祈求的全球均衡。他们指出："全球性均衡状态的定义是人口和资本基本上稳定，同时有一些力量会在一种精心控制的均衡中增多或者减少人口和资本。"①

为了实现全球性的均衡，他们提出了一些具体措施：第一，1975 年停止人口增长，把出生率调节到1975 年的死亡率，以稳定人口，让工业资本自然地增加到1990 年为止，此后也加以稳定；第二，把每单位工业产量的资源消耗降低到1970 年数值的1/4；第三，社会的经济优先机会转到教育和卫生设施等方面，以减少资源消耗和污染；第四，把工农生产所产生的污染减少到1970 年数值的1/4；第五，把资本投到粮食生产上，以提高人均粮食占有量；第六，农业资本应首先使用在提高土地肥力和水土保持方面，防止土壤被侵蚀；第七，为抵消工业资本用于服务设施、粮食生产、资源回收和控制污染所造成的工业资本存量过低，就要改进设计，提高工业设备的耐久性和维修水平，以延长工业资本的平均使用寿命。按照上述七条就可编制出一个稳定了的世界模型，如图 11-6 所示。

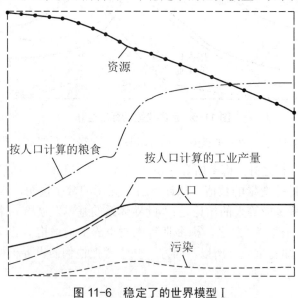

图 11-6　稳定了的世界模型 I

资料来源：D. 梅多斯等，《增长的极限》，商务印书馆，1984 年版，第 123 页。

---

① D. 梅多斯等：《增长的极限》，商务印书馆，1984 年版，第 130 页。

总之，梅多斯等人认为，实现全球性的均衡状态必须具备下述最低限度的必要条件：

1. 资本设备和人口的多少都是不变的。出生率和死亡率相等，投资率和损耗率相等。
2. 各种输入量和输出量的比率——出生和死亡、投资和损耗——保持在最低限度。
3. 资本和人口的水平以及两者的比率，根据社会的各项数值予以调定。当技术进步造成新的选择机会时，这些水平可以有计划地改订和慢慢调节。①

总之，梅多斯等人要求实现人口和经济这两者的零值增长，同时要求技术停滞，以达到全球性的均衡状态。

梅多斯等人的《增长的极限》一书所鼓吹的人口和经济零值增长的"增长极限"论受到西方学术界的许多批评。西方不少经济学家和人口学家纷纷发表文章，驳斥梅多斯等人的理论，指出他们是"带着电子计算机的马尔萨斯"，他们的世界模型是"崩溃模型""末日模型"，是"坏科学"，等等。于是，罗马俱乐部又委托梅萨罗维克和佩斯太尔等人于1974年提出了第二个报告《人类处于转折点》。该报告把梅多斯等人的世界模型加以解体，把过去的整体分析改为分级分析，即按照各个地区文化、环境、发展水平和资源分布的不同编制"多水平世界体系模型"。尽管第二个报告的结论略微乐观些，但仍然认为，对于继续增长的最大威胁，还是人口的增长，而近期的严重问题是能源问题。

第六节 现代悲观主义人口经济理论的价值

与新老马尔萨斯主义的人口经济理论相比，现代悲观主义的人口经济理论带有第二次世界大战以后的时代特点，即他们往往运用现代西方经济学、生态学、数学和计算机科学的理论和方法去分析当代的人口经济问题，寻求解决人口经济问题的途径。然而，在基本理论和观点方面，现代悲观主义者与新老马尔萨斯主义者是一脉相承的，对此，他们是直言不讳承认的。例如，梅多斯说："至少在概括的、整体的意义上说，我们的确是马尔萨斯主义者。"②

一、继续鼓吹"人口决定"论

现代悲观主义者仍然是抽掉了社会生产方式和社会经济条件对人口变动的决定作用，鼓吹"人口决定"论。在他们看来，当代世界的各种人口经济问题，如发展中国家人民的贫困，相当数量的人口营养不足，经济增长引起的自然资源耗费加快、环境被污染，乃至战争、社会犯罪率上升等，似乎人世间的一切问题都是由于人口增长造成的，似乎人口按指数增长造成了发达地区和国家同发展中国家之间贫富的鸿沟。这样，就把

---

① D. 梅多斯等：《增长的极限》，商务印书馆，1984年版，第132页。
② 科尔主编：《崩溃的模型》，斯坦福大学出版社，1973年英文版，第9页。

人口增长对社会经济发展的促进或延缓作用夸大为决定作用。

当代世界存在的各种人口经济问题，正如本章一开头所述，是由世界的基本矛盾造成的。当代世界南北之间贫富的鸿沟，绝不是仅仅由于南南地区和国家的人口增长造成的。这是由于资本帝国主义者推行殖民扩张政策，长期对殖民地、半殖民地国家进行掠夺和剥削造成的。尽管大多数发展中国家在第二次世界大战以后政治上相继获得独立，然而经济方面并没有彻底摆脱国际垄断资本集团的控制，从而不可能在短期内彻底改变其经济、技术落后的境况。

至于地球上部分不可再生资源出现耗尽的趋势，从根本上来说，也不仅仅是由于人口增长造成的，而与国际垄断资本集团掠夺性开发和利用资源是分不开的。环境被污染也具有同样的性质。

二、否定科学技术进步的作用

现代悲观主义人口经济理论在科学上难以自圆其说。现代悲观主义者大力鼓吹"人口过剩"论、"人口压力"论、"增长极限"论、"资源枯竭"论，并且为宣传这些理论提出了不少论据，编制了运算的模型。然而，认真分析就不难发现，他们的种种理论缺乏科学依据和科学论证，往往停留在事物表面联系方面。他们理论的非科学性表现在：

第一，否认科学技术进步的巨大作用。不可否认当代世界存在着各种人口经济问题。面对这种种问题，现代悲观主义者往往悲天悯人，束手无策，看不到科学技术进步对解决这些问题的巨大作用。例如，不可再生资源耗费加快，有的资源有耗尽的危险。然而人类将会利用不断进步的科学技术去发现和开发新的资源，或者去发明新的替代物，以弥补现有资源之不足。英国社会学家、经济学家 W. S. 杰文斯早在 1865 年就预言英国工业将会因煤炭资源短缺而突然刹车。一百多年过去了，英国并没有发生煤炭资源短缺，至今还有煤炭资源可供开采。同时，人们利用科技手段寻找和开发新的能源。另外，英国工业并没有完全停顿，尽管发展不快，还是有所发展。

科学技术的进步不但在解决经济增长和经济发展中所面临的问题时发挥巨大的作用，而且在解决人口生产中所面临的各种问题，如在控制人口增长的速度和提高人口质量方面，也将日益发挥巨大的作用。各种避孕药具的发明和推广，是将科学技术应用于控制人口增长速度方面的表现。人类将会利用科学技术将人口自身的生产控制在一个适度水平上。科学技术越发达，文化教育越发达，人类控制自身生产的能力会越高。然而，现代悲观主义者尽管鼓吹节育，却看不到科学技术的进步必将对控制人口生产和再生产发挥巨大的作用。

第二，否认社会生产力发展和社会变革的巨大作用。科学技术的进步，必然会带来社会生产力的发展。当代世界的各种人口经济问题，要靠科学技术进步去解决，相当多的问题是靠社会生产力发展和社会变革去解决的。例如，当今大多数发展中国家普遍贫穷，人民生活水平低下。对于这些国家来说，仍然有反对外国帝国主义和殖民主义侵略、掠夺的任务，这些国家内部也要不断发展社会生产力和进行适合本国国情的社会变革，来解决所面临的人口经济问题。至于发达国家存在的贫富鸿沟加深、劳动群众贫困化的问题，是这些国家生产资料私人占有与社会化大生产之间矛盾的一种反映。这些地区和国家社会生产力的发展必然导致社会变革，以此来解决人口经济问题。

三、现代悲观主义人口经济理论的积极学术价值

现代悲观主义者有关人口经济问题的著作不时引起西方学术界的注目，往往引起一场争论。20世纪40年代末50年代初威廉·福格特的《生存之路》和70年代初梅多斯等人的《增长的极限》，都曾或多或少地引起了西方学术界的论争。笔者不打算介绍这些论争，却要简单说明他们所阐述的人口经济理论积极的学术价值和现实意义。

第一，提示人们要注意和解决当今世界存在的人口经济问题。当今世界存在各种人口经济问题，这是一种客观现实。然而，这种客观现实并不为所有人认识和了解，有些人甚至不认识和不了解。到了人口经济问题日渐严重之时，人们才开始认识，或者逐渐了解较多，认识较为深刻。尽管现代悲观主义者有时有言过其实之处，但他们终究把当代存在的人口经济问题提出来摆在世界各国政府和人民的面前，引导人们去认识、了解、思考这些问题，然后才有可能去解决这些问题。从这个意义上来说，他们的人口经济理论是有重要价值的。

第二，注重人口经济关系量的分析。到了20世纪70年代和80年代，现代悲观主义者在对人口经济关系进行分析时，注重人口增长和经济增长、资源耗费、环境质量等变量之间的关系，并注意对这些变量之间作量的分析，在具体分析时又从静态到动态去进行探讨。尽管到目前为止，他们尚未真正作出符合客观规律的阐述，但这种分析研究人口经济关系的方式方法是可供借鉴。无论从一个国家还是从整个世界来看，分析研究人口经济关系中各种变量之间数量方面的联系及其变动趋势，仍然是人口经济学需要探讨的重大课题，有待进一步深入研究。

第三，与西方微观人口经济学主要是从家庭需求出发分析人口经济关系相比，现代悲观主义者则从宏观角度和供给方面去分析人口经济关系，考察一个国家乃至整个世界范围的人口经济关系，这种研究方向也是值得肯定的。第二次世界大战结束以来，西方经济学主要为凯恩斯主义所支配，只注重有效需求分析，忽视对供给方面的研究。现代悲观主义者指出供给方面存在着严重问题，从整个世界来看，人口增长过快导致劳动力供给增加较多，然而资源的供给却短缺，这些问题不能不引起人们的关注。

第四，悲观主义者主张采取控制人口过快增长的计划生育政策。人口增长有自身规律，生产力水平较低、经济条件较差、经济发展相对落后的国家，人口增长较快，人们就业难、生活贫困。为解决这一问题，推动经济向前发展，实行计划生育控制人口过快增长，应是良策之一。

思考习题

1. 现代悲观主义人口经济理论是否在一定程度反映了发展中国家面临的人口经济问题？

2. 你如何评价现代悲观主义理论家们提出的理论和政策主张的积极价值及可借鉴内容？

第十一章附录Ⅰ 马尔萨斯的人口经济学说

一、马尔萨斯及其人口经济理论产生的背景

(一) 马尔萨斯及其主要著作

托马斯·罗伯特·马尔萨斯(Thomas Robert Malthus, 1766—1834),出生于英国萨利(Surrey)州一个土地贵族家庭。早年曾在英国剑桥大学学习历史、哲学和神学,对数学和诗歌也有所研究。1798年加入英国教会,并成为一名牧师。后来他在哈利贝里(Haileybury)的东印度学院任教,1805年成为政治经济学和历史学教授。

托马斯·罗伯特·马尔萨斯的父亲丹尼尔·马尔萨斯(Daniel Malthus, 1730—1800)是一个毕业于英国牛津大学的绅士、激进主义者。老马尔萨斯对于18世纪法国资产阶级革命持同情和拥护的态度,相信理性胜利,人类能够达到理想国。他极力向儿子推荐威廉·戈德温(William Godwin)的《政治正义论》等宣传理性和革命的书籍。然而,小马尔萨斯对此却不以为然,并且,从保守立场出发,向父亲的社会改革激进思想挑战,其中人口问题就是小马尔萨斯向老马尔萨斯挑战的一个重要问题。这就是马尔萨斯写作论述人口问题著作的直接原因。

托马斯·罗伯特·马尔萨斯的主要著作有《人口原理》,他先于该书在1798年以匿名发表了《论人口原理和它对于社会将来的影响,附关于戈德温、康多塞和其他作家思考的评论》,即后来简称《人口论》小册子的第1版。后来,他又进行修订了《论人口原理及其对于人类幸福的过去和现在的考察,附预测将来关于消除和缓和由人口原理所产生的弊端的研究》于1803年出版第2版,简称《人口原理》。在马尔萨斯去世之前,该书又于1806年、1807年、1817年和1826年多次重版。此外,他还出版了《政治经济学原理及其实际应用的考察》(1820年第1版),简称《政治经济学原理》。

(二) 马尔萨斯人口经济理论产生的社会经济条件

18世纪70年代到19世纪30年代,英国经历了一场产业革命。在产业革命中,机器大工业代替了以手工为主的作坊工场手工业,成为主要的生产力,英国成为当时世界上先进的工业国。与此同时,产业资本代替了商业资本,产业资产阶级从封建贵族手里夺得了政权;另外,机器大工业排挤了工人、小生产者,造成大批工人、农民和小手工业者贫困、破产,大批失业人口流落街头。这个时期英国的阶级矛盾较为错综复杂,首先是资产阶级、土地贵族同工人阶级、劳动群众的矛盾,其次是产业资产阶级同土地贵族等封建势力的矛盾。在这重重矛盾的情况下,受法国资产阶级革命的影响,英国工人阶级和劳动群众对统治阶级日渐不满,不断采取各种形式进行斗争。面对这种种矛盾和斗争,统治阶级需要用精神武器去奴役、欺骗广大工人和劳动群众。马尔萨斯的人口经济理论正是在这种条件下应运而生的。

马尔萨斯的《人口原理》一书不是纯粹论述人口的出生、死亡、构成等纯人口学的，而是探讨人口与经济关系的人口经济学的。并且，马尔萨斯也不是纯粹地论述人口经济学的学术问题，而是依托学术问题，达到抨击当时的社会改革思潮、维护统治阶级利益的目的。当时英国社会改革思潮的重要代表人物威廉·戈德温是早期空想社会主义者，他拥护1789年的法国革命，1793年出版了《政治正义论》一书。该书热情地歌颂理性主义和财产平等的制度，严厉地抨击资本主义私有制，认为社会的贫困和罪恶根源在于私有制，而不是由于人口增长，只要废除了财产私有制，消灭了贫富对立，人口问题是可以解决的。他说："在几万个世纪里或许人口会继续不断地增长着，可以看到，地球依旧是能够充分地养活它的居民的。"[①] 与此同时，法国启蒙运动的思想家康多塞（Condorcef，1743—1794）的《人类理性发展的历史观察》一书于1794年出版，并对英国产生了影响。该书认为人类的贫困和苦难是由于社会不平等和财产私有制造成的，主张通过社会改革来消除财产私有制。当时，广大工人争相阅读戈德温等人的书，社会改革思潮广泛传播。对于这种从资本主义私有制寻找贫困、失业和饥饿根源的思想，英国统治阶级急需用某种保守的思想武器去抵抗社会改革的思潮。马尔萨斯的《人口原理》正是迎合了统治阶级的这种要求。

二、马尔萨斯人口经济学说的主要内容

马尔萨斯自称是在阐述亚当·斯密经济学，但他却把亚当·斯密的经济学说庸俗化了。就人口经济理论而言也不例外，他把亚当·斯密有关人口受生活资料制约的论点加以庸俗化，剽窃了华莱士等人的观点，形成自己的人口经济理论，其主要内容如下：

（一）两个公理

马尔萨斯全部人口经济理论的出发点是两个公理："第一，食物为人类生存所必需。第二，两性间的情欲是必然的，且几乎会保持现状。"[②] 这是马尔萨斯针对戈德温关于两性间的情欲是受理性支配且逐渐减弱的观点而提出来的。马尔萨斯还认为，食欲和情欲是人类"本性的固定法则"，是超社会的自然存在，是由人类的本性决定的。这样，他把人口的增殖完全看成是纯粹自然现象。

（二）两个级数的假设

从两个公理出发，马尔萨斯提出了人口增长和生活资料增长的两个级数的假说。他提出："我的公理一经确定，我就假定，人口增殖力，比土地生产人类生活资料力，是无限的较为巨大。"这就是马尔萨斯的"人口法则"。为此，他又提出了两个级数假设做依据，他说："人口，在无所妨碍时，以几何级数率增加。生活资料，只以算术级数率增加。"[③] 马尔萨斯的这两种级数，可用图Ia来说明：

---

① 南亮三郎等编：《人口思想史》，展望出版公司，1984年中译本，第53—54页。
② 马尔萨斯：《人口原理》，商务印书馆，1959年版，第4页。
③ 同上书，第5页。

期　间	1	2	3	4	5	6	7	8	9	10
年　数	1	25	50	75	100	125	150	175	200	225
人　口	1	2	4	8	16	32	64	128	256	512
生活资料	1	2	3	4	5	6	7	8	9	10

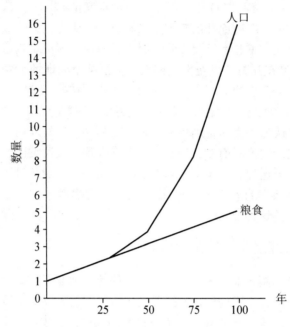

图 Ia　人口增长曲线和生活资料增长曲线

图 Ia 中的人口增长曲线和生活资料增长曲线，开始时差距不大，但是，随着时间的推移，两者的差距越来越大。

马尔萨斯认为，人口增殖力和土地生产力是不平衡的，仅仅经过五代人，人口和生活资料增长的数量之比为 16∶5，再过五代之后，则为 512∶10，两者之间的差距是巨大的。之所以出现如此巨大的差距，他认为这是"一切生物的增殖有不断超过对它提供的营养的倾向"[①]，即用生物学上的原因来解释上述这两者不平衡的原因。

（三）三个命题

根据两个公理和两个级数，他推论出三个命题。这三个命题是：（1）"人口增加，必须受生活资料的限制"；（2）"生活资料增加，人口必增加"；（3）"占优势的人口增加力，为贫穷及罪恶所抑压，致使现实人口得以与生活资料相平衡"。[②]在马尔萨斯看来，人口增殖力和土地生产力的不平衡是自然的，这两种自然力作用的结果必须使它们保持平衡，而达到平衡的途径是生活困难，因为贫困、罪恶压抑着人口增长。他把这一切都看做自然法则的要求。他说："按照人类生存必需食物的自然法则，这两个不

---

① 马尔萨斯：《人口原理》，商务印书馆，1959 年版，第 43 页。
② 同上书，第 5 页。

平衡力的结果，必须保持平衡。这当中，包含一个强大而不绝活动的妨碍，在阻止人口增加，此即生活困难。"①

有的学者把上述三个命题分别概括为"制约原理""增殖原理""均衡原理"，并且认为马尔萨斯的意图是人口与生活资料之间一旦达到平衡，又会为占优势的人口增殖力所破坏，然后又向新的平衡发展。马尔萨斯正是把这样三个"原理"统一起来，称为"人口原理"。②

（四）两种抑制

既然马尔萨斯认为一切社会改革无助于解决人口问题，那么，如何使人口增殖力和土地生产力之间，即人口与生活资料之间达到平衡呢？他主张采用抑制手段去实现这两者之间的平衡。他把抑制分为"积极抑制"和"预防抑制"。所谓"积极抑制"，是指通过贫困、饥饿、瘟疫、罪恶、灾荒、战争等手段去妨碍人口增加；所谓"预防抑制"是指通过禁欲（不结婚）、晚婚、不生育等预防人口增加或预先妨碍人口增加，这又称为"道德抑制"。他说："道德抑制是出于远虑的动机克制着不结婚，而在这种克制的时期里又保持着严格的道德行为的那种节制。"③他甚至要求那些在现实世界"无希望"摆脱贫困的人寄"希望于来世"。④马尔萨斯要求穷人甘愿穷苦而不结婚、不生育子女，以便到来世去追求"幸福"。

（五）四个结论

马尔萨斯运用自己杜撰的"人口原理"去考察从古至今的人类历史，拼凑了各种例子去证明"人口原理"，并且从他的历史分析中得出了四个结论：

（1）"人口法则"是永恒的绝对法则，适用于一切社会。他说："人口继续和土地所产食物保持正常比例的命题，很可以说是一个无可辩驳的命题。"⑤然而，这种"正常比例"却不可避免地要被"占优势的人口增殖力"所打破，人口增加超过食物增加，这样造成"在人类的场合，是贫穷与罪恶。前者，贫穷，是这个法则（指人口法则——引者注）绝对必然的结果。罪恶是最可能的结果"⑥。马尔萨斯认为，工人贫困、失业、饥饿等是工人人口增加的必然结果，因而也成为抑制工人人口过度增殖所必需。

（2）"人口法则"造成失业、贫困，甚至罪恶是不可避免的，因而实行"救贫法"是错误的。在马尔萨斯看来，"救贫法"不但使处于贫困的工人得以存活下来，而且，"救贫法的明显趋向是鼓励结婚"⑦，从而使其人口继续增加，"供养贫民以创造贫民"⑧。

---

① 马尔萨斯：《人口原理》，商务印书馆，1959年版，第5页。
② 南亮三郎等编：《人口思想史》，吉林大学出版社，1980年版，第59—60页。
③ 马尔萨斯：《人口原理》，商务印书馆，1959年版，第9页。
④ 同上书，第102页。
⑤ 同上书，第17页。
⑥ 同上书，第5页。
⑦ 同上书，第374页。
⑧ 同上书，第25页。

所以，马尔萨斯极力主张压缩救济以致废除"救贫法"。他宣称："作为头一个步骤，……当前救贫法制度就应缩减或停止增加救济，在我看来，我们必须以正义与荣誉来正式否认贫者有供养的权利。"①马尔萨斯试图让贫困、失业、饥饿、疾病把穷苦人口折磨至死，以便维持人口与食物之间的平衡。

（3）"人口法则"的作用把工人工资压低到最低水平。马尔萨斯以商品的供求决定价值的理论为基础，杜撰出"维持劳动基金"论，认为工资的高低完全取决于劳动力供求状况。所谓"维持劳动基金"就是指资本家用于雇用工人而留出的资本，而且这个留出的资本数量是固定不变的。于是，在劳动市场上，因人口增加，工人的供给超过了就业机会，即超过了需求，则工资下降，甚至压到最低水平。尽管工资下降，但由于"人口法则"作用，人口仍在不断增加，因而引起对食物需求的增加，物价上涨，工人生活贫困。生活贫困迫使工人晚婚、不育或独身，从而又使工人人口缩减。工人人口缩减使劳动市场供求趋于平衡，从而也使人口与生活资料趋于平衡，然而工人所得工资仍不可能有多少变化。所以，"维持劳动基金"固定不变，工人所得工资取决于工人人数，工人人数越少，则工资可能高些；工人人数越多，则工人工资越低。马尔萨斯的结论便是工人工资低、失业、贫困的原因是工人人数增加过多，所以，要解决失业、贫困、饥饿等问题，唯一的办法是限制工人人口增殖，以减少工人人口。

（4）"人口法则"使任何试图通过实现财产平等来消除失业、贫困的社会改革趋于失败。马尔萨斯认为，一切人不可能平等享受自然的恩惠。所以，"任何幻想的平等，任何大规模的农业条例，也不能除去这法则的压力，……要社会上全体人的生活，都安逸、幸福且比较闲暇，不必悬念自身及家族生活资料如何供给，那是无论如何亦不可能的"②。显然，马尔萨斯是针对戈德温等主张实行财产平等，通过改革社会来解决人口问题的思想而提出这个论点的。按照马尔萨斯的理论，虽然财产平等有助于农业生产的发展，但是，"人口法则"的作用使粮食增长赶不上人口增长，因而开垦全部土地种粮食也解决不了人口问题。所以，马尔萨斯认为戈德温设想的公平社会，"甚至三十年不到，就会由一个单纯的人口原理，全行破坏"③。在马尔萨斯看来，财产私有制、社会不平等是"合理的"和"永久的"，任何社会改革都是徒劳的。西方有的资产阶级学者也都无避讳地说："早期的新马尔萨斯派也十分率直地承认人口原理对于一切改革是一种不可避免的障碍。"④

三、理论依据

马尔萨斯把人口与经济之间的复杂关系归结为人口与生活资料之间的关系，又把资本主义社会存在的人口过剩的原因归结为食物增长赶不上人口增长，而食物增长落后于人口增长是由于土地肥力递减规律的作用。他把土地肥力递减规律作为人口经济理论的依据。

---

① 马尔萨斯：《人口原理》，商务印书馆，1959年版，第178页。
② 同上书，第5—6页。
③ 同上书，第53页。
④ 普莱斯：《人口原理的说明和例证》，商务印书馆，1963年中译本，第14页。

所谓"土地肥力递减"是指在技术水平一定的条件下，如果在同一块土地上追加投资，随着投资的增加，收益会依次增加，但当投资增加超过一定限度之后，增加的收益就会依次减少，其原因在于土地肥力不能按比例归还植物摄取的养分数量，而是日渐递减。这就是土地肥力递减规律。

马尔萨斯认为，人口增长越多，要求土地生产的粮食也就越多。然而，土地肥力却随着土地上生产物产量的上升而递减，即土质变得越来越坏、越来越贫瘠，久而久之，在土地上任何追加投资所生产的粮食则越来越减少。所以，食物产量的增加赶不上人口数量的增加。

以上几个方面就是马尔萨斯人口经济学的主要内容。他用这种庸俗人口经济理论来说明资本主义社会存在人口过剩现象是由于人口与生活资料之间的正常比例被打破，是由于"人口法则"，这种自然的法则作用所打破，又由于"土地肥力递减规律"作用使食物产量的增长永远赶上人口数量的增长，因而，人口过剩是"绝对过剩"。

四、马尔萨斯人口经济理论的非科学性和辩护性

马尔萨斯人口经济理论的非科学性和辩护性的主要表现：

（一）否认人口规律的社会性和历史性

人口现象和经济现象都是社会现象。马尔萨斯在分析人口经济问题时片面强调了人口的自然属性，把人口现象当成了纯粹的自然现象，忽视了人口的社会属性，把人类与动物界完全等同起来。人类的历史表明，人口必须在一定的社会生产关系下，与一定历史阶段的生产力水平相适应才能生存和增殖，人类的食欲和性欲才能得到满足。马尔萨斯的错误在于忽视了生产关系和生产力发展水平对人口生产的制约作用。

同样，人口规律首先是社会规律，属于历史范畴。然而，马尔萨斯把人口规律完全当作了自然规律，把它当成是超越生产力水平和生产关系发展历史阶段的"永恒"的规律。这样，马尔萨斯认为"两个公理""两个级数"等是适应一切社会的"自然法则"，而人口过剩则是这种自然法则作用的"必然结果"，与社会生产方式无关。这掩盖了资本主义社会的过剩人口是资本主义生产方式的必然产物的事实，因而是十分错误的。

第一，马尔萨斯认为人口在"无所妨碍"的前提下，"以几何级数增加"。这就否认了人口增长受社会生产条件的制约。任何社会的人口都是在有所妨碍的条件下增加的。

第二，"两个级数"的对比，不但抽去了社会经济发展水平的差异，而且把人口与经济之间极为复杂多变的关系归结为一种简单的数字关系，因而不能说明人口与经济之间关系的社会实质。正如马克思所指出的，把人口与生活资料之间的关系"归结为两个等式：一方面是人的自然繁殖，另一方面是植物（或生活资料）的自然繁殖，把它们作为两个自然级数互相对比，……这样一来，马尔萨斯使历史上不同的关系变成一种抽象的数字关系"[①]。在整个历史长河中，生活资料生产的增加总是超过人口增长。人的自然繁殖由于受各种社会经济条件和自然条件的制约，总是时速时缓，时多时少。当然食

[①] 《马克思恩格斯全集》，第46卷下，人民出版社，1980年版，第106页。

物增加也是这样,不可能总是绝对地以某一级数或数率增加。

第三,"过剩人口"同样是一个历史范畴,是由一定历史阶段的社会生产条件决定的。马克思指出:"过剩人口同样是一种由历史决定的关系,它并不是由数字或由生活资料的生产性的绝对界限决定的,而是由一定生产条件规定的界限决定的。"①所以,在资本主义条件下,"决定是否把工人列入过剩人口范畴的是雇佣资料,而不是生存资料"②。马尔萨斯的错误正在于他抽掉"过剩人口"的历史性和社会生产条件,因而把过剩人口规律当成纯粹的自然规律。并且他用人口与生活资料的对比,而不是用人口与雇佣资料的对比去说明过剩人口问题,把资本主义社会相对过剩人口说成了绝对过剩人口。

(二)忽视了技术进步和社会生产力的发展对解决人口经济问题的作用

马尔萨斯的人口经济学说是建立在"土地肥力递减"规律的基础之上的,是假定在技术水平固定不变、社会生产力停滞的条件下,土地收益会随着土地肥力的递减而递减。尽管在某一时点或短期内,这个规律可能起作用,可能出现收益不能按投入量增加的比例增加。但是,从长期来看,"'土地肥力递减规律'完全不适用于技术正在进步和生产方式正在变革的情况"③。从整个历史长河来看,科学技术的进步和社会生产力的发展会大大提高土地生产物的产量,从而提高供养人口的能力,有助于人口经济问题的解决。然而,马尔萨斯在整个分析中则忽视了或看不到技术进步和社会生产力发展的巨大作用,因而陷入了悲观主义。

(三)马尔萨斯人口经济理论的辩护性

在《人口原理》的字里行间,流露出马尔萨斯对劳动群众极端仇视,宣称穷人自己就是他们贫困的原因。他把资本主义制度下工人的失业、贫困、罪恶完全归咎于穷人人口增长过速,而与资本主义私有制毫无关系。资本主义条件下的过剩人口是由于"在大自然的盛大宴席上,没有人替他安排一个席位,大自然要他走开"④。然而,他认为土地贵族以及其他剥削者则是"必要的和有用的",资本主义制度是"永恒的",如此等等。对于马尔萨斯人口经济理论在政治上的辩护性,马克思、恩格斯多次予以揭露,他们在谈到马尔萨斯写作《人口原理》一书的目的时指出:"这部著作的实际目的,是为了英国政府和土地贵族的利益,'从经济学上'证明法国革命及其英国的支持者追求改革的意图是空想。"⑤这就非常明确地指出了马尔萨斯人口经济理论的辩护性。

五、马尔萨斯人口经济理论的学术价值和合理因素

对于马尔萨斯人口经济学说的非科学性和辩护性应予揭露及给予中肯的批评,这是毫无疑义的。然而,这并不等于说要全盘否定马尔萨斯人口经济理论的学术价值。从人

---

① 《马克思恩格斯全集》,第 46 卷下,人民出版社,1980 年版,第 106 页。
② 同上书,第 108 页。
③ 《列宁全集》,第 5 卷,人民出版社,1973 年版,第 88 页。
④ T. R. Malthus, *An Essay on the Principle of Population*. 2nd ed. (Cambridge University Press), p. 531.
⑤ 《马克思恩格斯全集》,第 26 卷 I,人民出版社,1980 年版,第 125 页。

口经济思想发展史上来看，马尔萨斯人口经济学说不无某些合理因素和"站得住脚的东西"。马克思主义认为，资产阶级思想家，甚至是政治上极为反动的思想家的理论中也可能包含有某些深刻的思想和某种"合理内核"。例如，德国古典哲学家黑格尔不能不说在政治上是一个维护普鲁士专制制度的反动者，然而这并不排斥他的哲学体系中有某种"合理内核"。列宁曾经指出："在反动分子（历史学家和哲学家）的学说中包含有关于政治事件更替的规律性和阶级斗争的深刻思想，这一点马克思总是明确地毫不含糊地指出的。"[①]我们要用马克思主义全面地评价马尔萨斯人口经济学说的学术价值，实事求是地权衡该学说对人口经济思想史发展的影响。这是不无益处的。

（一）马尔萨斯为从消费领域研究人口生产和生活资料之间的关系开辟了蹊径

如果说资产阶级古典经济学派主要是从生产领域研究人口生产和资本之间的关系，那么，马尔萨斯则主要是从消费领域去分析人口生产和生活资料之间的关系。消费是人口生产的必要条件。民以食为天。人们吃、喝、穿、住、行等是人口自身生产和再生产所必需的。不吃、不喝、不穿、不住、不行走，不消费任何生活资料，则人类无法生存，因而一切有关人口生产和再生产的问题则无从谈起。当然，在人口生产和消费之间存在着分配、交换等中介环节。然而，消费欲望、消费方式、消费资料（主要是生活资料）、消费水平都会影响人口增殖。在这些影响人口生产的因素中，生活资料对人口增殖的影响无疑最大。马尔萨斯正是抓住了这个影响最大的因素，进行了分析和探讨。他的《人口原理》一书正是从消费领域较为系统地研究了人口生产和生活资料之间的关系。

对于人口生产和生活资料之间的关系，资产阶级古典经济学家作了一些探讨；另外，前马尔萨斯主义者，如华莱士、富兰克林、奥特斯、斯图亚特和汤森等，也有一些零散的、片断的分析。在这方面，马尔萨斯的作用在于把前人的这些零散的、不完整的观点加以系统化、理论化，并形成了一种学说体系。因而，在人口经济思想史上，马尔萨斯从消费领域对人口生产和生活资料之间的关系的研究，为后人从事这类课题的进一步研究开辟了蹊径。

（二）马尔萨斯对人口运动的自然规律的分析不无学术价值和参考价值

众所周知，人口具有社会属性和自然属性，并且这两者是辩证的统一。人口的自然属性是人类之所以成为人类的基础，而人口的社会属性又主导着（或决定着）人口运动的方向，这两者相辅相成统一于人口自身。我们既不能脱离人口的社会属性来研究人口生产，同样，也不能完全脱离人口的自然属性来研究人口，而应该把这两者结合起来考察人口运动的规律。

所谓人口运动的自然规律，就是指人口自然属性以及由该属性所规定的人口变动与自然物质（包括生产资料和生活资料）之间的内在联系。人口运动的社会规律是指人

---

① 《列宁全集》，第20卷，人民出版社，1973年版，第272页。

社会属性和由该属性所规定的人口变动与社会关系之间的内在联系。人口运动的规律应该包括人口运动的社会规律和人口运动的自然规律。在人口运动的社会规律和自然规律之间，起主导作用或决定作用的是社会规律，而被引导或被决定的是人口运动的自然规律。马尔萨斯的《人口原理》一书之所以至今仍受到国际人口学界和经济学界的重视①，就在于它在一定程度上研究了人口运动的自然规律。

马克思曾经论述了人口运动的自然规律，他说："人口运动的历史是人类天性的历史，所以人口运动的规律是自然规律，然而只是在一定历史发展阶段上的人类自然规律；这种自然规律是以一定的生产力发展水平作基础的，而生产力发展水平则又为人类自身的历史行程所规定。"②马克思的这段话至少包含两层意思：

第一，人口运动的自然规律是客观存在的。马克思所讲的"人类天性"或"人类本性"就是指人口的自然属性，人类生命的出现，人类的食欲、情欲等无不是人口的自然属性。恩格斯在《反杜林论》中指出："人来源于动物界这一事实已经决定人永远不能完全摆脱兽性，所以问题永远只能在于摆脱得多些或少些，在于兽性或人性的程度上的差异。"③正因为如此，人口运动过程中就存在着自然规律。作为探讨人口经济关系的科学——人口经济学不可不探究人口运动的自然规律。

第二，人口运动的社会规律和自然规律是辩证的统一。人口运动的自然规律不能脱离一定的生产力发展的水平，受社会生产方式和生产条件的制约，在一定社会生产方式下起作用。所以，人口运动的社会规律是主导方面，对人口运动的自然规律起制约作用。然而，人口运动的自然规律又不是完全被动地起作用，在一定的条件下，如在一定社会生产条件下，人口运动的自然规律又会发挥巨大的作用，甚至影响人口运动社会规律作用的发挥。因而，人口运动的自然规律不是可以弃之不顾或不加以研究的。如果忽视或否认人口运动的自然规律的作用，如同忽视或否认人口运动的社会规律一样是错误的；违背人口运动的自然规律，如同违背人口运动的社会规律一样，是或迟或早、或多或少地要受到惩罚的。

马尔萨斯的错误在于"撇开了"人口运动的社会规律，从为土地贵族和统治阶级辩护的立场出发，去分析人口运动的自然规律，得出了非科学的结论。如果揭开马尔萨斯人口经济学说的辩护性外壳和批判其非科学的结论，则不难看出马尔萨斯有关人口运动自然规律的论述不无学术价值和可供借鉴之处。

（三）马克思、恩格斯在严厉批判之中也适当地肯定了马尔萨斯人口经济理论中的合理因素

马克思、恩格斯在创立科学社会主义学说的过程中，对马尔萨斯的人口经济理论进

---

① 如1985年11月，在联合国于巴黎召开的国际人口统计学大会上，来自61个国家的300名代表以99.8%的压倒多票通过决议，立即着手再版马尔萨斯的著作。

② 马克思：《政治经济学批判》（第3册），人民出版社，1955年版，第243页。1979年出版的《马克思恩格斯全集》第46卷下第107页此段译文改为："这些规律（人口运动规律——引者）由于是人类本性的历史，所以是自然的规律，但仅仅是在一定生产力发展水平的一定历史发展阶段上的人的自然规律，而这种生产力的发展水平则是受人类本身历史过程制约。"

③ 恩格斯：《反杜林论》，《马克思恩格斯选集》，第3卷，人民出版社，1978年版，第140页。

行了严厉的批判。然而,马克思、恩格斯始终坚持辩证的否定,在批判中适当地肯定了马尔萨斯人口经济理论中的某些合理因素,这是毫不奇怪的。

马尔萨斯的理论促使马克思、恩格斯注意到人类和土地的生产力。恩格斯在谈到马尔萨斯的理论对他们的推动作用时指出:

> 马尔萨斯的理论却是一个不停地推动我们前进的、绝对必要的转折点。由于他的理论,总的说来是由于政治经济学,我们才注意到土地和人类的生产力,而且只要我们战胜了这种绝望的经济制度,我们就能保证永远不再因人口过剩而恐惧不安。我们从马尔萨斯的理论中为社会改革取得了最有力的经济论据,……原因是只有这种改革,只有通过这种改革来教育群众,才能够从道德上限制生殖的本能,而马尔萨斯本人也认为这种限制是对付人口过剩的最容易和最有效的办法。①

正是从对马尔萨斯的人口经济理论的分析批判中,马克思、恩格斯才更多地了解到人口的增殖力(即生产力)和土地的生产力两者之间的关系,以及限制人口过多增长"最容易和最有效的办法"是实行晚婚,从道德上限制人类的增殖力。

马尔萨斯指出了人口生产"取决于需求"和"由竞争的规律调节"的事实。恩格斯指出:"这种理论(即马尔萨斯的理论——引者)向我们指出,私有制如何最终使人变成了商品,使人的生产和消灭也仅仅取决于需求"②,"劳动力的产生迄今仍然由竞争的规律来调节,因而也同样要受周期性的危机和波动的影响,这是事实,确定这一事实是马尔萨斯的功绩。"③恩格斯在谈到资本主义使工人的劳动力像商品一样地被卖掉,一样地涨价跌价,工人人口生产受劳动需求的调节时指出:"在这一点上马尔萨斯先生及其人口论是完全对的。"④

马尔萨斯"在断定总有'过剩人口'存在","也是能自圆其说的"。马克思、恩格斯在考察资本主义社会的过剩人口问题的过程中,了解了马尔萨斯对这个问题的观点和论述。他们一方面指出了马尔萨斯的错误在于把过剩人口"解释成工人人口的绝对过剩,而不是工人人口的相对过剩",然而,又说,"甚至马尔萨斯也承认,过剩人口对于现代工业来说是必要的"⑤。马尔萨斯看到了过剩人口是一种客观存在,恩格斯指出:

> 发展了亚当·斯密上述论点的马尔萨斯在断定总有'过剩人口'存在,断定世界上的人总是太多的时候,也是能自圆其说的。⑥

马尔萨斯探讨了"把人口抑制到和生活资料相适应的水平"的问题。马克思、恩格斯认为马尔萨斯有关人口生产与生活资料之间关系的论述的错误在于把人口过剩归结为生活资料不足而不是归结为雇佣资料不足,"只是当他断定世界上的人多于现有生活

---

① 《马克思恩格斯全集》,第 1 卷,人民出版社,1980 年版,第 620—621 页。
② 同上书,第 620—621 页。
③ 同上书,第 619 页。
④ 《马克思恩格斯全集》,第 2 卷,人民出版社,1980 年版,第 364 页。
⑤ 《马克思恩格斯全集》,第 23 卷,人民出版社,1980 年版,第 695—696 页。
⑥ 《马克恩恩格斯全集》,第 2 卷,人民出版社,1980 年版,第 365 页。

资料所能养活的人的时候，他就错了"①。但不是说人口生产与生活资料之间不存在某种内在的联系，或不必去探讨这两者之间的关系。恩格斯曾经指出过存在着"如何使人口的增加和生活资料的增加相适应的问题"②。众所周知，要使人口与经济协调发展，劳动力人口必须与生产资料相适应，总人口必须与生活资料相适应。如果说马尔萨斯忽视了前者是错误的，那么，他提出"必须永远把人口抑制到和生活资料相适应的水平"③的论点则是正确的和有价值的。

综上所述，对于马尔萨斯的人口经济理论，有必要运用马克思主义的立场、观点、方法予以科学的评价。既要严肃地指出其庸俗性、非科学性，又要实事求是地看到它的学术价值和合理因素，从而予以肯定，予以它在人口经济思想史上的应有地位。

---

① 《马克思恩格斯选集》，第4卷，人民出版社，1978年版，第357页。
② 同上。
③ 马尔萨斯：《人口原理》，商务印书馆，1959年版，第5页。

第十一章附录 Ⅱ　新马尔萨斯主义者的人口经济学说

一、新马尔萨斯主义者 F. 普莱斯等人的人口经济学说

（一）新马尔萨斯主义

马尔萨斯的庸俗人口经济学说受到马克思、恩格斯的严厉批判和挑战，也受到几乎与他同时代的古典经济学家西斯蒙第等人的驳斥和挑战，这样，马尔萨斯庸俗人口经济学说破产。然而，资产阶级的思想家们并没有就此罢休，而是对马尔萨斯的人口经济学说加以修补，给它披上新的外衣，继续宣传马尔萨斯主义，这在人口经济思想史上被称为新马尔萨斯主义（new-Malthusianism）。新马尔萨斯主义这个术语大约产生于 19 世纪 70 年代。荷兰人赛缪尔·范霍滕博士（Dr. Samuel Van Houten）在 1910 年于海牙召开的马尔萨斯主义者联盟国际会议上发表演讲时谈到新马尔萨斯主义一词的来源。他指出，大约在 1878 年英国人查尔斯·罗伯特·德赖斯代尔（Charles Robert Drysdale）第一次访问荷兰，德赖斯代尔和 S. 范霍滕谈到马尔萨斯主义有关家庭限制、晚婚的主张以及给这种主张命名的问题。S. 范霍滕说："你应该把你们的建议称为新马尔萨斯主义。"[①] 此后，新马尔萨斯主义一词广泛见诸于国际学术界和国际社会。

西方学者认为，新马尔萨斯主义是 19 世纪早期的自由主义经济学和新的医学科学的混合物。该理论把自愿家庭限制作为解决过剩人口和贫穷问题的唯一手段。[②] 新马尔萨斯主义者认为，在资本主义条件下，工人挣得的工资低、生活贫困，是由于要求就业的工人人数太多所致，所以，贫穷是人口不断增加的结果。他们以为，只要减少工人的人数，就能提高工资，从而贫穷也会自动被消除。

由此可见，新马尔萨斯主义者与马尔萨斯在基本理论问题上并无本质的差别，他们都认为，资本主义社会存在的过剩人口问题和劳动群众生活贫困都是人口自身增殖造成的，而与资本主义剥削制度无关。然而，新马尔萨斯主义者的学说和马尔萨斯的学说仍有差别。这两者的基本不同之处在于：马尔萨斯主张通过禁欲或晚婚的手段来限制人口的增长，甚至减少人口，以实现劳动力的供给和劳动力的需求之间的平衡。新马尔萨斯主义者强调通过自觉自愿的家庭限制，即通过避孕等节制生育手段，来限制人口的增加。他们一般不主张晚婚，更不赞成禁欲，而认为人们结婚之后只要采取避孕、流产等措施，仍能限制家庭的人数，从而减轻家庭负担和减少生活困难。所以，有意识的家庭限制不

[①]《新马尔萨斯主义者国际会议报告汇编》，载《马尔萨斯主义者》杂志第 34 期第 9 册，第 76 页，1910 年 9 月。S. 旺·豪顿曾任荷兰总理、马尔萨斯主义者联盟的副主席等职。C. R. 德赖斯戴尔曾任马尔萨斯主义者联盟主席职务多年。

[②] Rosanna Ledbetter, *A History of the Malthusian League, 1877—1927* (Ohio State University, 1976), p. 1.

仅是理想的措施，而且是克服人们贫穷困境的切实可行的办法。

新马尔萨斯主义以 19 世纪 20 年代英国 F. 普莱斯的《人口原理的说明和例证》出版为开端，到 20 世纪 20 年代末和 30 年代初为止，前后一百多年的时间广泛流传于西方社会。新马尔萨斯主义者的主要代表人物是：F. 普莱斯（F. Place）[①]、R. 卡莱尔（R. Carlile）和乔治·德赖斯代尔等；新马尔萨斯主义者的主要组织是马尔萨斯主义者联盟（The Malthusian League）。

（二）F. 普莱斯的生平及其著作

F. 普莱斯（1771—1854）出生于英国宫中法庭执事德路列兰醋场债务人拘留所一个看守人的家庭里。他早年生活贫苦，从小自谋生计，当过学徒和缝衣匠，后来独立经营一家成衣店。他同当时英国的工会和工人运动的联系较为密切，并且担任过几个工人俱乐部的秘书。1799 年以后，他的店铺成为当时要求改革社会的人们的聚会场所。他曾经参加早期人民宪章运动，并参与人民宪章的起草工作，后来退出了这一运动。

普莱斯积极宣传马尔萨斯的人口经济理论，并为此写了《人口原理的说明和例证》。该书于 1822 年出版。后来，他又设计、编写了宣传避孕知识的传单和小册子。

《人口原理的说明和例证》一书是普莱斯为参加马尔萨斯和戈德温之间的争论而写的。戈德温在 1793 年出版的《政治正义论》一书中认为，财产私有制和政治管理不善是劳动群众贫困的根源，主张废除私有制，建立社会平等的制度。马尔萨斯针对戈德温的观点专门撰写了《人口原理》一书与之论争。马尔萨斯认为工人贫穷的原因不在于资本主义私有制，而是出于人类的本性和自然原因，即人口增殖的速度大大超过了生活资料增加的速度。对此，戈德温对马尔萨斯的《人口原理》进行了两次答复，反驳马尔萨斯的理论。正是在这场争论中，普莱斯表面上持"中立"态度对待争论的双方，试图作出"公断"，甚至也指责马尔萨斯完全否认政治、法律制度等对劳动群众生活状况的影响是错误的。但是，普莱斯的基本态度是赞同马尔萨斯的人口经济理论，并用一些经过歪曲的统计资料去为之辩护，因而被西方学者称为"彻头彻尾的马尔萨斯主义者"[②]。

普莱斯被称为国际节育运动的奠基人，这是由于他在上述著作中首先明确提出运用避孕节制生育，并由他发起了英国 1823 年的节育宣传运动。[③]1828 年，美国的节育宣传运动也和普莱斯的节育主张及其宣传活动不无关系。

---

① "Place" 应译为普莱斯，过去误译为普雷斯，应予校正。

② 参阅诺曼·希姆斯为《人口原理的说明和例证》一书写的"编者序"，《人口原理的说明和例证》，商务印书馆，1963 年版，第 28 页。

③ 在 1823 年夏天，普莱斯公开进行节育宣传活动。他起草并设法印制了三种不同的传单：《给已婚的男女两性》、《给已婚的男女劳动人民》和《给已婚的绅士淑女》。这些传单是印刷精致的小册子，用简洁的文字宣传避孕节育知识。普莱斯及其门徒用各种方式发散，把这些传单送到从伦敦到曼彻斯特的工人手里。这就是英国 1823 年的节育宣传运动。

（三）卡莱尔和欧文等人的著作

在普莱斯的影响下，自由出版家理查·卡莱尔于1825年发表了《什么是爱情？》一文，宣传节制生育，1826年他将该文扩充为《妇女手册》公开出版。1828年，这本书在美国费城等地重印并流传开。与此同时，美国的罗伯特·戴尔·欧文（Robert Dale Owen）因《妇女手册》的重印而受到指控。为了替自己辩护，他在1830年写作并出版了《道德生理学，或人口问题略论》一书。该书是美国正式出版的第一本有关节育问题的书①，并且发行量甚大，到1877年就已发行7万册。正是在上述节育宣传的影响下，美国医学博士查尔斯·诺尔顿（Charles Knowlton）于1832年又出版了宣传避孕、节育的《哲学的果实：一位医生给年轻已婚夫妇的私下指南》（以下简称《哲学的果实》）一书。尽管当时美国官方对该书作者罚款和判做苦工3个月，但该书还是广为流传，起了宣传节制生育的作用。

荷兰经济学家尼古拉斯·杰勒德·皮尔逊（Nicolas Gerard Pierson，1839—1909）②在其《经济学原理》一书中也大力宣传新马尔萨斯主义。

F. 普莱斯和其他新马尔萨斯主义者通过出版上述著作和发散传单等方式，积极而又大胆地宣传他们的人口经济学说和节制生育的主张。他们分析的主要问题是人口增长和食物供给、人口增长和资本积累之间的关系。

（四）人口增长的速度超过了食物的供应

新马尔萨斯主义者接受马尔萨斯提出的"两种级数"的观点，仍然是从消费领域去讨论人口与生活资料之间的关系，把"人口增长速度超过食物的供应"看作永恒的"自然规律"，认为"人口对于生活资料的压力，几乎在全世界的每个国家里都是经常存在着的。"③

普莱斯对马尔萨斯提出的"两种级数"作进一步说明，指出马尔萨斯"列出级数是为了表示如果不是受到食物不可能按同样比率增长的阻碍的话，那么人口的增加在一定情况下会按一定速度进行"。又说："我们只能这样了解，他的意思是说，在一个健康的国家里，在那里'没有拥挤不堪和自私自利的大都市'（或大工业城市），……在那里，人们都有道德，那里，有大量土地未被占用，他们的人数，在25年的一段时期内，会按1、2、4、8等的级数增加，只要粮食也按这个比率增加。"④在普莱斯看来，食物供应、生活资料"不可能"和人口"按同样比率增长"，并且这是"普遍的"自然现象，所以，工人贫困不在于资本主义私有制度，"他们贫穷的根本原因是由于人口繁殖过速"。⑤

---

① 普莱斯：《人口原理的说明和例证》，商务印书馆，1963年版，第36页。
② N. G. 皮尔逊生于荷兰阿姆斯特丹。1877—1885年，他曾在阿姆斯特丹的穆尼西帕尔大学讲授经济学和统计学，并撰写了《经济学原理》一书。1885—1891年他曾主持过荷兰中央银行的工作，后还两度出任荷兰政府的财政部长。
③ 普莱斯：《人口原理的说明和例证》，商务印书馆，1963年版，第218页。
④ 同上书，第110页。
⑤ 同上书，第149页。

（五）人口增长的速度快于资本积累的速度

新马尔萨斯主义者从劳动供给和资本对劳动的需求出发，分析人口增长和资本积累之间的关系。

第一，支付工人工资的基金是固定的，工人人数增加导致工资下降，工人贫困、失业。他们的这个论点的依据是"工资基金说"。

所谓"工资基金说"是关于工资取决于人口与资本的比例的一种理论。该理论是 J. 穆勒和约翰·斯图亚特·穆勒把古典学派有关工资论述加以庸俗化，提出了"工资基金说"。他们认为，一个国家在一定时期内的资本总额是一个固定量，其中用于支付工资的部分称为"工资基金"，并且，它的数量也是固定的，这样，工人所得到的工资受工资基金的限制。工资水平的高低取决于工资基金与工人人口之间的比例。工人人口对工资基金的比率提高了，工资就会下降；反之，工资基金对人口的比率增高，工资才能上升。这种"工资基金说"在19世纪20年代至70年代流行于英国经济学界。

新马尔萨斯主义者依据这种"工资基金说"，认为既然支付工人的工资基金是预先确定又不可变动的，所以，要保持劳动供给和需求的平衡，要保持工资水平或提高最低工资，唯一的办法只有减少人口。反过来说，由于工资基金是预先固定不变的，工人工资低，贫困以至失业是由于工人人数超过工作需要数太多，"工人人数超过劳动需求越多，则工资越低。全体工人的工资总额总是这一定数目，不管工人数目刚刚对工作够用还是太多了。因此他们总不能得到更多的工资"①。

第二，人口增长的速度超过了资本积累的速度。新马尔萨斯主义者还比较了人口和资本这两者都增长的情况。普莱斯认为，当任何国家人口增长时，不是资本增长和人口增长一样快，就是资本增长赶不上人口增长，以致使大多数人情况恶化，二者必居其一。他分析了当时英国以及其他地方人口和资本增长情况，指出，大多数地方，"人口增长已以最大的速度超过资本积累"②。

然而，在资本主义条件下，只有资本能够提供就业机会，对劳动的需求取决于资本。工人人数的增加比资本积累还要快，"劳动的供给超过了劳动需求，所以，劳动的实际价格将会下跌"③。出现这种情况，"不决定于政府，也不决定于雇用工人的雇主的愿望。这件事完全决定于工人自己"④。普莱斯分析劳动供给超过劳动需求，工人贫困、失业的原因，指出"其中最为主要的就是生育过快而使市场上发生劳动过剩的现象"⑤。并且认为这是任何立法措施都不能阻止的。这样，普莱斯完全是从人口的自然增殖中去寻找人口过剩的原因，把人口增长的速度快于资本积累的速度看成是永恒的"自然规律"。

---

① 普莱斯：《人口原理的说明和例证》，商务印书馆，1963年版，第257页。
② 同上书，第216页。
③ 同上书，第192页。
④ 同上书，第255页。
⑤ 同上书，第157页。

（六）用节制生育的办法来抑制人口过快增长，以达到劳动供给和劳动需求的平衡

新马尔萨斯主义者分析了人口增长的速度超过食物的供应和快于资本积累的速度之后，认为要达到人口与食物之间、劳动供给和劳动需求之间的平衡，要提高最低工资的唯一办法就是收缩劳动供应，采用节制生育办法来抑制人口过快增长。普莱斯说："我相信没有其他方法可以阻碍人口的过分迅速的增长，我……明目张胆地提倡节育。"①这是因为他认为这种办法能使一对夫妇不致生育超过他们所希望数目的孩子，使劳动供给经常保持在劳动需求水平之下，从而达到"工资必然会提高到给所有的人提供舒适的生活资料的地步"②。

普莱斯提出节育主张的主要内容如下：

第一，谴责马尔萨斯有关用贫困、饥饿、瘟疫、战争和罪恶等积极抑制人口的主张，认为这是马尔萨斯"偏袒富者，牺牲贫者的成见"，是"荒谬和冷酷"的，因而应该受到指责。并且，普莱斯也谴责马尔萨斯对劳动群众的污蔑和诽谤，指出："像马尔萨斯这样的人，从来没有机会来正确地认识劳动人民，他的想法，他的社会地位，他的工作，以及他们对劳动人民的保留和怀疑态度，都使他无法正确地认识劳动人民。""马尔萨斯无法正确地知道劳动人民的美德。"③

第二，不赞成马尔萨斯有关禁欲与晚婚的主张。马尔萨斯所主张的预防性抑制，就是要求劳动群众禁欲、不结婚或晚婚。普莱斯认为，禁欲和晚婚不是有效控制人口的办法。他说："宣传节欲是完全无效的。这是不会和不能普遍实施的。贞操与晚婚，是和黑与白一样地势不两立的。"④这就是说，在资本主义社会里，晚婚和贞操难以并存。所以，他主张所有的人都结婚，限制子女的人数，"那么幸福和康乐的前途就会难以估量"⑤。

第三，避孕等生理上的预防措施是有效的控制人口过速增长的办法。马尔萨斯把避孕、堕胎等看成是有伤社会风俗、造成不道德观念和淫乱之风的原因。对此，新马尔萨斯主义者持相反的看法，他们认为只要风俗习惯得到改良，人们养成谨慎的习惯，那么，采用避孕等节制生育手段控制人口，会使伤风败俗的事减少，道德观念得以提高。所以，他们说："按照智虑所及，经过理智的判定，可以采取生理上的预防措施，使劳动的供给能够经常保持在对劳动的需求之下，而人口的数量能够经常保持在生活资料所能供应的水平上。"⑥

正因为如此，新马尔萨斯主义者把推行节育看成社会改革，认为非如此不足以拯救穷苦的人们。因为他们认为，通过节制生育，可以减少劳动人口，达到提高工资的目的。

---

① 普莱斯：《人口原理的说明和例证》，商务印书馆，1963 年版，第 34 页。
② 同上书，第 163 页。
③ 同上书，第 150、151 页。
④ 同上书，第 260 页。
⑤ 同上书，第 265 页。普莱斯反对晚婚是错误的，是没有多少科学根据的，他主张男性在 20—22 岁、女性在 18—20 岁结婚，并采取避孕手段，控制生育子女人数。
⑥ 同上书，第 164—165 页。

现在用图 IIa 来说明劳动供给减少，工资则可上升。图中的横轴 OX 表示劳动数量，纵轴 OY 表示工资。当劳动数量为 OS 时，工资为 OW，当劳动数量从 S 减少到 S_1 时，则工资从 W 上升到 W_1。

尽管新马尔萨斯主义者在宣传避孕知识和节育措施时也遭受过打击，甚至有人因出版宣传节育的书籍而遭监禁，但是，普莱斯等仍大声疾呼推行以避孕为内容的社会改革。"我们仍然大声地要求改革，这就是说，'要求'避孕——这是唯一有些价值的改革。"①

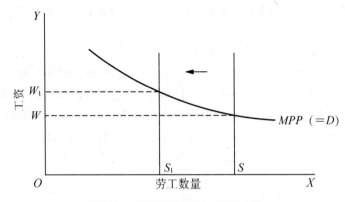

图 IIa　劳动供给减少，工资上升

二、马尔萨斯主义者联盟的人口经济学说

（一）马尔萨斯主义者联盟

马尔萨斯主义者联盟（The Malthusian League）是世界上第一个倡导把自愿的家庭限制作为解决过剩人口和贫穷问题的组织。该组织成立于 1877 年 7 月，终止于 1927 年 12 月，进行过半个世纪的活动。该组织所持有的信条是马尔萨斯的人口经济学说、19 世纪早期西方的自由主义经济学说和新的医学理论的混合物。马尔萨斯主义者联盟的基本理论是：过剩人口，特别是工人阶级中的过剩人口，是贫穷最基本的原因。他们认为，由于要求就业而适于工作的工人人数太多，所以，工资低和生活贫困。因而减少工人人数，则工资将会上升，贫穷也会自动地被消除。他们主张采取节制生育手段来达到限制家庭人数、消除贫困的目的。马尔萨斯主义者联盟完全接受新马尔萨斯主义者 F. 普莱斯的人口经济学说，并且积极宣传和实践新马尔萨斯主义，所以，该联盟也被称为新马尔萨斯主义者联盟。

早在 1861 年，英国出版商查尔斯·布拉德洛（Charles Bradlaugh）就利用他自己办的《全国改革者》杂志大力宣传新马尔萨斯主义，并倡导组织一个团体来从事这种宣传工作，所以，组织马尔萨斯主义者联盟这样一个团体的思想最初出自查尔斯·布雷德洛。同时，英国的安妮·贝赞特（Annie Besant）、爱德华·特鲁洛夫（Edward Truelove）和英国全国现实主义者协会的全体成员等也都为马尔萨斯主义者联盟的成立做了大量的

---

① 普莱斯：《人口原理的说明和例证》，商务印书馆，1963 年版，第 274 页。

准备工作。为该联盟的组成作理论准备和推动作用的是英国新马尔萨斯主义者乔治·德赖斯代尔，他在 1854 年出版了《社会科学原理》一书，该书被认为是马尔萨斯主义者联盟的理论支柱。

马尔萨斯主义者联盟的主要宗旨是：

第一，公开地讨论人口问题，废除一切阻碍公众了解和讨论人口问题的法律。他们要求重新立法，用法律形式来保护对有关人口问题的宣传和推广避孕药具。

第二，用一切行之有效的办法向人们传播有关人口规律的知识和人口问题对人类行为施加的压力，以及人口问题的经济后果。

马尔萨斯主义者联盟提出这样的宗旨不是偶然的。在 1876 年冬，出售美国查理·诺尔顿撰写的《哲学的果实》一书的英国书商亨利·科克被捕入狱，其原因是他出售的《哲学的果实》一书是"淫乱"书籍，并指控亨利·科克给该书加上了淫乱的插图。对于英国官方当局当时用法律手段压制宣传避孕、节育知识的这种做法，新马尔萨斯主义者极为气愤，并采取行动同这种压制进行斗争。安妮·贝赞特首先站出来为亨利·科克辩护。她指出，《哲学的果实》一书从 1834 年起在英国发行从未遇到过挑战，为什么 40 年后倒要给出售该书定罪。她认为，《哲学的果实》不是淫乱之书，亨利·科克加的插图不是淫乱图片，该书和其中的图片是说明避孕方法的，对于人们采取节育措施是有用之书。但是，英国布里斯托尔警察当局仍然判定该书是猥亵图书，亨利·科克被判处服苦役两年。①

尽管《哲学的果实》的书商被判刑，但是，对该书的需求却大增。在 1877 年查尔斯·布雷德洛又出面提出释放亨利·科克的要求，他在《全国改革者》杂志上写道：

> 我要进行辩护，我反对任何人干预就影响国家幸福的问题进行充分的和自由的讨论的权力。……②

他为出版自由进行斗争，他指出，如果《哲学的果实》一书是由他出版和发行的话，他一定为此而斗争到底，他说："我一旦出版了这本书，我就一定要保卫这本书直到生命的最后一刻。"③为了进一步宣传新马尔萨斯主义和避孕节育知识，贝赞特、布雷德洛、特鲁洛夫联合了英国医学专家查尔斯·罗伯特·德赖斯代尔于 1877 年 7 月在英国的科学会馆（the Hall of Science）成立了马尔萨斯主义者联盟。当时该联盟有成员 220 人，他们是由现实主义者、新马尔萨斯主义者和自由思想家组成的。查尔斯·罗伯特·德赖斯代尔被选为马尔萨斯主义者联盟的第一任主席，安妮·贝赞特被选为该联盟的秘书。查尔斯·罗伯特·德赖斯代尔死后，他的妻子艾丽斯·维克里·德赖斯代尔（Alice Vickery Drysdale）接替了他的职位，1921—1927 年，他的儿子查尔斯·维克里·德赖斯代尔（Charles Vickery Drysdale）接替其母的工作，继续担任该联盟的主席，直至该组织终止了活动。

---

① Rosanna Ledbetter, *A History of the Malthusian League, 1877—1927* (Ohio State University, 1976), p. 30.

② Ibid. , p. 31.

③ Ibid. , p. 32.

马尔萨斯主义者联盟成立之后，为了实现其宗旨，第一项工作是曾于1877年7月至8月向英国议会的下院呈上了53份请愿书，要求修改有关把宣传避孕、节育的书籍判处为淫乱诽谤罪的法律。他们的请愿书指出，把介绍科学地抑制人口增长的出版物列为禁书是错误的，应该修改法律中有关把传播避孕知识和方法的出版物判处为淫乱图书的条款。尽管这种努力毫无结果，但是联盟的成员还是不断地给议员们写信，陈述他们有关废除任何阻碍公开讨论人口问题的一切合法条款的主张。

马尔萨斯主义者联盟成立之后进行的第二项工作就是传播马尔萨斯主义的人口经济学说，特别是传播新马尔萨斯主义。其做法是每年召开各种集会或者参加其他社会团体的各种会议，由其成员发表演讲，宣传新马尔萨斯主义的观点，劝说人们采用避孕等节育措施，自愿限制其家庭人数，以提高生活水平。同时散发马尔萨斯主义者联盟传单，这种传单每份有4到12页，传单上刊载由查尔斯·罗伯特·德赖斯代尔写的《人口原理》摘要，宣传"人口规律知识"和人口问题对社会施加的压力。该联盟还出版了《马尔萨斯主义者》杂志以及《马尔萨斯主义者手册》等书刊，大力宣传他们的新马尔萨斯主义理论。

（二）马尔萨斯主义者联盟的人口经济理论的主要内容

马尔萨斯主义者联盟从事各种宣传活动来传播他们的人口经济学说，概括起来，他们的学说的主要内容是：

第一，人口有一种超过生活资料增长的永恒的增长趋势。在人口与生活资料之间，后者的增长速度总是慢于前者，因此，社会上便形成了过剩人口。

第二，阻碍人口增长这种趋势的抑制可以归结为积极的或毁灭生命的抑制和慎重的或限制生育的抑制。

第三，积极的或毁灭生命的抑制包括通过疾病、饥饿、战争和杀死婴儿等手段使儿童和成年人死亡。

第四，慎重的或限制生育的抑制包括通过不结婚或结婚后出于远虑而限制生育后代的人数。马尔萨斯主义者联盟认为，这四条是马尔萨斯的基本主张。他们对其中的第三条存有疑虑，认为是不可取的，而对其余各条是采取积极支持和大力传播的态度，然而，他们又有保留地认为，禁欲也是容易产生许多弊端的。

第五，马尔萨斯所倡导的采取不结婚的手段抑制人口增长，也会产生许多弊病，例如禁欲可能会产生各种疾病以及大量不道德的性行为。相反，马尔萨斯主义者联盟认为，早婚会有助于确保性的贞洁、家庭的舒适、社会幸福和个人的健康。然而，早婚可能导致把更多的孩子带到世界上来。如果这些孩子的数量超过了他们父母所能提供的住房、食物、衣服、教育和其他物品供养的数量，就成了严重的社会罪过。

第六，过剩人口是贫穷、愚昧无知、犯罪和疾病最深刻的根源。

第七，应该公开地和充分地讨论人口问题，这种讨论应该是绝对自由的，不应受到任何法律的惩罚。[①]

---

① Rosanna Ledbetter, *A History of the Malthusian League, 1877—1927* (Ohio State University, 1976), pp. 65—66.

马尔萨斯主义者联盟所坚持的经济理论仍然是马尔萨斯的"维持劳动基金"论或称为"工资基金"论。该联盟认为，工人所得工资的数量被雇主可用于这项支付的资本数量所限制，雇主用于支付工人工资的基金被称为工资基金。资本家或雇主在不损害其企业的其他方面的前提下也不可能支付给工人更多的工资。马尔萨斯主义者联盟认为，损害雇主的工商企业就意味着危及了工人所依赖的职业。所以，工人试图通过组织工会提高工资的举动只可能危害工人自身的利益。有的新马尔萨斯主义者甚至说："事实已经证明，人为地要求提高工资是不可能的。"[①]因为争夺预先已经确定了的工资基金的工人人数增加，其结果只能是全体工人的工资比从前更低。因此，只有减少工人人数，劳动者才能有希望增加他们的工资。

直到 1920 年查尔斯·维克里·德赖斯代尔仍然用马尔萨斯式的语言说："新马尔萨斯主义者的目的在于抑制劳动的过多供给，通过采用人工方法防止生产过多的孩子以提高工资。因为孩子人数太多以致要冲击未来劳动市场。"[②]所以，他们采取各种手段进行宣传，劝说低下阶层自愿限制家庭人数，以求提高生活水平。

为了研究和推广避孕等节育方法，在 1880 年马尔萨斯主义者联盟中从事医学专业工作的成员组织了该联盟的医学工作者分支机构。该医学分支机构的会长仍然是查尔斯·维克里·德赖斯代尔，亨利·阿瑟·奥尔伯特（Henry Arthur Allbutt）任该分支机构的秘书。医学分支机构的任务是：（1）通过英国和其他国家的有资历的医学工作者的合作，帮助马尔萨斯主义者联盟开展以反对贫穷及罪恶为目的的运动；（2）用科学知识和科学方法探讨性生理学和包括"人口问题"在内的病理学，宣传人体生理知识，并力求就这些学科取得一致的科学见解；（3）用医学观点公开地和自由地讨论"人口问题"，从而使大众获得科学的认识。他们认为，这一切对于新马尔萨斯主义是绝对必要的。[③]

1927 年 12 月 16 日，马尔萨斯主义者联盟举行最后一次年会。这次年会之后，该联盟就终止了有组织的宣传和其他活动。这一年英国的人口出生率是 18‰，而在 1877 年该联盟成立时的人口出生率是 36‰。人口出生率之所以有如此明显的下降，在新马尔萨斯主义者看来，是由于从 19 世纪后期和 20 世纪初期，西欧的大多数劳动者已经自愿限制家庭人数，不但富裕阶层，而且中下阶层，甚至贫穷的劳动者阶层，都采取了各种避孕措施来限制其子女的人数。

马尔萨斯主义者联盟的形成和它的理论基础受新马尔萨斯主义者乔治·德赖斯代尔很大的影响，因此，有必要了解他的人口经济理论，从而进一步认识马尔萨斯主义者联盟及其学说。

[①] Rosanna Ledbetter, *A History of the Malthusian League, 1877—1927* (Ohio State University, 1976), p. 88.

[②] 查尔斯·维克里·德赖斯代尔：《工会》，载《马尔萨斯主义者》杂志第 44 期，1920 年 5 月。转摘自《马尔萨斯主义者联盟史》，俄亥俄州立大学出版社，1976 年英文版，第 111 页。

[③] Rosanna Ledbetter, *A History of the Malthusian League, 1877—1927* (Ohio State University, 1976), p. 129.

(三)乔治·德赖斯代尔的人口经济思想

乔治·德赖斯代尔(1825—1904)出生于英国爱丁堡市一个富裕家庭,其父曾任爱丁堡市政府的司库。乔治·德赖斯代尔早年曾在爱丁堡大学学习医学,并获得医学硕士学位,后来他作为一个内科医生从事医务工作。此外,他曾和他的弟弟一起到欧洲大陆旅行,从事医学考察工作,晚年曾在英国格拉斯哥大学任教多年。他在医学方面有较深造诣,受到格拉斯哥大学教授们很高的评价。乔治·德赖斯代尔曾经转向研究经济学和社会学,撰写许多分析社会科学问题的论文,他创办了《政治经济学家》杂志和《社会科学》杂志,用医学的观点来说明社会经济问题和人口问题。他的代表作是《社会科学原理》,该书出版于1854年,被称为新马尔萨斯主义的代表作。乔治·德赖斯代尔被称为"医学、性和自然教"作家。在其《社会科学原理》一书中,他试图说明性本能的潜力,性本能潜力对社会施加压力不可避免地产生可怕的罪恶。在该书中,乔治·德赖斯代尔认为,食欲和性欲的满足之间的对抗,是大自然基本的不协调现象,是人类苦难的根源。

乔治·德赖斯代尔认为,正如存在支配宇宙机械运行的规律一样,也有规律支配着人类的行为和相互之间的关系。通过科学发展的新方法可以发现宇宙机械运行的规律,同样,通过科学方法也必定可以发现支配人类行为和相互关系的规律。乔治·德赖斯代尔认为,他的《社会科学原理》一书就是为建立研究人类行为规律的新的学科领域而作的尝试。该书集中体现了他的人口经济思想。

《社会科学原理》一书的主要内容如下:

第一,人的身体和精神是相互影响和相互制约的。乔治·德赖斯代尔认为,每一个人,无论男人或女人,都应该了解和掌握有关人的生理的基本知识。医学应该研究人的身体的结构和机能,说明人体的生理特点,研究各种疾病产生的原因及其防治办法。然而,他痛惜当时科学的医学和医疗技术仍被宗教神学所怀疑和不被人们所重视。

乔治·德赖斯代尔指出,人的肉体和精神是直接相互影响的。他认为,医学不仅要说明人的身体运行规律,还要说明人具有的特殊的精神方面,并发现精神是什么。身体对精神的影响,可以从完全健康的身体到心理状态、精神失常、发狂乃至死亡的过程来加以说明。研究身体和精神之间的相互影响是医学科学的一个最基本分支。他说:"健康心理状态和病态心理状态,必定仅仅通过与身体状况相对应的个人思想状况的研究中得到,此外,从某一个人的亲属那里也可以了解到,其心理状态是健康的还是处于病态。"[①]

在乔治·德赖斯代尔看来,思想、精神和人的身体构成了一个完整的人。精神和身体是紧密相连的一个整体。他指出,正如人的身体是一种自然存在一样,人的精神也是一种自然存在。人的思想是瞬息万变的,它与其他事物的瞬息变化是绝对不可分离的。他说:"瞬变的思想与其他事物的瞬变是绝对不可分割的。思想或精神不是一种与大自然其余部分相反的力量,而是整个自然的一个部分,与相互依存的其余部分不可分离地

---

① Rosanna Ledbetter, *A History of the Malthusian League, 1877—1927* (Ohio State University, 1976), p. 13.

联结在一起。"①乔治·德赖斯代尔的这一观点被称为"自然教"。该教认为，自然，而不是超自然，是"真理的标准"。上述关于精神和身体之间关系的观点形成了乔治·德赖斯代尔思想的基础，是近代心理学的基石。他的基本观点是精神和身体是不可分割地联结在一起的，两者是相互影响的；并且影响这两者中的某一部分也将会影响另一部分。

第二，用生理学观点说明禁欲是不明智的，主张用避孕的方法来抑制人口增长。在《社会科学原理》一书中，乔治·德赖斯代尔阐述人口再生产知识。他认为，从前生理学有关妇女月经的理论不准确。当时的生理学家依据对动物的观察得出在月经期间动物排卵，此时母兽处于性冲动期间的结论，他们把这种观察应用于人类，认为随着月经来潮，卵子也被排出体外。这样形成一种错误的观点，即认为在两次月经的中间这一段时间是不会怀孕的"安全期"，因为卵子已经随月经排出体外。乔治·德赖斯代尔认为这种理论是不准确的。尽管该理论相对于从前那种以为只有两性同房时卵子才从卵巢中排出来的观点是一种进步。他指出，育龄妇女在两次月经的中间一段时间正是排卵期间。此时同房不是安全期，而怀孕的可能性最大。乔治·德赖斯代尔如此大胆公开地阐明月经生理学观点，这在当时宗教迷信风尚盛行的维多利亚时期的英国来说，是十分惊人的。

接着，乔治·德赖斯代尔分析了马尔萨斯有关通过禁欲（不结婚）和晚婚来抑制人口增长的观点。他指出，禁欲是最不明智的建议。他认为，如果社会不允许性欲的"自然"表现，那么其结果便会产生"不正当"的性生活或出现堕落，禁欲还可能产生诸如梅毒、淋病、癔病之类的问题。他指出，马尔萨斯的积极抑制是不可接受的，唯一可接受的预防性抑制，禁欲和晚婚也是难以成立的。他说：

> "提出有关人们的性欲和食欲的主要责任是实行自我抑制的建议是不明智的。……禁止性欲经常所得到的结果并不比放纵性欲的结果好多少，因为一般来说，人们并没有认识到禁欲是更为有害和危险的"，一切应该能够满足身体的需要，"特别是在青春期刚刚过去之后的那些年份里更是如此"。②

在否定了马尔萨斯的禁欲主张之后，乔治·德赖斯代尔提出：应该允许人们结婚，特别是劳动阶层更是如此。人们结婚后可以采用避孕药物和方法来限制其子女的人数。在《社会科学原理》一书中，他提出了两种可行的避孕方法：

第一，"自然"避孕法。他指出，根据妇女排卵期在两次月经来潮的中间的理论，可以选择在怀孕可能性小或暂时不会怀孕的"自然时间"里同房，以达到避孕的目的。这种方法，在20世纪更普遍称为"安全期避孕法"，但乔治·德赖斯代尔早在19世纪中期就提出来，把它作为一种切实可行的避孕方法。他说："大多数妇女怀孕可能是在两次月经来潮的中间男女两性同房的结果。因此，在月经来潮日期前两三天或月经来潮后的第七八天内，男女两性同房可以避孕，这样，人们一定可以减少相当多的再生产机会。"③同时，乔治·德赖斯代尔又指出，这种"自然"避孕法或"安全期避孕法"仍不容易为广大妇女或男性所掌握，特别是对于那些没有人体生理知识的人来说，更难以实

---

① Rosanna Ledbetter, *A History of the Malthusian League, 1877—1927* (Ohio State University, 1976), p. 17.
② Ibid., pp. 13—14.
③ Ibid., p. 15.

行这种避孕方法。因而有时采用这种方法不当而失效,达不到避孕的目的。

第二,"非自然"的避孕方法,或机械的避孕方法。这种方法就是戴避孕套或使用海绵以及同房时把精液排在体外。早在1820年F. 普莱斯就提出了这些避孕方法。此外,乔治·德赖斯代尔还介绍了冲洗法。他认为,这种方法也是有效的避孕方法。这种方法在1830年早已由美国医生C. 诺尔顿提出。乔治·德赖斯代尔把前人已经提出的避孕方法重新加以介绍,以求获得人们的支持和采用。

第三,人口过剩是劳动群众贫困的原因。在《社会科学原理》一书中,乔治·德赖斯代尔花了很多篇幅来介绍马尔萨斯的人口理论。他认为马尔萨斯所阐述的人口法则所要说明的是震动社会的问题,如劳动工资问题,贫穷和财富的问题,等等。乔治·德赖斯代尔认为马尔萨斯的人口法则的作用是客观存在的,并且

> 无论是移民、救贫法,还是慈善事业以及对劳动工资的任何人为的干预都不可能改变人口法则的作用。……贫穷人们本身就是他们自己贫困的原因。改善穷苦人们条件的手段在他们自己的手里,而不在其他人手中。无论如何,社会和政府在这个问题上没有任何权力,也不可能帮助他们,尽管社会和政府愿意进行这种帮助。①

乔治·德赖斯代尔和马尔萨斯一样,认为在资本主义制度下,劳动群众失业、贫穷、饥饿不是由于社会制度造成的,而是由于劳动群众的自身人口增殖所致。乔治·德赖斯代尔的一个基本观点是人类的食欲和性欲之间是对抗的。这种对抗是由于自然的基本不协调所致。这样过剩人口是人口自然增殖的自然原因所致。过剩人口对社会的压力不可避免地产生了可怕的罪恶。乔治·德赖斯代尔和19世纪中后期的其他新马尔萨斯主义者一样,担心由于工人、劳动群众的贫困可能引起革命。所以,他们主张在革命爆发之前减少贫困。解决贫困问题的办法是劝导劳动群众采取避孕措施,节制生育,限制其后代的人数。新马尔萨斯主义者,包括马尔萨斯主义者联盟在内,是出于维护资本主义制度的目的,提出了避孕、节制生育的主张。

乔治·德赖斯代尔还用新马尔萨斯主义来对抗社会主义思想的传播。他曾经这样来概括新老马尔萨斯主义和社会主义之间在大自然和人口问题上的分歧。

社会主义:大自然是慷慨的,它给所有人提供食物;罪恶和苦难主要是由于社会制度造成的。

马尔萨斯主义:大自然是冷酷无情的,它从来不能够给一个未加限制的人口提供充足的食物,苦难和罪恶是由过剩人口引起的,因此就要为生存而斗争。②

同时也列举了新老马尔萨斯主义与社会主义就竞争、税收这两个问题上的分歧。

> 社会主义:竞争是灾难、浪费和无效率。
>
> 马尔萨斯主义:过多的竞争是一种灾难,但竞争从整体上来说是对进步最有价值的以及唯一满意的刺激和推动。
>
> 社会主义:应该按照支付能力来课税。
>
> 马尔萨斯主义:应该按照维持生活和繁荣所需要支出的数量的一定比例来征税。

---

① Rosanna Ledbetter, *A History of the Malthusian League, 1877—1927* (Ohio State University, 1976), p. 15.

② Ibid., p. 214.

以上是新马尔萨斯主义者 C. V. 德赖斯代尔所作的概括,她总结说:"社会主义的目的是公正、机会平等和压制竞争",而"马尔萨斯主义的目的是幸福、效率、种族改良、保护竞争和限制竞争者的人数。"①

作为一个新马尔萨斯主义者,他们贬低和歪曲社会主义、美化马尔萨斯主义是毫不奇怪的,但是,他们的上述观点也反映了新马尔萨斯主义试图以避孕、节育等手段来达到改良社会的目的。

(四)新马尔萨斯主义者人口经济理论的非科学性

新马尔萨斯主义者和马尔萨斯一样,他们的人口经济理论都是非科学的。其主要表现为:

第一,与李嘉图的人口经济理论相比,新马尔萨斯主义人口经济理论是一种退步。李嘉图在研究人口与资本的关系时,已经把总资本区分为固定资本与流动资本,认为劳动需求取决于流动资本,而不取决于固定资本,资本每有增加,对劳动需求不会按比例地增加,提出了在资本主义条件下使用机器对劳动者阶级是极为有害的观点。李嘉图已经试图从资本积累和雇佣资料方面去寻求人口过剩的原因。然而,普莱斯等新马尔萨斯主义者却仍然从工人阶级身上寻求人口过剩的原因,得出了人口比资本增加得快,劳动群众贫困的"根本原因是由于人口繁殖过速"的荒谬结论。这在西方人口经济思想史上不能不说是一种退步。

第二,掩盖了资本主义社会的阶级矛盾。资本主义社会的基本矛盾是生产资料的私有制与社会化大生产之间的矛盾,是资产阶级与无产阶级之间的矛盾。然而,新马尔萨斯主义者却把这种基本矛盾说成是人口增长和食物供应之间的矛盾,是人口增长与资本积累之间的矛盾,从而掩盖了资本主义社会的阶级矛盾。

第三,害怕革命,反对社会主义。在 19 世纪 70 年代以后,自由竞争资本主义向垄断资本主义过渡,特别是进入 20 世纪,世界已经进入帝国主义和无产阶级革命时代。西方各国的工人运动日益高涨,资本主义国家无产阶级的革命斗争风起云涌,社会主义革命时机日渐成熟。正在这个时候,新马尔萨斯主义者,特别是马尔萨斯主义者联盟四处奔走演说,极力鼓吹,工人失业、贫困和饥饿等苦难不是由资本主义社会制度造成的,而是工人自身人口增殖过多,是人口的自然增长所致,要求工人阶级把注意力集中在自身人口过多的问题上,而不去过问资本主义剥削制度。这样就转移了无产阶级革命斗争的视线,起着阻止革命的作用。正是在这个意义上,列宁指出,新马尔萨斯主义的社会学说,是落后的思潮。列宁说:

> 觉悟的工人永远要进行最无情的斗争,来反对把这一反动的怯弱的学说加到现代社会最先进的、最强大的、最有决心去进行伟大改造的阶级的身上的企图。②

这就说明,觉悟的工人进行社会主义革命斗争时,一定要同新马尔萨斯主义的社会

---

① 查尔斯·维克里·德赖斯代尔:《马尔萨斯主义和社会主义的论争》,载《马尔萨斯主义者》杂志第 41 期,第 37 页,1917 年 5 月。转引自 Rosanna Ledbetter, *A History of the Malthusian League, 1877—1927* (Ohio State University, 1976), p. 213—214.

② 《列宁全集》第 19 卷,人民出版社,1973 年版,第 229 页。

学划清界限，按照科学社会主义的理论，去揭露新马尔萨斯主义社会学说的虚伪性和怯懦性，去进行反对资本主义剥削制度的斗争。

（五）新马尔萨斯主义者倡导以避孕为主要内容的家庭限制，在客观上有巨大的进步意义

从19世纪20年代起，新马尔萨斯主义者就积极倡导避孕等人工方法节制生育，以抑制人口过多增长。他们向广大工人和劳动群众宣传人体生理学知识，介绍各种避孕的方法，劝导人们自愿限制其家庭人数。新马尔萨斯主义的节育宣传曾传遍西方社会。正如他们自己所说："新马尔萨斯主义的学说和节制生育的方法已经为全部文明世界所接受，并且人们已经实施这些节育方法。"[①]从19世纪后期到20世纪30年代，西欧、北美各国的人口出生率有了明显下降。这种下降主要是由于进入帝国主义时代以来，西欧、北美社会经济发展对人口生产发挥了巨大影响的结果。然而，节制生育的宣传活动也起到了促进作用。西方各国人口自然增长率逐渐下降，人们普遍采用避孕手段来抑制人口过多过快地增加，人口生产与物质生产逐渐相互适应，人口素质有较大的提高。这不能不说是新马尔萨斯主义的主要功绩。所以，从人口经济思想史来看，新马尔萨斯主义者有关用避孕的手段节育，控制人口过多增长的观点，有巨大的进步意义。这种意义在于人类开始找到了科学的控制人口增长的手段，从而有可能有意识地调节人口生产，控制家庭规模，以便科学地繁衍后代，提高人类本身的素质。尽管从资本主义社会来说，宏观地科学地调节人口生产是困难的，因为正如整个社会的物质资料生产是处于无政府状态一样，人口生产也是处于无政府状态。然而，从微观来说，有意识地运用避孕手段来限制其子女的人数，控制家庭规模，则是完全有可能实现的。

列宁曾经指出，妨碍传播有关避孕知识的法律和一切惩罚堕胎的法律，是资本主义社会统治阶级的假道学。这些法律并不能治好资本主义的脓疮，反而会使这种脓疮更加恶化，使被压迫群众受到更大的苦痛。所以，要求无条件废除这些法律，保护男女公民起码的民主权力和出版传播有关避孕方法的医学著作，并提出医学宣传自由的主张，是无可非议的。列宁指出："医学宣传的自由和保护男女公民的起码民主权利是一回事。新马尔萨斯主义的社会学说是另一回事。"[②]这就是说，要把出版、传播有关避孕知识的科学著作和进行科学的节育宣传同新马尔萨斯主义的社会学说区别开来。前者无疑是进步的，对社会经济发展和人类自身的繁衍是有利的，是应该加以肯定的；而后者是小资产阶级绝望心理的反映，应该加以抛弃。我们要在否定新马尔萨斯主义者的社会学说的同时，正确评价他们倡导的节育理论和方法，肯定他们倡导的以避孕为主要内容的家庭限制、控制人口过多增长的思想有巨大的进步意义。

---

① Rosanna Ledbetter, *A History of the Malthusian League, 1877—1927* (Ohio State University, 1976), p. 230.

② 《列宁全集》第19卷，人民出版社，1973年版，第229页。

第十二章　现代乐观主义人口经济理论

◣学习目标▶

1. 了解乐观学派关于经济增长的基本理论。
2. 了解和把握乐观学派关于科学技术进步在解决人口经济问题方面的核心作用。
3. 了解和把握"发明拉力"和"人口推力"假说在乐观主义人口经济理论中的地位。

◣学习重点▶

推动经济增长的基本要素、"发明拉力"和"人口推力"假说

上一章阐述了现代悲观主义人口经济理论，其突出的代表就是罗马俱乐部。然而，这种悲观主义的理论，却引起了乐观学派的反驳。这一章将分析20世纪70年代以来的乐观主义人口经济理论，主要介绍该理论的代表人物和著作、该理论的主要内容及其影响。

第一节　乐观主义人口经济理论概述

一、乐观主义人口经济理论的主要代表人物及其主要著作

在20世纪60年代，西方发达国家的经济取得了较为迅速的增长，许多经济学家、人口学家对增长抱乐观态度，他们分析增长的要素和形成增长的原因，研究推进经济增长的对策，可以说西方世界弥漫着一种"增长热"，而对经济增长的后果却考虑较少。20世纪70年代初期的能源危机、资源危机给这种"增长热"以巨大冲击，其时，罗马俱乐部提出了反经济增长的悲观理论，于是围绕经济增长和人口增长的种种后果，在西方掀起了一场大论战。在这场论战中，70年代、80年代乐观主义人口经济理论的主要代表人物有美国赫德森研究所所长赫尔曼·卡恩（Herman Kahn）和该所研究人员威廉·布朗（Willian Brown）、洛思·马特尔（Leonth Martel）以及美国伊利诺伊大学的经济学和工商管理学教授朱利安·林肯·西蒙（Julian Lincoln Simon）等。赫尔曼·康恩已于1983年去世。

对悲观主义人口经济理论提出系统反驳的著作颇多。其中有代表性的著作为：美国柯尔等人的《崩溃的模型》（1973年版），康恩、布朗、马特尔等人的《下一个200年》（1977年版），西蒙的《人口增长经济学》（1977年版）、《最终的资源》。（1981年版）、《人口经济学》（集刊）（1984年版），西蒙和康恩合作编辑的《资源丰富的地球》（1984年版），等等。这些著作，从乐观主义观点出发，逐条逐项地反驳《增长的极限》等悲

观主义著作的观点，全面系统地阐述了现代乐观学派的宏观人口经济理论。

二、乐观学派的"新视野"

针对以罗马俱乐部为代表的悲观学派把眼光局限于短期分析，特别局限于技术不变条件下构建世界模型，得出"世界末日"即将迫近的结论，以康恩、西蒙为代表的乐观学派则用一种新的视野，来观察分析当代西方世界存在的种种问题。这种"新视野"主要表现为：

（一）长期发展的前景是美好的

乐观学派的着眼点放在长期的发展趋势方面，眼光远大和广阔，把考察的期限延长，从长期的视野来考察目前人口和经济增长中存在的种种问题。乐观学派描述的考察时期长度为120年、180年、200年和400年，分析上述期间美国和世界人口和经济增长的趋势。

从时间序列上分析人口和经济增长的发展过程。乐观学派瞻前顾后，如康恩等人把当今世界增长中的问题放到人类历史发展的长过程中来考察，他们以美国建国200周年为界限，向后推200年，向前推200年，这样形成一个从1775年到2175年这样长达400年的考察期间。他们认为，这400年，从人口和经济增长来看，是世界正在从全球性的贫困迈向全球性的繁荣的一个过渡时期。

在康恩等人的估计中，在200年前的1776年，世界总人口约为7.5亿，总产值为1 500亿美元，人均产值为200美元。那个时候可以说，世界人口较少，生活贫困，人类只有屈服于自然压力才得以生存下来。

到了20世纪70年代中期（1976年），虽然世界经济景况存在种种问题，世界总人口约达41亿，但是，世界总产值已高达5.5万亿美元，人均产值达1 300美元。这个时候与1775年相比，经济有了较大的发展，人类的生活条件已经有了改善。

他们预计，到了2175年，即200年之后，世界总人口将达到150亿，总产值将达到300万亿美元，人均产值将达到3万美元。康恩等人认为，到了那个时候，人类已经较好地控制自然，经济高度发达，生活条件大大改善，生活较为富裕。

正是从这样一种长期视野来考察世界的人口和经济增长的问题，他们得出的结论为：增长是必要的、不可缺少的；增长的潜力是巨大的，增长的机会也是非常多的；经济增长的结果也是美好的。人类只要运用科学技术和市场机制、经营管理技巧来处理目前存在的各种问题，长期的经济增长对人类就是有益的，其结果不是导致世界末日的到来，而是增进人类的幸福，等等。

（二）空间的扩展可望是无限的

乐观学派除从时间序列方面把视野放在长期趋势上外，还从横截面上把着眼点放在空间的扩展上。在空间扩展上的"新视野"又可分为两个方面：

第一，康恩等人假定人类仍然"以地球为中心""为舞台"，展开各种经济开发活动。在今后200年里，人类仍然居住在地球上，尽可能地开发和利用地球上的各种资源，推进经济增长。与此同时，人类也偶尔到大气层以外的太空去进行有限的探险和开发活动。

第二，假定人类的经济开发活动以"空间为边界"，到了 200 年之后，人类已经能够频繁地到大气层以外的太空去进行活动，去开采各种矿藏和原材料，在太空进行能源生产和制造各种耐用物品（生产品和消费品）。那时，科学技术高度发达，可能建立太空生产基地和工厂，把太空中生产的各种物品输送到地球上。这样可能形成这种格局，即有一部分人口可以迁移到外层空间，在太空生产基地生产各种物品向地球输送；同时，居住在地球上的人口向地球深层和海洋深处开采矿藏来生产各种商品。这种格局的出现将形成人口增长和经济增长的新模式。

在乐观学派看来，经济增长和人口增长在空间的扩展可望有着无限广阔的前景。

第二节 乐观学派关于经济增长的基本理论

一、经济增长的必要性和重要性

悲观学派认为，经济增长过程中各个生产要素都是按指数增长，因而带来了种种弊端，如穷国和富国之间的鸿沟加深，资源耗尽，粮食短缺，环境污染，从而加速了世界崩溃的到来，由此认为经济增长是不必要的，不应继续下去，应该停止，实现零值增长。针对悲观学派的这种观点，乐观学派指出了停止经济增长，实现零值增长的种种问题，认为经济增长不会停止，也不应该停止，增长是必要的，应该长期继续下去。康恩、西蒙等乐观学派的代表人物分析了经济增长的必要性。

（一）只有经济增长才有技术创新和发明，社会经济才能进步

乐观学派认为，零值经济增长必然大大地降低劳动生产率和社会效率。由于零值增长首先要求零值技术增长，这意味着科学技术保持不变，不允许技术创新和技术发明。这种科学技术保持不变就大大限制或扼杀了个人钻研技术的积极性和创造性。一个社会如果没有技术发明和创新，不改进工艺方法和生产方法，劳动生产率不可能提高，社会生产力不可能进步，社会效率不可能增进。只有经济增长才要求技术发明和创新，并为之创造条件，才能推动社会生产力进步。所以经济增长与科学技术是相辅相成的。离开了科学技术进步，经济增长也是不可能持久的。

（二）只有经济增长才可能减少资源、能源的消耗，减少环境污染

乐观学派认为，在现有科学技术条件下，国民经济运行过程中的资源耗费和能源消耗都是较高的，同时，环境污染也是存在的。如果马上停止经济增长，使国民经济在现有资源、能源耗费水平上运行，这样丝毫也不会减少资源、能源的耗费和环境污染，因为生产每 100 美元产值和国民收入所耗费的资源、能源没有减少。相反，只有经济增长了，才可能有资本和运用先进科学技术手段去解决耗费资源、能源过多的问题，才有可能去降低每 100 美元产值能耗率和资源耗费率，对于环境污染也是同样的道理。乐观学

派认为,科学技术是节省物质资本的手段,经济增长有助于物质资本存量的增加。

(三) 只有经济增长才能扩大就业机会,提供更多的就业岗位

乐观学派认为,停止经济增长,就有必要使现有的就业人数和就业岗位的总数保持不变,不再增加新的就业岗位。然而,从世界现有人口的年龄结构来看,青少年人口占的比重大,青少年人口比现有就业人口的数量大,这样,将来要求就业的人数增多,为争夺就业岗位的竞争加剧。可是,经济停止增长,就业机会和就业岗位保持不变,其总数不再增加。这就是一个很大的矛盾,其结果必然是增加失业人口,给社会带来严重的人口经济问题。当人们不能实现充分就业,低收入者无论怎样努力,也不可能增加收入和提高经济地位,这样大大降低了人们的生产积极性和创造性。一个社会里,如果人们的生产积极性低落,人们无论怎样努力都不能给自身带来实际利益,这对国家、对个人都是不利的。

经济增长了,生产规模扩大了,对劳动力的需求才会上升,才有可能扩大就业机会,提供更多的就业岗位。

(四) 只有经济增长,才能缩小南北国家之间在经济上的差距

悲观学派认为,经济增长扩大了富国和穷国之间在经济上的差距。乐观学派则针锋相对地指出,经济增长不但对发达国家有利,而且对发展中国家有利。康恩等人认为,对于西欧、北美各国而言,经济增长是一个缓慢的过程,花费的时间比较长,如美国的人均总产值从 250 美元增加到 7 000 美元,花了 200 年时间。亚洲的日本经济增长是比较快的,然而,它的人均总产值从 100 美元增加到 3 000 美元用了 100 年的时间。对于现在处于发展中的各国来说,促进经济增长的有利因素较多,可以大大缩短从不发达到发达所需要的时间。乐观学派认为,发展中国家经济发展的主要有利因素有:

第一,可以引进和利用发达国家的资本、市场来开发经济。目前,发达国家资本过剩,市场发达,吸收能力大。发展中国家可以抓住这个有利时机,从发达国家引进资本,大力开发本国的经济,提高产品数量和质量。这些增加的产品,除满足本国需求外,可将一部分产品打入发达国家的市场,换回外汇,用于进一步开发发展中国家的经济。

第二,发展中国家的劳动力资源比较丰富,可以提供劳动力或劳务出口。劳动力或劳务出口,让发展中国家至少可以获得两方面的益处,其一是从这种出口中获得外汇,为本国的经济发展积累资本;其二是到国外去工作的工人和技术人员可以借鉴、学习国外的先进技术,然后把这些技术带回本国用于开发经济。

第三,吸收和利用发达国家的先进技术及开发经验。发达国家科学技术发达,有一些技术虽然处于淘汰过程中,但对于发展中国家来说,仍然是适合的、有用的;加之,当代国际上技术转让较为容易,这些都是对发展中国家引进技术有利的。发达国家也不是从来就是现在的经济发展水平,它们的经济也有一个从不发达到欠发达,再到发达的过程。它们在开发经济的过程中也有成功和失败的经验,如果发展中国家加以研究,吸取其中有益的经验,无疑是有益的。

第四,发展中国家大多有着丰富的劳动力资源和物质资源,从它们在这方面各自的优势出发,可发展劳动密集型的产业,以增加就业机会,增强不依赖外国资本或技术的

那些产品的竞争能力。发展中国家在人口转变过程中,由于劳动力年龄人口所占的比例较大,在较为有利于市场经济制度的环境下,劳动力年龄人口能创造较好的经济效益,形成有利于经济发展的人口红利。(详见本书第九章)这样既可以解决失业问题,又可以为开发本国的经济积累资本。

第五,为引进资本和技术,已有一些发展中国家开设了经济开发区、产品加工区或引进技术试验基地等。这些办法可为其他发展中国家所仿效,开设各种形式的经济开发区,引进以出口为方向和技术先进的产业,既为本国的经济开发积累资本,又便于本国的经济开发吸收、消化和利用国外的先进技术。

第六,发展中国家可以争取和获得各种国际组织机构及发达国家的援助,以利于本国的经济开发。

在乐观学派看来,通过经济增长,富国可以越来越富,穷国也会逐渐富裕起来,提高其经济发展水平。康恩等人预计,"到了 2000 年,人类 1/4 的人口,可能会居住在逐渐出现的后工业社会,2/3 的人口,人均收入水平可能达到或超过 1 000 美元。到了 21 世纪末,几乎世界所有的社会的人均产值超过 2 000 美元,先后进入后工业社会"[①]。

二、经济增长的巨大潜力和动力

(一)能源、资源的潜力

悲观学派认为,人口爆炸、需求爆炸,加剧了能源和资源的消耗以及环境污染,因而经济增长的潜力正在减小。针对悲观学派把需求爆炸,即需求的巨大增长看成经济增长的阻力的论点,乐观学派持完全相反的观点,认为需求的增加,是刺激人们寻找、开发和利用新资源和新能源的动力。例如,西蒙在《最终的资源》一书中指出,需求的增加将推动人们去寻找新资源、新能源,去发明新的开采、加工、使用资源和能源的技术及工艺,发掘各种代用品。他认为,从长远来看,自然资源的供应可望是无限的。经济增长中资源、能源的潜力是无穷的。

在西蒙看来,在人类历史上,人们为探索、寻找新资源、新能源越过了一道又一道的界线,越走越远,从一个大陆走向另一个大陆。在哥伦布发现了美洲大陆时,对于以欧洲或亚洲为界线的人来说,界线被突破了,人们从原来在欧洲、亚洲大陆寻找资源、能源,扩展到美洲去寻找资源和能源,这样,世界的范围扩大了。

现在人们主要集中在陆地上探索资源和能源。海洋中还蕴藏着各种资源,其数量是非常巨大的,有待人类去开发。对于以陆地为界线的人来说,将来大规模开发和利用海洋资源,又是一种界线的突破。当今,人类主要集中开发和利用地球上的资源,太空中的其他星球也蕴藏着丰富的资源尚未去探索,对于以地球为界线的人来说,将来探索和开发太空中的月球、火星以及其他星球的资源,大规模利用太阳能,这又是一种界线的突破。

所以,从康恩、西蒙等乐观学派来看,资源和能源方面的问题,不是不足和即将耗

---

① 康恩等:《下一个 200 年》,芝加哥大学出版社,1977 年英文版,第 48 页。

尽的问题，而是还有许多界线尚未被突破，还有着无穷无尽的资源和能源有待人们去发现，去开发，去利用。乐观学派讽刺罗马俱乐部的悲观论者说，你们不知罐子有多大和罐内有多少豆子，就试图去说罐子里的豆子快吃完了，快耗尽了，也未免太无知了。

西蒙在《人口增长经济学》一书中，用历史的事例来反驳资源耗尽论，说明需求的增长会刺激、推动寻找、开发和利用资源，从而推动经济增长。他指出，最早使人们担心会耗尽的两种重要的自然资源是煤和木材。然而，煤和木材供应量增加的历史提供了有益的教益。先拿煤来说，19世纪伟大的社会学家、经济学家 W. S. 杰文斯在1865年出版的《煤炭问题》一书中预言：英国工业将因煤炭即将耗尽而很快要急刹车。"从工业主要动力来看，未来的资源供应已经没有理由指望有任何解救办法了。"[①]英国的经济有崩溃的危险。同时，早在1905年，美国当时的总统罗斯福就提出美国森林即将被毁坏，木材供应严重不足的"木材荒"是不可避免的。

然而，100多年过去了，英国没有发生"煤荒"，美国也没有发生"木材荒"。不但如此，英国有足够的煤炭供工业使用，美国有足够的木材供国内使用，而且还有木材、纸浆可供出口。西蒙认为，其原因在于：

> 由于看到了将来对煤的需要，又由于看到满足这种需要所带来的潜在利润，因此，勘探家们就找到了新的煤床，发明家提出把煤从地底下采掘出来的更先进的办法，同时，运输界则已发展了更为廉价的运煤工具。……这就表明，过去没有采掘足够的煤，而不是不公平地把将来的煤提前用掉了。[②]

> 木材严重不足这一预言的破产和从明显的日益迫近的'木材荒'到实际上木材过剩的这种转变并不是偶然的，而是对已察觉到的需求的回答。一个回答是树木当然是有意种植的，……更重要的是对木材枯竭威胁的有效回答，……这种最重要的回答是由重要的木材消耗工业部门，而不是森林所有者、管理者或木材生产者作出的。这个关键性的回答就是在木材科研方面增加投资，特别是在木材及其代用品的利用方面加强科学研究。[③]

康恩、西蒙等人正是利用这样的历史事例来说明，从任何意义上来说，资源和能源都不是有限的。社会需求的增加是巨大的动力，它能解决所谓的"资源短缺"，推动经济增长。

20世纪70年代初期，世界石油供应短缺，石油价格迅速上升，悲观学派以此为依据鼓吹石油危机、能源危机。就在那时，康恩等乐观学派认为，石油供应紧张状况不出5年，最多10年左右的时间就会过去，就可能从供应不足转变为供应有余，甚至出现过剩。石油价格暴涨是短期现象，不出5年或10年必然要下跌，其总趋势是围绕着下跌倾斜线波动。这是1975年康恩等人作的预言。现在40年已经过去了，康恩等人有幸言中，近几年来，世界石油生产有了很大发展，产量猛增，石油价格明显下降，石油输出国组织一再为限制石油开采量以维持较高油价而努力。

---

① J. L. 西蒙：《人口增长经济学》，北京大学出版社，1984年版，第107页。此处所叙，均可参阅该书第107—110页。
② 同上书，第107页。
③ 同上书，第109页。

当然，乐观学派并不主张可以任意地浪费能源和资源，相反，他们认为，今后人类应该积极地发展新技术，尽可能降低资源和能源的耗费，努力开发本质上不灭的能源或可再生的能源，用新资源和新能源作为替代品，不断改善能源和资源的供给。他们预言，到 2050 年，总能源供给量的大部分来自太阳能、地热能、核裂变、核聚变等永久性能源。

就不可再生的资源和能源而言，乐观学派也并不认为会很快耗尽和枯竭。他们经过认真研究之后指出，石油、天然气、煤炭、油母页岩和焦油等五大石化燃料的现有蕴藏量，就可满足今后 100 年内世界能源的总需求。另外，从潜在的能源储量来看，可供今后 200 年内的能源需求。

综上所述，悲观学派有关经济增长中的资源和能源问题有三个主要论点：世界资源不足论、人类未来的生活水平不可避免地要大幅度下降论、现在耗费资源和能源就是"掠夺"子孙后代的财富论等。针对这三论，乐观学派逐条逐项地加以了反驳。

乐观学派认为，之所以会提出上述三论，其关键在于悲观学派把世界上的资源和能源看成是固定不变的。他们指出，把世界上的资源和能源看成是固定的，虽然能打动一部分人的心，却完全把人引入歧途。世界上的资源和能源只存在分布不均衡或某一两种资源不足的问题，不存在或者也不会出现重要资源在总体上严重短缺和即将耗尽、枯竭的问题。至于现在使用资源和能源就会减少供子孙后代可能拥有的财富的论点，康恩、西蒙等人指出，对未来几代所拥有的资源和能源的分析与对现在一代的分析是一样的，将来经济上、技术上越发展，供未来人类所需的资源和能源也越多。[①]

西蒙指出，人类世代交替的特点总是上一代人为下一代人造福，而明显地损害下一代的事例是不多见的。现在的一代增加消费会刺激生产、发展科学技术和提高劳动生产率，这样既提高了本代人的生活水平，又造福于后代。因为通过致力于改善人的生活，每一代人将一个生产力更高的世界移交给下一代。现在的情况正是如此，正通过积累资本，通过增加有用的知识，通过这一代人更加健康和受到更好的教育，通过改善经济状况来实现这一目标，因而可以预期，子孙后代将更加富裕。所以，悲观学派要人类现在限制使用资源，无异于要穷人向富人施舍。西蒙说："既然我们能够指望将来各代比我们更富裕，那么，不管我们实际上如何对待资源，为后代节省资源，就好像要穷人给富人送礼一样。"[②]

（二）粮食生产的潜力

悲观学派认为，随着人口的增长，粮食的消耗量按指数增长，因而粮食生产不久将达到极限，土地的潜力即将耗尽，世界将陷入以粮食不足为中心的农业危机之中。乐观学派认为，粮食生产无疑是经济增长和人口增长中的一个至关重要的问题。除了个别年份或个别地区遭受自然灾害、政府的农业政策失误或资源配置不当而发生农业危机之外，粮食供应的总趋势是正在好转。康恩等人指出，世界各国"如果决心进行增产的话，

[①] 康恩等：《下一个 200 年》，芝加哥大学出版社，1977 年英文版，第 85 页。

[②] J. L. Simon, *The Economics of Population: Classic Writings* (Harvard University Press, 1977), p. 121。西蒙有关资源与后代的分析可参阅该书第 120—121 页。

在今后的 200 年里，还可以使全世界粮食消耗量提高到目前美国的水平（每年人均消耗粮食 2 000 磅）"①。

西蒙从历史发展角度来分析，指出近两个世纪以来，人均粮食占有量已经逐渐提高。世界上受饥饿威胁的人数有所下降。如 19 世纪的最后 25 年里，世界上至少有 2000 万居民死于饥荒。虽然 20 世纪第三个 25 年里有不少人死于饥饿，但饿死的人数不到前 75 年（1875—1950 年）的 1/10。世界人口和粮食、发展中国家的人口和粮食的变动趋势见图 12-1。

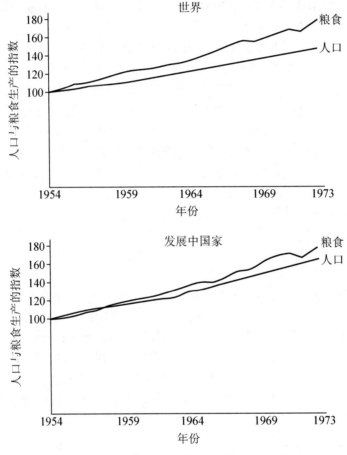

图 12-1　世界、发展中国家人口和粮食的变化趋势

资料来源：西蒙，《人口增长经济学》，北京大学出版社，1984 年版，第 118 页。

乐观学派认为，粮食生产的潜力还是很大的，刺激粮食生产增长的动力是对粮食消费需求的增加。他们的分析是：随着人口的增长和经济的发展，对粮食的需求量必然大大增加。粮食需求增加刺激农场主、农民看到增加投资和劳动投入量会带来更多的利润，因而千方百计地增加农业投资和农业劳动的投入量。当社会看到经营农业和粮食生产有

---

① 康恩等：《下一个 200 年》，芝加哥大学出版社，1977 年英文版，第 107 页。

利可图，社会上将有更多的资本投向农业和粮食生产。粮食需求的增加，引起粮食价格上涨，导致食品加工品（植物食品和动物食品）价格上涨，从而刺激畜牧业和食品加工业的发展，从而生产出更多的动、植物食品和各种粮食代用品。粮食需求的增加，还会刺激水产养殖业和捕捞业的发展，发展内河和海洋养殖业，捕捞更多的鱼、虾，从而使人类获得更多的蛋白质。

对未来粮食生产的潜力和前景，康恩等人提出了三种不同的粮食生产对策：

第一，用传统方法和技术生产传统粮食。这是在今后一二百年人类经常采用的农业生产对策。然而，传统农业生产技术和方法将逐渐地为效率更高的技术和方法所代替，所以，可以预计，在200年之后，传统的农业生产技术和方法将不占主导地位。

第二，用非传统方法生产传统粮食。在今后几十年到一百年的时间里，随着生物科学和其他科学技术的发展，将可能出现各种各样的非传统的农业生产技术和方法，用这种技术和方法生产传统的粮食和蛋白质。这些非传统的农业技术如营养膜栽培法以及运用生物工程、遗传工程来改良谷物和动物的品种，能够增加产量和提高蛋白质含量。

第三，用非传统方法生产非传统的粮食。随着科学技术的发展，人类将有可能运用先进技术、工艺，采用工厂生产方法，从木材、树叶、纤维素以及部分城乡废物中提取或者合成各种类型的蛋白质和营养物。这些蛋白质和营养物并非现在的小麦和大米之类的粮食，因而称为非传统粮食。康恩等人预言，用工厂法生产非传统粮食可以满足未来人类的基本需要。同时，用工厂法生产非传统粮食，其成本大大低于传统粮食的生产成本，所以，其利润是相当可观的，对于厂商具有巨大的潜在吸引力。

与粮食有关的是土地问题。在乐观学派看来，土地和其他自然资源一样，都离不开人类创造的进程。悲观学派担心由于人口增长、城市扩大、交通发达以及到处增设娱乐场所等都可能导致耕地面积的减少，从而影响粮食生产。然而西蒙等人认为，任何一块土地，只有经过人类的劳动，才能成为耕地。人们通过开拓或垦荒，甚至通过围海造田来增加耕地。例如，荷兰的大部分国土就是通过围海筑堤而形成的。所以，他们指出："由于我们的知识、机械和新动力的发展，我们创造新土地的潜力已经增加。将来，创造新土地的潜力会更大，因为我们能够移山填海，因为我们学会了改良土壤的新技术，还因为我们学会了怎样治理盐碱地并把淡水引去浇灌干旱贫瘠的土地。"[①]

总之，乐观学派认为，未来世界的粮食供应问题是可望得到解决的。供给世界人口充分粮食的方法有许多种，资源的存量和技术的进步将可证实传统的和非传统的农业的潜力是巨大的。因此，康恩等人指出："世界粮食问题在100年之后，必然会比现在的状况更为改善；在200年之后，则可能达到现今美国的水平，或者甚至达到更好的水平，这并不是一件不可思议的事情。……如果到了2176年来回顾历史，那么，20世纪的今天，人们对粮食问题的不安只能视为达到成功之前的暂时挫折而已，基本可以认为是一种杞人忧天的心理状态。"[②]

[①] 西蒙：《人口增长经济学》，北京大学出版社，1984年版，第111页。
[②] 康恩等：《下一个200年》，芝加哥大学出版社，1977年英文版，第111—112页。

三、科学技术进步对经济增长的作用

罗马俱乐部的发起人佩西认为,科学技术的发展给人类带来了困境。尽管科学技术能够延缓资源危机、能源危机、粮食危机和环境污染发生的时间,但是,对于未来世界行将发生的崩溃却起不了多大的作用。

然而,乐观学派认为悲观论者低估了科学技术进步对经济增长的巨大作用和科学技术进步的速度。他们指出,今天是知识和信息爆炸(激增)的时代,科学技术进步飞速,它对经济增长所起的作用日渐加大。他们认为,科学技术具有神奇般的力量去克服人类面临的种种困境和解决经济增长中的难题。

所谓科学技术进步,是指科学技术的新进展和经营管理方法的改进。例如,提出了新的科学假说和新的理论,建立了新学科,发明了新技术,设计出了高效率的新机器、新设备,改进了劳动组织,创立了新的管理理论和管理方法,等等。在社会再生产过程中,科学技术进步的作用在于使原有的任何一种生产要素的组合生产出更高的产量,或者质量更高的产品;同时在使用比从前更少的生产要素生产和从前同样多或更多更好的产品。简单地说,技术进步的作用在于用较少的投入获得较多的产出,这就是提高劳动的边际生产力和资本的边际生产力。在社会再生产过程中,直接对经济增长作出贡献的是技术进步。西方人口经济学又具体地分析经济增长中技术进步的作用。

技术进步可以分为:(1)节约资本(capital-saving)型的技术进步,即降低资本边际生产力对劳动边际生产力的比率的技术进步。这也就是说,在投入的劳动量保持不变时,节约或减少物质资本投入量,能获得更多的产品。(2)节省劳动(labour-saving)型的技术进步,即提高资本边际生产力对劳动边际生产力的比率的技术进步。这也就是说,在投入资本不变时,减少劳动投入能获得更多的产品。(3)中性型的技术进步,是指使资本边际生产力对劳动边际生产力的比率保持不变的技术进步,这也就是说,这种技术进步既提高了劳动的边际生产力,同时又以同等程度提高了资本的边际生产力,从而获得更多的产出量。

上述三种类型的技术进步,特别是节约资本型的技术进步,在经济增长的过程中,都可以或多或少地减少能源和资源的耗费,增加产量,提高产品质量。重大的科学技术进步,如新的能源科学和能源使用技术、新的材料科学和材料使用技术、新的勘探技术等对解决资源危机、能源危机将起重要作用;生物工程、遗传工程,对解决未来的粮食危机也将起到至关重要的作用。

不但如此,西蒙等人认为,科学技术进步是解决环境污染和防止污染的重要手段。他指出,在考察环境污染的程度时首先要选择一个计量标准来测量,而最可能作为计量的标准是人的寿命。"几个世纪以来,新生婴儿的预期寿命已经大大延长,并且在许多发展中国家也迅速延长。因此,影响健康的'污染'(指广义的污染)总量已经减少。"[①]

然而,目前发达国家和许多发展中国家存在着环境被污染的问题是众所周知的,对此,乐观学派也是承认的。他们认为,在目前世界上已经没有技术所不能解决的污染问

---

① 西蒙:《人口增长经济学》,北京大学出版社,1984年版,第124页。

题。这说明，技术进步可以解决各种各样的污染。例如英国的泰晤士河虽然在20世纪60年代之前，已有一个多世纪的时间没有鱼，几乎成了臭水河。从60年代初期人们开始治理这条被严重污染的河流，消除了河里最脏的漂浮物和污泥水，换上了清水。到了1968年有大约40种鱼回到了这条河里。

又如伦敦，过去是有名的雾都。浓雾（包括各种废气烟雾），长期以来作为一种在伦敦人心目中既有浪漫色彩又往往令人厌恶的杀人烟雾，经过先进技术的治理，也渐渐一去不复返了。伦敦人呼吸到一个世纪以来从未有过的新鲜空气，同时，光线的可见度也已提高。在1970年冬的白天，伦敦的光线可见度是人的眼睛可以看4英里之内的东西，相比之下，1958年只看到1.4英里范围内的东西。此外，由于驱散了烟雾，空气清洁度好转，伦敦出现的过去长期见不到的鸟类达138种之多。

同时乐观学派认为，根治污染要有足够的经济力量和技术力量，这些要靠经济增长和科学技术去解决。然而，西蒙指出，根治污染还取决于社会意志和政治力量。他说："与市场生产和交换的商品不同，产生污染物的数量和消除污染的价格，都不是由公众的需求（既不是靠公民投票又不是靠美元表决）来自动控制的。同时，还有妨碍采取补救行为的强大的私人利益。所以，改造污染的成就，在很大程度上取决于社会意志和政治进程。"[①]

第三节　发达国家人口增长对经济增长的影响

一、引言

人口问题，也是乐观学派与悲观学派之间激烈论争的主要问题之一。罗马俱乐部的发起人佩西认为，"人类困境"的第一个表现就是人口爆炸。他把第二次世界大战之后人口的急剧增长称为癌症转移。梅多斯等人则从理论上提出了人口按指数增加，人口的迅速增长是不易控制的怪物，加速了"世界末日"的到来，因而主张停止增长。

针对悲观学派的上述观点，乐观学派提出了不同的看法。康恩、西蒙等人认为，人口不是一直按指数增长，世界人口增长率时高时低，在达到一定高度之后又会逐渐下降。康恩等人指出，从公元前8000年到公元8000年达16 000年的长期人口增长来看，当代世界人口增长率，会从一条大致平坦的曲线，一跃而达到顶峰，然后下降，再恢复到原来的平缓曲线，好似雷达屏幕上所显现的脉冲曲线。所以，康恩等人说："如果认为未来的人口增长，将按指数般地持续下去则是一种妄想，因为这种预言只不过是在不了解真正原因的情况下，把人类某种特殊的经验，推延到无限未来的一种外推法而已。"[②]他们认为，世界人口增长现在已逐步趋向能控制的状态。

康恩等人根据人口转变论进行分析，指出随着世界经济的发展，人口增长的总趋势是增长速度逐渐减慢。他们分析了发达国家人口转变的历史，说明了完成人口转变所需

[①] 西蒙：《人口增长经济学》，北京大学出版社，1984年版，第127页。
[②] 康恩等：《下一个200年》，芝加哥大学出版社，1977年英文版，第30页。

要的时间。所谓人口转变是指人口从高出生率、高死亡率、低自然增长率转变到高出生率、低死亡率、高自然增长率，再转变到低出生率、低死亡率、低自然增长率。他们估算，西欧和北美完成人口转变所用的时间约为 150 年（1775—1925 年）；前苏联完成人口转变的时间约为 40 年（1910—1950 年）；日本大约只用了 25 年（1935—1960 年）就完成了同样的转变。[①]根据发达国家人口转变的历史，可以预计到发展中国家也或迟或早地要发生同样的转变。康恩、西蒙等人认为，已有一些发展中国家的人口开始进入人口转变的过程。

西蒙对人口增长对经济增长的影响作了详尽的考察，分别阐述了发达国家和发展中国家人口变动的经济效应。本节着重说明发达国家人口增长的经济效应。

二、人口增长对储蓄的影响

西方人口经济学认为，在分析人口对经济的影响时，资本是分析的关键因素。这也就是说，要考察人口增长对资本存量产生什么影响，是增加资本存量还是减少资本存量。然而，资本存量的增减在很大程度上取决于储蓄量和投资量。在西方经济学分析中又假定储蓄等于投资，所以，有必要考察人口增长对储蓄的影响。

对于发达国家人口增加对储蓄的影响，西蒙是从家庭规模扩大以及孩子增加对家庭储蓄和工商企业的影响来分析的。虽然各个家庭所处的社会阶层不同，孩子和父母所处的生命周期不同，孩子的增加对家庭储蓄产生不同的影响，但是，西蒙总的认为，孩子的增加，家庭规模的扩大，有助于家庭储蓄的增加。从每个人的生命周期来说，准备组成家庭和青年夫妇准备要孩子，大多趋向于增加储蓄，因为在人的一生中，总是储蓄在先，动用储蓄、花费储蓄在后。

在发达国家，由于对劳动力质量要求提高了，所以，对家庭储蓄有了新的需求。西蒙指出："当代中产阶级家庭强烈感到有必要为孩子们受到高等教育而储蓄，子女的增加可能因此而使储蓄增多。况且，增加的孩子并未被认为像现代化实现之前那样，减少父母对退休储蓄的需要。这就是两条充足的理由，说明储蓄和家庭规模的关系，在现代化的富裕经济中，比在贫困情况下，更有积极意义。"[②]这就是说，为了使子女受到较高的教育，家庭有必要增加人口投资，特别是教育投资，因而家庭有可能增加储蓄以应这种投资之需。

从工商业企业来说，西蒙认为，由于看到人口增加而引起的消费需求的增加，预计未来工人的增加及其消费的增加而引起总销售量的增多，致使预期的投资收益有所增加，并因而得以完成一些投资计划。所以，人口增加，有利于工商企业储蓄率上升。西蒙指出："假设其余情况均相同，人口增加越快，工商企业储蓄率就越高。于是，假如企业投资是私人投资中的主要因素，那么，人口增长对私人储蓄和投资的全面影响，则很可能是积极的。"[③]

---

① 康恩等：《下一个 200 年》，芝加哥大学出版社，1977 年英文版，第 33—34 页。
② 西蒙：《人口增长经济学》，北京大学出版社，1984 年版，第 69 页。
③ 同上书，第 66 页。

三、孩子增加对父母劳动供给的影响

在西方人口经济学看来，社会再生产过程中，产量增加在很大程度上取决于资本投入量的增加和劳动投入量的增加。所以，有必要分析人口增加对投入劳动量的影响。从宏观来说，人口增加使劳动力人口增加，因而有可能增加劳动的投入量。这种劳动投入量增加的程度取决于资本对劳动的需求。西蒙着重从微观进行考察，分析孩子增加对父母劳动量的影响。

西蒙分析孩子出生后一直到12岁，对父母的劳动都有影响，主要是在孩子出生之后的几年内，母亲投入市场劳动的时间将明显地减少。假定把孩子12岁作为其母亲参加市场劳动不受影响的年龄，又假定每个育龄妇女多生一胎，就有2年不工作，又以全部就业妇女中2/3的人做全日工作，这样，每增加一个孩子，每个妇女每年损失0.45个工作年。[①]这说明，一个家庭新增加一个孩子，对其母亲的劳动供给有负效应。

然而，一个家庭新增加一个孩子，对其父亲的劳动供给有正效应。孩子的增加使父亲供给市场劳动的时间增多。西蒙对美国1960年1/1 000的人口普查资料作的回归计算表明：假设男人的种族、年龄、受教育程度和职业保持不变，对于白种人来说，多生一个孩子，等于每星期多工作约0.2小时。假定新增孩子出生后，按每星期44小时，工作25年计算，结果是：为了每个孩子要多工作 $0.2/44 \times 25 \approx 0.10$ 年。

在调查分析中发现，24—44岁的男人在有婴幼儿期间，兼职率较高。据美国《每月劳动评论》发表的资料表明，18岁以下的孩子数目与家长兼职率之间有着密切联系（见表12-1）。

表12-1　18岁以下孩子数目与家长兼职率的关系

孩子的数目	兼两个或更多职业的百分比（%）
没有18岁以下的孩子	6.0
1个孩子在18岁以下	7.8
2个孩子在18岁以下	8.9
3个或4个孩子在18岁以下	10.5
5个孩子在18岁以下	11.3

对这些数据的粗略估算表明：多生一胎，则孩子的父亲每年增加1%的兼职工作量，或者平均每周增加2/5小时的工作量。[②]

总之，西蒙分析的结果是，每多生一胎，母亲损失劳动总共为0.45年，父亲增加劳动0.10年，两者相差为0.35个工作年。又由于男性劳动力市场价值大于女性，女性抚育子女损失劳动时间往往在男性增加劳动投入量之前，经过模拟计算的结果表明，在美国，"估计每个父亲为每个新增加的孩子多提供0.25%的劳动，或者说0.0025个劳动者，

---

① 估算方法是孩子在6岁以下的妇女每周工作五六个小时，而没有18岁以下的孩子的妇女每周平均工作15.5小时。这样，两年中，每星期共损失10小时，$2 \times (10/44) \approx 0.45$ 年。

② 西蒙：《人口增长经济学》，北京大学出版社，1984年版，第70—77页。

因而,在孩子出生后的25年中,每年增加那样大小(0.10年)工作量"①。

四、人口增长对规模经济和技术进步的影响

西蒙在分析人口增长对规模经济的影响时认为,人口太少,不利于发达国家发挥规模经济的效应,相反,人口较多,规模经济的效应才得到发挥。他利用了丹尼森对美国经济增长因素的分析。丹尼森认为,在1950—1962年间,美国从规模经济获得的年度利润为0.36%,北欧国家的年度利润有0.93%来自规模经济。北欧规模经济效应较大的原因在于上述期间消费增长大多是收入弹性大的耐用消费品的增长。

从规模经济与人口变动之间的关系来看,在1950—1962年间,欧洲人口每年增长率约为1%,美国为1.5%。特别是与经济增长关系更为密切的劳动力人口的增长率,欧洲为0.9%,美国为1.1%。当然,产生规模经济效应的规模变化是指经济规模,在人口不变的条件下,这种效应同样会产生。对于人口,主要是劳动力人口的增长而产生的规模经济而言,可以通过劳动力数量增长在经济总增长的比例来分析。丹尼森估计,劳动力人数增加占观察到的经济规模总增长的比例,美国为33%,西北欧洲为18%。这说明在效率提高的条件下,人口(劳动力)每增长1%,可望导致美国经济持续增长0.1%,西北欧经济增长0.18%。这就是说,人口规模的经济弹性在美国为0.1,西北欧为0.18。

当然,西蒙也并不否认人口稠密造成的不经济。但是,这种不经济对于国民生产总值的增长却没有多大的负效应。相反,他认为劳动力增长较快,使投资者有足够的劳动力可供雇用,从而有利可图,形成一种有助于利润上升的规模经济。

人口增长对技术进步的影响,如同对规模经济的影响一样是有利的。这里关键涉及西蒙对资源的看法。在西蒙看来,关键性的资源是人类的创造力。人类的知识和技术是具有决定性的资源,只有知识和技术可以限制按适当或较低价格享有无限的能源、资源的能力。正是从这样的观点出发,即从人类的智力、知识和创造力是最基本的资源的观点出发,认为在人口众多的地方和国家,科学发明也多,外来技术、知识的传播和开发也比较快,因而,"假设其余情况均相同,则较多的劳动力总会使发达世界的技术进步更快"②。

为了说明这个论点,西蒙以苏联和瑞典为例来加以说明:一个人口较多的国家更有可能筹集足够的税收和人力,来从事巨大的创造知识的工程,比如太空旅行。瑞典的人均收入比前苏联高,但是,前苏联如果只有瑞典那么大,就或许不能向月球发射飞船。

西蒙从上述例子中得结论:"对国家大小和科学产出之间关系的研究表明:在人均收入不变的情况下,科学产出量与国家大小成正比,就是说,假设其余情况均相同,劳动力加倍则意味着科学产出率加倍。"③对此,他又作出解释说:"当然,人们不能从这一证据引申说,如果整个发达国家的人数增加一倍,那么,科学产出必定增加一倍。如果对知识不存在民族的、文化的或空间的(地区)障碍,则人们可望发现科学产出与各地劳动力成正比。"④

---

① 西蒙:《人口增长经济学》,北京大学出版社,1984年版,第77页。
② 同上,第91页。
③④ 同上,第93页。

人口较多的地方，外来技术发展较快，其原因是由于人多产生的需求增加。究其理由，其一，发达国家人们受教育程度普遍高一些，有了较高的文化水平，就较为容易接受新的外来的技术。其二，人员能够较为自由地从一地流动到另一地，随着人员的流动，知识的流动也较多。这样，发达国家的人们为了生存和提高生活质量，竞争激烈。人们指望在激烈的竞争中取胜，对科学技术的需求也较多，加上人口众多，对科学技术的需求也就多。

当然，西蒙承认人口增长对每个孩子的平均教育经费有负作用。也就是说，生育率上升，家里孩子人数增多，在家庭收入一定的条件下，每个孩子所分得的教育费用减少，这样会降低孩子受教育的程度。表 12-2 用回归方法分析教育经费与出生率或抚养系数之间的函数关系，说明粗出生率、生育率对每个孩子的平均教育费用、中学入学率有很大的负作用，虽然对大学的入学率并无影响。

表 12-2 发达国家人口增长对教育的影响

抚养变量	用粗出生率回归		用抚养率回归		国家数目
	根据对数回归的弹性	根据线性回归的弹性	根据对数回归的弹性	根据线性回归的弹性	
小学生	−0.01	−0.007	−0.07	−0.07	19
中学生	−0.67（注1）	−0.57	−0.82（注2）	−0.72	20
大学生	0.28	0.20	0.82（注1）	0.67	20
每个孩子上学费用（美元）	−0.45	−0.32	−0.26	0.05	20

说明：在一些发达国家的样本中，把教育经费的弹性和标准回归系数作为粗出生率回归的因变量，把人均收入、中等教育、寿命的抚养负担作为自变量。

注1：有效数字到 10%。

注2：有效数字到 5%。

资料来源：皮拉斯基，西蒙，《人口增长对每个孩子教育数量的影响》，1975 年版。

五、人口增长对国民生产总值和国民收入的影响

西蒙依据柯布-道格拉斯生产函数来分析人口增长对国民生产总值和国民收入的影响。其生产函数为：

$$Y_t = A_t K_t^\alpha L_t^\beta \tag{12-1}$$

式中，Y_t 表示 t 年的总产出或国民收入；

A_t 表示 t 年的生产率；

K_t 表示 t 年的资本存量；

L_t 表示 t 年的适龄劳动力人口总数；

α 表示生产函数的资本阶，其值为 0.33；

β 表示生产函数的劳动阶，其值为 0.67。

由公式（12-1）可作出人口和经济增长模型（见图12-2）。这个模型说明，t年的总产出或国民收入受生产率、资本存量和劳动力人数的影响。同时，人口增长又对增加资本存量和劳动力人数有正效应；劳动力质量的提高、资本存量的增加都有助于生产率的提高，从而对未来的总产出或国民收入有正效应。

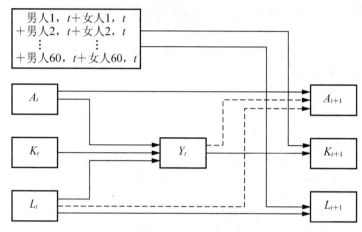

图12-2　人口和经济增长模型

资料来源：J. L. Simom, *The Ultimate Resource* (Harvard University Press, 1981), p. 265。

西蒙运用模型进行运算的结果表明，在短期内，人口增长对于生活水平有明显的负效应。在短期，从一个刚组成不久的家庭来说，新增的孩子只消费而不能生产，在收入一定时，新增加孩子意味着降低每个人平均消费的粮食和受教育的程度；或者为了使新增加的孩子不引起家庭人均消费水平和受教育程度的下降，做父母的就必须加倍努力，增加投入市场的劳动量，以图获得更多的收入。在抚养孩子阶段，孩子的抚养可以看做一种投资，这种投资对生活水平的影响是消极的，或者说有负效应。这种负效应是在孩子进入劳动市场之前的短期出现的。

从长期来考察，西蒙认为，人口增长对生活水平有正效应。当孩子成长为劳动力、进入劳动市场之后，增加劳动投入，将获得更多的产出。人的一生中，这种劳动投入的正效应要大于其孩儿时和老年时的负效应，因此，人口增长对总产出或国民收入有正效应。

西蒙在分析人口增长对经济增长的作用时，使用每个劳动者（工人）的产出量来代替人均收入。他认为，用每个工人的产出量和人均收入这两种计量尺度，从长远来看，其结果是相同的。在短期内，人口增加，劳动力人口数并没有增加，所以，即使每个工人的产出量保持不变，也必然会引起人均收入和人均消费量的下降。从长期来看，每个工人产出量的增加，最后会引起人均收入的提高，由于对经济增长起作用的是劳动力人口，而不是总人口，所以，用每个工人的产出量来代替人均收入。

根据上述模型，西蒙对人口增长率分别为0%、1%、1.5%、2%等各种不同人口结构对每个工人产出量的效应进行运算，同时结合生产率变化的速度来推算。当生产率增长率为1.010%时，在0—40年内，零值人口增长率的人口结构所获得的每个工人的产出量指数最高；50—80年内，人口增长率为1.5%或2%的人口结构的每个工人的平均产出量指数最高。当生产率增长率为1.020%时，在0—20年内，零值人口增长率的人口结构所获得的每个工人的产出量指数最高；在 30—80 年内，人口增长率为 1.5%或 2%的人口结构的每个工人的平均产出量指数最高。西蒙从计算机的运算结果推论，人口增长速度较慢，在短期可以获得较高的每个工人的产出量，但是，在长期内，人口增长率较高，则可获得较高的每个工人的产出量。在分析出现这种现象的原因时，西蒙指出：

> 人口较多之所以产生较高的每个工人的平均收入（产出量），其主要原因当然是推动生产率系数 A 的变化，随着劳动力的人数或随着总产量而变化的这种因素。……生产率增长的基本速度愈高，则人口增长较快情况下的最终优越性必然相对愈大。①

西蒙认为，从长期来说，人口增长率较高，每个工人的平均产量也较多，因而储蓄率也较高，究其原因是发达国家人口增长所引起的知识和规模经济的增长。由于知识和技术的增长，劳动力人口质量提高，对生产率的提高起到了重要的作用，其结果是带来了产出量的增加和经济的增长。西蒙的这种分析可用图 12-3 来加以说明。在长达 200 年的时期内，西蒙认为人口增长率较高，储蓄率也较高。

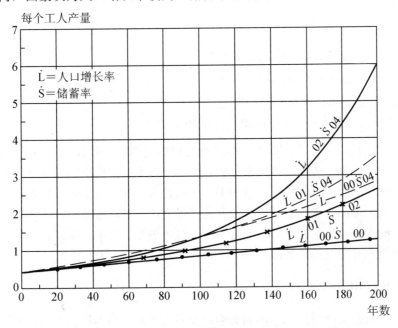

图 12-3　各种人口增长率情况下的每个工人的产出量

资料来源：J. L. Simom, *The Ultimate Resource* (Harvard University Press, 1981), p. 259。

第四节　发展中国家人口增长对经济发展的影响

关于发展中国家人口增长对经济发展的影响，传统的西方人口经济理论认为，人口增长对于发展中国家是不利的。因为人口增多，孩子多的家庭储蓄格外困难，收入难以

---

① 西蒙：《人口增长经济学》，北京大学出版社，1984 年版，第 155 页。

增加，分摊在每个人身上的消费支出减少；由于人口增加，社会也不得不把本来可以投入工农业生产的资本转而用于抚养更多的人口，即减少用于生产的资本，增加用于消费的支出，这对于发展中国家的经济发展是十分不利的。

西蒙等乐观学派对此持不同的看法，他们认为传统人口经济理论的上述观点是先验的推理。西蒙认为，虽然在短期，较慢的人口增长的经济效应较好，但是，从长远来看，适度的人口增长所产生的经济效应要比缓慢的人口增长好得多。

一、基本模型分析

西蒙认为，发展中国家以农业为主体，因此，分析人口增长对经济发展的影响，应集中分析人口增长对农业生产发展的影响。他依据柯布-道格拉斯生产函数，提出分析的基本模型：

$$Q_{F,t}=f(M_{F,t},K_{F,t},J_t,A_{F,t}) \qquad (12\text{-}2)$$

式中，Q_F 表示 t 年的农业产量；

F 表示农业；

$M_{F,t}$ 表示 t 年从事农业劳动的人时数；

$K_{F,t}$ 表示包括土地在内的物质资本；

J_t 表示社会资本，即基础结构加规模经济；

$A_{F,t}$ 表示 t 年内用于农业的技术知识和生产率。

从这个公式可以看出，农业生产的产量受物质资本、人时数（劳动投入量）、社会资本和生产率的影响。从农业部门来分析，在生产技术水平低下的条件下，农业产量主要受投入劳动量的影响，劳动投入量增多，一般说来，则产量增加。如果假设社会只有农业和工业两个部门，农业生产运用工业提供的生产工具，这时的农业产量不仅受投入劳动量多少的影响，还受生产工具改进和生产技术进步的影响。所以，有必要分析技术发明和创新对农业生产的影响。

二、发明拉力和人口推力

如果考察农业生产受技术进步的影响，西蒙用"发明拉力"和"人口推力"假说来进行分析。

（一）发明拉力假说

发明拉力是指不依赖于人口的增加，技术发明或创新独立地牵引着（拉动着）生产的上升、经济的发展。技术发明或创新提高了生产能力和生产效率，使公式（12-2）中的 A_F 起变化。A_F 的变化，用于农业的技术知识增加，生产效率更高，则能生产出更多的产量，为养活更多的人口提供生活资料。在西蒙看来，发明或创新对农业生产起着带动作用。一般来说，大多是在以既定技术为基础，发明新技术，节省劳动投入量，可以获得和从前一样多的或者更多的产出量。西蒙把这种解释称为发明拉力假说（invention-pull hypothesis）他指出：

任何一种发明都为农民增加了可供选择的机会。但发明有两种：（1）与现在所用的技术相比，这种发明可以用较少的劳动在同样数量的土地上生产出更多的产品。……（2）虽然这种发明用同样的劳动在同样数量的土地上生产的产量并不比现在所用技术多，但是在一个人口密度较高的国家必须提高生产率的时候，则这种发明将比把现有技术用于有限劳动力和土地上所提供的产量更多（例如在增产潜力很大的那些地方实行农业技术的转变将使收获量倍增）。①

如果有一种发明无须追加资本，并用较少劳动生产和以前同样多的产品，其结果便是按劳动投入量计算的产品成本较低，这样，采用这种发明对农民有利可图。所以，立即采用这种发明，对经济发展可起到引导作用，因而将会有更多的农民采用这种发明。另外，还有一些发明是在人口和对粮食的需求都已增加之后，采用过去（旧技术）投入的等量劳动才能增加产品。这些发明只有等到人口已经增加到非采用不可的地步才被采用，才能促使生产能力提高，生产更多的产品。西蒙分析了发明和人口变动之间的关系时指出，从一次发明开始，可以牵引出粮食增产，粮食供给状况改善，从而引导到死亡率的下降，再到一次人口的增加，这一过程一直持续到新到的粮食紧张为止。然后，又有新的发明出现，上述循环会反复出现，形成发明拉力过程（详见图 12-4）。

图 12-4　发明拉力过程

发明拉力假说认为，发明可能提高土地的"供养能力"。当土地的数量不变时，采用某一发明之后，或者节省劳动，或者投入（和从前）同样多的劳动，可以获得较多的产量，从而可以供养更多的人口。这种假说假定，发明一经提出便将"立即"开始采用，不管人口是接近还是远离那个必须停止继续增长的仅能维持人们生存的水平。这里把采用和传播新技术的时滞略去不计。另外还有一种类型的发明，仅仅节省劳动，不增加产量，不能为更多人提供粮食，仅给予更多的闲暇时间。由于发明拉力假说所要阐明的技术发明和创新不是以人口增长快慢为前提的，而是"节省劳动"，有利于人口减少，投入劳动减少而获得同样多的或更多的产量。西蒙又把发明拉力假说称为"马尔萨斯主义发明拉力假说"或"马尔萨斯主义者的发明拉力假说"。

（二）人口推力假说

人口推力是指人口为经济增长和经济发展提供劳动力，只有劳动力人口增加，才能促使或推动生产技术发生变化，提出新的技术发明或创新。西蒙所讲的人口推力有以下几层意思：其一，提出技术发明或创新的是人，没有人，没有具有一定知识和生产经验的劳动力人口，任何技术发明或创新是不可能出现的。其二，增加生产的发明虽然可以不依赖于以前的人口增长率的大小而独立发生，但是，"新"知识、新技术的采用和推广还是取决于人口增长。没有一定的人口做基础，再好的新技术也是难以采用和推广的。

---

① 西蒙：《人口增长经济学》，北京大学出版社，1984 年版，第 197—198 页。

人口增长对新技术的采用和推广起到了推动作用。其三，外来技术知识的采用和传播，也取决于人口增长。西蒙认为，发达国家的科学技术早已发展起来，发展中国家要把这些早已发明的技术运用于生产之中，在生产过程中要有一定知识存量的劳动力，才能使得这些技术得以实施。

西蒙具体分析了两种人口推力机制。第一种机制是由于家庭数量增加以致每个家庭可用土地的减少。其结果是有一定数量劳动力的家庭的平均产量减少，从而迫使他们觉察到必须改变方法，以较多的劳动投入获得较多的产量。第二种机制是指典型家庭规模扩大，假定土地的大小相同，如果一个家庭有6个而不是4个消费者，则设想期望产量上升是合乎情理的。所以，家庭总是感觉到需要改用新方法，以较少的追加劳动，得到数量更多的产量。

然而，人口推力假说（population-push hypothesis）认为，在人口膨胀的过程中，农业技术不断发生变革，使投入农业的劳动量增多，从而能生产出更多的农产品，以满足新增人口的需求。这样就形成了一个人口推力过程（详见图12-5）。

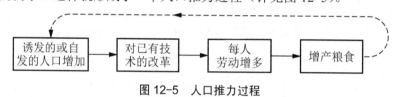

图 12-5 人口推力过程

西蒙指出，假定一个部落从采集狩猎转变为畜牧业，驯养牲畜，再转变到实行刀耕火种的农业时代，已有800人。但由于劳动日时间短，刀耕火种农业生产的粮食不足以满足需求，他们必须加倍努力劳动，生产更多的粮食。在这个过程中，人口不断增加，比如在800平方公里的范围内达到6 000人。这时由于人口增多，刀耕火种的生产方法生产的粮食远远不能满足6 000人的需求。于是这个部落则又要采用新的技术，进行农业生产技术改革，出现新的农业转变。西蒙说："从一种农业类型向另一种类型的连续的转变，每一种农业类型要求每个劳动者比从前劳动得更多，而闲暇时间则更短，而每次转变都是人口增长引起的。这就是人口推力假说的核心。"[①]

（三）两种假说的综合分析

西蒙认为，无论是"发明拉力假说"，还是"人口推力假说"，都只适合于解释前现代化农业社会的发展，对于现代工业社会（包括现代农业部门）、后工业社会，这两种假说都不是特别有效。西蒙指出："关键问题是，自从农业经济由主要为了维持农民自身的生存转变到主要为了市场而进行生产之后，无论发明拉力假说，或者人口推力假说，都不能说是独特有效的了。"[②]这说明，这两种假说只适合于用来阐明生产力水平低下的农业社会的人口经济关系。

对于农业社会而言，发明拉力机制和人口推力机制的作用不是相互对立的，而是相

---

① 西蒙：《人口增长经济学》，北京大学出版社，1984年版，第207页。
② 同上书，第210页。

互补充的。发明拉力机制的作用，节省了劳动，增加了粮食产量，或者用和从前一样多的劳动，获得了更多的粮食产量。这样，粮食产量增加导致了人口的增加。人口增多的压力又推动新技术的发明、推广（传播）和采用，特别推广和采用从前已经发明尚未使用的技术，以提高产量，满足新增人口的需求。人口推力假说认为，每一个时期都有许多未被采用过的农业知识和技术，但是，采用更先进的生产方法都需要每个劳动者付出更多劳动。所以，按照人口推力机制，增加人口对于迫使采用更先进的生产方法是必要的。由此可见，两种机制互为条件又相互补充，改变着农业生产行为。人口增长成为改变农业生产行为的一个必要条件。

三、家庭规模扩大对劳动投入量和储蓄的影响

在分析发展中国家人口增长对劳动和储蓄的影响时，西蒙主要从微观人口经济学角度，考察家庭规模扩大对家庭（父母）劳动投入量和储蓄的影响。

由于有了"新增"孩子的出生及其消费需求，农民就要更加艰辛地劳动，把更多的劳动投入农业生产，包括更多地精耕细作和收割，更多地开垦荒地，进行农业投资，以获得更多的产量。

西蒙引用俄国经济学家 A. B. 恰亚诺夫 1966 年出版的《农民经济理论》一书的资料，说明家庭规模扩大，抚养系数增高，劳动者一年内劳动的天数增多。表 12-3 说明了俄国十月革命前抚养系数同每个劳动者一年内的劳动天数、劳动者的年产值之间的关系。随着每个劳动者负担的消费者人数的增加，每个劳动者一年内投入的劳动量也随之增加，其表现是劳动天数增多。

表 12-3　俄国革命前被抚养人数对农业劳动年度长短的影响

每个劳动者负担的消费者人数	每个劳动者的产值（卢布）	每个劳动者一年的劳动天数
1.01—1.20	131.9	98.8
1.21—1.40	151.5	102.3
1.11—1.60	218.8	157.2
1.61—∞	283.4	161.3

资料来源：A. B. 恰亚诺夫，《农民经济理论》，1966 年版，第 78 页。

在发展中国家，一个增加了孩子的农民家庭不但在农忙季节增加劳动投入量，还会在农闲时放弃闲暇，增加投入垦荒、修建水利设施、积肥等的劳动量。西蒙把农民在农闲时的劳动看作因增加孩子而增加的储蓄。这种储蓄最终会导致增加产量。所以，西蒙说："家庭规模的扩大对一个仅维持生存的农民家庭的影响，如同需求函数增长影响一家垄断性质的企业一样。对一家企业来说，产品售价提高，则通常会引起增加生产。同样，家庭规模的扩大可望影响一个农民家庭的无差异曲线，即农民为了增加产量而愿意用自己的劳动付出更高的'代价'，以回答他自己需求的增加。"[①]因此，把孩子增多的影响看成了需求增加的影响。

---

① 西蒙：《人口增长经济学》，北京大学出版社，1984 年版，第 297 页。

同时，家庭规模扩大对家庭储蓄的影响存在一个适度家庭规模的选择问题，不是家庭规模越小，储蓄越多，也不是家庭规模越大，储蓄越多，而是一个适度的家庭规模，储蓄可能达到最大值。A.C. 凯利等从 1889 年美国工人家庭规模与储蓄的资料分析中发现了上述关系。表 12-3 说明，两个孩子家庭的储蓄率（储金÷收入）高于两个孩子以下的家庭，并且也比两个孩子以上的家庭高得多（详见表 12-4）。

在分析人口增长对储蓄的影响时，还要考察人口对投资的影响。西蒙把发展中国家农民在农闲季节从事的修水利、开垦荒地、积肥等项劳动看做是农民的储蓄，这种储蓄等于投资。然而，人口增长对货币投资的影响，在发展中国家具有负效应。

表 12-4　1889 年美国工人家庭规模（租房住家户）对储蓄率的影响

	\multicolumn{7}{c}{孩　子　数}
	0	1	2	3	4	5	6⁺
按照抽样的平均收入计算储蓄率（S/Y）%	7.91	7.91	11.73	6.94	3.11	1.65	2.65
指数	100	100	148	90	39	21	33
按照无子女家庭的平均收入计算储蓄率（S/Y）%	4.46	4.46	8.28	3.68	−3.4	−1.80	−0.80
指数	100	100	186	82	−8	−40	−18

资料来源：凯利等，《写作的历史背景：明治时期的日本》，载《经济史》杂志，1971 年第 31 期，第 39 页。

为了了解投资对增加总产量的影响，了解增加劳动时间和提高技术等不同方面对总产量的影响，必须弄清楚两个投资参数：(1) 增加投资在增加总投入量中占的比率，(2) 投资的反应速度。这样，一定时期的投资增长率，可以写成下面的函数关系：

$$\frac{K_{F,t+1}-K_{F,t}}{K_{F,t}}=\alpha_0\left(\frac{POP_{t+1}-POP_t}{POP_t}\right)+\alpha_1\left(\frac{POP_t-POP_{t-1}}{POP_{t-1}}\right)$$

$$+\alpha_2\left(\frac{POP_{t-1}-POP_{t-2}}{POP_{t-2}}\right)\cdots\cdots \quad (12-3)$$

式中的 K 是指资本，POP 是指总人口，α 指系数，t 指考察年份。如果增长过程是稳定的，则某一年由人口增殖引起的总投资等于以上过程中各个系数的总和。估算这些系数总和的方法，可用某一时期投资的增长率除以人口的增长率。假定每个等量消费者的消费保持不变，则可得出这些系统之和几乎肯定小于 1。从上式可推出：

$$\left(\frac{K_1-K_0}{K_0}\bigg/\frac{POP_1-POP_0}{POP_0}\right)=0.7 \quad (12-4)$$

"这就表明，由于人口增长导致的增产，其中 70% 是由农业资本增加发生的，其余 30% 大概是由于每个劳动者增加劳动、技术变化及其他因素所致。"[①]

在考察 t 年内资本投资水平总是包括了以前人口增长的作用。如果增长过程多年保

---

① 西蒙：《人口增长经济学》，北京大学出版社，1984 年版，第 299 页。

持不变,则可以把某一给定时间的这两个水平变量之间的关系看做一次人口变动对投资所起延缓作用的总和。上述两个水平变量分别为人口密度和资本数量。

估算的参数 α_0、α_1、α_2……是系数的滞差结构。这就是说,大量投资是拖延到"增加的"孩子长成并开垦他自己的土地之后才实现的。所以,"时滞"是很长的。[①]

这里还要注意到工业投资和农业投资之间的区别:工业投资主要取决于有储蓄的决策,即在投资与消费之间作出选择;农业投资中非货币投资占着很大比重,非货币投资主要是在劳动与闲暇之间作出选择。

四、人口增长对社会资本的影响

西蒙从宏观人口经济学来考察人口增长与社会资本之间的关系。社会资本是指间接而有力地影响生产活动的基础结构社会资本(infrastructure social capital)。基础结构是所有的物质条件及某些社会条件。这些条件帮助其他生产要素,包括土地、劳动、设备及知识等更有效地进行生产,而且它们本身作为社会产品,都是随着人类活动而变化的。

在基础结构中,西蒙集中分析人口增长对交通运输的影响,因为交通运输是社会基础结构的一个主要成分。他认为,交通运输已经成为发展中国家经济发展的一个关键性的环节。它把农民与商品市场联系起来,提高了农民与商人在市场上销售产品的能力,从而促进了发展中国家农村商品经济的发展。他列举了西欧国家、美国、泰国等交通运输的发展对推动这些国家农业商品经济发展所起的巨大作用,说明增加对基础结构的投资有利于经济发展。

对于人口增长对交通运输的影响,西蒙认为,人口增多为交通运输业的发展提供了更多的劳动力,又提高了经济效益。他说:"人口密度同人员和物品运输及消息传播之间显然有密切的相互关系,这是一种互为因果的关系。一方面,一个密集的人口使运输系统既更有必要,又更加经济。一个小村的人口增加一倍,就意味着多一倍人去使用火车道;还意味着多一倍人去修筑道路……"[②]因此,他认为,人口增长对交通运输具有正效应。

综上所述,传统的人口经济理论认为,人口增长会妨碍每个工人平均产量的增长,孩子较多的家庭,储蓄格外困难,因而对经济发展具有负效应或不利的影响。西蒙向这种传统理论提出挑战。他根据上述分析,运用模拟模式进行运算推导,认为,从长期(120—180年)来看,正值的人口增长比零值的人口增长要引出更好的经济行为,尽管从短期(60年)来看,人口增多的家庭负担和公用设施的负担都大于静态人口,但是,"根据多次试验,用一个典型的亚洲发展中国家的'最好'的参数估算值所进行的基础运算结果,从长远看,中等人口增长(五十多年翻一番)的情况胜过快速的人口增长(三十五年翻一番)或缓慢人口增长(大约二百年翻一番)。根据每次用一个变量的实验表明,这些结果与先前的理论研究之间的差别是由于综合下面这些新因素而产生的:闲暇-产量的选择、规模经济、加速投资函数和折旧。其中没有一个因素起支配作用。大

[①] 西蒙:《人口增长经济学》,北京大学出版社,1984年版,第298—300页。
[②] 同上书,第332页。

概最重要的成果是在正值人口增长范围内,不同的参数导出作为'适度'的不同的人口增长速度。这就说明,人口增长的简单定性理论没有多大用处,而需要的正是这样一种定量模式"[①]。

思考习题

1. 乐观学派要告知人们什么?
2. 科学技术进步在解决人口经济问题上的作用是什么?
3. 如何评价人口增长对经济发展的效应?

[①] 西蒙:《人口增长经济学》,北京大学出版社,1984年版,第374页。

第十三章 人口老龄化经济理论

> **学习目标**
> 1. 了解人口老龄化的基本概念。
> 2. 了解和把握人口老龄化对经济社会的不利影响。
> 3. 了解和理解储蓄与生命周期之间的关系。

> **学习重点**
> 人口年龄的类型、劳动力年龄老化的影响、生命周期储蓄理论

从 20 世纪 70 年代以后,发达国家和一些发展中国家先后出现了人口老龄化。人口老龄化对社会经济的发展产生巨大的影响,同时也出现了人口老龄化的社会经济问题。西方人口学家、社会学家和经济学家从 20 世纪 70 年代以来,比较注意研究老龄化人口的经济社会问题,提出了老龄人口社会学和老龄人口经济学。本章着重评述西方老龄人口经济学说。

第一节 人口老龄化

人口老龄化(the aging of a population)是一个转变性的概念,是一个具有高生育率和低预期寿命的人口向着低生育率和低死亡率人口转变的概念。换言之,人口老龄化是人口年龄结构老化的过程,人口年龄结构中老年人口的比重不断增高的过程。所以,人口老龄化又可称为人口老年化或人口老化。

一、人口年龄类型

人口的年龄可以分为四种类型:年代学年龄、生物学年龄、心理学年龄和社会学年龄。

年代学年龄(chronological age),是一个人从母亲怀孕或自己出生之日起,按照年月顺序排列计算的年龄。这种年龄就是通常所说的人口的年龄和个人的年龄。一般地说来,老龄人口学和人口学一样,研究人口年龄结构和人口年龄变化指的都是年代学年龄。

生物学年龄(biological age),是指一个人现有年龄在他的生命周期中所处的位置或在他的潜在寿命中所达到的阶段。研究生物学年龄就是要探讨限制人口群体和个人生命间距持续的过程。生物学年龄老化的研究是要考察影响决定人口群体和个人生命间距长短的因素。影响生物学年龄的主要因素是遗传因子的性质和发挥作用的结果。各个人的遗传因子是不相同的。一个人的生物学年龄同年代学年龄是紧密相关联的,但这两者又

不完全统一，因为计量尺度不是完全相同的，因而是两个不同的概念。

心理学年龄（psychological age），是指一个人现有年龄在有关已经观察到的适应能力的人口群体中所处的位置或者从行为尺度推导出来的适度能力中所达到的阶段。一个人的心理学年龄也可以看作他对于发展的主观反应。心理学年龄同年代学年龄、生物学年龄是密切相连的，但是又不能看作二者的结合，它仍然与这两者有所区别。

社会学年龄（sociological age），是指发挥与人口群体或社会有关的个人的行为特性和作用的年龄，这种年龄又称为社会学年龄。一个人的社会学年龄是与他的年代学年龄、生物学年龄和心理学年龄相关联的，但又不完全受这些年龄的限制和制约。社会中常常有非常复杂的年龄地位制度（age-status system），这种制度指导一个人在追求自己的前程时应如何处理同其他人的关系。在社会中，个人预期行为的年龄等级是一个长期进化过程的结果。年龄等级只是部分地为达到一定年龄的个人的生物学的和社会的特征所决定。社会年龄往往反映一个人在社会某个职位或某个部门从事工作的长度或从事某种专业或社会事业的长度。个人的社会年龄因个人所从事某项专业或社会事业的不同，又有不同的名称，如工龄、教龄和医龄等。

二、生命周期和人口老龄化

人的生命周期，是指从母亲怀孕开始，一个人要经过胎儿—婴儿—幼年—青少年—成年—老年各个阶段，形成的一种生命循环（the life cycle），又称为生命周期。一个人的成长，经过生命周期的各个自然阶段，直至生命最终停止。在人的生命周期中，要经过接受教育、选择职业、结婚、生育、职业上的升迁、退休等这些人们生活中的正常阶段。人们在人口群体中或在社会中从事各种职业和各种活动，因而，人的生命循环是同社会紧密相连的和受社会生产方式制约的。

把人口作为一个整体，人口的年龄构成又大体上可以分为三个年龄组：青少年被抚养年龄组、劳动年龄组和老年被抚养年龄组。

联合国采用的人口年龄构成分组法是：0—14岁为青少年被抚养年龄组、15—64岁为经济生产年龄组、65岁和65岁以上为老年被抚养年龄组。然而，美国人口经济学家J. J. 斯彭格勒和R. L. 克拉克等在划分年龄组别时稍有不同，他们认为，0—18岁为青少年被抚养年龄组、18—64岁为劳动年龄组，65岁和65岁以上为老年被抚养年龄组。[①]笔者认为后一种划分法体现了一般的或有代表性的劳动生命周期的特点。

无论哪一种划分法，青少年和老年被抚养人口都是消费人口，而劳动生产年龄人口是生产人口和消费人口的统一。劳动力年龄人口不仅生产满足自身需要的财富，而且生产满足青少年和老年被抚养人口所需要的财富，同时，还要生产满足社会其他需要和用于积累的财富，是全社会财富生产的担当者，在人口整体中处于核心和支配的地位。不同年龄组人口对社会经济发展的影响是不同的。

老龄人口是指总人口中60岁和60岁以上人口。目前国际社会常常把65岁和65岁以上的老年人口称为老龄人口。60岁和60岁以上老龄人口占总人口的10%以上或65

---

① J. A. Ross, *International Encyclopedia of Population* (The Free Press, 1982), p. 30.

岁和65岁以上老龄人口占总人口的7%以上的国家或地区称为"老年型国家"或"老年型地区"。西方人口经济学把65岁或65岁以上的老龄人口作为老龄人口经济学研究的对象,研究老龄人口经济关系,分析老龄人口对社会经济发展的影响和社会经济条件对老龄人口的作用。

第二节　人口老龄化对社会生产活动的不利影响

一、劳动力年龄人口相对缩减影响社会生产的开发

西方人口经济学家认为,社会生产活动离不开物质资本和人力资本。物质资本主要是指生产手段和劳动对象,人力资本是指人所具有的体质、智力、能力和知识。从事社会生产活动的人口是总人口中具有劳动能力的那部分人口,即劳动力年龄人口,又称为经济生产人口。要进行社会生产活动,要有先进的技术和物质装备,然而任何先进的技术都是由人发明的,又要由人去驾驭操纵,所以,人力资本在现代化生产活动中起着巨大的作用。

人口老龄化表现为老龄人口在总人口中的比重上升,人口年龄构成老化。人口出生率低,青少年人口占总人口中的比重较小,因而青少年人口只处于替代水平或低于替代水平,不可能较多地补充劳动力年龄人口。在这种条件下,随着老龄人口占总人口比重的上升,劳动力年龄人口占总人口的比重则下降,劳动力资源相对缩减。随着经济社会的发展,社会生产规模日渐扩大,生产物质资本不断扩大,生产资料和劳动对象的数量不断增加。相比之下,劳动力年龄人口则会出现相对不足,企业招工困难,从而可能导致生产资料和技术设备闲置。生产设备闲置,没有足够的合格的劳动力去开动、操作设备,从宏观来说,不但可能影响社会生产的进一步发展,甚至可能影响社会生产活动的正常运转。尽管科学技术的进步有可能部分抵消劳动力年龄人口相对缩减的影响,但是,劳动力年龄人口相对不足对社会生产活动进一步发展的不利影响还是存在的。

西方发达国家人口老龄化,劳动力年龄人口相对不足,特别是熟练劳动力不足,因而靠吸收移民和国外劳工来补充劳动力资源之不足。美国学者L. L.克拉克预测,如果美国的人口生育率为1.7,则每年要吸收40万移民,这样,才可能保证有足够的劳动力资源去维持经济社会的正常运转。[①]

二、劳动力年龄人口老化不利于劳动生产率的提高

人口老龄化,人口出生率低,青少年人口占总人口比例低,从而使得新增劳动力年龄人口刚刚够或者不够替代退休劳动年龄人口。这样,青年劳动力人口相对减少,劳动力年龄人口趋于老化。西方人口经济学研究劳动力年龄结构,主要分析劳动力年龄中15—44岁劳动力人数同45—64岁劳动力人数的比例。这个比例被称为劳动力年龄人口老龄化

---

① J. A. Ross, *International Encyclopedia of Population* (The Free Press, 1982), p. 32.

系数，简称为劳动力老龄化系数。一般说来，随着人口老龄化，劳动力老龄化程度也会相应地提高。劳动力人口老龄化最突出的例子是日本，该国 1970 年进入老年型国家，1975 年的劳动力人口老龄化系数为 0.29，到 1980 年则为 0.32，1985 年为 0.34，1990 年上升为 0.36，1995 年上升为 0.39，到 2000 年进一步上升为 0.40。所以，日本人口学家直广雄川认为，由于人口老龄化和劳动力老龄化，日本的经济增长速度将会不断下降，20 世纪末，经济增长率已经下降为 1%，有些年份甚至出现负增长。西方发达国家也和日本一样，经济增长速度将因人口老龄化和劳动力老龄化而下降。法国著名人口经济学家索维认为人口老龄化会削弱创新和阻碍劳动生产率的提高。他说：

> 人口老化对一个人口的精神状况的不良影响尚远没为人们所认识，尽管十九世纪法国的企业家精神的削弱应该是和人口老化直接相连的。无论如何，我们都可以假定老化了的人口将会缺乏创造活力。[①]

索维多次指出，老龄化人口趋于保守，少于创新，安于现状，缺少创造活力，从而不利于劳动生产率的提高。

在研究人口老龄化、劳动力老龄化对社会生产活动的影响时，有的西方学者分析人口的年龄，特别是劳动力的年龄同劳动生产率之间的关系。他们分析说明，人进入 50 岁以后，劳动能力和劳动速度逐渐下降，大约平均每年递减 1%—2%。劳动力人口进入 45 岁或 50 岁以后，尽管有较为丰富的经验，技术熟练，然而，随着年龄的进一步升高，人近老年，其体力和智力（尤其是记忆力）则逐年衰减，从而影响从事生产劳动的速度和劳动动作的敏捷程度，进而影响产品的精密度和整体质量。美国劳工统计局对不同行业劳动力年龄演变与劳动生产率关系的调查表明，鞋厂、服装厂和家具厂的工人进入 45 岁以后，劳动生产率明显下降。

在科学技术迅速发展、知识进步速度大大加快和激烈竞争的条件下，劳动力人口老龄化，老龄劳动力人口接受新的知识和科学技术比青年劳动力人口要迟钝得多，对新的产业和就业岗位的适应能力弱得多，因此，随着一个国家的人口老龄化，劳动力人口老龄化对于该国劳动生产率的提高和经济增长的不利影响将日渐明显，经济效率可能下降。

社会经济纵向和横向的流动性同样受人口老龄化的影响。一个国家的社会生产要横向扩展和向纵深开发，比如先进生产技术向落后地区或部门转移，使落后地区和部门的经济得到开发；就一个部门而言，生产技术要向纵深发展，发明和开拓新技术和新产品。这种横向和纵向的经济开发，都要求社会资本、物质资本和人力资本流动。所以，社会资本、物质资本和人力资本的流动，称为社会经济流动。一般来说，社会经济的流动性同人口的年龄，尤其是劳动力人口年龄有某种负相关关系。人口的年龄构成轻，尤其是劳动力年龄构成轻，有利于社会经济的流动；而人口老龄化，尤其是劳动力年龄人口的老龄化则不利于社会经济的流动。就横向流动而言，如果劳动力年龄人口中 45 岁或 50

---

① 阿尔弗雷德·索维：《人口与环境》，载于《控制人口与发展经济》第 2 集，北京大学出版社，1985 年版，第 271—272 页。

岁以上人口占比例较大，由于生理原因和家庭拖累大，加上到新的开发区安置成本大，劳动力年龄人口的流动较为困难。45 岁或 50 岁以上的劳动力人口所具有的人力资本较多，如果这部分人口难以向新开发区流动，则对一个国家的宏观经济开发是十分不利的。所以，社会经济的横向流动同劳动力人口老龄化的负相关关系较为明显，从而影响一个国家宏观经济效率的提高。

人口老龄化，尤其劳动力年龄人口老龄化对社会经济的纵向开发也有某种限制作用。某个部门和企业的生产技术及产品要向纵深开发，需要发明新技术和开创新产品。45 岁或 50 岁以上劳动力人口具有较多人力资本和生产经验，如果发挥得当，则有利于社会经济的纵深开发。然而，在现代科学技术迅速发展，新知识和新技术剧增的条件下，45 岁以下或 40 岁以下的劳动力人口反应敏捷，接受和适应能力强，发明新技术和开创新产品较多。相比之下，45 岁或 50 岁以上劳动力人口则反应较为迟钝，易于保守，少于创新，对新技术的接受和适应能力弱。所以，45 岁或 50 岁以上劳动力人口占的比重大，对社会经济的纵深开发也有一定的不利影响，影响经济效率的提高。

三、老龄人口的劳动供给和重新就业

西方人口经济学在研究老龄人口本身的劳动供给时，又把老龄人口分为两个部分：一部分是"轻老龄人口"，即 65 岁至 75 或 80 岁的老龄人口，另一部分是"老老龄人口"，即 75 岁或 80 岁以上的老龄人口。所谓老龄人口的劳动供给，是指 65 岁至 75 岁或 80 岁这一年龄组的老龄人口的再就业问题。

一般说来，从劳动力大军中退下来的老龄人口的就业是比较困难的。然而，如果老龄人口能找到适合于他们自身条件的工作，这对社会生产所需劳动力是一种补充，对社会生产的发展是有利的。

当前，西方发达国家老龄人口要求重新就业，提供劳动，是出于两个方面的原因。一是出于生活困难，希望通过供给劳动获得一定的收入，以补自身或家庭收入之不足。大多数西方发达国家的老年人退休之后只能领取有限的退休金和社会保险津贴，他们的生活质量比退休之前有明显下降。并且，西方发达国家（包括东方的日本）老年人所领取的退休金和社会保险津贴又面临通货膨胀的威胁，更难维持像样的生活。所以，老龄人口中有相当一部分人要求再就业，供应劳动，以获得收入。二是出于寻找精神寄托。他们退休待在家里感到寂寞凄凉，精神无所寄托。所以，他们希望走出家门，继续工作，在工作中寻找精神寄托。近几年来，西方发达国家的老龄人口为了寻找工作，又重新上学或补习，学习新的专业知识和技术，为重新就业作准备。

西方人口经济学家认为，影响老龄人口劳动供给的主要因素包括：养老金或退休金的数量、老龄人口自身专业或技术能力、健康状况以及老年人本身及其家庭的收入状况等。他们认为退休金或养老金、健康状况是影响老龄人口劳动供给最重要的因素。自从 20 世纪 50 年代以来，发达国家社会保险基金中养老金比例已经明显上升。随着养老金和退休金的增加，老龄人口的劳动力参加率下降，劳动供给减少。所以，一般说来，养

老金和退休金的数额同老龄人口的劳动供给成反比。养老金和退休金数额的增加以及他们对闲暇的偏好增大，不但是使老龄人口从劳动力大军中退出的重要因素，而且是抑制老龄人口劳动供给的一个基本因素。

健康状况是决定老龄人口劳动供给的一个重要因素。美国社会保险署1968年所作的《新领取津贴者调查》和《退休史调查》说明，健康状况欠佳是个人退休的基本原因。美国男性退休工人中44%的人把健康欠佳作为他们离开最后职业岗位的主要原因。健康对退休的影响随着年龄的增长而下降。美国62岁的男性工人中57%的人把健康不佳作为退出劳动力的主要原因，63—64岁男性工人的48%、65岁男性工人的23%把健康不佳作为退出劳动市场的主要原因。[①]同时，《退休史调查》说明，健康不佳是男女工人提前退休的主要原因。同样，健康不佳也是影响老龄人口劳动供给的重要原因。因为健康损伤或健康不佳降低了工人的劳动生产率，同时也降低了工人的工资报酬。此外，健康损伤和不佳也使得工人希望得到更多的闲暇，因而对闲暇的需求较多。所以，老龄人口如果有健康损伤或健康不佳，都将大大降低他们的劳动供给。

在市场经济条件下，工人们就业竞争激烈，特别是在科学技术日新月异的新情况下，老龄人口的就业更为困难。尽管老龄人口有供给劳动的愿望，但对老龄劳动力的需求是非常有限的。国际劳工组织的调查表明，一个工人从40岁或45岁以后找工作或调换工作岗位的机会已经下降，随着年龄的增长，这种机会更是急剧下降。在较好的情况下，55—59岁的工人要等几个月甚至半年才能找到新的工作，60岁以上的工人找工作往往更加困难，65岁以上的老年人重新就业的机会更少。日本就业介绍所的调查指出，55—60岁的工人，求职与就业之间的比例为10∶2，60岁以上的工人，则每10个人中勉强有一人能找到工作。尽管发达国家老龄人口的重新就业呼声很高，他们愿意向市场供给劳动；从宏观来说，社会生产也需要部分老龄劳动力，以补充劳动力资源之不足；但是，在市场经济条件下，雇主们不愿意雇用老龄劳动力，特别不愿意雇用退休的老年工人。这样，对于社会生产来说，不能不说是一种资源浪费，对于社会经济的开发和经济增长是不利的。

第三节　人口老龄化对国民收入分配的影响

一、人口老龄化提高经济活动人口的抚养系数

按照是否参加社会经济活动，一个人口整体可以区分为经济活动人口和非经济活动人口。非经济活动人口一般称为被抚养人口。被抚养人口与经济活动人口的比例，就是抚养系数。抚养系数表示每100个劳动力年龄人口在经济上所供养的非经济活动人口的人数。一般说来，根据人口的年龄来确定是否列入被抚养人口。被抚养人口又分为青少

---

① J. A. Ross, *International Encyclopedia of Population* (The Free Press, 1982), p. 35.

年被抚养人口和老年被抚养人口。0—14 岁或 0—18 岁人口被列为青少年被抚养人口，65 岁和 65 岁以上的人则列为老年被抚养人口。青少年被抚养人口与经济活动人口的比例，是青少年抚养系数或青少年负担系数；老年被抚养人口与经济活动人口的比例，是老年抚养系数或老年负担系数。青少年抚养系数和老年抚养系数的变动引起总抚养系数的变动，前两者的上升会引起总抚养系数的上升，反之亦然。

抚养系数同人口年龄构成密切相关。抚养系数的变动说明人口年龄构成的社会经济意义。抚养系数越低，对经济开发越有利，因为从事社会经济活动的人口多，而被抚养的人口少。抚养系数上升，意味着从事社会经济活动的人口减少，被抚养人口增多，对社会经济的开发不利。所以，抚养系数的变动可以说明人口年龄构成变动对社会经济发展的影响。

人口老龄化，总人口中老龄人口比重上升，被抚养人口增多，其结果是总抚养系数上升。随着人口的老龄化，老年抚养系数呈现上升趋势。综观世界人口整体，从 1950 年到 1980 年，30 年间，全世界的老年抚养系数提高了 1.7，其中第一个 10 年，即从 1950 年到 1960 年仅提高了 0.1，而后 10 年，即 1970 年到 1980 年却提高了 1.1。这说明老龄人口增加较多，人口老龄化进程加快。发达国家的老年抚养系数明显高于发展中国家。发达地区的老年抚养系数从 1950 年到 1980 年提高了 5.2，抚养系数上升的速度也是较快的。1980 年发达地区老年抚养系数是发展中地区的 2.4 倍。1980 年德意志联邦共和国和瑞典的老年抚养系数分别达到 23.4 和 23.3，是相当高的。然而发展中国家的老年抚养系数是比较低的，其中，1980 年印度和墨西哥的这个数值仅为 5.3 和 5.8。由此可见发达国家经济活动人口的抚养负担是比较重的。

另外，西方一些人口经济学家预测发达国家经济活动人口老年抚养系数，随着人口老龄化的进程加快，还有上升趋势。例如，美国老年抚养系数将从 1980 年的 20，上升到 2000 年的 22；法国老年抚养系数将从 1975 年的 25，上升到 2025 年的 32；日本老年抚养系数将从 1980 年的 13，上升到 2025 年的 25。

二、老龄人口增加对国民收入分配的不利影响

从人口经济学角度来考察国民收入，一个国家的国民收入总额等于每个经济活动人口平均新创造的国民收入乘以经济活动的人口数量。如果劳动生产率保持不变，抚养系数低，经济活动人口增多，则国民收入总额可以增加。反之，如果抚养系数高，经济活动人口相对减少，因而国民收入总额可能相应减少。

关于老龄人口的赡养问题，西方人口经济学家认为，在西方发达国家，有一个从家庭子女负担赡养费用到由社会负担赡养的转变过程。他们认为，在前工业社会，大家庭较为流行，一般说来，家庭老年人由其后代赡养，赡养费用由其子女负担。然而，随着经济工业化，人口城市化，小家庭逐渐流行，取代了大家庭。小家庭制度的一个特点是，子女婚后与父母分居，一个家庭只有一对已婚夫妇或一对已婚夫妇与未婚子女在一起生

活①，老年父母与其已婚子女之间的家庭纽带较为松散。这样，在家庭资金流向方面，前工业社会是从父母流向子女，甚至是从祖父母流向父母，再从父母流向子女；到父母或祖父母年老时，资金又反向流动，即从子女流向父母，从父母流向祖父母。前者的流向为抚养关系，后者的流向为赡养关系。到了工业化社会，老龄人口的赡养主要由社会负担，随着家庭结构的演变，资金从父母流向子女，一般情况下，资金很少从子女流向父母。这就是说，在现代社会的老年人主要依靠退休金或社会保险基金中的养老津贴维持生活，度过余生。

  西方发达国家的退休金和养老金制度及形式各不相同。有的国家是全部通过政府财政渠道筹措退休金和养老金，大多数国家是政府财政渠道和私人渠道双管齐下，两者都筹措养老金。同时，在一个国家内部，各个部门养老金、退休金的来源也有所不同。例如，美国交通运输业、公用事业的工人中80%参加了各种社会保险。这些部门的退休工人主要从社会保险系统获得退休金或养老金。而美国建筑业和零售商业的工人中只有35%参加了社会保险，这些部门的工人退休之后大多从私人渠道获得退休金或养老金。整个社会保险系统不断完善，从社会保险系统获得退休金、养老金的人数增加。

  一般说来，一个国家的国民收入分割为消费基金和积累基金两大部分。在国民收入一定时，消费基金和积累基金此消彼长。在西方发达国家，无论退休金或养老金是出自哪个部门（公共部门和私人部门），都是从经济活动人口每年新创造的国民收入中分割一部分。随着人口的老龄化，老龄人口增多，公共和私人两个方面支付的养老金或退休金的数量都要增加。从整个社会来说，随着人口出生率的下降，新增人口减少，经济活动人口的青少年抚养系数可能下降，社会用于青少年的抚养费用可能相对减少，在生活水平不变的情况下更是如此。然而，美国有的人口经济学家，如J.J.斯彭格勒等人在1978年指出，总抚养费用的数量取决于年龄分布和用于青少年人口和用于老年人口的抚养费用的绝对数量和相对比例。他们调查的结果表明，政府支付给老年人的抚养费用是给青少年人口的3倍。老年人口平均抚养费用大大高于青少年人口的抚养费用。②现代社会里平均抚养一个青少年人口（0—20岁）的费用是平均赡养一个60岁老年人度过余生的费用的1/4到1/3。花在孩子身上的大部分支出是投资形式的人力资本。给予老龄人口的抚养费用属于资源重新配置（reallocation of resource），是纯粹消费性的，因此有可能降低未来的经济增长率。随着青少年人口的减少、老年人口的增加，资源正在从花在青少年身上转移到花在老龄人口的赡养上。

  近年来，美国政府用于老年人的社会保险、退休金、医疗保险等支出增加，不能不影响到国民收入的分配，使得其中用于消费部分的支出增加，用于积累部分的相对减少，所以，美国有的学者认为，灰色浪潮（人口老龄化）对每个美国人和各个阶层都产生影响，用于老年人社会保险等项费用的预算太大，占联邦政府预算的比例太高，提高退休

---

① 约翰·赫吉纳尔：《两种前工业社会家庭形成法则》，载《控制人口与发展经济》第2集，北京大学出版社，1985年版，第471—483页。
② R.L.克拉克和J.J.斯彭格勒：《正在变化的人口和抚养费用：新的抚养系数及其构成》，载《老龄化和收入》，人文科学出版社，1978年英文版。

年龄的限制,似乎可能减少联邦政府用于老年人的预算开支。[①]在他们看来,如果退休年龄限制降低,被抚养的老年人口增加,国民收入中用于供养老年人口费用的比例上升。特别是55—64岁的人口是否退出劳动力大军有较大的影响。如果55—64岁的人口中有一半人从劳动力大军中退出来,转移到被抚养者的行列,那么,劳动力年龄人口将会减少10%左右,同时国民收入中用于老年人口抚养费用将会明显地增加。相反,如果退休年龄限制提高,则可能减少老年被抚养人口,从而减少国民收入中用于老年人抚养的费用,降低老年社会保险和其他福利开支占国民收入的比例。所以,退休年龄的高低、老年被抚养人口绝对数和相对数的变动,对国民收入的分配都可能产生一定的影响,从而影响资本投资和经济效率的提高。

第四节 老龄人口的经济状况

一、老龄人口的收入

老龄人口的经济状况,在很大程度上取决于老龄人口的收入。西方发达国家老龄人口的收入主要来自退休金或各种形式的社会保险津贴、养老金。在美国,以65岁和65岁以上的人为家长的家庭中,有90%正在接受各种形式的社会保险的津贴。也有相当一部分老年人的收入来自私人的抚恤金、养老金或其他形式的"非劳动"收入。还有一部分老年人用自己个人原来积蓄的财产来补充晚年收入不足,以维持其原有的或略低于原有的生活水平。美国55%的65岁或65岁以上的老年夫妇用他们原来积蓄的财产来维持生活。

据西方人口经济学家估算,西方发达国家退休工人的退休金或养老金等项收入的金额,一般只及退休前最后一次工资或薪金的50%—70%,所以,退休金或养老金大大低于原有收入水平。并且,老龄人口中有一部分人的收入往往低于官方规定的"贫困线"。美国官方估计,65岁或65岁以上的人为家长的家庭收入低于"贫困线"的约占10%,自20世纪70年代以来,老龄人家庭贫困率有上升趋势。

二、人口老龄化与储蓄

早在19世纪三四十年代,西方经济学家就注意到人的寿命和储蓄偏好之间的关系,他们把储蓄偏好小同生命短暂、利息率低联系起来,认为从个人来说,储蓄与不储蓄同人的生命周期是有联系的。人的寿命长和为后代积蓄财富的偏好鼓励个人增加储蓄,否则储蓄不多或不储蓄。19世纪经济学家考察的是在社会福利和社会保险尚未建立或社会保险极少的条件下,储蓄同个人寿命之间的关系。

当代经济学家也分析储蓄同个人生命周期之间的关系,分析个人储蓄同个人年龄老化之间的关系;同时也考察社会保险和个人储蓄之间的关系。当代西方经济学家认为,

---

① E. K. 布朗宁:《为什么一个民主社会的社会保险预算太大?》,载《经济研讨》,1975年9月第13期,英文版。

西方发达国家随着经济工业化和小家庭的普及，个人储蓄的动机已经从为后代积蓄财富转变到储蓄为自己养老。例如美国金融理论专家弗兰科·莫迪利亚尼[①]提出了"生命周期储蓄假说"。莫迪利亚尼认为，人们在花费自己的收入时，总要结合生命循环过程来考虑，为维持其年老的生活而储蓄，即所谓"储蓄养老"。他指出，个人的储蓄反映了生命周期中个人配置其资源的意图，个人储蓄的动机和数量受个人就业收入和退休时间以及社会保险中养老津贴的影响。

西方发达国家主要通过发放工资额税（payroll tax）来筹措社会保险中的养老津贴。这种方法又称为强迫储蓄制度或制度化的储蓄（institutionalized saving），即用税收形式从支付给工人的工资中扣除一部分，这一部分将为储蓄人年老时提供津贴。所以，西方人口经济学家指出，这种储蓄是深谋远虑的工人为他们退休而积蓄，也可能被迫为那些不储蓄的人提供津贴。从工资中扣除的这一部分形成养老基金。美国学者彼得·德鲁克（Peter Druker）认为，美国投资于新企业的资本有一部分来源于养老金。他指出，美国投资于新企业的资本中有25%是工人通过他们的养老金转移而来的，有10%投资于新企业的资本来自自我营业者、公共事业雇主、中学和大学教员的养老基金。

人口老龄化，人口出生率只有替代死亡率的水平，人口是稳定或静态的，这样，每个人力资本形成的潜在能力可能处于最大值，因为减少了装备净追加劳动力所需要的追加资本。因此，储蓄将会有利于增加一个静态人口的每个人的资本，以一个较高的速度提高总的资本-劳动比率。

然而，个人年老和人口老龄化都趋向于对增加储蓄不利。首先，养老金制度的推广，由于有退休金或社会保险的津贴供给老年人养老的生活费用，这样，将导致个人不储蓄或减少储蓄，因而储蓄率下降。如瑞典20世纪60年代普遍实行养老金计划以后，储蓄率从7%下降到接近于零。

其次，养老金制度推广后，由于退休后除领取退休金外，还可以领取社会保险中的养老金津贴，所以，有些工人愿意提前退休。工人提前退休，对于劳动力资源稀缺的国家来说，会提高这种资源稀缺的程度。工人退休后，发放工资额税收减少，从而对于强迫性储蓄不利。这也可以看成人口老龄化对储蓄的不利影响。

从西方经济学来说，储蓄等于投资。储蓄的减少等于投资的减少，因而对经济增长

---

① 弗兰科·莫迪利亚尼（Franco Modigliani），1918年出生于意大利罗马。1938年迁居美国，1944年获纽约市新社会研究学院社会科学博士，1967年获芝加哥大学名誉法学博士。他先后在美国哥伦比亚大学巴德学院、新社会研究学院、伊利诺斯大学、卡内基理工学院、西南大学和麻省理工学院任教，并于1949—1952年成为经济学副教授和教授。1962年曾任美国经济计量学会会长，1967年任美国经济学会会长。早在50年代就以消费理论和财政理论的专著而著称，在家庭储蓄和金融市场作用的研究方面成果突出，为此，瑞典皇家科学院决定授予他1985年诺贝尔经济学奖金，以表彰他对经济科学所作出的贡献。他在经济理论方面的突出成果为他与理查德·布伦伯格所创立的生命周期储蓄理论，确立了在人的一生中怎样为老年而储蓄的模型。他的这一理论被认为是对经济科学的一大贡献。莫迪利亚尼自称凯恩斯主义者，主张运用灵活的税收和财政开支计划来调节经济，同时他也强调货币供应是一项重要的政策手段。莫迪利亚尼著作颇多，其中主要有：《国民收入与国际贸易》（与尼塞合著，1953年），《计划生产、存货和劳动力》（与他人合著，1960年），《莫迪利亚尼选集》[第1卷是宏观经济论文，第2卷是生命周期储蓄假说，第3卷是财政理论及其他（1980年）]。

不利。尽管人口出生率下降，装备追加劳动力的追加资本需求可能减少，提高现有资本——劳动的比率，但是，因储蓄减少而引起的投资不足对经济增长的不利影响将大大超过资本——劳动比率上升的有利影响。特别是社会福利和社会保险占国家财政预算比重增大，挤掉或降低投资资本占财政预算中的份额，更是不利于经济增长。

三、人口老龄化对消费的影响

人口老龄化引起社会消费结构的变化。人的消费行为受人的年龄和心理的因素的影响，又为社会经济发展水平所制约。随着人的生命周期的不同阶段的演进，消费需求也会发生变化。从一个人口整体来说，人口年龄构成轻，青少年人口所占比重较大，则对有利于青少年成长和受教育商品的需求上升，例如青少年的衣服、鞋袜、体育用品、教育用品和设施、结婚所需用品、礼品、耐用消费品等商品的需求所占比重大。这样社会对上述商品的消费量大，特别当达到婚龄、育龄的人口比重上升时，社会消费结构中，耐用消费品所占比重上升，对耐用消费品的需求增加，甚至出现高级家具、住宅以及高级电器用品供不应求的现象。这种消费结构必然会刺激和推动社会多生产这类高级耐用消费品。

然而，随着人口老龄化，老龄人口增多，也必定要影响社会的消费结构。人口老龄化，老龄人口所占比重上升，对有利于老年人消费商品的需求增大，例如对老年人所需的衣服、鞋袜、食品和休假设施及其用品的需求上升，而对于耐用消费品的需求却不会增加，有时甚至可能达到极限。这样，社会的消费结构中，对日常用品，尤其老年人所需的日常用品的消费增加，而对耐用消费品的消费或保持不变，或所占比重下降。

在人口老龄化的国家，社会消费结构中，休闲设施及其用品、医疗设施及其服务的需求明显加大。由于老年人口增多，对医疗服务和药品特别是保健药品的消费增加，甚至出现医院床位短缺和药品供不应求的现象。例如，英国医院的床位有一半以上为老年人占用，日本需要全日医疗护理的老年病人每年达到 50 万人左右，而日本公共医疗单位的床位只及这个数字的 1/3。与此相对照的是青少年人口所占比重下降，青少年人口数量减少，以致对儿童用品和小学、幼儿园的设施及用品的需求减少，这方面又出现供过于求的现象。例如，意大利近年来 0—14 岁人口减少，以至于全国每年约有 500 所小学因学生不足而停办，城市托儿所入托的婴幼儿童减少了 10%。

消费结构的这种变化，也引起了社会生产结构的变化。原来生产青少年人口用品的厂商不得不转产，原来生产儿童用品的厂商也因需求不足而改为生产其他商品。而生产老年人用品的厂商则生意兴隆，产品供不应求。

就老龄人口本身而论，老龄人口的消费水平受其收入水平的限制。一般来说，老龄人口退休后，由于所领取的退休金、养老金只及原来工资或薪水的 50% 或 70%，有的甚至更低，因此，老龄人口的收入水平降低，其购买力随之降低，消费水平也会下降。

现代社会里老龄人口的消费结构中，对住房消费所占比重大，其次是食品消费和医疗服务及药品的消费。这种结构可以从老年人的支出构成中反映出来。美国对 65 岁以上的老年人的生活支出作过一次调查。这个调查的统计表明，老年人用于住房的支出占全部支出的 28.9%，用于食品的支出占 21.4%，医疗药用支出占 8.3%。[①]

老年人住房开支所占比重大，是在通货膨胀条件下，随物价上涨，房租、房屋修缮和保管费用上升；老年人收入低又较为固定，房租等费用增加，引起住房支出比重加大；还有就是老年人因健康欠佳，对取暖和空调的要求较高，这方面的支出较多。

老年人的医药费用随着年龄的增高而增加，这是因为随着年龄的增高，老年人的发病率上升。日本人口问题研究所的调查显示，65—74 岁的老年人发病率为中年人的 2 倍左右，为青少年人口发病率的 2—5 倍。据调查，日本 5—24 岁年龄组的就医率变动甚小，而 45—54 岁以及 55—64 岁年龄组的就医率均上升了约 2 倍，65—74 岁年龄组的就医率上升了约 4 倍。所以，老年人的年龄增高，用于医药方面的费用的绝对和相对数都会增加。

总之，一个国家老龄人口的经济地位和经济状况是同该国的社会经济发展水平密切联系的，同时又同老年人的收入、社会保险制度以及老年人家庭收入和经济状况紧密相关。在西方发达国家的资本主义经济条件下，尽管有社会保险和各种社会福利为老年人提供养老金或津贴，但是老龄人口的经济地位比较低，经济状况日渐恶化，生活在"贫困线"以下的老年人日渐增多；此外，老龄人口发病率高，对他们来说，缺医少药，就医困难。这样，老龄人口问题已经成为日渐严重的社会经济问题。

人口老龄化经济学或老龄人口经济学，是 20 世纪 70 年代后期西方新兴的一门研究人口经济关系的学科。这门学科主要探讨人口老龄化对社会经济增长的影响，同时也考察社会经济条件及其变化对人口老龄化的影响，特别是对老龄人口的经济地位和经济状况的影响。从 20 世纪 70 年代后期以后，西方发达国家的人口学家和经济学家开始注意对人口老龄化的经济效应的研究，发表和出版了一些研究性论文和著作。这些著作较为集中地研究了人口老龄化的过程和特征，老龄人口的性别和年龄构成，老龄人口的劳动供给和重新就业问题，人口老龄化对社会经济的影响和人口老龄化的经济后果等问题。这些论文和著作揭开了人口老龄化经济学研究的序幕，为今后这个领域的深入研究作了开创性的尝试。

然而，对于人口老龄化经济学的研究毕竟刚刚开始，许多课题尚缺乏足够的资料和数据，因而尚未充分地进行深入的探讨。R. J. 克拉克和 J. J. 斯彭格勒等人指出，未来 25 年或 50 年的时间里，美国和其他发达国家的人口将进一步老龄化；进入 21 世纪之后，一些发展中国家也将出现人口老龄化问题，故引起的经济社会问题会更多，因此，"对即将来临的年龄结构变动的经济后果将需要经济学家在理论上和政策方向上给予优先的研究"[②]。所以，他们认为"老龄化经济学是一个重要的和未被开发的领域"[③]。

西方人口经济学家认为，人口老龄化经济学还有一些重要的研究课题有待开拓和挖掘。这些课题是：

第一，人口年龄结构变动对经济的影响，例如人口老龄化对社会劳动生产率的影响，对储蓄与投资的影响，对消费结构和消费水平的影响，等等。

[①] 邬沧萍主编：《世界人口》，人民大学出版社，1983 年版，第 417—418 页。
[②][③] J. A. Ross, *International Encyclopedia of Population* (The Free Press, 1982), p. 39.

第二，人的生命周期的经济分析。从微观来看，个人的经济行为随着生命循环的不同阶段而发生变化。处于不同生命周期的个人经济行为特征及其对社会经济的影响，生命周期同劳动供给、储蓄以及收入支出之间的关系等均有待研究。

第三，人口老龄化对劳动力年龄人口年龄构成的影响，对人口劳动力参加率的影响，特别是对女性劳动力参加率的影响以及实行有弹性的退休年龄规定对社会劳动供给可能产生的影响。

第四，人口老龄化引起抚养系数和被抚养人口构成的变动对社会经济的影响，特别是这些变动对政府的税收政策和社会保险政策可能产生的影响。

第五，人口老龄化、老龄人口增多对社会保险和社会福利的影响。随着人口老龄化的进程，一个国家如何筹措退休基金或养老基金，以及退休金或养老金的发放制度和办法如何规定，等等。

总之，西方人口老龄化经济学是最近发展起来的，还很不完善，有许多理论问题和实际政策正在研讨和有待研讨。因而，这门学科还有一个发展过程。对它作出全面而深入的估价，还有待这门学科本身的发展及对它的进一步研究。

思考习题

1. 人口老龄化对经济社会发展的利弊分析。
2. 运用老龄人口经济理论分析我国 21 世纪初已经出现的人口老龄化问题。

参 考 文 献

1. 马克思、恩格斯：《马克思恩格斯全集》第 23 卷，人民出版社，1980 年版。
2. P. A. 萨缪尔森：《经济学》（上册），商务印书馆，1981 年版。
3. J. L. 西蒙：《人口增长经济学》，北京大学出版社，1983 年版。
4. 大渊宽：《经济人口学》，东京大学出版社，1973 年日文版。
5. J. M. 凯恩斯：《就业、利息和货币通论》，商务印书馆，1983 年版。
6. 阿尔弗雷德·索维：《人口通论》，商务印书馆，1983 年版。
7. 蔡昉："人口转变、人口红利与经济增长可持续性"，载《人口研究》第 28 卷第 2 期，2004 年。
8. 刘元春、孙立："'人口红利说'：四大误区"，载《人口研究》第 33 卷第 1 期，2009 年。
9. 西斯蒙第：《政治经济学新原理》，商务印书馆，1977 年中译本。
10. 林富德等编：《世界人口与经济发展》，中国人民大学出版社，1980 年版。
11. 威廉·福格特：《生存之路》，商务印书馆，1981 年版。
12. D. 梅多斯等：《增长的极限》，商务印书馆，1984 年版。
13. F. 皮尔逊，F. 哈珀：《世界的饥饿》，商务印书馆，1981 年版。
14. 马尔萨斯：《人口原理》，商务印书馆，1981 年版。
15. 普莱斯：《人口原理的说明和例证》，商务印书馆，1963 年版。
16. 列宁：《列宁全集》第 5 卷，人民出版社，1980 年版。
17. 张纯元：《人口经济学》，北京大学出版社，1981 年版。
18. A. H. Hawley : *Human Ecology, A Theory of Community Structure.* Ronald Press Co., 1950.
19. J. A. Ross : *International Encyclopedia of Population.* The Free Press,1982.
20. P. M. Hauser & O. D. Duncan : *The Study of Population, An Inventory and Appraisal.* University of Chicago Press, 1959.
21. R. Pressat : *The Dictionary of Demography.* Basil Blackwell Ltd., 1985.
22. L. Robbins, *An Essay on the Nature and Significance of Economic Science.* Macmillan, 1946.
23. A. Ries, "Economics", *International Encyclopedia of the Social Sciences.* IV. Macmillan & The Free Press,1968.
24. W. B. Reddway : "Population, Economics of", *Chamber's Encyclopedia.* XI. 1951.
25. H. Leeibenstein : *Population Growth and Economic Development in the Third World.* University of Chicago Press, 1973.
26. H. Leeibenstein : *Economic Backwardness and Economic Growth.*Wiley,1957.
27. G.S. Becker : *An Economic Analysis of Fertility, Demographic and Economic Change in Developed Countries.* Princeton University Press, 1960.
28. D.W. Pearce : *The Macmillan Dictionary of Modern Economics.* Macmillan , 1981.
29. G. S. Becker : *The Economic Approach to Human Behavior.* University of Chicago Press, 1976.
30. J.M. Keynes: *Selected Works of John Maynard Keynes.* XIV. Harcourt and Company, 1973.
31. J. R. Hicks : "Mr. Keynes' Theory of Employment"*, Economic Journal.* XLVI, No. 182,1936.
32. A. H. Hansen : *Economic Progress and Declining Population Growth.* Kessinger Publishing, 1939.
33. J. J. Spengler:*Population Theory and Policy.* Free Press,1956.
34. D.E. Bloom, J.G. Williamson : "Demographic Transition and Economic Miracles in Emerging Asia" ,NBER Working Paper Series, Working Paper 6268, 1997.

后　　记

当我完成《现代西方人口经济学教程》的书稿的写作之时，许多朋友、同事的支持浮现在我的脑海中，他们是陈白玉、刘永佶、王水、陈义、梁鸿飞、汪段泳和林代伦等。正是他们在学业知识和工作经验等诸多方面提供的帮助，才促进我完成写作的各项必要的准备工作。在此，我要特别感谢北京大学人口研究所的张纯元教授。张教授现已八十高龄，还和多年前一样指导我，并为拙书撰写序言。张教授早年就读于中国人民大学，后来到北京大学经济系任教。1980年前后，他被授命筹建北京大学人口研究所，并长期担任该所所长。张教授秉承马寅初老校长的人口学研究传统，组织所内外、校内外的科研力量展开人口与经济、人口与资源、人口与社会建设以及计划生育政策等诸多方面的调查研究，并取得了显著成就。自20世纪50年代以来，我国人口众多，又增长较快，对于国民经济的发展有一定的压力。这是我国的基本国情，一个不争的客观现实。经济发展和经济增长都会受到人口增长的影响。研究人口因素对经济发展和经济增长过程所起的作用，是人口经济学永恒的主题。张纯元教授正是把握了这个课题，才不断获得了较多的科研成果。

在本书即将付梓得以出版之际，对于帮助和支持过我的各位朋友、同事和老师致以深深的谢意。部分参考文献由于年代久远，已无法找到原书，因此只给出了原书的译名，请各位读者见谅。本书仍有许多不足和局限，敬请各位读者予以指正。

彭松建

2014年1月